Deutsches Strafverfahrensrecht

Studienbuch
in systematisch-induktiver Darstellung

Band 1

Grundlagen, Verfahrensbeteiligte,
Gang des Strafverfahrens, Verfahrensprinzipien,
Strafprozessuale Grundrecht~ ~ ~~:ffe

von

Dr. Volker Krey

o. Professor an der Universität Trier
Juristische Fakultät
Richter am Oberlandesgericht Koblenz (1978-1998)

– unter Mitarbeit von
Ref. Theresa Wilhelmi,
Privatdozent Dr. Manfred Heinrich
und Ref. Andreas Klein –

Verlag W. Kohlhammer

Prof. Dr. Günter Warda, meinem Lehrer, gewidmet

ISBN-10: 3-17-018408-3
ISBN-13: 978-3-17-018408-4

Vorwort

Das Strafverfahrensrecht gewinnt im Ersten Juristischen Staatsexamen zunehmend an Bedeutung, zum einen im Rahmen der Pflichtfächer, zum anderen wegen des neu geschaffenen Schwerpunktbereichs Strafrecht. Darüber hinaus ist das Strafprozessrecht im Assessorexamen eine der wichtigsten Prüfungsmaterien. Angesichts der Kürze der Referendarausbildung setzt die Vorbereitung auf das Assessorexamen auch im Strafprozessrecht solide Vorkenntnisse aus dem Studium voraus.

Der vorliegende Band 1 behandelt: Grundlagen, Verfahrensbeteiligte, Gang des Strafverfahrens, Verfahrensprinzipien und strafprozessuale Grundrechtseingriffe. Band 2 wird enthalten: Hauptverhandlung 1. Instanz, Beweisrecht, Rechtsmittel und Rechtsbehelfe, besondere Verfahrensarten.

Das Lehrbuch ist eine »systematisch-induktive«, d.h. zwar **systematisch aufgebaute**, aber weitgehend vom Fall ausgehende Darstellung des Strafverfahrensrechts. Diese Form der Lehrdarstellung, die den Stoff im Wesentlichen anhand von **Fällen** und **Beispielen** veranschaulicht, erleichtert das Verständnis sowie das Behalten des Lehrstoffes ungemein und dient der Hinführung zum **prozessualen Denken**.

Dem Lehrbuch sind die Erfahrungen zugute gekommen, die ich in meiner 20jährigen Tätigkeit als Richter am Oberlandesgericht (2. Hauptamt) sowie in meiner mehr als 30jährigen Prüfertätigkeit im Referendarexamen, zudem in meiner rund 30jährigen regelmäßigen Referententätigkeit an der Deutschen Richterakademie Trier (und Wustrau) gewonnen habe.

Das Buch richtet sich zum einen an **Studierende**, denen es eine rechtsdogmatisch fundierte und zugleich praxisnahe gründliche Einführung bieten will, zum anderen aber auch an **Rechtsreferendare** – zudem an **Praktiker** –, denen es bei der Wiederholung, Ergänzung und Vertiefung ihres Wissens gute Dienste leisten möchte.

Zur Vertiefung der »Europäisierung des deutschen Strafverfahrensrechts« und zur strafprozessualen Rechtvergleichung verweise ich auf Kühne, Strafprozessrecht.

Meiner Assistentin, Frau Theresa Wilhelmi, Herrn PD Dr. Manfred Heinrich und Herrn Ref. Andreas Klein möchte ich auch an dieser Stelle für ihre wertvolle Mitarbeit danken, ebenso meiner Sekretärin, Frau Carmen Racz, die die Last der Schreibarbeiten und der Formatierung getragen hat. Dank für ihre Unterstützung schulde ich auch Frau Ref. Svenja-Ariane Maucher, Frau Lisa Bäcker und Herren Christian Bertrand, Ewan Schneider und Klaus Striewe.

Trier, im Juli 2006   Volker Krey

Inhalt

§ 21 Verdeckte Ermittlungen

Abkürzungsverzeichnis

a.A.	anderer Ansicht
aaO	am angegebenen Ort
abl.	ablehnend
Abs.	Absatz
a.E.	am Ende
AE	Alternativentwurf
a.F.	alte Fassung
AG	Amtsgericht
AK	Alternativkommentar
Alt.	Alternative
Anh	Anhang
Anl	Anlage
Anm.	Anmerkung
AO	Abgabenordnung
Art.	Artikel
AT	Allgemeiner Teil
Aufl.	Auflage
Bd.	Band
BayObLG	Bayerisches Oberstes Landesgericht
BerlVerfGH	Berliner Verfassungsgerichtshof
Bespr.	Besprechung
BGB	Bürgerliches Gesetzbuch
BGBl	Bundesgesetzblatt (Teil, Seite)
BGH	Bundesgerichtshof
BGH St	Entscheidungen des BGH in Strafsachen
BGH Z	Entscheidungen des BGH in Zivilsachen
BGS	Bundesgrenzschutz
BGSG	Bundesgrenzschutzgesetz
BK	Bonner Kommentar
BKA	Bundeskriminalamt
BKAG	Bundeskriminalamtgesetz
Bl.	Blatt
BND	Bundesnachrichtendienst
BPol	Bundespolizei
BPolG	Bundespolizeigesetz
BRAO	Bundesrechtsanwaltsordnung
BT	Besonderer Teil
BtMG	Betäubungsmittelgesetz
BVerfG	Bundesverfassungsgericht
BVerfGE	Entscheidungen des Bundesverfassungsgerichts
BVerfGG	Bundesverfassungsgerichtsgesetz
BVerwG	Bundesverwaltungsgericht
bzgl.	bezüglich
BZRG	Bundeszentralregistergesetz
bzw.	beziehungsweise

d.A.	der Akte
ders.	derselbe
d.h.	das heißt
DNA-IFG	DNA-Identitätsfeststellungsgesetzes
DRiG	Deutsches Richtergesetz
DRiZ	Deutsche Richterzeitung
EG	Europäische Gemeinschaft
EGGVG	Einführungsgesetz zum GVG
EGMR	Europäischer Gerichtshof für Menschenrechte
EGStPO	Einführungsgesetz zur StPO
EGV	EG-Vertrag
Einl.	Einleitung
EJN	Europäisches Justitielles Netz
EMRK	Europäische Menschenrechtskonvention – siehe MRK
etc.	et cetera (und so weiter)
EU	Europäische Union
EUV	Vertrag über die Europäische Union
EuGH	Europäischer Gerichtshof
EuGRZ	Europäische Grundrechte-Zeitschrift
EWG	Europäische Wirtschaftsgemeinschaft
Fn	Fußnote
GA	Goltdammer's Archiv für Strafrecht
GG	Grundgesetz
ggf.	gegebenenfalls
GS	Großer Senat
GVG	Gerichtsverfassungsgesetz
h.A.	herrschende Ansicht
HK	Heidelberger Kommentar zur StPO
h.L.	herrschende Lehre
h.M.	herrschende Meinung
hrsg.	herausgegeben
Hrsg.	Herausgeber
ICC	International Criminal Court
in casu	im vorliegenden Fall
i.d.F.	in der Fassung
i.d.R.	in der Regel
IPR	Internationales Privatrecht
IPRax	Praxis des Internationalen Privat- und Verfahrensrechts (Zeitschrift)
IRG	Gesetz über die internationale Rechtshilfe in Strafsachen
i.S.	im Sinne
i.V.m.	in Verbindung mit
JGG	Jugendgerichtsgesetz
JR	Juristische Rundschau
JuS	Juristische Schulung

JVA	Justizvollzugsanstalt
JZ	Juristenzeitung
Kap.	Kapitel
Kfz	Kraftfahrzeug
KG	Kammergericht
KK	Karlsruher Kommentar
KMR	Loseblattkommentar zur StPO, begründet v. Kleinknecht/Müller/Reitberger
krit.	kritisch
LG	Landgericht
LKA	Landeskriminalamt
LOSTA	Leitender Oberstaatsanwalt
LR	Löwe/Rosenberg (Kommentar zur StPO)
l.Sp.	linke Spalte
m.a.W.	mit anderen Worten
MDR	Monatsschrift für Deutsches Recht
m.E.	meines Erachtens
MRK	Konvention zum Schutze der Menschenrechte und Grundfreiheiten (Europäische Menschenrechtskonvention)
m.w.N.	mit weiteren Nachweisen
n.F.	neue Fassung
NJW	Neue Juristische Wochenschrift
Nr.	Nummer
NStZ	Neue Zeitschrift für Strafrecht
NStZ-RR	Neue Zeitschrift für Strafrecht – Rechtsprechungsreport
NVwZ	Neue Zeitschrift für Verwaltungsrecht
OK	Organisierte Kriminalität
OLAF	Office européen de la Lutte Anti-Fraude
OLG	Oberlandesgericht
OrgKG	Gesetz zur Bekämpfung des illegalen Rauschgifthandels und anderer Erscheinungsformen der organisierten Kriminalität v. 1992
OVG	Oberverwaltungsgericht
OWiG	Gesetz über Ordnungswidrigkeiten
Pkw	Personenkraftwagen
POG	Polizei- und Ordnungsbehördengesetz
RA	Rechtsanwalt
RG	Reichsgericht
RG St	Entscheidungen des RG in Strafsachen
RiStBV	Richtlinien für das Strafverfahren und das Bußgeldverfahren
Rn	Randnummer
Rspr.	Rechtsprechung
S.	Seite bzw. Satz
SED	Sozialistische Einheitspartei Deutschlands

SK	Systematischer Kommentar zum StGB
SK-StPO	Systematischer Kommentar zur StPO
Slg.	Sammlung
sog.	sogenannte
S/S	Schönke/Schröder (Kommentar zum StGB)
StA	Staatsanwaltschaft
StGB	Strafgesetzbuch
StPO	Strafprozessordnung
str.	strittig
StrEG	Gesetz über die Entschädigung für Strafverfolgungsmaßnahmen
StV	Strafverteidiger
StVÄG	Strafverfahrensänderungsgesetz
StVollzG	Strafvollzugsgesetz
TÜ	Telefonüberwachung
u.	und
u.a.	unter anderem
u.ä.	und ähnliche
U-Haft	Untersuchungshaft
u.m.A.	urschriftlich mit Akten
u.U.	unter Umständen
UVollzO	Untersuchungshaftvollzugsordnung
UZwG	Gesetz über den unmittelbaren Zwang bei Ausübung öffentlicher Gewalt durch Vollzugsbeamte des Bundes
v.	von/vom
VE	Verdeckter Ermittler
Verf.	Verfasser
Vfg.	Verfügung
vgl.	vergleiche
Vol.	Volume
Vorbem.	Vorbemerkung
VE	Verdeckter Ermittler
VP	Vertrauensperson der Polizei
VStGB	Völkerstrafgesetzbuch
VwGO	Verwaltungsgerichtsordnung
VwVfG	Verwaltungsverfahrensgesetz
WV	Wiedervorlage
z.B.	zum Beispiel
ZKA	Zollkriminalamt
ZPO	Zivilprozessordnung
ZStW	Zeitschrift für die gesamte Strafrechtswissenschaft
ZRP	Zeitschrift für Rechtspolitik
z.T.	zum Teil

Verzeichnis der abgekürzt zitierten Literatur

AK, Alternativkommentar zur StPO (Hrsg. Wassermann)

Arzt, Der befangene Strafrichter, 1969

Beulke, Der Verteidiger im Strafverfahren, 1980

Beulke, Strafprozessrecht, 8. Aufl. 2005

Bonner Kommentar (BK), Kommentar zum Bonner Grundgesetz (Loseblattkommentar)

Danners, Die Sicherung des Verfahrensablaufs durch sitzungspolizeiliche Befugnisse im Strafprozess, Diss., 1999

Dierlamm, Ausschließung und Ablehnung von Tatrichtern nach Zurückverweisung durch das Revisionsgericht (§ 354 Abs. 2 StPO), 1994

Erichsen/Ehlers (Hrsg.), Allgemeines Verwaltungsrecht, 11. Aufl. 1998

Esser, Auf dem Weg zu einem europäischen Strafverfahrensrecht. Die Grundlagen im Spiegel der Rechtsprechung des Europäischen Gerichtshofs für Menschenrechte in Straßburg, 2002

Fezer, Strafprozessrecht, 2. Aufl. 1995

Geppert, Der Grundsatz der Unmittelbarkeit im deutschen Strafverfahren, 1979

Goergen, Die organisationsrechtliche Stellung der Staatsanwaltschaft zu ihren Hilfsbeamten und zur Polizei, 1973

Gössel, Strafverfahrensrecht, 1977

Grube, Richter ohne Robe, 2005

Haller/Conzen, Das Strafverfahren, 4. Aufl. 2006

Heidelberger Kommentar (HK) zur Strafprozessordnung, 3. Aufl. 2001

Hesse, Grundzüge des Verfassungsrechts der Bundesrepublik Deutschland, 20. Aufl. 1999

Hellmann, Strafprozessrecht, 2. Aufl. 2006

Hobe, Europarecht, 2000

Hohenhaus, Die strafprozessuale Observation, 2006

Ipsen, Staatsrecht I, 16. Aufl. 2004

Jakobs, Strafrecht, Allgemeiner Teil, 2. Aufl. 1991 (= Studienausgabe 1993)

Karlsruher Kommentar (KK), Kommentar zur Strafprozessordnung, 5. Aufl. 2003

Kindhäuser, Strafprozessrecht, 2006

KMR, Loseblattkommentar zur Strafprozessordnung

Kortgen, Probleme des Gewohnheitsrechts, 1993

Krey, Der Große Lauschangriff auf dem Prüfstand, Konsequenzen aus dem Urteil des BVerfG vom 03.03.2004, Rechtspolitisches Forum, Band 33, hrsg. v. Institut für Rechtspolitik an der Universität Trier, 2005

Krey, Deutsches Strafrecht, Allgemeiner Teil, Bd. 1, 2. Aufl. 2004, Bd. 2, 2. Aufl. 2005

Krey, Deutsches Strafrecht, Allgemeiner Teil, Lehrbuch in Deutsch und Englisch, Teil I: Grundlagen – German Criminal Law, General Part, Textbook in German and Englisch, Volume I: Basics, 2002

Krey, Characteristic Features of German Criminal Proceedings, in: Loyola of Los Angeles, International & Comparative Law Journal, 1999, S. 591

Krey, Kriminalitätsbekämpfung um jeden Preis? – Zur kontinuierlichen Ausweitung des Bereichs verdeckter Ermittlungen –, in: Kohlmann-Festschrift, 2003, S. 627

Krey, Parallelitäten und Divergenzen zwischen strafrechtlichem und öffentlichrechtlichem Gesetzesvorbehalt, in: Blau-Festschrift, 1985, S. 123

Krey, Rechtsprobleme des strafprozessualen Einsatzes Verdeckter Ermittler einschließlich des „Lauschangriffs" zu seiner Sicherung und als Instrument der Verbrechensaufklärung, in: BKA-Forschungsreihe, Sonderband 1993

Krey, Strafverfahrensrecht, Bd. 1, 1988, Bd. 2, 1990 **(zitiert: StPO 1, StPO 2)**

Krey/Heinrich, Strafrecht, Besonderer Teil, Bd. 1, 13. Aufl. 2005

Krey/Hellmann, Strafrecht, Besonderer Teil, Bd. 2, 14. Aufl. 2005

Kühne, Strafprozessrecht. Eine systematische Darstellung des deutschen und europäischen Strafverfahrensrechts, 6. Aufl. 2003

Larenz/Canaris, Methodenlehre der Rechtswissenschaft, 3. Aufl. 1995

Leister, Stillschweigende Annexkompetenzen bei strafprozessualen Grundrechtseingriffen, 2002

Lesch, Strafprozessrecht, 2. Aufl. 2001

Löwe/Rosenberg (LR), Die Strafprozessordnung und das Gerichtsverfassungsgesetz, 24. Aufl. 1984 ff, 25. Aufl. 1997 ff

Meyer-Goßner, Strafprozessordnung, 49. Aufl. 2006

Montenbruck, In dubio pro reo aus normtheoretischer, straf- und strafverfahrensrechtlicher Sicht, 1985

Notzon, Zum Rückgriff auf polizeirechtliche Befugnisse zur Gefahrenabwehr im Rahmen der vorbeugenden Verbrechenbekämpfung – Gefahren für die Geltung der StPO und die Verfahrensherrschaft der StA bei der Strafverfolgung? 2002

Paeffgen, Vorüberlegungen zu einer Dogmatik des Untersuchungshaftrechts, 1986

Peters, Strafprozess. Ein Lehrbuch, 4. Aufl. 1985

Pfeiffer, Strafprozessordnung, 5. Aufl. 2005

Pföhler, Zur Unanwendbarkeit des strafrechtlichen Rückwirkungsverbots im Strafprozessrecht in dogmenhistorischer Sicht, 1988

Ranft, Strafprozessrecht, 3. Aufl. 2005

Robbers, Verfassungsprozessuale Probleme in der öffentlich-rechtlichen Arbeit, 1966

Roxin, Strafverfahrensrecht, 25. Aufl. 1998

Rüping, Das Strafverfahren, 3. Aufl. 1997

Rüping/Jerouschek, Grundriss der Strafrechtsgeschichte, 4. Aufl. 2002

Sarstedt, Die Revision in Strafsachen, 4. Aufl. 1962

Sarstedt/Hamm, Die Revision in Strafsachen, 6. Aufl. 1998

Sartorius I, Verfassungs- und Verwaltungsgesetze

Sartorius II, Internationale Verträge – Europarecht

Satzger, Internationales und Europäisches Strafrecht, 2005

Schairer, Der befangene Staatsanwalt, 1983

Schilken, Gerichtsverfassungsrecht, 3. Auflage 2003

Schlüchter, Das Strafverfahren, 2. Aufl. 1983

Schmid, N., Strafverfahren und Strafrecht in den Vereinigten Staaten, 2. Aufl. 1993

Schönfelder, Deutsche Gesetze

Schönke/Schröder, Strafgesetzbuch, 27. Aufl. 2006 **(zitiert: S/S)**

Steiner (Hrsg.), Besonderes Verwaltungsrecht, 7. Aufl., 2003

Systematischer Kommentar (SK) zum StGB, Bd. I, Bd. II (Loseblattsammlung)

Systematischer Kommentar zur StPO (SK-StPO), Loseblattsammlung

Tröndle/Fischer, Strafgesetzbuch, 53. Aufl. 2006

Volk, Grundkurs StPO, 5. Aufl. 2006

Wessels/Beulke, Strafrecht, Allgemeiner Teil, 35. Aufl. 2005

Wolf, Gerichtsverfassungsrecht aller Verfahrenszweige, 6. Aufl. 1987

Erster Teil: Grundlagen

§ 1 Begriff und Funktion des Strafverfahrensrechts

I. Begriff des Strafverfahrensrechts

1. Strafprozessrecht und materielles Strafrecht: Abgrenzung

a) Der Begriff »Strafrecht« erfasst nach üblichem Sprachgebrauch nur das **mate-** **1** **rielle Strafrecht**; es ist untergliedert in den Allgemeinen Teil (§§ 1–79 b StGB) und den Besonderen Teil (§§ 80–358 StGB sowie die sog. strafrechtlichen Nebengesetze)[1]. Jener Begriff lässt sich am besten verdeutlichen, wenn man auf die Voraussetzungen der Straftat und die angedrohten Sanktionen abstellt. Danach befasst sich das Strafrecht im materiellen Sinne mit zwei Fragen:
– *Was sind die Voraussetzungen der Straftat (Verbrechen oder Vergehen)?*
– *Welche Rechtsfolgen (Strafen und/oder Maßregeln der Besserung und Sicherung) können verhängt werden?* [2]

b) Das **Strafverfahrensrecht**, auch »formelles Strafrecht« genannt, dient der Ver- **2** wirklichung des materiellen Strafrechts: Es bezeichnet den Inbegriff der Vorschriften, bei denen es um die Regelungsmaterie »Strafprozess« geht, d.h. um
das Verfahren, in dem das Vorliegen einer Straftat ermittelt und ggf. die gesetzlich vorgesehenen Strafen und/oder Maßregeln festgesetzt und vollstreckt werden [3].

Zur Verdeutlichung: Die Hauptverhandlung als Herzstück des Strafprozesses endet durch Urteil (§ 260 StPO), das den Angeklagten entweder freispricht oder verurteilt[4]. Im letzteren Fall erfolgt nach Rechtskraft des Strafurteils dessen Vollstreckung (§ 449 StPO).

2. Bedeutung der Differenzierung Strafprozessrecht/materielles Strafrecht

a) Art. 103 Abs. 2 GG **(nulla poena sine lege)** gilt nach herrschender und zutref- **3** fender Ansicht nicht im Strafverfahrensrecht[5]. Das bedeutet im Einzelnen:
(1) Das **Rückwirkungsverbot** (genauer: das Verbot strafbegründender und -schärfender Rückwirkung von Gesetzen) ist im Strafprozessrecht unanwendbar[6].

---

[1] *Krey,* AT 1 (= Vol. I), Rn 35–40.

[2] *Krey* aaO, Rn 36; sachlich übereinstimmend *Wessels/Beulke,* Rn 10.

[3] *Krey* aaO, Rn 41; *Roxin,* 1/1.

[4] Daneben gibt es noch die »Einstellung des Verfahrens« durch Urteil, und zwar bei Verfahrenshindernissen, § 260 Abs. 3 StPO.

[5] *BGH* St 46, 310, 317, 318; *Krey* aaO, Rn 41, 72–77, 105; ders. StPO 1, Rn 3–16 m.w.N.; siehe ergänzend Fn 6, 18; ganz h.M.

[6] *BGH* aaO; *BVerfG* E 25, 269, 284 ff; E 81, 132, 135; *BVerfG* NStZ 2000, 251; *Beulke,* Rn 8; *Krey,* AT 1 (= Vol. I), Rn 73; *Pföhler,* Rn 35 ff, 149 ff; a.A. *Jakobs,* 4/9, 57.

Vielmehr ist für das Prozessrecht im Allgemeinen und das Strafprozessrecht im Besonderen auf Grund der Natur der Sache die grundsätzliche Anwendbarkeit des zur Zeit des Prozesses geltenden Verfahrensrechts charakteristisch[7].

Beispiel 1: Bis 1974 war die Zahl der Wahlverteidiger (§ 137 Abs. 1 StPO) unbegrenzt. Mit Wirkung zum 1.1.1975 hat der Gesetzgeber die Zahl der vom Beschuldigten gewählten Verteidiger auf drei begrenzt, § 137 Abs. 1 StPO n.F. Diese Neuregelung galt dabei auch für solche Strafverfahren, die am 1.1.1975 schon anhängig waren.[8]

Das strafrechtliche Rückwirkungsverbot des Art. 103 Abs. 2 GG stand jener Rückwirkung des § 137 Abs. 1 S. 2 StPO n.F. nicht entgegen[9].

4 **Beispiel 2:** Die rückwirkende Verlängerung von Verjährungsfristen und die rückwirkende Aufhebung der Verjährung[10] sind mit Art. 103 Abs. 2 GG vereinbar[11]. Diese Verfassungsnorm gilt ja nicht im Strafprozessrecht. Die Verjährung ist ungeachtet ihrer Regelung im StGB ein strafprozessuales Rechtsinstitut[12]: Sie ist Verfolgungshindernis (Prozesshindernis); die Nichtverjährung der Tat ist Verfolgungsvoraussetzung (Prozessvoraussetzung)[13].

– Auch der Strafantrag (§§ 77 ff StGB) zählt als Prozessvoraussetzung zur Regelungsmaterie Strafprozessrecht, sodass auch hier Art. 103 Abs. 2 GG nicht gilt[14]. –

5 Allerdings können sich für Normen des Strafprozessrechts aufgrund des **allgemeinen rechtsstaatlichen Prinzips des Vertrauensschutzes** ausnahmsweise Schranken der Rückwirkung ergeben, namentlich in Fällen der Rückwirkung auf abgeschlossene Lebenssachverhalte (»echte Rückwirkung«)[15]. Solchen Vertrauensschutz hat der Gesetzgeber in unseren Beispielen gewährt:

– In Beispiel 1 durch Verzicht auf eine Geltung der Neuregelung für solche Strafverfahren, bei denen am 1.1.1975 die Hauptverhandlung schon begonnen hatte[16].
– In Beispiel 2 durch eine Ausnahme für bereits verjährte Verbrechen[17].

---

[7] *BGH* St 26, 288, 289; *BVerfG* E 24, 33, 55 a.E.; E 65, 76, 95 a.E.

[8] Zu Beispiel 1 siehe: *BVerfG* E 39, 156, 166, 167; *Krey*, StPO 1, Rn 115–118, 700–703.

[9] So der Sache nach *BVerfG* aaO.

[10] Es ging dabei um die Strafverfolgung von Verbrechen der Nazi-Diktatur, später um Verbrechen des kommunistischen Regimes der ehemaligen DDR; dazu *Pföhler*, Rn 55 ff, 73 ff, 79 ff; *Tröndle/Fischer*, Rn 6 ff vor § 78.

[11] *BGH* St 46, 310, 317, 318; *BVerfG* E 25, 269, 285 ff; *BVerfG* NStZ 2000, 251; *Krey*, AT 1 (= Vol. I), Rn 73–76 m.w.N. pro und contra; a.A. *Jakobs*, 4/9 m.w.N.

[12] *BGH* aaO; *BVerfG* aaO; *Beulke*, Rn 8; *Krey*, StPO 2, Rn 566; *Kühne*, Rn 668; str.

[13] Siehe Fn 12.

[14] *BGH* St 46 aaO; *Krey*, AT 1 (= Vol. I), Rn 77; *Kühne* aaO; str.

[15] *BVerfG* E 25, 269, 289–291; E 39, 156, 166–168; 63, 343, 358 (a.E.) ff; *Krey*, Parallelitäten, S. 149 f; ders. AT 1 (= Vol. I), Rn 74, 75; *Rensmann*, JZ 1999, 168 ff.

[16] Dazu *BVerfG* E 39, 156, 158, 166 ff.

[17] *BVerfG* E 25 aaO, E 63 aaO; *Krey*, AT 1 (= Vol. I) aaO.

(2) Auch das **Analogieverbot** aus Art. 103 Abs. 2 GG (genauer: Verbot strafbe- 6
gründender und -schärfender Analogie) ist im Strafverfahrensrecht unanwendbar[18].
– Doch gilt für strafprozessuale Zwangsmaßnahmen (Grundrechtseingriffe) wie Untersuchungshaft, Überwachung der Telekommunikation etc. ein Analogieverbot, das aus
dem **allgemeinen rechtsstaatlichen Vorbehalt des Gesetzes** für Eingriffe in
Grundrechte des Bürgers abzuleiten ist[19]. –

Beispiel 3: Der Angeklagte A verzögert die Hauptverhandlung hartnäckig durch Berufung
auf angebliche Verhandlungsunfähigkeit wegen drohenden Herzinfarktes unter Stress. Zur
Klärung der Frage seiner körperlichen Verhandlungsfähigkeit ordnet das Gericht seine
zwangsweise Unterbringung in einem Krankenhaus für fünf Tage an. Kann diese Maßnahme
auf eine analoge Anwendung des § 81 StPO gestützt werden?
– Diese Norm erlaubt die Unterbringung des Beschuldigten zur Klärung seines »psychischen Zustandes«. –

Jene Maßnahme verstößt zwar nicht gegen Art. 103 Abs. 2 GG. Sie ist aber mit 7
dem öffentlich-rechtlichen Vorbehalt des Gesetzes für Grundrechtseingriffe
(hier: Eingriff in die Freiheit der Person, Art. 2 Abs. 2 S. 2 mit Art. 104 Abs. 1 GG)
unvereinbar, da dieser ein Analogieverbot beinhaltet.
– Das *BVerfG* spricht plakativ von Analogieverbot für Freiheitsentziehung aus Art. 104
Abs. 1 GG, vergleichbar dem Analogieverbot aus Art. 103 Abs. 2 GG[20]. –
Im Übrigen kann jene Zwangsmaßnahme gegen A auch nicht auf § 81 a StPO (körperliche
Untersuchung des Beschuldigten) gestützt werden: Diese Vorschrift erlaubt nach Wortlaut
und Sinn allenfalls kurzfristige Eingriffe in die Freiheit der Person, z.B. durch zwangsweise
Verbringung des Beschuldigten zum Arzt, um eine Blutprobe entnehmen zu lassen, nicht
aber den Freiheitsentzug für fünf Tage[21].

b) Die Differenzierung materielles Strafrecht/Strafprozessrecht ist weiterhin für den 8
Geltungsbereich des Rechtsprinzips »**in dubio pro reo**« (im Zweifel für den Angeklagten) relevant.
– Der Satz »in dubio pro reo« ist zwar in der StPO nicht ausdrücklich normiert, ist aber
als Ausfluss der Rechtsstaatlichkeit geltendes Verfassungsrecht. –
Jenes Rechtsprinzip nun gilt (grundsätzlich) nicht für *nur verfahrensrechtlich relevante Tatsachen*[22]. Es zählt nämlich zum materiellen Strafrecht[23]. Der Satz »in

---

[18] *Krey*, ZStW 1989, 838, 853 f; *Leister*, S. 92 ff, 331; *Meyer-Goßner*, Einleitung Rn 198;
Tröndle/Fischer, § 1 Rn 10.

[19] So: *BVerfG* E 29, 183, 195–197 (für Eingriffe mit Freiheitsentzug); *BVerfG* NJW 1996,
3146 = NStZ 1996, 615; *Konzak*, NVwZ 1997, 872 f; *Krey* aaO, S. 854 ff; ders. AT 1
(= Vol. I), Rn 105 Fn 128 m.w.N.; *Leister* aaO, S. 122–225, 331 f.

[20] *BVerfG* E 29 aaO.

[21] Dazu eingehend: *Krey*, StPO 2, Rn 265–268; *Leister* aaO, S. 14–17, 18–25, 267 ff,
323 f; *Rudolphi* in: SK-StPO, Rn 34 vor § 94. Weitergehend aber: *BayObLG* NJW 1957,
272; *OLG Schleswig* NStZ 1982, 81.

[22] *Krey*, StPO 1, Rn 19–27; *Kühne*, Rn 965; *Meyer-Goßner*, § 261 Rn 33, 34, 35; *Sax*,
JZ 1958, 178 f; sehr str., a.A. etwa *Roxin*, 15/38–40.

[23] *Krey* aaO, Rn 22; *Meyer-Goßner*, § 261 Rn 26; *Sax* aaO.

dubio pro reo« ist gewissermaßen ein Annex zum strafrechtlichen Gesetzlichkeitsprinzip »nulla poena sine lege« (Art. 103 Abs. 2 GG)[24]:
Gemäß Art. 103 Abs. 2 GG darf der Angeklagte nur bestraft werden, wenn die Strafbarkeit zur Tatzeit gesetzlich bestimmt war, d.h. wenn seine Tat bei ihrer Begehung die gesetzlichen Merkmale eines Verbrechens oder Vergehens erfüllte. Von diesen materiell-rechtlichen Voraussetzungen muss der Strafrichter überzeugt sein. Aus der Sicht des Strafprozesses bedeutet das zum materiellen Strafrecht – und zugleich zum Verfassungsrecht – zählende Prinzip »nulla poena sine lege« nichts anderes als dies:
Keine Strafe ohne die **gerichtliche Feststellung der Tatsachen**, die jene materiellrechtlichen Voraussetzungen begründen, d.h. aus denen
– die Erfüllung des Straftatbestandes,
– die Rechtswidrigkeit der Tat und
– die Schuld des Täters resultieren[25].
An jener Feststellung fehlt es, wenn der Strafrichter nach dem Ergebnis der Beweisaufnahme in der Hauptverhandlung (§§ 261, 264 StPO) wegen verbleibender »vernünftiger Zweifel« nicht die Überzeugung vom Vorliegen solcher Tatsachen gewonnen hat[26].

9 Dass der Satz »in dubio pro reo« sich nur auf materiell-rechtlich relevante Tatsachen bezieht, ergibt sich auch aus der Rechtsnatur der **Revisions-Rüge** (§§ 333, 337, 344 Abs. 2 StPO), *das angefochtene Urteil verletze das Rechtsprinzip »im Zweifel für den Angeklagten«*: Diese Rüge wird nämlich von der h.M. zu Recht als Sachrüge (Rüge der Verletzung materiellen Rechts) behandelt, nicht als Verfahrensrüge (Rüge der Verletzung von Prozessrecht, § 344 Abs. 2 S. 2 StPO)[27].

10 Die Judikatur folgt dem hier vertretenen Standpunkt im Grundsatz, macht aber für einzelne Verfahrenshindernisse wie **Verjährung** (Rn 4) eine Ausnahme: Zweifel daran, ob die Tat verjährt sei oder nicht, wirkten sich nach dem Rechtsprinzip »in dubio pro reo« zugunsten des Täters aus[28].
Noch weitergehend will ein Teil der Lehre dieses Rechtsprinzip für alle Prozesshindernisse/Prozessvoraussetzungen anwenden[29].

11 Indes ist jener Judikatur – und erst Recht dieser Lehrmeinung – zu widersprechen: Ob und wieweit bei lediglich **verfahrensrechtlich** erheblichen Tatsachen Zweifel sich zugunsten oder zum Nachteil des Beschuldigten auswirken, ist nicht pauschal gemäß dem Satz »in dubio pro reo« zu entscheiden; er ist als Teil des materiellen Strafrechts hier nicht einschlägig. Vielmehr ist jene Frage nach Sinn und Zweck der

---

[24] *Krey* aaO.

[25] Sachlich übereinstimmend u.a.: *Montenbruck*, S. 75 f, 190; *Sarstedt*, S. 240.

[26] *BGH* NStZ 1990, 402 u. 603; *Roxin*, 15/13.

[27] *Krey*, StPO 1, Rn 23; *Meyer-Goßner*, § 261 Rn 38, 39, 41. – Der Begriff „Sachrüge" basiert darauf, dass man „materielles Recht" auch „sachliches Recht" nennt. –

[28] *BGH* St 18, 274 ff; *Walter*, JZ 2006, 340, 345; weitere Nachweise bei *Meyer-Goßner*, § 261 Rn 34.

[29] *Beulke*, Rn 25; *Hellmann*, Rn 811; *Loos*, JuS 1969, 702 f; *Roxin*, 15/38, 39.

jeweiligen Verfahrensvorschrift unter Berücksichtigung des Verfassungsgebots eines rechtsstaatlichen Strafprozesses **differenzierend** zu beantworten[30].

Beispiele 4–6:
(4) Lässt sich nicht klären, ob die angeklagte Tat verjährt ist, so ist das Verfahren einzustellen. Es wäre mit dem Rechtsstaatsprinzip unvereinbar, trotz möglichen Vorliegens des Prozesshindernisses der Verjährung den Angeklagten zu verurteilen[31].

(5) Lässt sich nicht klären, ob eine Berufung oder Revision fristgerecht eingelegt wurde (§ 314 bzw. § 341 StPO), weil nicht festzustellen ist, ob das Rechtsmittel überhaupt bei Gericht eingelegt wurde, führt dieser Zweifel nach Sinn und Zweck des Gesetzes zur Verwerfung des Rechtsmittels als unzulässig: Das Rechtsmittel kann nur Erfolg haben, wenn das Zulässigkeitserfordernis der Fristwahrung feststeht. Daran fehlt es jedenfalls dann, wenn zweifelhaft bleibt, ob die Rechtsmittelschrift überhaupt bei Gericht eingegangen ist[32].
– Steht dagegen die Einlegung des Rechtsmittels bei Gericht fest und lässt sich nur der Termin des Einganges nicht klären, so dürfte aus rechtsstaatlichen Erwägungen anders zu entscheiden sein[33]: diese Unklarheit fällt in den Verantwortungsbereich der Justiz. –

(6) Mit seiner Revision rügt der Angeklagte die Verletzung von Strafprozessrecht, etwa der Vorschriften über die Pflicht der Polizei, den Beschuldigten bei Beginn seiner Vernehmung **über seine Rechte zu belehren**
– nicht zur Sache auszusagen (Schweigerecht) und
– einen Verteidiger seiner Wahl zu konsultieren[34].
Wenn das Revisionsgericht nicht klären kann, ob der gerügte Verfahrensfehler erfolgt ist, führt dieser Zweifel zur Verwerfung der Revision als unbegründet. Denn Verfahrensrügen (Rn 9) können grundsätzlich nur Erfolg haben, wenn die gerügte Verletzung von Prozessrecht zur Überzeugung des Revisionsgerichts feststeht[35].

c) Schließlich ist die Unterscheidung zwischen Strafrecht und Strafprozessrecht im **12 Beweisrecht** bedeutsam:
Für die Feststellung verfahrensrechtlich relevanter Tatsachen gilt – auch in der Hauptverhandlung – der Freibeweis. Dagegen erfordert die Feststellung materiellrechtlich relevanter Tatsachen, d.h. der für die Schuldfrage und die Strafzumessung bedeutsamen Fakten, Strengbeweis, soweit es um die Beweisaufnahme in der Hauptverhandlung geht[36].
– Hierauf wird die Darstellung zurückkommen. –

---

[30] So u.a.: *Krey* aaO, Rn 25–27; *Kühne*, Rn 964, 965 (im Anschluss an *Sax*); *Meyer-Goßner*, § 261 Rn 34, 35.

[31] *Kühne* aaO.

[32] *BGH* NStZ 1999, 372 f; *OLG Hamm* NStZ 1982, 43 f; *Krey*, StPO 1, Rn 19 ff, 27; *Meyer-Goßner*, § 261 Rn 35 m.w.N.

[33] *Krey* aaO, Rn 27; im Ergebnis ebenso: *BGH* NJW 1960, 2202; *Meyer-Goßner* aaO; *Roxin*, 51/21; *Sarstedt/Hamm*, Rn 112.

[34] Siehe § 163 a Abs. 4 S. 2 mit § 136 Abs. 1 S. 2 StPO.

[35] *BGH* St 16, 164, 167; *BGH* NStZ 1997, 609, 610; *Beulke*, Rn 564; *Krey* aaO, Rn 26; *Meyer-Goßner*, § 337 Rn 10, 12; kritisch: *Kühne*, Rn 966; *Roxin*, 15/40.

[36] *Meyer-Goßner*, § 244 Rn 6–7 m.w.N.

13 d) Im Übrigen ist die Differenzierung materielles Strafrecht/Strafverfahrensrecht noch für die **Begründung von Revisionen** relevant (§ 344 Abs. 2 StPO): Die Sachrüge (Rn 9) muss nicht näher begründet werden. Insoweit genügt die Erklärung, *gerügt werde die Verletzung materiellen Rechts,* oder die Feststellung, *mit der Revision werde die Sachrüge geltend gemacht.* Dagegen muss die Verfahrensrüge (Rn 9) nach Maßgabe des § 344 Abs. 2 S. 2 StPO substantiiert werden.

3. Strafprozessrecht und Strafvollzug

14 Zum Strafprozessrecht gehört auch die **Strafvollstreckung** (§§ 449 ff StPO):
– Bei der Geldstrafe geht es um ihre Beitreibung (§§ 459 bis 459 h StPO).
– Bei der Freiheitsstrafe beschränken sich die Vollstreckungsregeln der StPO auf das Verfahren zu ihrer Realisierung von der Rechtskraft bis zum Strafantritt (§§ 449 ff StPO) sowie auf die »generelle Überwachung ihrer Durchführung« (§§ 454 ff StPO)[37].
Den Vollzug der Freiheitsstrafe in den Justizvollzugsanstalten **(Strafvollzug)** hingegen regelt nicht die StPO, sondern das Strafvollzugsgesetz des Bundes[38]. Das dort kodifizierte Strafvollzugsrecht zählt nicht zum Strafverfahrensrecht.

II. Funktion des Strafverfahrensrechts

1. Erforschung der Wahrheit in einem rechtsstaatlichen Verfahren

15 a) Der Strafprozess dient primär der Erforschung der Wahrheit[39]. Sie ist Voraussetzung für die anzustrebende sachlich richtige, gerechte Entscheidung, i.d.R.
– Verurteilung des Schuldigen oder
– Freispruch des Unschuldigen (bzw. bei nicht erwiesener Schuld):
Diese Wahrheitsfindung ist ein Gebot der **Gerechtigkeit** als Element der Rechtsstaatlichkeit. Zugleich begrenzt das Verfassungsprinzip der Gerechtigkeit aber die Erforschung der Wahrheit:
Das Strafprozessrecht fordert nicht die Wahrheitsfindung »um jeden Preis«[40].
Vielmehr hat sie auf »justizförmigem Wege« zu erfolgen, oder genauer: in einem rechtsstaatlich strukturierten Verfahren unter Einhaltung seiner Regeln.

16 Einerseits haben *BVerfG* und *BGH* zum Strafprozessrecht wiederholt betont, *»die möglichst vollständige Wahrheitsermittlung«, ohne die »Gerechtigkeit nicht durchgesetzt werden könne«, sei ein Gebot der Rechtsstaatlichkeit*[41].

---

[37] *Kühne*, Rn 1141; *Roxin*, 56/2.
[38] v. 16.3.1976 i.d.F. v. 27.12.2000 (BGBl. I, 2043).
[39] *Krey*, StPO 1, Rn 38 m.w.N.; *Roxin*, 1/1, 3, 6.
[40] *BGH* St 14, 358, 365; 38, 214, 220; *Roxin*, 1/3.
[41] *BVerfG* E 33, 367, 383; E 34, 238, 248 f; E 80, 367, 375; *BGH* St 29, 244, 250.

Auf dieser Einsicht beruht das rechtsstaatliche Prinzip »Gewährleistung der Funktionstüchtigkeit der Strafrechtspflege«[42].

Andererseits haben *BVerfG* und *BGH* in ständiger Rechtsprechung die rechtsstaat- **17** lichen Schranken der Wahrheitsfindung im Strafprozess hervorgehoben[43]: Das Verfassungsgebot, Straftaten möglichst umfassend aufzuklären, könne mit **Gegeninteressen** kollidieren, denen ebenfalls Verfassungsrang zukomme.
Solche Gegeninteressen sind erstens die **Grundrechte des Beschuldigten**
– z.B. seine Menschenwürde, persönliche Freiheit, körperliche Unversehrtheit, die Unverletzlichkeit seiner Wohnung –,
zudem die Grundrechte anderer Betroffener wie Verteidiger oder Zeugen.
Zweitens können auch Rechtsgüter der Allgemeinheit solche Gegeninteressen mit Verfassungsrang sein; das gilt z.B. für die »Staatssicherheit« der Bundesrepublik Deutschland[44].

b) Demgemäß ist von Verfassungs wegen ein gerechter Ausgleich zwischen den **18** einander widerstreitenden Interessen geboten. Die Strafverfolgungsinteressen sind an den verfassungsrechtlich geschützten Gegeninteressen zu messen, was eine umfassende **Interessenabwägung** der beteiligten Verfassungswerte fordert[45].
Im Staatsrecht spricht man, im Anschluss an *Hesse*, bei solcher Interessenabwägung vielfach vom »Herstellen praktischer Konkordanz«[46].
Jene Aufgabe kommt in erster Linie dem **Gesetzgeber** zu. Er hat für die Normierung eines rechtsstaatlichen Strafverfahrensrechts Sorge zu tragen und dabei einen angemessenen Ausgleich zwischen den Erfordernissen einer effektiven Strafverfolgung und den Gegeninteressen vorzunehmen.

Beispiel 7: Im Interesse der Wahrheitsfindung ist grundsätzlich jeder Zeuge verpflichtet, vor **19** Gericht zur Sache auszusagen (§ 70 StPO)[47]. Anderenfalls wäre die Funktionstüchtigkeit der Strafrechtspflege gefährdet[48]. Jedoch hat der Gesetzgeber nach Abwägung mit Gegeninteressen eine Reihe von Zeugnisverweigerungsrechten normiert, so insbesondere:
– § 52 StPO (Angehörige); hier geht es um den Schutz von Ehe und Familie, Art. 6 GG.
– § 53 StPO (Berufsgeheimnisträger; z.B. Mitarbeiter von Presse und Rundfunk wegen der Presse- und Rundfunkfreiheit, Art. 5 Abs. 1 GG).

---

[42] *BVerfG* E 33 u. 34 aaO; E 74, 257, 262; *BVerfG* NJW 2002, 51, 52; *BGH* St 38, 214, 220; *Beulke*, Rn 3; *Hellmann*, Rn 5; *Krey*, StPO 2, Rn 261 ff; *Meyer-Goßner*, Einl. Rn 18; kritisch: *Hassemer*, StV 1982, 275 ff, 279 f; *Roxin*, 1/7 m.w.N.

[43] *BVerfG* E 32, 373, 378 ff; E 38, 105, 111 ff; E 80, 367, 373 ff; *BGH* St 19, 325, 329 f.

[44] Dazu: § 172 Nr. 1 GVG; siehe auch §§ 153 c Abs. 2, 3 und 153 d Abs. 1 StPO (»schwerer Nachteil für die Bundesrepublik Deutschland«).

[45] *BVerfG* E 34, 238, 249; E 57, 250, 285; E 80 aaO, S. 375 f.

[46] *Hesse*, Rn 317 f.

[47] Zur Aussagepflicht vor der StA siehe § 161 a StPO.

[48] *BVerfG* E 33, 367, 383; *KK-Senge*, § 53 Rn 2.

Auch § 136 a StPO **(verbotene Vernehmungsmethoden)** ist ein Beispiel für die verfassungsrechtlich gebotene Normierung eines rechtsstaatlichen Strafprozessrechts.

20 c) Die Abwägung zwischen den Erfordernissen einer effektiven Strafverfolgung und Gegeninteressen mit Verfassungsrang ist auch Aufgabe der rechtsprechenden Gewalt. Sie hat im Wege richterlicher Rechtsfortbildung am gerechten Ausgleich der widerstreitenden Interessen mitzuwirken, und zwar
– durch verfassungskonforme Auslegung strafprozessualer Gesetze[49] und
– mittels verfassungskonformer Rechtsfindung praeter legem (Lückenfüllung)[50].

Beispiel 8: Die Judikatur hat u.a. die folgenden Beweisverwertungsverbote entwickelt:
(a) »Tagebücher mit höchstpersönlichem Inhalt«, etwa Aufzeichnungen über eine Liebesbeziehung, sind als Beweismittel unverwertbar, es sei denn, dass in casu das »Strafverfolgungsinteresse des Staates« die Gegeninteressen (allgemeines Persönlichkeitsrecht des Verfassers, Art. 2 Abs. 1 mit Art. 1 Abs. 1 GG) überwiegt[51].
(b) Verstöße gegen die erwähnten Belehrungspflichten der Polizei – Rn 11 (6) – führen grundsätzlich zu einem Verwertungsverbot[52].

2. Schaffung von Rechtsfrieden

21 Die »Erforschung der Wahrheit in einem rechtsstaatlichen Verfahren« ist zwar die primäre Funktion des Strafprozessrechts. Daneben, wenn auch nur in zweiter Linie, geht es aber auch um die Schaffung von Rechtsfrieden durch rechtskräftige Entscheidung[53]. Diese zweite Aufgabe dient dem Verfassungsprinzip **Rechtssicherheit**; sie gehört wie die Gerechtigkeit zu den Elementen der Rechtsstaatlichkeit[54]. Schaffung von Rechtsfrieden durch Rechtskraft des Strafurteils bedeutet dabei den endgültigen Abschluss des Strafverfahrens:
a) Das rechtskräftige Urteil kann von den Verfahrensbeteiligten nicht mehr mit Rechtsmitteln angegriffen werden (formelle Rechtskraft)[55].
b) Bei einer Sachentscheidung (Freispruch bzw. Verurteilung) ist die Anklage verbraucht: Der freigesprochene Angeklagte darf wegen derselben Tat nicht erneut angeklagt werden. Der Verurteilte darf nicht in einem neuen Strafprozess wegen derselben Tat freigesprochen oder erneut verurteilt werden, sei es milder, sei es **strenger** (materielle Rechtskraft).[56]

---

[49] Dazu m.w.N.: *Krey,* StPO 1, Rn 79–96; *Larenz/Canaris,* S. 159 ff.

[50] Zur Differenzierung zwischen Anwendung des Gesetzes und gesetzesergänzender Lückenfüllung siehe m.w.N. *Krey,* AT 1 (= Vol. I), Rn 85, 87 ff.

[51] Zu Beispiel 8 (a): *BGH* St 19, 325 ff; **siehe ergänzend** *BVerfG* **E 80, 367, 373 ff** (mit Bespr. *Amelung,* NJW 1990, 1754); *Meyer-Goßner,* Einl. Rn 56 a m.w.N.

[52] *BGH* St 38, 214, 218 ff; 38, 372; 42, 15, 18 (a.E.) ff, 21.

[53] *Beulke,* Rn 6, 7; *KK-Pfeiffer,* Einl. Rn 1, 2; *Roxin,* 1/3, 4.

[54] *BVerfG* E 35, 41, 47.

[55] *KK-Pfeiffer,* Einl. Rn 166; *Meyer-Goßner,* Einl. Rn 164.

[56] Zu ihr: *Meyer-Goßner* aaO, Rn 168, 169, 171; *Pfeiffer* aaO, Rn 167.

c) Auch die Schaffung von Rechtsfrieden darf nicht »um jeden Preis« angestrebt **22** werden. Vielmehr gebietet es das Rechtsstaatsprinzip, zur Vermeidung grob ungerechter Ergebnisse **Durchbrechungen** der Rechtskraft zuzulassen[57]. Dem dienen die Vorschriften über die
– Wiederaufnahme eines durch rechtskräftiges Urteil abgeschlossenen Verfahrens (§§ 359–373 a StPO, § 79 Abs. 1 BVerfGG) sowie die
– Wiedereinsetzung in den vorigen Stand, §§ 44 bis 47 StPO.

Beispiel 9: A wird vom AG (Schöffengericht) wegen Fahrlässiger Tötung zu einer Freiheits- **23** strafe verurteilt. Da bis zum Ablauf der Rechtsmittelfrist – Rn 11 (5) – weder Berufung noch Revision[58] beim AG eingelegt werden, erwächst das Urteil in Rechtskraft.
(a) Sein Verteidiger hatte ihm zugesagt, Berufung einzulegen, dies aber vergessen.
Da Angeklagten das Verschulden ihrer Verteidiger nicht zugerechnet wird[59], ist A nach §§ 44, 45 StPO Wiedereinsetzung in den vorigen Stand zu gewähren. Dabei muss die »versäumte Handlung« (Einlegung der Berufung) nachgeholt werden, § 45 Abs. 2 S. 2 StPO.
(b) A, der in Wirklichkeit die Tötung vorsätzlich begangen hatte, feiert mit Freunden seine Verurteilung, wobei er sich damit brüstet, das Opfer vorsätzlich ermordet zu haben[60].
Eine Durchbrechung der Rechtskraft mittels Wiederaufnahme des Verfahrens **zu Ungunsten** des Verurteilten[61] wegen seines »außergerichtlichen Geständnisses« (§ 362 Nr. 4 StPO) scheidet hier aus. Diese Vorschrift verlangt ja, dass der Angeklagte freigesprochen worden war. Fehlt es an einem solchen **Freispruch**, so ist § 362 Nr. 4 StPO auch dann nicht anwendbar, wenn die Verurteilung aufgrund einer zu milden Vorschrift erfolgte[62]. Hier setzt sich die Rechtssicherheit (Rechtskraft) gegen die »Gerechtigkeit im Einzelfall« durch.

---

[57] *Krey*, StPO 1, Rn 46; *Meyer-Goßner*, Rn 1 vor § 359; *Roxin*, 50/24.

[58] Dazu §§ 312 (Berufung) und 335 (Sprungrevision) StPO.

[59] *KK-Maul*, § 44 Rn 30; *Meyer-Goßner*, § 44 Rn 18.

[60] **»Außergerichtliches Geständnis«** i.S. des § 362 Nr. 4 StPO.

[61] Zu ihrer Vereinbarkeit mit Art. 103 Abs. 3 GG (ne bis in idem): *BVerfG* E 3, 248, 252; E 12, 62, 66; *BGH* St 5, 323, 328 ff; *KK-Schmidt*, § 362 Rn 3; *Krey*, StPO 1, Rn 49. Zur Wiederaufnahme **zu Gunsten** des Verurteilten: §§ 359 StPO, 79 Abs. 1 BVerfGG.

[62] *Krey* aaO, Rn 50; *Meyer-Goßner*, § 362 Rn 4; *Schmidt* aaO, Rn 9; *Roxin*, 55/13; str.

§ 2 Rechtsquellen des Strafprozessrechts; Bedeutung des Verfassungsrechts; Europäisierung des Strafverfahrensrechts

I. Strafprozessordnung und Gerichtsverfassungsgesetz

1. Strafprozessordnung (StPO)

24 Trotz der föderalistischen Struktur Deutschlands als Bundesstaat (Art. 20 Abs. 1 GG) ist das Strafprozessrecht **Bundesrecht**[63]; die 16 Länder haben keine eigenen Strafprozessordnungen. Die StPO[64] als umfassende Kodifikation des Strafverfahrens (Art. 6 EG StPO) ist 1879 in Kraft getreten. Sie gehört zusammen mit dem GVG, der ZPO und anderen Gesetzen zu den sog. Reichsjustizgesetzen von 1877[65].
– Die StPO war nicht etwa die erste Deutsche Reichs-Strafprozessordnung. Vielmehr kommt diese Bedeutung der »**Constitutio Criminalis Carolina**« (CCC) von 1532 zu, d.h. der »Peinlichen Gerichtsordnung Kaiser Karl V.«. Sie war StPO und zugleich StGB des »Heiligen Römischen Reiches Deutscher Nation«. –[66]

2. Gerichtsverfassungsgesetz (GVG)

25 Das GVG[67] ergänzt die StPO und regelt insbesondere
– die funktionelle und sachliche Zuständigkeit der Strafgerichte;
– die diplomatische Immunität;
– den Gerichtsaufbau *(AG, LG, OLG, BGH)*;
– die Staatsanwaltschaft;
– Öffentlichkeit der Hauptverhandlung und Sitzungspolizei des Vorsitzenden;
– Beratung und Abstimmung bei Kollegialgerichten.

II. Sonstige Rechtsquellen

26 1. Weitere Bundesgesetze mit strafprozessualer Relevanz sind u.a.:
– Jugendgerichtsgesetz (JGG, Nr. 89 im *Schönfelder*): Jugendstrafverfahren;
– Abgabenordnung (AO), §§ 385 ff: Steuerstrafverfahren;
– Bundeszentralregistergesetz (BZRG, Nr. 92 im *Schönfelder*): Strafregister;
– Gesetz über die Entschädigung für Strafverfolgungsmaßnahmen (StrEG, Nr. 93 im *Schönfelder*);
– Bundesrechtsanwaltsordnung (BRAO, Nr. 98 im *Schönfelder E*);
– Deutsches Richtergesetz (DRiG, Nr. 97 im *Schönfelder E*);

---

[63] Art. 74 Abs. 1 Nr. 1 GG (»gerichtliches Verfahren«).

[64] v. 1877 i.d.F. der Bekanntmachung v. 7.4.1987 (BGBl. I, 1074, 1319). Abgedruckt in: *Schönfelder*, Nr. 90.

[65] *Sellert*, JuS 1977, 781 ff.

[66] *Krey*, AT 1 (= Vol. I), Rn 151; ders. StPO 1, Rn 51–54; Text der CCC: Die Peinliche Gerichtsordnung Kaiser Karls V., hrsg. und erläutert v. *Schroeder*, 2000 (Reclam).

[67] v. 1877 i.d.F. der Bekanntmachung v. 9.5.1975 (BGBl. I, 1077). *Schönfelder*, Nr. 95.

– Bundeskriminalamtgesetz (BKAG, Nr. 450 im *Sartorius*);
– Gesetz über die internationale Rechtshilfe in Strafsachen (IRG).

2. Neben dem Gesetzesrecht als lex scripta (geschriebenes Recht) gibt es noch **ungeschriebenes Recht**, und zwar Gewohnheitsrecht und Rechtsprinzipien.

a) **Gewohnheitsrecht** hat denselben Rang wie Gesetzesrecht. Es verlangt *langdauernde Übung, die durch die Rechtsüberzeugung der Beteiligten getragen wird*[68]. Im Strafprozessrecht kommt dem Gewohnheitsrecht keine wesentliche Bedeutung zu[69].

b) Dagegen gibt es **ungeschriebene Rechtsprinzipien**, die für den Strafprozess von erheblicher Relevanz sind. Das gilt insbesondere für den »Grundsatz der Verhältnismäßigkeit« als Verfassungsprinzip, aber auch für das sehr umstrittene Rechtsprinzip der »Verwirkung prozessualer Rechte wegen Rechtsmissbrauchs«.

– Auf beide wird die Darstellung zurückkommen. –

3. Keine Rechtsquellen sind Verwaltungsvorschriften der Exekutive wie: **27**
– Richtlinien für das Strafverfahren und das Bußgeldverfahren (RiStBV)[70];
– Untersuchungshaftvollzugsordnung (UVollzO)[71].
Sie stellen für die betroffenen Amtsträger, z.B. Staatsanwälte, **bindende Dienstbefehle** dar, gelten aber nicht für die in richterlicher Unabhängigkeit erfolgende rechtsprechende Tätigkeit (Art. 97 Abs. 1 GG).

III. Strafprozessrecht und Verfassungsrecht

Nach einer verbreiteten Formulierung ist das Strafprozessrecht »angewandtes Verfassungsrecht«[72]. Diese Charakterisierung ist jedoch nur teilweise zutreffend.   **28**

Richtig ist zwar einerseits, dass gesetzgebende und rechtsprechende Gewalt die Wertungen der Verfassung zu respektieren und zu konkretisieren haben (Art. 20 Abs. 3 GG). Insoweit sei an unsere Ausführungen in Rn 17–20 zum gerechten Ausgleich zwischen den Erfordernissen einer **möglichst vollständigen Wahrheitsermittlung** und der Pflicht zum **Schutz der Grundrechte des Beschuldigten und sonstiger Verfassungswerte** erinnert. Daher wird das Strafprozessrecht zu Recht auch als »Seismograph der Rechtsstaatlichkeit« bezeichnet[73].

Andererseits sei mit Nachdruck betont: Das geltende Strafverfahrensrecht ist primär in der StPO und im GVG enthalten. Beide Kodifikationen haben schon bei ihrer Schaffung 1877 (Rn 24) einen rechtsstaatlich-liberalen Strafprozess garantiert[74] und tun dies heute in verstärktem Maße. **Das geltende Recht ist auch für den Strafprozess nicht einfach aus der Verfassung abzulesen.**

---

[68] *Krey*, AT 1 (= Vol. I), Rn 106 m.w.N.; grundlegend *Kortgen*.

[69] *Krey*, StPO 1, Rn 72; differenzierend *Kortgen*.

[70] Abgedruckt in: *Meyer-Goßner*, Anh 12 und *Schönfelder E*, Nr. 90 e.

[71] Dazu: *KK-Boujong*, § 119 Rn 2. Abgedruckt: *Schönfelder E*, Nr. 91 a.

[72] *BVerfG* E 32, 373, 383; *BGH* St 19, 325, 330; beide m.w.N.

[73] *Roxin*, 2/1.

[74] *Sellert*, JuS 1977, 781 ff.

Diese Einsicht sollte auch das *BVerfG* stärker beherzigen und künftig Übergriffe in die Domäne der Legislative und der Strafgerichte[75] unterlassen.

1. Das Grundgesetz (GG) als Rechtsquelle für das Strafprozessrecht

29 Das GG enthält eine Reihe von Spezialvorschriften für das Strafprozessrecht, u.a.:
- Art. 46 Abs. 2, 4: Immunität von Abgeordneten des Bundestages[76];
- Art. 47: Zeugnisverweigerungsrechte für Abgeordnete des Bundestages[77];
- Art. 92: Richtervorbehalt für den Kernbereich der Strafrechtspflege[78];
- Art. 93 bis 100: Vorschriften über das *BVerfG*, die obersten Bundesgerichte wie den *BGH*, die Unabhängigkeit der Richter, etc.

Dazu kommen als Teil der sog. **justitiellen Grundrechte**:
- Art. 101: Verbot von Ausnahmegerichten, Garantie des gesetzlichen Richters;
- Art. 103 Abs. 1: Anspruch auf rechtliches Gehör vor Gericht;
- Art. 103 Abs. 3: ne bis in idem (Verbrauch der Strafklage/Verbot der Doppelbestrafung);
- Art. 104: Verfassungsgarantien bei Freiheitsentziehung

30 Neben solchen Spezialvorschriften sind insbesondere noch die in Art. 1–19 GG garantierten **Grundrechte** für das Strafverfahrensrecht bedeutsam, zudem, als rechtsstaatliches Verfassungsprinzip, der **Grundsatz der Verhältnismäßigkeit**.

Dieses Verfassungsprinzip ist gerade im Strafprozessrecht von elementarer Bedeutung und besagt dreierlei[79]:
Erstens: Der Eingriff in Grundrechte muss zur Erreichung des mit ihm verfolgten Zwecks geeignet sein **(Grundsatz der Geeignetheit)**.
Zweitens: Eingriffe müssen erforderlich sein, d.h. es darf kein milderes Mittel zur Verfügung stehen, das zum gleichen Erfolg führt **(Prinzip der Erforderlichkeit)**.
Drittens: Die Belastung des Betroffenen durch den Eingriff darf nicht außer Verhältnis zu dem angestrebten Nutzen stehen[80].
    – Mit den Worten des *BVerfG*: Der Eingriff muss gemäß der Mittel-Zweck-Relation »angemessen« (»zumutbar«) sein[81]. –
Dieses dritte Postulat nennt man **Grundsatz der Verhältnismäßigkeit im engeren Sinne** (»Verbot, mit Kanonen auf Spatzen zu schießen«).

---

[75] Dazu *Krey*, JR 1995, 221 ff m.w.N.

[76] Für Landtagsabgeordnete siehe § 152 a StPO i.V.m. den einschlägigen Vorschriften der Verfassungen der 16 Länder.

[77] § 53 Abs. 1 Nr. 4 StPO erhält insoweit Verfassungsrang.

[78] Dazu: *BVerfG* E 22, 49, 75–78; E 27, 18, 28; *Krey*, StPO 1, Rn 162 ff.

[79] *Krey*, AT 1 (= Vol. I), Rn 16 m.w.N.; ders. StPO 2, Rn 270–274 mit StPO 1, Rn 89, 90, 108 ff; ders. Characteristic Features, S. 593–597.

[80] Siehe u.a.: § 112 Abs. 1 S. 2 StPO (U-Haft); *Krey* aaO m.w.N.

[81] *BVerfG* E 90, 145, 173, 185.

Fall 1: – Die unverhältnismäßige Untersuchungshaft (U-Haft) –   **31**

Der Beschuldigte B befindet sich in U-Haft (§§ 112 ff StPO). Er beantragt die Aufhebung des Haftbefehls, weil dieser gegen das verfassungsrechtliche Übermaßverbot verstoße.

(a) B werden zahlreiche schwere Wirtschaftsstraftaten zur Last gelegt. Da er alle Vorwürfe bestreitet, erwarten Staatsanwaltschaft (StA) und Gericht zutreffend ein Großverfahren von mindestens einem Jahr Dauer. B jedoch ist sehr alt, todkrank und hat allenfalls noch wenige Wochen zu leben; dies ist StA und Gericht bekannt[82].

(b) Der Haftbefehl gegen B ist auf Fluchtgefahr (§ 112 Abs. 2 Nr. 2 StPO) gestützt. Jedoch besteht offensichtlich die Erwartung, bei Leistung einer hohen, von B auch angebotenen Kaution (»Sicherheitsleistung«, § 116 Abs. 1 S. 2 Nr. 4 StPO) i.V.m. der Anordnung einer Meldepflicht (§ 116 Abs. 1 S. 2 Nr. 1 StPO) würde die Fluchtgefahr entfallen. Gleichwohl weigert sich der Haftrichter, den Vollzug des Haftbefehls auszusetzen.

(c) Dem B wird ein Ladendiebstahl zur Last gelegt. Er ist nicht vorbestraft, und der Wert der Beute beträgt nur 75 Euro. Der Haftbefehl ist auf Fluchtgefahr gestützt, da B Landstreicher ist. B ist empört, für eine solche Bagatelle eingesperrt zu werden.

In allen drei Fällen ist das Verfassungsprinzip der Verhältnismäßigkeit verletzt: **32**

a) **Fall 1 a** zeigt einen Verstoß gegen den **Grundsatz der Geeignetheit.** Zweck der U-Haft ist nämlich die Sicherung der Durchführung des Strafverfahrens und der Bestrafung des Täters. In casu war eine Durchführung des Strafverfahrens wegen der Krankheit des Beschuldigten mit an Sicherheit grenzender Wahrscheinlichkeit nicht mehr möglich. Mithin war die U-Haft nicht geeignet, ihren Zweck der Verfahrenssicherung zu erreichen. Demgemäß verletzte die Fortdauer der U-Haft das Übermaßverbot in seiner Erscheinungsform als Prinzip der Geeignetheit[83].

– Ob in casu die Annahme von Fluchtgefahr überhaupt vertretbar war, kann daher dahinstehen. –

Im Übrigen dürfte es auch gegen Art. 1 Abs. 1 GG (Schutz der Menschwürde) verstoßen, einen Beschuldigten, der aufgrund unheilbarer Erkrankung dem Tode sehr nahe ist, weiter in U-Haft zu halten[84].

Ergebnis: Der Haftbefehl war also aufzuheben (§ 120 StPO)[85]

– zumindest aber außer Vollzug zu setzen –.

b) Im **Fall 1 b** hat der Haftrichter § 116 Abs. 1 StPO verletzt. Diese Vorschrift ist   **33**
eine besondere Ausprägung des **Grundsatzes der Erforderlichkeit**[86] (Prinzip des mildesten Eingriffs), sodass auch ein Verfassungsverstoß vorliegt.

---

[82] Fall 1 a ist angelehnt an: *Krey*, StPO 2, Rn 271, 272; *BerlVerfGH* NJW 1993, 515 ff (Fall *Honecker*).

[83] *Krey* aaO; siehe auch *BVerfG* E 19, 342, 349 (unter Ziffer 3).

[84] Insoweit zutreffend *BerlVerfGH* aaO; kritisch aber *KK-Boujong*, § 112 Rn 52 und *Meyer-Goßner*, § 112 Rn 11 a, beide m.w.N. pro und contra.

[85] *BVerfG* aaO: Bei mangelnder Eignung der U-Haft zur Sicherung der Durchführung des Strafverfahrens seien ihre Anordnung und Fortdauer unzulässig.

[86] *BVerfG* E 19, 342, 351.

34 c) **Fall 1 c** zeigt eine Verletzung des **Grundsatzes der Verhältnismäßigkeit im engeren Sinne.** Zwar mag Fluchtgefahr bestehen.

– Sie fordert, dass »aufgrund bestimmter Tatsachen bei Würdigung der Umstände des Einzelfalles« eine überwiegende Wahrscheinlichkeit dafür spricht, der Beschuldigte werde sich dem Strafverfahren entziehen[87]. –

Der Haftbefehl gegen B ist jedoch bei Abwägung des angestrebten Nutzens mit der Belastung des Betroffenen völlig unangemessen. Diese Belastung steht hier außer Verhältnis zu dem verfolgten Zweck der Verfahrenssicherung:

Auf der einen Seite **(Belastung)** geht es um eine massive Beeinträchtigung der Freiheit der Person. U-Haft bedeutet einen sehr schweren Eingriff in dieses Grundrecht (Art. 2 Abs. 2 S. 2, Art. 104 GG), zumal für den Beschuldigten die rechtsstaatliche Unschuldsvermutung aus Art. 6 Abs. 2 EMRK streitet[88].

Auf der anderen Seite **(Nutzen)** geht es lediglich um die Sicherung des Strafverfahrens wegen eines sehr geringfügigen Vergehens. Die B zur Last gelegte Tat war nach der »Bedeutung der Sache« sowie der »zu erwartenden Strafe«[89] nur ein Bagatelldelikt.

– Zwar greift die Bagatellklausel des § 113 StPO wegen des höheren abstrakten Strafdrohung für Diebstahl, § 242 StGB, nicht ein[90]. Das Prinzip der Verhältnismäßigkeit gilt aber weit über § 113 StPO hinaus bei allen Delikten, namentlich beim Ladendiebstahl[91].

2. Vorrang des Verfassungsrechts; Normenkontrollverfahren

35 Einfachgesetzliche Regelungen des Strafprozessrechts, die dem GG widersprechen, sind verfassungswidrig und mithin nichtig[92]. Dabei gilt für die Frage der **Prüfungs- und Verwerfungskompetenz** der Strafverfolgungsorgane folgendes:

a) Jedem **Richter** steht, was die Frage der Verfassungsmäßigkeit von Gesetzen angeht, die Prüfungskompetenz zu. Dagegen ist die Befugnis, Gesetze als verfassungswidrig zu verwerfen, gemäß Art. 100 Abs. 1 GG beim *BVerfG* konzentriert.

– Das Verfahren nach dieser Vorschrift nennt man konkrete Normenkontrolle[93]. –

Art. 100 Abs. 1 GG ist jedoch nur für **nachkonstitutionelle Gesetze im formellen Sinne** anwendbar[94]; nur hier geht es um die Autorität unserer ersten Gewalt.

---

[87] *KK-Boujong*, § 112 Rn 15; *Kühne*, Rn 418; *Meyer-Goßner*, § 112 Rn 17.

[88] *Krey*, StPO 2, Rn 279 m.w.N.

[89] Siehe die Formulierung in § 112 Abs. 1 S. 2 StPO.

[90] § 113 StPO gilt nur für Bagatelldelikte, die mit Freiheitsstrafe bis zu sechs Monaten bedroht sind; dagegen ist für Diebstahl Freiheitsstrafe bis zu fünf Jahren angedroht.

[91] *Wagner*, NJW 1978, 2002 ff.

[92] Das *BVerfG* hat jedoch gelegentlich Gesetze, die dem GG widersprechen, nicht für nichtig erklärt, sondern nur für verfassungswidrig, und damit auf ihre **Weitergeltung** bis zu einer verfassungskonformen Neuregelung erkannt. Vgl. *Ipsen*, JZ 1983, 41 ff.

[93] *Ipsen*, Staatsrecht I, Rn 799.

[94] *BVerfG* E 1, 184, 189 ff; E 18, 216, 219 ff; E 63, 181, 187 f. – **StPO und GVG sind nachkonstitutionelle Gesetze, da sie 1950 neu verkündet wurden.** –

Dagegen gilt die Konzentration der Verwerfungskompetenz nach Art. 100 GG nicht für:
(1) *Rechtsverordnungen* und autonome *Satzungen*; sie sind keine Parlamentsgesetze, d.h. keine Gesetze im formellen Sinne.
(2) *Vorkonstitutionelle Gesetze,* d.h. solche, die vor dem Inkrafttreten des GG (24.5.1949) verkündet wurden, es sei denn, sie sind »vom nachkonstitutionellen Gesetzgeber in seinen Willen aufgenommen worden«[95]
– und zwar durch Neuverkündung oder Änderung der fraglichen Regelung –.

b) Für Polizei und Staatsanwaltschaft als Exekutivorgane gilt Art. 100 GG nicht.   36
Beamte von Polizei und StA haben entscheidungserhebliche Gesetze, deren Verfassungsmäßigkeit sie anzweifeln, gleichwohl anzuwenden. Sie können aber auf dem Dienstweg ein abstraktes Normenkontrollverfahren (Art. 93 Abs. 1 Nr. 2 GG) anregen[96].

3. Verfassungskonforme Auslegung von Gesetzen

a) Verfassungskonforme Auslegung als normerhaltendes Prinzip

Die verfassungskonforme Auslegung ist vom *BVerfG* zunächst für die Normenkon-   37
trollverfahren entwickelt worden. Für diese Verfahren hat das Gericht postuliert:
Gesetze seien nicht verfassungswidrig, wenn eine Auslegung möglich sei, die im Einklang mit dem GG stehe [97].

Beispiel 10: U-Haft verlangt nach § 112 Abs. 1 S. 1 StPO neben dem *»dringenden Tatverdacht«* einen *»Haftgrund«*. Dieses Erfordernis des Haftgrundes beruht auf dem Grundsatz der Verhältnismäßigkeit[98]. Haftgründe sind
– Flucht oder Fluchtgefahr (§ 112 Abs. 2 Nr. 1, 2 StPO),
– Verdunklungsgefahr (§ 112 Abs. 2 Nr. 3 a bis c StPO)[99].
Dabei muss sich die Bejahung eines Haftgrundes auf **»bestimmte Tatsachen«** stützen. Bei einigen sehr schweren Taten wie Mord, Totschlag etc. erlaubt § 112 Abs. 3 StPO (sog. Haftgrund der Schwere der Tat) die Anordnung der U-Haft auch, »wenn ein Haftgrund nach Abs. 2 nicht besteht«.
Würde man § 112 Abs. 3 StPO dahin interpretieren, hier werde U-Haft ohne Haftgrund erlaubt, so wäre diese Vorschrift wegen Verstoßes gegen den Grundsatz der Verhältnismäßigkeit – sowie gegen die Unschuldsvermutung – verfassungswidrig und mithin nichtig[100]. Jedoch hat das *BVerfG* diese Nichtigkeit mittels der folgenden verfassungskonformen Auslegung vermieden:
*Auch bei § 112 Abs. 3 StPO sei ein Haftgrund zu fordern. Es genüge aber der in casu »nicht auszuschließende Flucht- oder Verdunkelungsverdacht«; er müsse nicht notwendig durch **»bestimmte Tatsachen«** belegbar sein* [101].

---

[95] *BVerfG* E 18 und E 63 aaO.

[96] Dazu *Krey,* StPO 1, Rn 76; siehe Erichsen/*Ehlers,* § 3 Rn 58.

[97] *BVerfG* E 2, 266, 282; dazu *Krey,* JR 1995, 221, 222 f m.w.N.

[98] *BVerfG* E 19, 342, 347 ff. Siehe bereits Rn 32.

[99] Zusätzlich kennt die StPO noch den **Haftgrund der Wiederholungsgefahr** (§ 112 a).

[100] *BVerfG* E 19 aaO.

[101] *BVerfG* aaO, S. 350 f. Weiterhin lässt das Gericht Wiederholungsgefahr ausreichen.

38 Bei der verfassungskonformen Auslegung als normerhaltendes Prinzip gerät der Richter leicht in Versuchung, das auf seine Verfassungsmäßigkeit zu überprüfende Gesetz »verfassungskonform zu korrigieren«, m.a.W.: das Gesetz inhaltlich so zu berichtigen, dass es vor dem GG bestehen kann[102]. Eine solche **»verfassungskonforme Gesetzeskorrektur«**
– sei es durch das *BVerfG*, sei es durch Strafgerichte –
ist aber grundsätzlich ebenso unzulässig wie die sonstige richterliche Rechtsfortbildung contra legem[103].
Die dargelegte verfassungskonforme Auslegung des § 112 Abs. 3 StPO nun wird von vielen als Gesetzeskorrektur abgelehnt[104]. Doch ist diese Kritik nicht überzeugend, da das *BVerfG* dem Gesetz keineswegs unter klarem Verstoß gegen Normtext und ratio legis eine völlig neue Deutung gegeben hat[105].

39 Neben der verfassungskonformen Auslegung gibt es noch die **verfassungskonforme Lückenfüllung**, etwa im Wege der Gesetzesanalogie[106].

b) Verfassungskonforme Auslegung als allgemeines Interpretationsprinzip

Die verfassungskonforme Auslegung ist nicht auf Normenkontrollverfahren beschränkt. Vielmehr ist die richterliche Rechtsfindung ganz allgemein an den Wertungen des GG zu orientieren. Diese Natur der verfassungskonformen Auslegung als allgemeines Interpretationsprinzip[107] wird insbesondere im Falle der **»verfassungskonformen Konkretisierung von Generalklauseln«** deutlich.
– Zur Klarstellung: Nicht nur Generalklauseln, sondern ganz allgemein alle Gesetze mit normativen, unbestimmten Rechtsbegriffen sind verfassungskonform zu konkretisieren, d.h. verfassungsorientiert auszulegen. –

40 **Beispiel 11:** Eine Fortdauer der U-Haft über sechs Monate hinaus darf nur angeordnet werden, *»wenn die besondere Schwierigkeit oder der besondere Umfang der Ermittlungen oder ein anderer wichtiger Grund das Urteil noch nicht zulassen ...«* (§ 121 Abs. 1 StPO). Die Generalklausel *»anderer wichtiger Grund«* hat das *BVerfG* – im Grundsatz zu Recht – wie folgt verfassungskonform konkretisiert[108]:
Im Lichte des Grundrechts der persönlichen Freiheit sei die nicht nur kurzfristige Überlastung des Gerichts kein »anderer wichtiger Grund«. Das gelte selbst dann, wenn sie auf einem Geschäftsanfall beruhe, der sich trotz Ausschöpfung aller gerichtsorganisatorischen Möglichkeiten nicht mehr innerhalb angemessener Fristen bewältigen lasse. Denn die Überlastung der Strafgerichte falle in den Verantwortungsbereich des Staates.

---

[102] *Krey*, StPO 1, Rn 80–86; ders. JR 1995, 221, 222 f; *Lüdemann*, JuS 2004, 27, 29.

[103] *Krey* aaO; ders. JZ 1978, 361 ff, 428 ff, 465 ff m.w.N.; *Lüdemann* aaO.

[104] So u.a.: *Fezer*, 5/14; *Paeffgen* in: SK, § 112 Rn 43; *Roxin*, 30/12.

[105] *Krey*, JZ 1978, 367; ders. StPO 2, Rn 299 m.w.N.; wie Verf. u.a. *Meyer-Goßner*, § 112 Rn 37, 38 m.w.N. pro und contra; h.M.

[106] *Krey*, StPO 1, Rn 86–88.

[107] *Krey* aaO, Rn 91 ff; *Lüdemann*, JuS 2004, 27, 28.

[108] *BVerfG* E 36, 264, 271 ff; *KK-Boujong*, § 121 Rn 18; *Krey*, Characteristic Features, S. 596.

4. Verfassungsbeschwerde zum *BVerfG*

Nach Art. 93 Abs. 1 Nr. 4 a GG i.V.m. §§ 90–95 BVerfGG kann jedermann mit der **41** Behauptung, »durch die öffentliche Gewalt in einem seiner Grundrechte ... verletzt zu sein«[109], Verfassungsbeschwerde zum *BVerfG* erheben. Grundrechtsverletzende Akte der öffentlichen Gewalt können dabei mit Blick auf den Strafprozess sein:
– Strafprozessuale Grundrechtseingriffe durch die **Polizei oder StA**;
– Grundrechtseingriffe durch **Strafgerichte**;
– strafprozessuale **Gesetze**, jedoch nur in Ausnahmefällen[110].
Voraussetzung für die Zulässigkeit der Verfassungsbeschwerde ist dabei die Erschöpfung des Rechtsweges, soweit dieser gegen die behauptete Verletzung zulässig ist[111].

Ein Großteil der Verfassungsbeschwerden betrifft den **Strafprozess**. Trotz der Tatsache, dass nur rund zwei Prozent dieser Rechtsbehelfe erfolgreich sind[112], lässt sich doch feststellen: Das *BVerfG* hat durch Entscheidungen seiner Senate und Kammern (§§ 2, 15 a, 93 a–93 d BVerfGG) in zahlreichen Fällen strafprozessuale Akte der öffentlichen Gewalt für verfassungswidrig erklärt und dabei
– Maßnahmen von Polizei und StA sowie
– Entscheidungen der Strafgerichte bis hin zu Urteilen des *BGH* aufgehoben,
– vereinzelt auch Gesetze für nichtig erklärt bzw. verfassungskonform ausgelegt.
Dadurch hat das *BVerfG* das Strafprozessrecht massiv mitgestaltet. Dabei hat es sich de facto zu einem **Super-Revisionsgericht** entwickelt[113], was den Wertungen unserer Verfassung widerspricht[114].

IV. Europäische Menschenrechtskonvention und Strafprozessrecht

1. Die Europäische Menschrechtskonvention (EMRK)

Die EMRK (abgedruckt in *Sartorius II*, Nr. 130) wurde 1950 von den damaligen **42** 15 Mitgliedstaaten des Europarates unterzeichnet und trat 1953 in der Bundesrepublik Deutschland nach Ratifizierung durch Bundesgesetz in Kraft[115].
– Inzwischen hat der Europarat mehr als 40 Mitgliedstaaten, in denen die EMRK gilt. –

---

[109] Neben den Grundrechten (Art. 1–19 GG) nennen GG u. BVerfGG hier noch die Rechte aus **Art. 20 Abs. 4, 33, 38 GG** u. die justitiellen Grundrechte, **Art. 101, 103, 104 GG.**

[110] Zur Verfassungsbeschwerde gegen **Gesetze** siehe §§ 93 Abs. 3, 94 Abs. 4, 95 Abs. 3 S. 1 BVerfGG. Notwendige, wenn auch nicht hinreichende Bedingung ihrer Zulässigkeit ist, dass der Beschwerdeführer durch das Gesetz »selbst, gegenwärtig und unmittelbar« betroffen ist, d.h. schon vor Hinzutreten von Eingriffen der 2. oder 3. Gewalt; *BVerfG* E 86, 382, 386 ff; *BVerfG* NVwZ 2001, 790; *Robbers*, S. 23 ff; *Weber*, JuS 1995, 114.

[111] § 90 Abs. 2 S. 1 BVerfGG (mit Ausnahmen in S. 2).

[112] *Wahl/Wieland*, JZ 1996, 1137 ff.

[113] Eingehend *Krey*, JR 1995, 221, 223–227 m.w.N.

[114] *Krey* aaO, S. 226, 227.

[115] *Kühne*, Rn 29; *Meyer-Goßner*, Anh 4 MRK, Vorbem. 1. – Zu den **Zusatzprotokollen zur EMRK** siehe u.a. *Meyer-Goßner* aaO, Vorbem. 2. –

a) Im Kern ist die EMRK eine rechtsverbindliche Deklaration von »**Menschenrechten und Grundfreiheiten**« (Art. 1, Art. 2–18 EMRK); von ihnen sind vornehmlich die folgenden für den Strafprozess bedeutsam:

(1) Art. 2 EMRK: Recht auf Leben.
 – Dieses Menschenrecht wird u.a. zur Durchführung einer rechtmäßigen Festnahme eingeschränkt, Art. 2 Abs. 2 b, was den Schusswaffengebrauch gegen fliehende Straftäter (etwa gemäß § 64 Abs. 1 Nr. 3 POG Rheinland-Pfalz) erlaubt. –

(2) Art. 3 EMRK: Verbot der Folter und unmenschlicher oder erniedrigender Behandlung.
Beispiel 12: Verhör von Festgenommenen unter kombinierter Anwendung so befremdlicher »Techniken« wie
 – den Festgenommenen wurde ein dunkler Sack über den Kopf gezogen, der nur bei Vernehmungen entfernt wurde (»hooding«);
 – sie wurden in einen Raum gebracht, in dem ununterbrochen ein lautes pfeifendes Geräusch herrschte (»subjection to noise«);
 – vor Vernehmungen ließ man sie nicht schlafen (»deprivation of sleep«).
Hier hat der *EGMR* (Rn 44) eine »erniedrigende, unmenschliche Behandlung« bejaht[116].

(3) Art. 5 EMRK: Recht auf Freiheit.
Abs. 1 dieser Vorschrift zählt die Fälle zulässigen Freiheitsentzuges abschließend auf. Weiterhin wird hier verlangt, dass der Eingriff auf dem im jeweiligen Mitgliedstaat gesetzlich vorgeschriebenen Wege erfolgt. Abs. 2 ordnet an, dass der Festgenommene unverzüglich über die Gründe seiner Festnahme und die Beschuldigungen informiert wird; dies in einer ihm verständlichen Sprache. Abs. 3 verlangt die unverzügliche Vorführung vor den **Richter.** Abs. 4 begründet das Recht des Festgenommenen auf gerichtliche Haftprüfung.
Von zentraler Bedeutung für Inhaftierte ist aber die zeitliche Begrenzung der Haft durch das **Beschleunigungsgebot** des Art. 5 Abs. 3 S. 1 (a.E.) EMRK: Danach hat der Inhaftierte Anspruch auf Aburteilung innerhalb angemessener Frist oder auf Haftentlassung während des Verfahrens.

43 (4) Art. 6 Abs. 1 und 3 EMRK normieren einen Kernbereich von Garantien für ein rechtsstaatliches, faires Strafverfahren:
Abs. 1 S. 1 begründet den Anspruch auf ein »faires Verfahren« **(fair-trial Garantie)** und eine Entscheidung »innerhalb einer angemessenen Frist« **(Beschleunigungsgebot)**[117].
Abs. 3 garantiert zusätzlich die folgenden dort angeführten Rechte, und zwar u.a.:
 – das Recht, bei Bedürftigkeit unentgeltlich den Beistand eines Pflichtverteidigers zu erhalten (Art. 6 Abs. 3 c);
 – das Recht, Fragen an die Belastungszeugen zu stellen (Buchstabe d);
 – das Recht, bei ungenügender Beherrschung der Gerichtssprache unentgeltlich die Beiziehung eines Dolmetscher zu verlangen (Buchstabe e).

---

[116] *EGMR*, Irland ./. Vereinigtes Königreich (UK), Serie A Nr. 25; dazu *Esser*, S. 385 f.
[117] Zum **Beschleunigungsgebot** in Strafsachen siehe insbesondere *EGMR* (Fall Eckle), EuGRZ 1983, 371 ff.

Art. 6 Abs. 2 EMRK garantiert die rechtsstaatliche **Unschuldsvermutung**; sie endet erst mit rechtskräftiger Verurteilung[118].

(5) Art. 8 Abs. 1 begründet das Recht des Bürgers auf Achtung seiner **Wohnung** sowie seines Privat- und Familienlebens und seiner Korrespondenz.

   – Abs. 2 normiert für Eingriffe in diese Rechte wie Telefonüberwachung und Lauschangriff einen Gesetzesvorbehalt (Notwendigkeit einer gesetzlichen Ermächtigung)[119]. –

b) Die EMRK ist in Deutschland aufgrund Bundesgesetzes von 1952 geltendes Recht. Dabei besitzt sie nicht etwa Verfassungsrang[120]; vielmehr hat sie keinen höheren Rang als den des Zustimmungsgesetzes (Rn 42), d.h. sie gilt als **einfaches Bundesrecht**[121].

Demgemäß können deutsche Gesetze Vorrang vor der EMRK beanspruchen, wenn sie neueren Datums sind oder Spezialgesetze darstellen[122].

   – Allerdings ist die deutsche Legislative gemäß dem völkerrechtlichen Prinzip »pacta sunt servanda« (Prinzip der Vertragstreue) verpflichtet, keine Gesetze, die der EMRK widersprechen, zu erlassen und bestehende Gesetze bei einem solchen Widerspruch aufzuheben. –

Angesichts der Völkerrechtsfreundlichkeit des GG wird im Übrigen zu Recht eine »**EMRK-konforme Auslegung**« des deutschen Rechts für geboten gehalten: Bei der Gesetzesauslegung sind die Wertentscheidungen der EMRK zu berücksichtigen[123]. Das gilt nicht nur für die Auslegung einfacher Bundesgesetze wie StPO und GVG, sondern auch für die Interpretation unserer Verfassung[124]. Denn eine EMRK-konforme Auslegung des GG hilft, Diskrepanzen zwischen der Judikatur des *BVerfG* einerseits und der des *EGMR* (Rn 44) andererseits bei der Konkretisierung rechtsstaatlicher Schranken des Strafprozessrechts zu vermeiden.

2. Die Rechtsprechung des *EGMR* als Motor für die »Harmonisierung der nationalen Strafverfahrensrechte« in Europa

Soweit es um den Schutz von Grundrechten und Menschenrechten sowie um die Garantie **44** sonstiger rechtsstaatlicher Prinzipien geht, kommt der EMRK eine zentrale Bedeutung für die Harmonisierung der nationalen Strafverfahrensrechte in Europa zu. Dabei hat sich der Europäische Gerichtshof für Menschenrechte *(EGMR)* in Straßburg zum Motor jener Harmonisierung entwickelt[125]:

---

[118] *Meyer-Goßner*, Anh 4 MRK Art. 6 Rn 15.

[119] *Esser*, S. 150 ff mit Nachweisen der Rspr. des *EGMR*; *Kühne*, Rn 1203 f.

[120] Anders *Guradze*, NJW 1960, 1243.

[121] *BVerfG* JZ 2004, 1171 ff mit Anm. *Klein*; *Esser*, S. 868; *Krey*, JZ 1979, 702, 708 m.w.N.; *Kühne*, Rn 29; *Meyer-Goßner*, Anh 4 MRK, Vorbem. 3; heute fast unstrittig.

[122] *lex posterior derogat legi priori* (das spätere geht dem früheren Gesetz vor); *lex specialis derogat legi generali* (das speziellere Gesetz hat Vorrang vor dem allgemeineren).

[123] *BVerfG* E 74, 358, 370; *Krey*, StPO 1, Rn 132 ff; *Meyer-Goßner* aaO, Vorbem. 4.

[124] *BVerfG* E 74 aaO; *BVerfG* JZ 2004, 1172; *Krey* aaO; *Kühne*, Rn 29 a.E.

[125] Dazu grundlegend *Esser*, S. 51 ff, 817 ff; siehe schon *Kühl*, ZStW 1988, 406 ff, 601 ff.

a) Seit 1998 fungiert der *EGMR als ständiger Gerichtshof* und überwacht die Einhaltung der in der EMRK garantierten »Rechte und Freiheiten« durch die Mitgliedstaaten des Europarates (Art. 19 ff EMRK)[126]. Die Zahl seiner Richter entspricht der Zahl der Mitgliedstaaten, in denen die EMRK gilt (Art. 20 EMRK). Der Gerichtshof entscheidet durch die folgenden Spruchkörper: *Ausschüsse* (drei Richter, ausnahmsweise fünf), *Kammern* (sieben Richter), *Große Kammer* (17 Richter).
Die Richter haben eine Amtszeit von nur sechs Jahren, wobei die Wiederwahl zulässig ist (Art. 23 EMRK). Diese Regelung ist bedenklich: Für die richterliche Unabhängigkeit wäre eine erheblich längere Amtszeit ohne die Möglichkeit der Wiederwahl eine bessere Basis[127].

45 b) Die zentrale Bedeutung der EMRK und des *EGMR* als Garanten der »Menschenrechte und Grundfreiheiten« in Europa beruht letztlich auf der Schaffung der **Individualbeschwerde zum Gerichtshof**: Gemäß Art. 34 EMRK kann jede Person, die eine Verletzung der in dieser Konvention (oder einem der Zusatzprotokolle) garantierten Rechte »behauptet«, beim *EGMR* Beschwerde einlegen. Diese Individualbeschwerde ist jedoch nur nach »**Erschöpfung aller innerstaatlichen Rechtsbehelfe**« zulässig[128]. Zum innerstaatlichen Rechtsweg gehört in Deutschland dabei auch die Verfassungsbeschwerde zum *BVerfG*[129]:

46 **Fall 2: – Schranken des Einsatzes von Vertrauenspersonen der Polizei –**[130]

Das *LG* (Schwurgericht) hat A und B wegen Mordes verurteilt. Mit ihrer Revision zum *BGH* (§§ 333 StPO, 135 Abs. 1 GVG) rügen sie die Verletzung von Verfahrensrecht: Vertrauenspersonen der Polizei (VP) hätten gegen sie verdeckt ermittelt und dabei das Vertrauen des B und seiner Verlobten V erschlichen. V habe A und B *gegenüber den VP* belastet. Sie habe in der Hauptverhandlung vor dem *LG* von ihrem Zeugnisverweigerungsrecht (§§ 52 Abs. 1 Nr. 1, 252 StPO) Gebrauch gemacht. Gegen den Widerspruch der Verteidiger habe das *LG* aber die VP als Zeugen dazu vernommen, was V ihnen mitgeteilt hatte. Hierin liege eine *gezielte Umgehung des Zeugnisverweigerungsrechts der V*. Der *BGH* hat die Revisionen als unbegründet verworfen: §§ 52 i.V.m. 252 StPO seien nicht auf verdeckte Ermittlungen durch VE oder VP anwendbar, auch nicht analog. Beide Vorschriften erfassten nur förmliche Vernehmungen, bei denen der Vernehmende dem Zeugen in amtlicher Funktion gegenübertrete (als Polizeibeamter, Staatsanwalt etc.)[131].
Die **Verfassungsbeschwerde** der Verurteilten zum *BVerfG* gegen die Urteile des *LG* und *BGH* hat keinen Erfolg
– obwohl das *BVerfG* massive Bedenken gegen die Rechtsstaatlichkeit jenes Einsatzes von VP äußert –[132].

---

[126] *Schlette*, JZ 1999, 219 ff.

[127] Vorbildlicher daher § 4 BVerfGG: 12 Jahre Amtszeit, keine Wiederwahl.

[128] Art. 35 EMRK. Dazu *Meyer-Goßner*, Anh 4 MRK, Art. 35 Rn 2 m.w.N.

[129] *Meyer-Goßner* aaO m.w.N.

[130] Fall Sedlmayr: *BGH* St 40, 211 ff; *BVerfG* (3. Kammer des 2. Sen.) StV 2000, 233 f.

[131] *BGH* aaO, S. 213 ff. Das Gericht verneint auch sonstige Verstöße gegen rechtsstaatliche Verfahrensprinzipien.

[132] *BVerfG* aaO.

Damit haben A und B alle **innerstaatlichen Rechtsbehelfe** gegen ihre Verurtei- **47** lung durch das *LG* erschöpft. Daher können sie jetzt innerhalb der Frist des Art. 35 EMRK eine Individualbeschwerde zum *EGMR* einlegen und die Verletzung des Art. 6 Abs. 1 EMRK (fair trial, Rn 43) geltend machen[133].

c) Aufgrund von Individualbeschwerden hat der *EGMR* in zahllosen Urteilen europaweit die Anforderungen an ein rechtsstaatliches Strafprozessrecht, das die Menschenrechte und Grundfreiheiten respektiert, durch Auslegung der EMRK konkretisiert. Dadurch hat der Gerichtshof eine Motorfunktion für die rechtsstaatliche Harmonisierung der nationalen Strafverfahrensrechte in Europa übernommen[134]. Dieses »strafprozessuale Potential« der Rechtsprechung des *EGMR* hat *Esser* in seiner großen Studie umfassend analysiert; darauf sei hier verwiesen[135].

3. Bindungswirkung der *EGMR*-Urteile für den verurteilten Vertragsstaat?

Der Gerichtshof in Straßburg entscheidet mit der Autorität des kompetenten, unab- **48** hängigen Wächters über die Einhaltung der EMRK durch die Vertragsstaaten (Mitgliedsstaaten), Art. 19 EMRK. Gemäß Art. 46 der Konvention haben sich diese Staaten verpflichtet, in allen Rechtssachen, in denen sie Partei sind, »*das Urteil des EGMR zu befolgen*«. Gleichwohl ist die rechtliche Bindungswirkung der Verurteilung eines der Vertragsstaaten, z.B. Deutschland, beschränkt:

a) **Urteile des *EGMR*** haben nur Feststellungswirkung, dagegen – anders als Urteile des *BVerfG*[136] – keine Gesetzeskraft bzw. sonstige unmittelbare **Bindungswirkung**. Stellt der *EGMR* z.B. in einer Verurteilung Deutschlands fest, ein Akt unserer öffentlichen Gewalt sei mit der EMRK unvereinbar, so bedeutet diese Feststellung keine **Aufhebung (Kassation)** des fraglichen Aktes[137]:
– Die vom Gerichtshof festgestellte Verletzung der EMRK durch ein **Gesetz** des Bundes oder der Länder führt nicht zu seiner Nichtigkeit.
– Maßnahmen von **Polizei** oder **Staatsanwaltschaft** und Entscheidungen der **Strafgerichte**, deren Verstoß gegen die EMRK vom *EGMR* festgestellt wird, sind nicht etwa aufgehoben, sondern bleiben in Kraft[138].

b) Diese fehlende Kassationswirkung von Entscheidungen des *EGMR* ändert indes **49** nichts an deren starkem faktischen Gewicht. Die Verurteilung eines Vertragsstaates durch den Gerichtshof wegen Verletzung der EMRK bedeutet nämlich einen erheblichen Prestigeverlust für den gerügten Staat.

---

[133] Rechtsstaatliche Bedenken gegen den VP-Einsatz in casu äußern neben dem *BVerfG* aaO etwa: *BGH* St 42, 139, 154 f (GS); *Krey*, Kriminalitätsbekämpfung ..., S. 645.

[134] *Esser*, S. 41 ff, 51 ff, 817 ff m.w.N.; *Kühl*, ZStW 1988, 406 ff, 601 ff.

[135] *Esser* aaO.

[136] Dazu §§ 31 Abs. 1, 2 und 95 Abs. 2, 3 BVerfGG.

[137] *Esser*, S. 834 f; *Kühl* aaO, S. 406, 423; *Kühne*, Rn 40–42 m.w.N.

[138] Siehe aber unten, b mit Fn 139.

Weiterhin kann eine solche Verurteilung für den Bürger, dessen Individualbeschwerde erfolgreich war, eine deutliche **Verbesserung seiner Rechte** begründen:

Erstens ist nach § 359 Nr. 6 StPO die Wiederaufnahme des Strafverfahrens zulässig, wenn der *EGMR* eine **Verletzung** der EMRK festgestellt hat, auf der das Strafurteil beruht[139]. Zweitens gibt Art. 41 EMRK dem Gerichtshof die Möglichkeit, der verletzten Person eine gerechte Entschädigung zuzusprechen.

Drittens führt die dargelegte (Rn 43) EMRK-konforme Auslegung des Rechts der Mitgliedsstaaten des Europarates zu einer weitgehenden faktischen Bindung an die Judikatur des *EGMR*. Denn der Sache nach bedeutet die Orientierung der Auslegung an den Wertungen der EMRK eine Orientierung an der Rechtsprechung des Gerichtshofs.

c) Das *BVerfG* hat am 14.10.2004 (JZ 2004, 1171 ff) festgestellt: *Entscheidungen des EGMR komme keine Bindungswirkung vergleichbar § 31 Abs. 1 BVerfGG zu. Doch sei die deutsche Judikatur verpflichtet, Entscheidungen des EGMR zu »berücksichtigen«. Fehle eine solche »Auseinandersetzung«, so verstoße das nationale Gericht gegen das betroffene deutsche Grundrecht i.V.m. dem Rechtsstaatsprinzip.*

V. Europäisierung des Strafprozessrechts im Rahmen von EG und EU?

50 Eine nähere Erörterung dieser Problematik würde den Rahmen dieses Lehrbuchs sprengen. Sie wird zum einen sehr kontrovers diskutiert und ist von einer Klärung weit entfernt. Zum anderen ist die Europäisierung von Straf- und Strafprozessrecht untrennbar mit dem Schicksal der Verfassung für Europa verbunden[140], deren In-Kraft-Treten in absehbarer Zeit (noch) ungewiss ist. Daher muss es hier mit wenigen Stichworten sein Bewenden haben[141]:

1. Differenzierung zwischen EG und EU

Die Europäische Union (EU) ist im Kern nur ein institutionelles Dach, dessen eigene Rechtspersönlichkeit umstritten ist. Sie beruht auf drei Säulen:
– Die beiden *Europäischen Gemeinschaften* (Rn 51) fungieren als 1. Säule.
– Die 2. Säule ist die *Gemeinsame Außen- und Sicherheitspolitik*.
– Die *Polizeiliche und Justitielle Zusammenarbeit in Strafsachen* bildet die 3. Säule[142].

---

[139] Die ähnliche Wiederaufnahme-Regelung in § 79 Abs. 1 BVerfGG ist weitergehend.

[140] *Entwurf eines »Vertrages über eine Verfassung für Europa«* des Europäischen Konvents v. 18.7.2003, Amt für amtliche Veröffentlichungen der EG, Luxemburg 2003. Siehe Art. III-158 ff, **Art. III-171 bis 178** und Art. II-2 bis 4, 6, 47 bis 50 des Entwurfs.

[141] Eingehender: *Braum*, JZ 2000, 493 ff; *Esser*, S. 1 ff, 31 ff; *Kühne*, Rn 43 ff, 56 ff, 70–100.3 m.w.N.; *Vogel*, GA 2003, 314 ff m.w.N. – Siehe auch AE »Europäische Strafverfolgung«, Arbeitspapier v. *Hefendehl* u.a. zur Strafrechtslehrertagung Dresden 2003. –

[142] Art. 1 Abs. 3, Art. 11 ff, Art. 29 ff Vertrag über die EU (EUV), *Sartorius II*, Nr. 145; *Krey*, AT 1 (= Vol. I), Rn 202–205 m.w.N.

2. Gemeinschaftsrecht (Recht der EG) und Strafverfahrensrecht

Europäische Atomgemeinschaft (»Euratom«) und Europäische Gemeinschaft (**EG**, früher **51** Europäische Wirtschaftsgemeinschaft genannt) bilden die Europäischen Gemeinschaften[143]. Dabei ist die EG die bei weitem bedeutsamste von ihnen. Wenn im Folgenden von Europarecht (Gemeinschaftsrecht) gesprochen wird, ist jeweils nur das **EG-Recht** gemeint.

a) Die **EG** ist Völkerrechtssubjekt. Sie besitzt eine eigene, supranationale Rechtsordnung mit eigener Gerichtsbarkeit. Dabei hat das Gemeinschaftsrecht Vorrang (»Anwendungsvorrang«) vor dem nationalen Recht der Mitgliedstaaten[144].

Primäres Gemeinschaftsrecht sind namentlich: Der EG-Vertrag in seiner heute geltenden Fassung (*Sartorius II*, Nr. 150); allgemeine Rechtsgrundsätze wie das Prinzip der Verhältnismäßigkeit und der Schutz von Grundrechten.

Sekundäres Gemeinschaftsrecht bilden in erster Linie die *EG-Verordnungen* (als Europäische Gesetze) und die *Richtlinien* (als Europäische Rahmengesetze)[145]. Erstere gelten unmittelbar in jedem Mitgliedstaat.

b) Die **EG** besitzt (grundsätzlich) keine Strafgewalt; ihre Organe haben keine **52** Kompetenz zur Schaffung von Strafrecht und Strafprozessrecht[146].

Das folgt aus dem »Prinzip der begrenzten Einzelermächtigung«, auf dem die Befugnisse der EG beruhen: Eine ausdrückliche Ermächtigungsnorm für den Erlass strafrechtlicher und strafprozessualer EG-Verordnungen bzw. Richtlinien fehlt im Recht der EG.

Ob Art. 280 Abs. 4 EGV, der Betrügereien zum Nachteil der EG betrifft, eine Ausnahme hiervon bildet, ist strittig[147]. Jedenfalls begründet diese Norm nicht die Kompetenz zum Erlass **eigener** Straf- und Strafprozessgesetze, was aus S. 2 dieser Vorschrift folgt.

3. Europäisierung des Strafprozessrechts im Rahmen der 3. Säule der EU?

Eine Harmonisierung der nationalen Strafverfahrensrechte durch Recht der EG ist **53** also (grundsätzlich) ausgeschlossen. Statt einer Rechtsvereinheitlichung durch das Gemeinschaftsrecht der 1. Säule der EU (Rn 50, 51) steht vielmehr ein gemeinsames Vorgehen der Mitgliedstaaten zur Bekämpfung der Kriminalität im Rahmen der **3. Säule der EU** (Rn 50) auf der Tagesordnung. Es geht also um die Verstärkung der sog. »intergouvernementalen« **Polizeilichen und Justitiellen Zusammenarbeit in Strafsachen** gemäß Art. 29 ff EUV[148]:

---

[143] EG-Vertrag (EGV), *Sartorius II*, Nr. 150; Euratom-Vertrag, *Sartorius II*, Nr. 200.

[144] EuGH v. 15.7.1964, Slg. 1964, 1251, 1269 ff; dazu *Krey* aaO, Rn 204 m.w.N. (auch zur differenzierenden Ansicht des *BVerfG*).

[145] Zum Vorstehenden: Art. 249 Abs. 2, Abs. 3 EGV.

[146] EuGH Slg. 1981, 2595, 2612; Slg. 1989, 195, 221 f; *BGH* St 25, 190, 193 f; *Braum* aaO m.w.N.; *Krey*, AT 1 (= Vol. I), Rn 206, 207; *Kühne*, Rn 54, 56, 61, 63 m.w.N.; *Schwarzburg/Hamdorf*, NStZ 2002, 617 ff; differenzierend u.a. *Eisele*, JZ 2001, 1157.

[147] *Beulke*, Rn 10; *Braum* aaO; *Eisele* aaO; *Krey* aaO, Rn 207; *Kühne*, Rn 56, 61, 63; *Satzger*, StV 1999, 132 Fn 2; *Schwarzburg/Hamdorf* aaO, S. 619 f.

[148] *Beulke*, Rn 10 m.w.N.; *Esser*, S. 31 ff; *Kühne*, Rn 43 ff, 70 ff; *v. Langsdorff*, StV 2003, 472 ff; *Vogel*, GA 2003, 314 ff.

a) »Harmonisierung« strafprozessualer Regelungen der Mitgliedstaaten durch verbindliche Rahmenbeschlüsse?

Der Rat (Organ der EU) kann gemäß Art. 34 Abs. 2 Buchstabe b EUV im Rahmen der 3. Säule der EU einstimmig »**Rahmenbeschlüsse** zur Angleichung der Rechtsvorschriften der Mitgliedstaaten annehmen«. Diese Kompetenz

– die an Befugnisse der EG zum Erlass von Richtlinien erinnert (Rn 51), obschon Rahmenbeschlüsse und Richtlinien deutlich divergieren[149] –

stellt jedoch keine Generalermächtigung zur umfassenden Harmonisierung der nationalen Strafprozessordnungen dar[150]: Die **Befugnis zur Rechtsangleichung durch Rahmenbeschlüsse** gilt nach Wortlaut und systematischer Stellung jener Vorschrift nicht für Straf- und Strafprozessrecht schlechthin, sondern allenfalls für den »bereichsspezifisch beschränkten Kompetenzkatalog« der Art. 29–31 EUV[151].

Hierfür spricht auch das für EG und EU maßgebliche *Prinzip der begrenzten Einzelermächtigung*, zudem das *Subsidiaritätsprinzip* (Art. 2 S. 2 EUV i.V.m. Art. 5 Abs. 2 EGV). Im Übrigen zählen Straf- und Strafprozessrecht zum *Kernbereich der nationalen Souveränität* der Mitgliedstaaten; ihn haben EG und EU grundsätzlich zu respektieren.

b) Beispiele für strafprozessuale Rahmenbeschlüsse der EU

54 Gleichwohl kommt dem erwähnten Instrument des Rahmenbeschlusses bei der Europäisierung von Straf- und Strafprozessrecht wachsende Bedeutung zu. Als Beschlüsse mit prozessualer Relevanz seien hier z.B. genannt:
– Rahmenbeschluss über den Europäischen Haftbefehl[152];
– Rahmenbeschluss über die Bildung gemischter Ermittlungsgruppen in Strafsachen[153].

4. Institutionalisierung strafprozessualer Zusammenarbeit in EG und EU

55 a) Im Rahmen der **EG** ist hier vornehmlich *OLAF* zu nennen:
Dieses Europäische Amt für Betrugsbekämpfung[154]
– gemeint sind Betrügereien gegen die finanziellen Interessen der EG –
wurde 1999 durch EG-Verordnung (Rn 51) eingerichtet und entfaltet eine supranationale Ermittlungstätigkeit aufgrund von Gemeinschaftsrecht.

---

[149] *Esser*, S. 33; *Hobe*, Rn 500; *Musil*, NStZ 2000, 68, 69.

[150] *Esser*, S. 33 f; *Kühne*, Rn 70 ff.

[151] *Esser* aaO. – Unstrittig ist lediglich, dass die genannte **Befugnis zur Rechtsangleichung** für Art. 31 Abs. 1 lit. e EUV gilt (Bereich der organisierten Kriminalität, des Terrorismus und des illegalen Drogenhandels). –

[152] *Kühne*, Rn 73; *v. Langsdorff*, StV 2003, 472, 476 f. – **Siehe jetzt *BVerfG* NJW 2005, 2289 ff (Nichtigkeit des deutschen »Europäischen Haftbefehlsgesetzes«). –**

[153] *Kühne* aaO; *v. Langsdorff* aaO, S. 472.

[154] Office européen de la Lutte Anti-Fraude (OLAF); siehe: *Esser*, S. 36 f; *Haus*, EuZW 2000, 745 ff; *Kühne*, Rn 94, 95 ; *Vogel*, GA 2003, 314 ,316 f.

b) Im Rahmen der **3. Säule der EU** gibt es u.a. die folgenden Institutionen:
- *Europol* (Europäische Polizeibehörde)[155].
- *Europäisches Justitielles Netz* (EJN)[156].
  Das EJN dient der Erleichterung der justitiellen Kooperation in der EU und umfasst mehr als 100 Kontaktstellen, in denen Verbindungsrichter bzw. Verbindungsstaatsanwälte als Vertreter der nationalen Strafverfolgungsbehörden tätig sind.
- *Eurojust* als justitielle Dokumentations-, Kooperations- und Clearingstelle[157].
  Diese Institution sowie *EJN* sind ein justitieller Gegenpol zu *Europol*. Sie sollen der drohenden Polizei-Dominanz bei der EU-Verbrechensbekämpfung entgegenwirken.

5. Schengener Durchführungsübereinkommen (SDÜ) – »ne bis in idem« –

Das SDÜ (*Sartorius II*, Nr. 280)[158], bei dem es um den Abbau der Kontrollen an den ge- **56** meinsamen Grenzen der Staaten im Schengen-Verbund geht, regelt insbesondere:
- Abschaffung der Kontrollen an den Binnengrenzen, Personenverkehr (Art. 2 ff).
- Polizeiliche Zusammenarbeit, Rechtshilfe, Verbot der Doppelbestrafung etc. (Art. 39 ff).
- Schengener Informationssystem (SIS, Art. 92 ff).

Art. 54 SDÜ (Verbot der Doppelbestrafung) garantiert das *ne bis in idem*-Prinzip bei Verfahrenserledigung in einem der Mitgliedstaaten[159]:

»Wer durch eine Vertragspartei rechtskräftig abgeurteilt worden ist, darf durch eine andere Vertragspartei wegen derselben Tat nicht verfolgt werden, vorausgesetzt, dass im Falle einer Verurteilung die Sanktion bereits vollstreckt worden ist, gerade vollstreckt wird ...«

Diese europäische ne bis in idem-Garantie gilt inzwischen (z.T. mit Vorbehalten) in **57** den meisten EU-Staaten[160]. Sie erfasst rechtskräftige Strafurteile (Verurteilungen und Freisprüche), zudem auch bestimmte Verfahrenseinstellungen durch die **StA**:

Beispiel 13: Dem B wird von der StA Körperverletzung (§ 223 StGB) zur Last gelegt. Mit Zustimmung des B sieht die StA von Anklageerhebung ab und erteilt ihm die Auflage, 1.000 Euro an die Staatskasse zu zahlen (§§ 153 a Abs. 1, S. 1, 2 Nr. 2, S. 5 i.V.m. 153 Abs. 1 S. 2 StPO). Nach Erfüllung der Auflage stellt die StA das Strafverfahren ein. Wegen derselben Tat hat der belgische StA den B in Belgien angeklagt.
Zu diesem Fall hat der *EuGH* entschieden[161]: Auch die ohne Mitwirkung des Gerichts erfolgte Verfahrenseinstellung durch die **StA**, nachdem der Beschuldigte Auflagen wie Zahlung eines Geldbetrages erfüllt habe, falle unter Art. 54 SDÜ. B gelte daher als *rechtskräftig*

---

155 *Esser*, S. 13 ff, 19, 34; *Hobe*, Rn 504 ff; *Kühne*, Rn 98 ff.

156 *Esser*, S. 17, 21; *Kühne*, Rn 100.2; *v. Langsdorff* aaO, S. 472 ff.

157 *Esser/Herbold*, NJW 2004, 2421 ff; Eurojust-Gesetz v. 2004, BGBl. I, 902.

158 *Esser*, S. 11, 13, 16; *Kühne*, Rn 49, 60, 77, 79, 81. Der sog. Schengen-Besitzstand ist inzwischen in den Rahmen der EU einbezogen (*Sartorius II*, Nr. 280, Fn 1).

159 *EuGH* JZ 2003, 303 ff mit kritischer Anm. *Kühne*.

160 Siehe *Sartorius* aaO, Fn 1.

161 Siehe Fn 159.

abgeurteilt i.S. dieser Vorschrift, und die »Sanktion« Zahlungs-Auflage gelte nach ihrer Erfüllung durch B als *vollstreckt*. Folglich sei das belgische Strafverfahren einzustellen. Dieses Urteil des *EuGH* widerspricht zwar dem Wortlaut des Art. 54 SDÜ, ist jedoch bindend.

VI. Internationaler Strafgerichtshof/International Criminal Court (ICC)

58   – Siehe das Römische Statut des ICC v. 1998 (*Sartorius II*, Nr. 35). –

Der ICC ist für schwerste Straftaten zuständig, genauer:
– Völkermord,
– Verbrechen gegen die Menschlichkeit,
– Kriegsverbrechen[162].
Dies freilich gemäß dem Grundsatz der Komplementarität nur ergänzend zu den nationalen Gerichten, nämlich dann, wenn ein Staat »nicht willens oder nicht in der Lage ist, die Ermittlungen oder die Strafverfolgung ernsthaft durchzuführen«[163].

Für die Strafverfolgung solcher Verbrechen durch deutsche Gerichte siehe das Völkerstrafgesetzbuch (VStGB)[164] i.V.m. §§ 120 Abs. 1 Nr. 8 GVG, 153 f StPO[165].

---

[162] Was das Verbrechen der Aggression angeht, siehe Art. 5 Abs. 2 Römisches Statut des ICC. – Zum ICC siehe jetzt auch *Satzger*, § 13. –

[163] Abs. 10 der Präambel, Art. 1 S. 2, Art. 17 Abs. 1, Art. 19 Römisches Statut des ICC; dazu: *Beulke*, Rn 11; *Krey/Heinrich*, Rn 143; *Wilhelmi*, S. 7, 8, 57; jeweils m.w.N.

[164] v. 26.06.2002, BGBl. 2002 I, 2254 (abgedruckt in *Tröndle/Fischer*, Anhang 2); dazu *Satzger*, § 16 Rn 6 ff.

[165] Zu letzterer Vorschrift siehe: Verfügung des Generalbundesanwalts (Abu Ghraib-Fall), JZ 2005, 311 f; *OLG Stuttgart* JZ 2006, 208.

Zweiter Teil: Die Verfahrensbeteiligten

Kapitel 1: Strafverfolgungsorgane
– Strafgerichte, Staatsanwaltschaften, Polizeibehörden –

§ 3 Strafjustiz

Mag auch die Hauptlast der Strafverfolgung auf den Schultern der Polizeibeamten und **59** Staatsanwälte als Teil der **Exekutive** ruhen – die Richter als Angehörige der **Judikative** sind aus rechtlicher Sicht die entscheidenden Akteure im Rahmen der Strafrechtspflege.

I. Richtervorbehalt; Richterrechte und Richterpflichten

1. Richtervorbehalt, Art. 92 GG

Gemäß Art. 92 GG ist »*die rechtsprechende Gewalt den Richtern anvertraut*«. Diese Norm ist Ausdruck des Prinzips der Gewaltenteilung: In Art. 92 und anderen Vorschriften des GG über die »Rechtsprechung« (Art. 93 ff) wird eine eigenständige Judikative konstituiert. Dabei zählen zur rechtsprechenden Gewalt nicht nur alle ihr im GG ausdrücklich zugewiesenen Aufgaben. Vielmehr sind die »traditionellen Kernbereiche« der Judikatur – Zivilrechtspflege und **Strafgerichtsbarkeit** – rechtsprechende Gewalt i.S. des Art. 92 GG[1]. Kriminalstrafen, und zwar Freiheits- und Geldstrafen, dürfen folglich nur durch den Richter verhängt werden[2].

Beispiel 14: Ein Gesetz, dass der StA die Ahndung leichterer Vergehen durch die Verhängung von Geldstrafen (§§ 40 ff StGB) erlauben würde, wäre nach Art. 92 GG nichtig.
Klarstellung: Die Ahndung von **Ordnungswidrigkeiten** mit Geldbuße nach dem OWiG erfolgt durch Verwaltungsbehörden (Exekutive)[3]. Das verstößt nicht gegen Art. 92 GG, da es nicht um die Verhängung von Kriminalstrafen wegen Straftaten geht[4].

2. Richterrechte und Richterpflichten

a) Zur Unabhängigkeit der Richter, Art. 97 GG

Richter sind keine Beamte: Für die Tätigkeit der Richter als Angehörige der Dritten **60** Gewalt ist ihre Unabhängigkeit von zentraler Bedeutung. Diese richterliche Unabhängigkeit ist eines der wesentlichsten Elemente des Rechtsstaates.

(1) Sachliche Unabhängigkeit (Art. 97 Abs. 1 GG)

Diese Vorschrift lautet: »*Die Richter sind unabhängig und nur dem Gesetz unterworfen*«.

---

[1] *BVerfG* E 22, 49, 77 f; E 27, 18, 28.

[2] *BVerfG* E 22 aaO, S. 80; 22, 125, 130; *Krey*, StPO 1, Rn 162 ff.

[3] §§ 35 ff OWiG; dazu *Krey*, AT 1 (= Vol. I), Rn 22, 23.

[4] *BVerfG* E 22, 49, 77 ff; 27, 18, 28; *Krey*, StPO 1, Rn 165 ff.

(a) Die hier garantierte sachliche Unabhängigkeit bedeutet **Freiheit von Weisungen** bei der Ausübung rechtsprechender Gewalt[5]. Dabei gehören zur Rechtsprechung die Klärung der Tatfrage (Ermittlung des Sachverhalts durch Beweisaufnahme und Beweiswürdigung) und die Beantwortung der entscheidungserheblichen Rechtsfrage (richterliche Rechtsfindung durch Gesetzesauslegung oder gesetzesergänzende Lückenfüllung).

Art. 97 Abs. 1 GG schützt den Richter zum einen gegenüber der Exekutive, insbesondere vor **Weisungen durch die Justizverwaltung**
– etwa durch den Gerichtspräsidenten und/oder das Justizministerium –.

Zum anderen gilt die sachliche Unabhängigkeit auch innerhalb von Kollegialgerichten wie Strafkammern und Strafsenaten: Selbstredend dürfen deren **Vorsitzende** den anderen Richtern (Beisitzer) nicht vorschreiben, wie sie die jeweilige Rechts- oder Tatfrage zu entscheiden haben.

Schließlich geht es auch um den Schutz vor Weisungen durch die **Parlamente**: Zwar ist der Richter an Gesetz und Recht gebunden (Art. 20 Abs. 3 GG), also dem Gesetz unterworfen (Art. 97 Abs. 1 GG); die Erste Gewalt ist aber nicht befugt, den Richter durch Parlamentsbeschluss in casu zu einer bestimmten Entscheidung der Rechts- und Tatfrage anzuweisen.

61 (b) Die sachliche Unabhängigkeit bei der rechtsprechenden Tätigkeit gilt erstens für die eigentliche **Entscheidungsfindung** durch Urteile oder Beschlüsse, d.h. namentlich für:
– Verurteilung, Freispruch oder Einstellung durch **Urteil** (§ 260 StPO).
– Eröffnung des Hauptverfahrens bzw. Nichteröffnung, Einstellung des Verfahrens außerhalb der Hauptverhandlung wegen endgültiger Verfahrenshindernisse, Einstellung wegen Geringfügigkeit, etc. durch **Beschluss** (§§ 203, 204; 206 a; 153 Abs. 2 StPO).

Zweitens zählt zur Ausübung rechtsprechender Gewalt nicht nur die »Spruchtätigkeit« des Richters als Kernbereich seiner Tätigkeit[6], d.h. seine Entscheidung in der jeweiligen Rechtssache. Vielmehr gehören als »*nahes Umfeld des Richterspruchs*« auch die der Entscheidungsfindung nur »*dienenden, sie vorbereitenden und ihr nachfolgenden Sach- und Verfahrensentscheidungen*« in den Schutzbereich des Art. 97 Abs. 1 GG[7]. Gemeint sind hier insbesondere:
– Terminierung des Verfahrens (§ 213 StPO)[8];
– Unterbrechungen der Hauptverhandlung und ihre Aussetzung (Vertagung), § 228 StPO;
– Ausübung der Sitzungspolizei (§§ 176 ff GVG)[9];
– Verhandlungsleitung (Sachleitung), § 238 StPO.

---

[5] *BVerfG* E 14, 56, 59; *KK-Pfeiffer*, § 1 GVG Rn 4; *Schilken*, Rn 466.

[6] *BGH* St 47, 105, 110; *Pfeiffer* aaO, Rn 6; *Schilken*, Rn 467.

[7] *BGH* aaO; *Krey*, StPO 1, Rn 173; *Pfeiffer* aaO; *Schilken* aaO.

[8] Siehe Fn 7.

[9] *Danners*, S. 5–8 m.w.N.; *Krey* aaO; *Schilken* aaO.

(c) Demgegenüber handelt es sich beim »*Bereich der äußeren Ordnung*« der Aus- **62** übung *rechtsprechender Gewalt* nicht um in richterlicher Unabhängigkeit erfolgende Diensthandlungen[10]. Dieser äußere Ordnungsbereich umfasst namentlich[11]:
– das Tragen der vorgeschriebenen Amtstracht (Robe) in der Hauptverhandlung;
– Pünktlichkeit bei der Durchführung anberaumter Termine;
– die Einhaltung gesetzlicher Fristen und Termine (z.B. § 275 Abs. 1 StPO).
Dagegen gehört die Entscheidung des Ermittlungsrichters über die Zuziehung eines Protokollführers (§ 168 S. 2 Halbsatz 2 StPO) nicht in jenen Bereich der bloßen äußeren Ordnung. Vielmehr geht es bei der Entscheidung über die Art der Protokollaufnahme
– *Zuziehung eines Protokollführers* oder *Benutzung eines Tonaufnahmegeräts durch den Richter* (§§ 168 S. 2, 168 a Abs. 4 S. 2 StPO) –
um die Frage der Zuverlässigkeit des Protokolls. Sie zählt zum »Umfeld« der Untersuchungshandlungen des Ermittlungsrichters und erfolgt daher in sachlicher Unabhängigkeit[12].

(d) Neben den Rechtsprechungsaufgaben gibt es noch Dienstpflichten des Richters, **63** die zur **Justizverwaltung** gehören; hier gilt Art. 97 Abs. 1 GG nicht. Beispiele[13]:
– Ausbildung von Studenten (»Ferienpraktikum«);
– Ausbildung von Rechtsreferendaren;
– Stellungnahme zu Gesetzesentwürfen im Auftrag des Gerichtspräsidenten.

(e) Im Bereich rechtsprechender Tätigkeit (Rn 61) bedeutet die sachliche Unabhängigkeit, dass **Maßnahmen der Dienstaufsicht** wegen des Inhalts richterlicher Entscheidungen unzulässig sind[14]. Anders ist es beim dienstlichen Verhalten im »Bereich der äußeren Ordnung« (Rn 62) und im Rahmen der Justizverwaltung.

Beispiel 15: Strafrichter S erregt den Unmut der Justizverwaltung. **64**
(a) Er hat wegen der längeren Erkrankung eines Verteidigers eine Hauptverhandlung ausgesetzt (vertagt). Die Verhandlung muss daher erneut begonnen werden[15].
(b) Er hat die Frist für die Fertigstellung des Urteils (§ 275 StPO) versäumt. Damit hat er einen Revisionsgrund geschaffen (§ 338 Nr. 7 StPO).
(c) Beim Beginn von terminierten Verhandlungen ist er häufig unpünktlich.
Die Justizverwaltung leitet in allen drei Fällen Dienstaufsichtsverfahren gegen S ein. Dies geschieht in **Beispiel 15 b und c** zu Recht, weil S außerhalb seiner eigentlichen rechtsprechenden Tätigkeit Dienstpflichten verletzt hat, also Art. 97 Abs. 1 GG nicht tangiert wird (Rn 62). Dagegen verstößt die Justizverwaltung in **Beispiel 15 a** gegen diese Verfassungsnorm, weil die Ausübung rechtsprechender Gewalt durch S betroffen ist (Rn 61 a.E.).

---

[10] *BGH Z* 46, 147; 90, 41, 45; *KK-Pfeiffer* aaO; *Krey*, StPO 1, Rn 174 ff; *Schilken*, Rn 469.

[11] *Krey* aaO m.w.N.; *Schilken* aaO.

[12] *KK-Wache*, § 168 Rn 4; *Krey* aaO, Rn 170, 171, 177; *Meyer-Goßner*, § 168 Rn 3.

[13] *Dienstgerichtshof für Richter Hamm* DRiZ 1974; 232 f; *Krey*, StPO 1, Rn 178–180.

[14] *BGH* DRiZ 1978, 185; *KK-Pfeiffer*, § 1 GVG Rn 6; *Schilken*, Rn 469; § 26 Abs. 1 DRiG.

[15] *Meyer-Goßner*, § 228 Rn 3. Zur Aussetzung der Hauptverhandlung: § 228 Abs. 1 StPO.

65 *(2) Persönliche Unabhängigkeit (Art. 97 Abs. 2 GG)*

Sie dient der Sicherung der sachlichen Unabhängigkeit. **Existenzangst bei drohendem Verlust des Amtes** könnte die rechtlich gewährte Freiheit von Weisungen unterminieren[16]. Art. 97 Abs. 2 GG ist jedoch in zweierlei Hinsicht unbefriedigend: Die sachgerechteste Garantie der persönlichen Unabhängigkeit ist die **Anstellung auf Lebenszeit**. Sie ist einfachgesetzlich die Regel (§ 28 Abs. 1 DRiG), aber in Art. 97 Abs. 2 GG nicht expressis verbis garantiert. Diese Verfassungsnorm erfasst in S. 1 Richter auf Zeit und Richter auf Lebenszeit[17].

Im Übrigen fehlt es an der persönlichen Unabhängigkeit – und damit auch an der wirtschaftlichen Basis der sachlichen Unabhängigkeit – bei Richtern **auf Probe** (§ 12 DRiG) bzw. **kraft Auftrags** (§ 14 DRiG)[18]. Die Vorschriften des DRiG, die dieser Problematik gerecht werden wollen (§§ 12 Abs. 2, 16, 28 Abs. 2, 29), sind in Art. 97 Abs. 2 GG nicht garantiert.

66 *(3) Unabhängigkeit des Strafrichters bei völliger Überlastung?* [19]

Die Strafjustiz ist – jedenfalls im Bereich der AG und LG – nach personellen und sachlichen Ressourcen absolut unzulänglich ausgestattet; die Strafgerichte sind völlig überlastet. Das bedeutet eine Verletzung der Fürsorgepflicht des Dienstherren gegenüber den Tatrichtern und eine Missachtung des Verfassungsgebots zur Gewährleistung einer Strafrechtspflege, die nach ihrer Ausstattung effektiv arbeiten kann. Was aber nutzt die schönste Verfassungsgarantie der Unabhängigkeit des Strafrichters, wenn an den Tatgerichten unzumutbare Arbeitsbedingungen herrschen, wenn die Flut an Strafverfahren und der Erledigungsdruck es weitgehend nicht mehr erlauben, die Verfahren beschleunigt **und** gründlich zu erledigen.

Angesichts dieser Überlastung sind die Tatrichter in erheblichem Umfang darauf angewiesen, *umfangreiche Beweisaufnahmen* durch Absprachen zu vermeiden, zudem die Last der *Anfertigung eingehender Urteilsbegründungen* dadurch zu reduzieren, dass die Urteile durch Rechtsmittelverzicht rechtskräftig werden. Die Notwendigkeit solcher Strategien tangiert die Unabhängigkeit des Richters der Sache nach massiv.

Der gnadenlose Erledigungsdruck auf die Tatrichter wird durch **rigide Fristen** verstärkt, die das Gesetz zwecks Beschleunigung des Verfahrens normiert hat. Gemeint sind:
– §§ 121, 122 StPO (Untersuchungshaft über 6 Monate);
– § 275 StPO (Frist für die Fertigung des schriftlichen Urteils)[20].

Diese Vorschriften haben in anderen Teilen der Justiz keine Parallelen. Sie sind in gewissem Umfang sachwidrig »überstreng«; teilweise werden sie von den Obergerichten zu rigide interpretiert. Darauf ist zurückzukommen.

b) Bindung des Richters an Gesetz und Recht (Art. 20 Abs. 3 GG)

67 Gemäß Art. 20 Abs. 3 GG ist der Richter *»an Gesetz und Recht gebunden«*. Aus seiner hier verankerten Gesetzesbindung folgt ein (grundsätzliches) Verbot der Auflehnung gegen verfassungsmäßige Gesetze, d.h. ein Verbot der richterlichen

---

[16] *KK-Pfeiffer*, § 1 GVG Rn 5.

[17] BVerfG E 4, 331, 345; E 18, 241, 255; *Schilken*, Rn 474.

[18] BVerfG E 4 aaO; E 14, 156, 162 f; *Achterberg* in: BK, Art. 92 Rn 292; *Schilken*, Rn 475.

[19] Dazu: *Kühne*, Rn 110 mit Fn 6; *Schmidt-Jortzig*, NJW 1991, 2377 ff.

[20] Zu §§ 121, 122 siehe schon: Rn 40; zu § 275: Rn 62, 64.

Rechtsfortbildung contra legem[21]. Dabei basiert jenes Verbot auf dem Prinzip der Gewaltenteilung, auf dem Rechtsstaatsprinzip in seiner Ausprägung »Rechtssicherheit« und »Schutz vor Willkür« sowie auf dem Demokratieprinzip[22].
– Dagegen kennt unser Recht grundsätzlich keine Präjudizienbindung. Doch gibt es Ausnahmevorschriften wie § 31 Abs. 1 BVerfGG, § 358 Abs. 1 StPO. –

c) Gebot der Verfassungstreue und der Mäßigung bei politischer Betätigung

Zu den Richterpflichten gehört die **Treuepflicht gegenüber unserer Verfassung.** In der Konsequenz dieses Gebotes der Verfassungstreue postuliert § 9 Nr. 2 DRiG:
»In das Richterverhältnis darf nur berufen werden, wer Gewähr dafür bietet, dass er jederzeit für die freiheitliche demokratische Grundordnung i.S. des GG eintritt.«
Weiterhin normiert das DRiG zum Schutze des Vertrauens der Allgemeinheit in die Unabhängigkeit und Neutralität des Richters ein **Mäßigungsgebot** in § 39:
»Der Richter hat sich innerhalb und außerhalb seines Amtes, auch bei politischer Betätigung, so zu verhalten, dass das Vertrauen in seine Unabhängigkeit nicht gefährdet wird.«
Das Gebot der Verfassungstreue soll verfassungsfeindliche Extremisten vom Richteramt fern halten; das Mäßigungsgebot soll politische und/oder religiöse Eiferer bändigen.

II. Der gesetzliche Richter: Zuständigkeit der Strafgerichte

Art. 101 GG garantiert in Abs. 1 S. 2 das Verfassungsprinzip des gesetzlichen **68** Richters: *»Niemand darf seinem gesetzlichen Richter entzogen werden.«* Jenes Verfassungsprinzip begründet die Verpflichtung der Legislative, die richterliche Zuständigkeit so bestimmt wie möglich zu regeln und dabei festzulegen,
– welches Gericht (*AG, LG, OLG* oder *BGH*?),
– welcher Spruchkörper (z.B. beim *AG : Strafrichter* oder *Schöffengericht*) und
– welcher Richter zur Entscheidung des Falles berufen sind[23].
Diesem Verfassungsgebot dienen die Vorschriften in GVG und StPO[24] über die funktionelle, sachliche und örtliche Zuständigkeit sowie die Geschäftsverteilung.

1. Funktionelle Zuständigkeit

Sie betrifft die Frage, in welcher Funktion die Strafgerichte und deren Spruchkörper tätig werden, d.h. sie bestimmt, welche Gerichte/Spruchkörper als **erste Instanz** fungieren und welche als **Rechtsmittelinstanz**[25].

---

[21] Ergänzend kann man dieses Verbot auf Art. 97 Abs. 1 GG (Rn 60) stützen.

[22] *Krey,* JZ 1978, 361, 428, 465 ff; ders. ZStW 1989, 838, 865 ff; ders. JR 1995, 221 ff.

[23] *BVerfG* E 40, 356, 360 f.

[24] Das Jugendstrafverfahren (JGG) wird im Folgenden ausgeklammert.

[25] Die Terminologie *»funktionelle Zuständigkeit«* ist strittig. Wie Verf.: *Kühne,* Rn 119 ff; *Wolf,* § 12 I, II; **a.A.** *Roxin,* 7/1–8: Er behandelt diese Materie im Rahmen der »sachlichen Zuständigkeit«. Differenzierend: *Beulke,* Rn 38; *Meyer-Goßner,* Rn 2, 8, 9 vor § 1.

Der Gerichtsaufbau in Strafsachen ist **vierstufig**; er umfasst:
Erstens die Amtsgerichte. Dabei fungiert das *AG* mit seinen Spruchkörpern Strafrichter (Einzelrichter) und Schöffengericht nur als erstinstanzliches Gericht.
Zweitens die Landgerichte. Das *LG* hat eine Doppelfunktion: Seine großen Strafkammern fungieren als erste Instanz, die kleinen Strafkammern als Berufungsinstanz.
Drittens die Oberlandesgerichte. Auch das *OLG* hat eine Doppelfunktion: Seine Strafsenate sind primär Revisionsgerichte; jedoch hat das *OLG* auch Zuständigkeiten als erste Instanz.
Viertens den Bundesgerichtshof *(BGH)* als reines Revisionsgericht.
– Das sollen Schaubild 1 und 2 sowie Rn 71 ff verdeutlichen.[26] –

69 Schaubild 1: Die Spruchkörper des *AG*; Rechtsmittel gegen ihre Urteile

Legende: ● = Berufsrichter   ○ = Laienrichter (Schöffen)

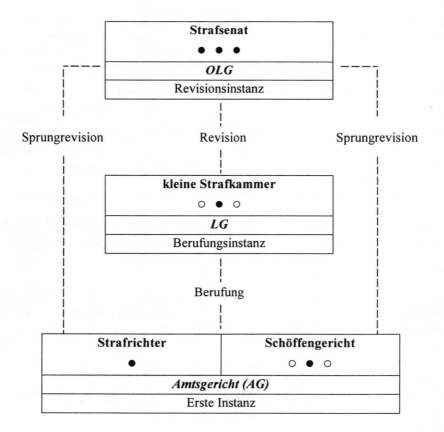

---

[26] Zur Zuständigkeit als **Beschwerdeinstanz** siehe: § 73 GVG *(LG)*, § 121 Abs. 1 Nr. 2 GVG *(OLG)*, § 135 Abs. 2 GVG *(BGH)*.

Schaubild 2: Spruchkörper erster Instanz beim *LG* und *OLG*; Rechtsmittel   **70**

Legende: ● = Berufsrichter   ○ = Laienrichter (Schöffen)

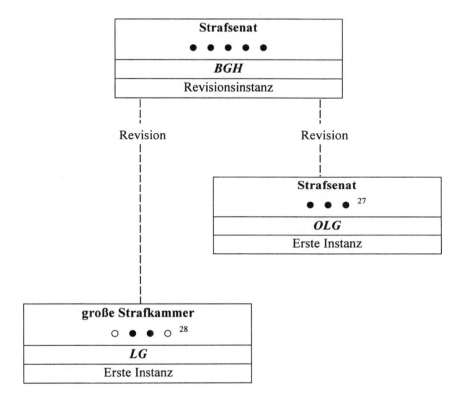

a) Erstinstanzliche Gerichte/Spruchkörper

(1) *AG:* Seine Spruchkörper sind der Strafrichter und das Schöffengericht. Als **71** Strafrichter (Einzelrichter in Strafsachen) fungieren Richter beim *AG*, § 25 GVG. Das Schöffengericht besteht aus einem Berufsrichter (Richter beim *AG*) als Vorsitzenden und zwei Schöffen. Außerhalb der Hauptverhandlung entscheidet der Vorsitzende des Schöffengerichts allein (§ 30 Abs. 2 GVG).

Beispiel 16: Das Schöffengericht entscheidet über die Eröffnung des Hauptverfahrens (§§ 199 ff StPO) durch den Vorsitzenden ohne Mitwirkung der Schöffen.

---

[27] Zur Besetzung mit **fünf** Berufsrichtern in Ausnahmefällen siehe unten, Rn 73.

[28] Zur Besetzung mit **drei** Berufsrichtern und zwei Schöffen in Ausnahmefällen sowie zu den **Spezialstrafkammern** wie Schwurgericht etc. siehe unten, Rn 72.

Nach Maßgabe des § 29 Abs. 2 GVG kann ein zweiter Berufsrichter zugezogen werden. Bei Berufungen gegen Urteile dieses »**erweiterten Schöffengerichts**« zur kleinen Strafkammer (Rn 69) ist dort ebenfalls ein zweiter Berufsrichter hinzuzuziehen, § 76 Abs. 3 GVG. Gleichwohl bleibt die Berufungsinstanz eine kleine Strafkammer, genauso wie das erweiterte Schöffengericht rechtlich Schöffengericht bleibt.

72 (2) *LG:* Erstinstanzlicher Spruchkörper ist die große Strafkammer. Sie entscheidet außerhalb der Hauptverhandlung durch drei Berufsrichter ohne Schöffen (§ 76 Abs. 1 GVG). Für die **Hauptverhandlung** bestimmt § 76 Abs. 2 S. 1 GVG: *»Bei der Eröffnung des Hauptverfahrens beschließt die große Strafkammer, dass sie in der Hauptverhandlung mit zwei Richtern einschließlich des Vorsitzenden und zwei Schöffen besetzt ist* [29]*, wenn nicht die Strafkammer als Schwurgericht zuständig ist oder nach dem Umfang oder der Schwierigkeit der Sache die Mitwirkung eines dritten Richters notwendig erscheint.«*
Jener Beschluss erfolgt nicht nach Ermessen der drei Berufsrichter (§ 76 Abs. 1 GVG); doch haben sie einen vom Revisionsgericht nicht überprüfbaren Beurteilungsspielraum. Bei objektiver Willkür (unvertretbare Fehlentscheidung) der großen Strafkammer liegt aber der Revisionsgrund des § 338 Nr. 1 StPO vor[30]. Nach dem Willen des Gesetzgebers soll die Besetzung mit **zwei Richtern** und zwei Schöffen die Regel sein[31]. Dies korrigiert der *BGH* mit der fragwürdigen These, »in Zweifelsfällen« verdiene die Dreierbesetzung den Vorzug[32].

Neben der allgemeinen großen Strafkammer gibt es beim *LG* noch als weitere erstinstanzliche Spruchkörper besondere große Strafkammern (Spezialstrafkammern):
– Schwurgericht (§ 74 Abs. 2 GVG);
– Staatsschutzkammer (§ 74 a GVG);
– Wirtschaftsstrafkammer (§ 74 c GVG).[33]
Wie erwähnt ist das Schwurgericht in der Hauptverhandlung stets mit drei Berufsrichtern und zwei Schöffen besetzt. Im Übrigen gilt für die Besetzung der Spezialstrafkammern nichts anderes als für die allgemeine große Strafkammer (Rn 70).
Der Sache nach geht es bei §§ 74 Abs. 2, 74 a und 74 c GVG lediglich um eine »gesetzliche Geschäftsverteilung« innerhalb der Spruchkörper des *LG* [34]. Die Vorrangregelung in § 74 e GVG ist nur ein technisches Ordnungsmittel zur Lösung von Kompetenzkonflikten[35].

73 (3) *OLG:* Erstinstanzlicher Spruchkörper ist der Strafsenat (**drei** Berufsrichter); jedoch entscheidet er mit einer Besetzung von fünf Berufsrichtern über die Eröffnung des Hauptverfahrens erster Instanz (§ 122 Abs. 1, Abs. 2 S. 1 GVG). In der Hauptverhandlung ist der Senat i.d.R. mit drei Berufsrichtern besetzt (Rn 70).

---

[29] Siehe Rn 70.

[30] *BGH* St 44, 328, 333 f; *BGH* NStZ 2004, 56.

[31] *Meyer-Goßner*, § 76 GVG Rn 3; so auch *BGH* St 44 aaO, S. 331.

[32] *BGH* NStZ 2004 aaO.

[33] Die Jugendkammer (§§ 33, 33 b JGG und § 74 b GVG) wird hier ausgeklammert.

[34] *BGH* St 27, 99, 104.

[35] *Meyer-Goßner*, § 74 e GVG Rn 1; *KK-Tolksdorf*, § 209 a Rn 1.

Hierzu bestimmt § 122 Abs. 2 S. 2 GVG: *»Bei der Eröffnung des Hauptverfahrens beschließt der Strafsenat, dass er in der Hauptverhandlung mit **drei** Richtern ... besetzt ist, wenn nicht nach dem Umfang oder der Schwierigkeit der Sache die Mitwirkung zweier weiterer Richter notwendig erscheint.«* [36]

b) Rechtsmittelgerichte (Berufungsinstanz; Revisionsinstanz)

Die Berufung führt zur Überprüfung des angefochtenen Urteils in tatsächlicher und rechtlicher Hinsicht. Dagegen kann die Revision nur darauf gestützt werden, dass das Urteil auf einer Gesetzesverletzung beruhe (§ 337 StPO).

(1) Berufungsinstanz (Rn 69) **74**

Berufung ist nur gegen Urteile des *AG* statthaft (§ 312 StPO). Berufungsinstanz ist die kleine Strafkammer des *LG* (§ 76 Abs. 1 GVG): Sie ist in der Hauptverhandlung mit einem Berufsrichter als Vorsitzenden und zwei Schöffen besetzt[37]; außerhalb der Hauptverhandlung entscheidet der Vorsitzende allein.

(2) OLG als Revisionsgericht (Rn 69)

(a) Gegen Urteile des *AG* ist Revision als »Sprungrevision« statthaft, § 335 StPO. Sie geht zum Strafsenat des *OLG*, der durch drei Berufsrichter entscheidet (§ 335 Abs. 2 StPO, §§ 121 Abs. 1 Nr. 1 b, 122 Abs. 1 GVG).
(b) Der Strafsenat des *OLG* in derselben Besetzung entscheidet über die Revision gegen Berufungsurteile des *LG* (kleine Strafkammer, § 333 StPO i.V.m. den erwähnten Normen des GVG).

(3) BGH als Revisionsgericht (Rn 70)

Gegen erstinstanzliche Urteile von *LG* und *OLG* ist die Revision zum *BGH* statthaft. Seine Strafsenate entscheiden in der Besetzung mit fünf Berufsrichtern[38].

– Zum *LG*, *OLG* und *BGH* als Beschwerdeinstanzen siehe Rn 68 Fn 26. –

2. Sachliche Zuständigkeit

Sie betrifft die Verteilung der Strafsachen auf die verschiedenen Spruchkörper **75** erster Instanz[39] (Strafrichter, Schöffengericht; große Strafkammer bzw. Spezialstrafkammern des *LG*; Strafsenat des *OLG*). Bei der sachlichen Zuständigkeit geht es also um die Frage, vor welchem dieser Spruchkörper die StA Anklage zu erheben hat (§§ 170 I, 199, 200 Abs. 1 S. 2 StPO).

---

[36] Nach dem Willen des Gesetzgebers ist die Besetzung mit drei Richtern die Regel. Im Übrigen gelten die Ausführungen zu § 76 Abs. 2 S. 1 GVG (Rn 72 mit Fn 30–32) für § 122 Abs. 2 S. 2 GVG entsprechend. – **Zum BayObLG siehe unten, Fn 41.** –

[37] Ausnahme hiervon: § 76 Abs. 3 GVG; dazu Rn 71 a.E.

[38] §§ 135 Abs. 1, 139 GVG. – Sitz des *BGH* ist Karlsruhe (5. Strafsenat: Leipzig). –

[39] *Kühne*, Rn 125; *Roxin*, 7/1.

a) Sachliche Zuständigkeit der unterschiedlichen Gerichte erster Instanz
– Grundsätzliche Zuständigkeit des *AG* –

Gemäß § 24 Abs. 1 GVG ist das *AG* stets sachlich zuständig, wenn nicht eine der in Nr. 1–3 dieser Vorschrift geregelten Ausnahmen vorliegt.

76 *(1) Ausnahmen von der Zuständigkeit des AG nach § 24 Abs. 1 Nr. 1 GVG*

(a) Sachliche Zuständigkeit des LG gemäß §§ 74 Abs. 2 bzw. 74 a GVG:

§ 74 Abs. 2 S. 1 Nr. 1–26 GVG betrifft die Schwurgerichtssachen. Dabei werden neben der täterschaftlichen Begehung der fraglichen Verbrechen auch die Teilnahme an ihnen, ihr Versuch und der Versuch der Beteiligung (§ 30 StGB) erfasst[40].
– Gemäß § 74 Abs. 2 S. 2 GVG hat allerdings eine aus § 120 GVG resultierende sachliche Zuständigkeit des *OLG* Vorrang vor der des Schwurgerichts. –
§ 74 a Abs. 1 GVG begründet die Zuständigkeit der Staatsschutzkammer des *LG*
– es sei denn, dass gemäß § 74 a Abs. 2 GVG das *OLG* sachlich zuständig ist –.

(b) Sachliche Zuständigkeit des OLG nach § 120 GVG [41]

Quantitativ ist die erstinstanzliche Zuständigkeit des *OLG* fast bedeutungslos. Qualitativ geht es dagegen um politisch brisante Schwerkriminalität, namentlich um:
– Hochverrat, Landesverrat u.a. politische Straftaten (§ 120 Abs. 1 Nr. 2, 3 GVG);
– Terrorismus (§ 120 Abs. 1 Nr. 6 GVG);
– Straftaten nach dem Völkerstrafgesetzbuch[42] (§ 120 Abs. 1 Nr. 8 GVG).

Bei § 120 **Abs. 2** GVG handelt es sich um eine sog. *»bewegliche Zuständigkeitsregelung« (unten, Rn 78)*. Zur Wahrung des Art. 101 Abs. 1 S. 2 GG (Rn 68) prüft der Strafsenat des *OLG* – und der *BGH* als Revisionsgericht –, ob der Generalbundesanwalt die »besondere Bedeutung des Falles« zu Recht bejaht hat[43].

77 *(2) Ausnahmen von der Zuständigkeit des AG nach § 24 Abs. 1 Nr. 2 GVG*

Diese Vorschrift beruht auf der beschränkten Sanktionskompetenz des *AG* (§ 24 Abs. 2 GVG): Wenn im Einzelfall eine höhere Strafe als vier Jahre Freiheitsstrafe oder eine der in dieser Vorschrift genannten Maßregeln der Besserung und Sicherung zu erwarten sind, **kann** das *AG* wegen § 24 Abs. 2 GVG nicht sachlich zuständig sein.
Jene Rechtsfolgenerwartung ist eine vom Gericht überprüfbare Prognose[44].

78 *(3) Ausnahmen von der Zuständigkeit des AG nach § 24 Abs. 1 Nr. 3 GVG*

Nach dieser Vorschrift ist das *LG* statt des *AG* sachlich zuständig, *»wenn die StA wegen der besonderen Schutzbedürftigkeit von Verletzten der Straftat, die als Zeugen in Betracht kommen, des besonderen Umfangs oder der besonderen Bedeutung*

---

[40] *Krey*, StPO 1, Rn 217 mit Fn 5; *Meyer-Goßner*, § 74 GVG Rn 5.

[41] In Bayern war statt der OLG das **BayObLG** zuständig; es wurde jedoch 2006 aufgelöst (*Meyer-Goßner*, Anh 2 EG GVG, § 9 Rn 1).

[42] Gesetz v. 26.6.2002, BGBl. I, 2254.

[43] *BGH* St 46, 238, 255.

[44] *KK-Hannich*, § 24 GVG Rn 4.

des Falles Anklage beim LG erhebt«. Diese »bewegliche Zuständigkeit« ist trotz gewisser Bedenken mit der Garantie des gesetzlichen Richters (Rn 68) vereinbar[45]. Zwar scheint § 24 Abs. 1 Nr. 3 GVG die sachliche Zuständigkeit in die Hand der StA zu legen. Jedoch erlaubt diese Vorschrift eine **verfassungskonforme Auslegung**, die ihre Vereinbarkeit mit Art. 101 Abs. 1 S. 2 GG begründet. Diese Auslegung besagt:

Der StA ist kein Ermessen eingeräumt; vielmehr hat sie den unbestimmten Rechtsbegriff der »besonderen Bedeutung« auszulegen und bei seiner Bejahung beim *LG* anzuklagen. Die Entscheidung der StA unterliegt dabei der gerichtlichen Überprüfung durch das Tatgericht.[46]

Nach Eröffnung des Hauptverfahrens wird die besondere Bedeutung des Falles dagegen nicht mehr geprüft (sog. »Zuständigkeitsperpetuierung«). Die **Revision** kann nur noch darauf gestützt werden, die Bejahung (bzw. Verneinung) jener besonderen Bedeutung sei **willkürlich**, d.h. objektiv unvertretbar; denn nur eine solche Willkür bei der Prüfung des § 24 Abs. 1 Nr. 3 GVG durch das Tatgericht begründet einen Verstoß gegen § 338 Nr. 4 StPO (gesetzlicher Richter)[47].

Diese Ausführungen zur Alternative der »besonderen Bedeutung« gelten entsprechend für die Alternativen der »besonderen Schutzbedürftigkeit ...« und des »besonderen Umfangs«.

Beispiel 17: – Weitere Verdeutlichung des § 24 Abs. 1 Nr. 3 GVG –   **79**
Die StA stützt die Annahme der Voraussetzung dieser Vorschrift auf die folgenden Umstände des Einzelfalles:

(a) Das Ausmaß der Rechtsverletzung und die Auswirkungen der Tat.

(b) Die Erhöhung des Unrechtsgehaltes der Tat wegen der Stellung des Beschuldigten im öffentlichen Leben.

(c) Das Interesse an der raschen Klärung einer bedeutsamen, für viele gleichgelagerte Fälle relevanten Rechtsfrage durch den *BGH* [48].

(d) Die besondere Schwierigkeit der Sachlage, die eine sehr lange Verfahrensdauer erwarten lässt.

(e) Zeugenschutz: Einem Kind als Opfer einer Sexualstraftat soll eine zweite Tatsacheninstanz erspart werden[49].

(f) Die Schwierigkeit von entscheidungserheblichen Rechtsfragen.

Die in **Beispiel 17 (a)–(c)** genannten Aspekte können die »besondere Bedeutung des Falles« begründen[50]. Für **Beispiel 17 (d)** ist die Alternative »besonderer Umfang des Falles« einschlägig[51]. Fälle wie **Beispiel 17 (e)** hat das Gesetz mit der Alternative der »besonderen Schutzbedürftigkeit von Verletzten ..., die als Zeugen in Betracht kommen«, im Auge[52]. In **Beispiel 17 (f)** irrt die StA[53].

---

[45] *BVerfG* E 9, 223, 227, 229; *BGH* St 9, 367, 369; *Meyer-Goßner*, § 24 GVG Rn 5 m.w.N.; abweichend *Herzog*, StV 1993, 609, 612.

[46] Zum Vorstehenden: *BVerfG* und *BGH* aaO; *Meyer-Goßner* aaO, Rn 7.

[47] Dazu m.w.N. *Meyer-Goßner*, § 338 StPO Rn 32, § 24 GVG Rn 10.

[48] Bei Urteilen des *LG* ist Revisionsinstanz der *BGH* (Rn 70, 74).

[49] Bei Anklage zum *AG* gäbe es die Berufungsinstanz (2. Tatsacheninstanz); Rn 69, 73, 74.

[50] *BGH* St 47, 16, 19 ff; *KK-Hannich*, § 24 GVG Rn 6; *Meyer-Goßner*, § 24 GVG Rn 8.

[51] Die Einfügung dieser Alternative im Jahre 2004 war sachgerecht.

[52] Die Einfügung dieser Alt. war durch *BGH* St 47, 16, 19, 20 erforderlich geworden.

[53] *Meyer-Goßner* aaO.

b) Sachliche Zuständigkeit der unterschiedlichen Spruchkörper erster Instanz beim *AG* und *LG* [54]

80 *(1) AG: Schöffengericht oder Strafrichter?*

Steht die erstinstanzliche Zuständigkeit des *AG* fest (Rn 76 ff), so bleibt zu klären, ob Anklage beim **Schöffengericht** oder **Strafrichter** als Einzelrichter[55] zu erheben ist. Diese Frage hat das Gesetz wie folgt geregelt: Das Schöffengericht ist stets zuständig, es sei denn, dass der Strafrichter gemäß § 25 GVG sachlich zuständig ist. Die Ausnahmen von der grundsätzlichen Zuständigkeit des Schöffengerichts nach dieser Vorschrift betreffen nur Vergehen (§ 12 Abs. 2 StGB); daraus folgt: Bei **Verbrechen** ist das Schöffengericht immer der zuständige Spruchkörper. Bei **Vergehen** ist zu prüfen, ob § 25 Nr. 1 oder Nr. 2 GVG eingreifen. Ist dies zu verneinen, verbleibt es bei der grundsätzlichen Zuständigkeit des Schöffengerichts.

(a) Sachliche Zuständigkeit des Strafrichters nach § 25 Nr. 1 GVG

Diese Vorschrift erfordert erstens als angeklagte Tat ein **Privatklagedelikt** (§ 374 StPO); zweitens eine Verfolgung der Tat »**im Wege der Privatklage**«, also durch den Verletzten als Privatkläger und nicht durch die StA gemäß § 376 StPO.

81 *(b) Sachliche Zuständigkeit des Strafrichters nach § 25 Nr. 2 GVG*

Sie ist begründet, wenn keine »höhere Strafe als Freiheitsstrafe von zwei Jahren« zu erwarten ist.

Diese Prognoseentscheidung der StA bei Anklageerhebung wird vom Strafrichter im Zwischenverfahren (§§ 199 ff StPO) überprüft. War die bei Erlass des Eröffnungsbeschlusses zu erwartende Strafe nicht höher als zwei Jahre, so bleibt es auch dann bei der Zuständigkeit des Strafrichters, wenn sich in der Hauptverhandlung herausstellt: die schuldangemessene Strafe muss über die des § 25 Nr. 2 GVG hinausgehen[56]. In solchen Fällen hat der Strafrichter als Spruchkörper des *AG* die volle Strafgewalt dieses Gerichts aus § 24 Abs. 2 GVG[57].

82 *(2) LG: Große Strafkammer oder Spezialstrafkammer?*

Wie ausgeführt gibt es als erstinstanzlichen Spruchkörper beim *LG* die **große Strafkammer** und **Spezialstrafkammern** (Rn 70, 72). Steht die sachliche Zuständigkeit des *LG* nach § 24 Abs. 1 mit § 74 Abs. 1 GVG fest, so ist Anklage bei der großen Strafkammer zu erheben, wenn nicht gemäß §§ 74 Abs. 2, 74 a, 74 c GVG eine der Spezialstrafkammern zuständig ist. Diese stehen dabei nach § 74 e GVG in folgender Rangordnung:

1. Schwurgericht; 2. Wirtschaftsstrafkammer; 3. Staatsschutzkammer.

Alle drei haben Vorrang vor der allgemeinen großen Strafkammer (§ 74 Abs. 1 GVG)[58].

---

[54] Beim *OLG* gibt es nur einen erstinstanzlichen Spruchkörper (Strafsenat); Rn 70, 73.

[55] Rn 69, 71.

[56] *KK-Hannich*, § 25 GVG Rn 7; *Meyer-Goßner*, § 25 GVG Rn 3, 4 m.w.N.; *OLG Düsseldorf* NStZ 2002, 83 m.w.N.

[57] Siehe Fn 56.

[58] *Meyer-Goßner*, § 74 e GVG Rn 1.

c) Verbindung zusammenhängender Strafsachen (§§ 2–5 StPO)

Aus Gründen der Prozessökonomie erlaubt § 2 StPO die Verbindung zusammen- **83**
hängender Strafsachen, die einzeln zur Zuständigkeit von *Spruchkörpern verschie-
dener Ordnung* gehören würden: Sie können verbunden bei dem Spruchkörper
höheren Ranges angeklagt werden.
  – Die Spruchkörper erster Instanz stehen in der folgenden Rangordnung: *1. Strafsenat
  des OLG; 2. Schwurgericht; 3. Wirtschaftsstrafkammer; 4. Staatsschutzkammer; 5. große Strafkammer; 6. Schöffengericht; 7. Strafrichter* [59]. –
§ 2 StPO meint **Taten im prozessualen**, nicht im materiell-rechtlichen Sinne[60]. Tat im
prozessualen Sinne (§ 264 StPO) ist der Gegenstand des Strafverfahrens gegen den Beschuldigten. Hierzu gehört sein gesamtes Verhalten, soweit es mit dem ihm zur Last gelegten Geschehen nach natürlicher Auffassung einen einheitlichen Lebensvorgang darstellt[61].
Dabei ist unerheblich, ob es sich um eine oder um mehrere Handlungen i.S. der §§ 52, 53
StGB (Taten im materiell-rechtlichen Sinne) handelt.

Der Begriff des »**Zusammenhanges**« bestimmt sich nach § 3 StPO: **84**
(1) Von persönlichem Zusammenhang spricht man, »*wenn eine Person mehrerer
Straftaten beschuldigt wird*«, wobei Taten im prozessualen Sinne gemeint sind.

Beispiel 18: Dem Beschuldigten wird versuchter Mord und ein Tage vorher begangenes
Verbrechen des versuchten Raubes (in einem minder schweren Fall) zur Last gelegt.
Der Mordversuch wäre beim Schwurgericht anzuklagen (§ 74 Abs. 2 S. 1 Nr. 4 GVG), der
versuchte Raub beim Schöffengericht (§§ 24, 25 GVG)[62]. Gemäß §§ 2, 3 Alt. 1 StPO bietet
sich eine Verbindung durch Anklage beider Taten beim Schwurgericht an.

Klarstellung: Wird dem Beschuldigten nur **eine** Tat im prozessualen Sinne zur Last
gelegt, die mehrere Straftatbestände im materiell-rechtlichen Sinne erfüllt – sei es
in Tateinheit (§ 52 StGB), sei es in Tatmehrheit (§ 53 StGB) –, so sind §§ 2 ff
StPO unanwendbar: Eine Verbindung ist nicht nötig, eine Trennung nicht möglich.
Die einheitliche prozessuale Tat ist ja ipso iure einheitlicher Prozessgegenstand[63].

(2) Vom sachlichen Zusammenhang spricht man, wenn bei einer Tat (im prozessua- **85**
len Sinne[64]) »mehrere Personen als Täter, Teilnehmer oder der Begünstigung,
Strafvereitelung oder Hehlerei beschuldigt werden« (§ 3 Alt. 2 StPO). Sind in einem solchen Fall **Spruchköper unterschiedlicher Ordnung** als erste Instanz zuständig, so ist wegen §§ 2, 3 StPO gleichwohl eine Anklage aller Beteiligter zu
demselben Spruchkörper möglich.

---

[59] *KK-Pfeiffer*, § 2 Rn 5. – Siehe schon oben, Rn 69, 70, 76, 82. –

[60] *KK-Pfeiffer*, § 2 Rn 2, § 3 Rn 3; *Meyer-Goßner*, § 2 Rn 2, § 3 Rn 2, 3.

[61] *BGH* St 45, 211; *KK-Engelhardt*, § 264 Rn 3; *Meyer-Goßner*, § 264 Rn 2; *Roxin*, 20/5.

[62] Bei §§ 249 Abs. 1, **2**/22, 23 StGB entfällt die Zuständigkeit des *LG* aus § 24 Abs. 1
Nr. 2, 3 GVG. Der *Strafrichter* ist bei Verbrechen niemals zuständig (§ 25 GVG).

[63] *KK-Pfeiffer*, § 3 Rn 2; *Krey*, StPO 1, Rn 244-246; *Meyer-Goßner*, § 3 Rn 2 m.w.N.

[64] *KK-Pfeiffer* aaO; *Meyer-Goßner*, § 3 Rn 3 m.w.N.

Beispiel 19: A wird des Mordes beschuldigt, B der versuchten Strafvereitelung zugunsten des A. Gemäß §§ 2, 3 StPO können beide beim Schwurgericht angeklagt werden[65].

d) Prüfung der sachlichen Zuständigkeit von Amts wegen

86 Hierzu bestimmt § 6 StPO: »*Das Gericht hat seine sachliche Zuständigkeit in jeder Lage des Verfahrens von Amts wegen zu prüfen.*« Diese Vorschrift verdeutlicht, dass die sachliche Zuständigkeit Prozessvoraussetzung ist[66].

– Jene Regelung wird jedoch für die **Spezialstrafkammern** in § 6 a StPO eingeschränkt (Rn 87 a.E., 88 a.E., 89). –

Die StPO enthält bei fehlender sachlicher Zuständigkeit Regeln, die aus prozessökonomischen Gründen eine Verweisung an den zuständigen Spruchkörper erlauben. Damit sollen Verfahrenseinstellungen vermieden werden[67]:

(1) Zwischenverfahren (Entscheidung über die Eröffnung des Hauptverfahrens)

Hat die StA Anklage erhoben, beginnt das Zwischenverfahren, §§ 199–211 StPO. Hier prüft der Spruchkörper, bei dem die Anklage eingereicht wurde, ob er sachlich zuständig ist.

(a) Hält das Gericht die Zuständigkeit eines Gerichts **niederer Ordnung** für begründet, so eröffnet es das Hauptverfahren vor diesem Gericht (§ 209 Abs. 1 StPO), und zwar mit bindender Wirkung[68].

– Die große Strafkammer kann also vor dem Schöffengericht und dem Strafrichter eröffnen. –

(b) Hält das Gericht, bei dem die Anklage eingereicht ist, die Zuständigkeit eines Gerichts **höherer Ordnung** für begründet, so legt es diesem die Akten durch die StA zur Entscheidung vor (§ 209 Abs. 2 StPO).

– So z.B. der Strafrichter gegenüber Schöffengericht bzw. großer Strafkammer. –

(c) Für das Verhältnis der großen Strafkammern zu den **Spezialstrafkammern** und letzterer untereinander gilt § 209 i.V.m. § 209 a Nr. 1 StPO.

– Das Schwurgericht (Rn 82) kann also vor den anderen Spezialkammern und der großen Strafkammer eröffnen[69]. Dagegen muss die große Strafkammer durch die StA den höherrangigeren Spezialstrafkammern die Akten zur Entscheidung vorlegen[70]. –

87 *(2) Hauptverfahren – Verfahrensabschnitt: Vorbereitung der Hauptverhandlung –*

Mit Eröffnungsbeschluss gemäß §§ 203, 207 StPO beginnt das Hauptverfahren. Stellt das Gericht nun im Stadium der Vorbereitung der Hauptverhandlung (§§ 213–225 a StPO) seine fehlende sachliche Zuständigkeit fest, so gilt Folgendes:

---

[65] Beispiel nach *Roxin*, 7/12.

[66] *BGH* St 18, 79, 81 (GS).

[67] *KK-Pfeiffer*, § 6 Rn 1; siehe auch *BGH* St 25, 309, 312.

[68] *KK-Tolksdorf*, § 209 Rn 12; *Paeffgen* in: SK, § 209 Rn 6. – Selbstredend muss das eröffnende Gericht, § 209 Abs. 1 StPO, den gemäß § 203 StPO erforderlichen hinreichenden Tatverdacht geprüft und bejaht haben (*Paeffgen* aaO). –

[69] *KK-Tolksdorf*, § 209 a Rn 4; *Meyer-Goßner*, § 209 a Rn 5.

[70] *KK-Tolksdorf*, § 209 a Rn 5; *Paeffgen* in: SK, § 209 a Rn 6.

(a) Die Verweisung an ein Gericht **niederer Ordnung** ist ausgeschlossen, was auf der Regelung in § 269 StPO beruht[71].

(b) Hält das Gericht dagegen vor Beginn der Hauptverhandlung die Zuständigkeit eines Gerichts **höherer Ordnung** für begründet, so legt es diesem durch die StA die Akten zur Entscheidung vor (§ 225 a Abs. 1 StPO)[72].

– So verfährt z.B. der Strafrichter gegenüber Schöffengericht und großer Strafkammer. –

(c) Die Zuständigkeit einer Spezialkammer höherer Ordnung wird nicht mehr von Amts wegen berücksichtigt (**§ 6 a** mit § 225 a Abs. 4 StPO).

(3) Hauptverhandlung (§§ 226–275 StPO)   88

(a) Das Gericht darf sich nach § 269 StPO nicht für unzuständig erklären, weil es meint, »die Sache gehöre vor ein Gericht niederer Ordnung«. Diese Abweichung von § 6 StPO dient der Prozessökonomie und beruht auf der Vorstellung, die Verhandlung vor einem unzuständigen Gericht höherer Ordnung benachteilige den Angeklagten nicht.

(b) Hält das Gericht nach Beginn der Hauptverhandlung die sachliche Zuständigkeit eines Gerichts **höherer Ordnung** für begründet, so verweist es die Sache mit bindender Wirkung an das zuständige Gericht (§ 270 Abs. 1, 3 StPO).

– Diese Bindungswirkung entfällt jedoch, wenn der Beschluss auf Willkür beruht, d.h. evident gesetzwidrig ist[73]. Die Sache wird dann zurück verwiesen[74]. –

(c) Für das Verhältnis der großen Strafkammer zu den Spezialstrafkammern und letzterer untereinander gilt § 6 a i.V.m. § 270 Abs. 1 S. 2 StPO: Daher können entgegen § 269 StPO **im Rang höhere Spezialstrafkammern** an niederrangigere oder an die große Strafkammer verweisen – und **umgekehrt**[75]; dies mit bindender Wirkung (§ 270 Abs. 3 StPO), sofern keine Willkür vorliegt. Jedoch erfolgt eine solche Verweisung nicht mehr von Amts wegen, sondern erfordert einen rechtzeitigen **Einwand des Angeklagten gemäß § 6 a StPO**.

(4) Revision (§ 338 Nr. 4 StPO)   89

(a) Aus Sinn und Zweck des § 269 StPO (Rn 88) folgt: Die Entscheidung eines Spruchkörpers höherer Ordnung anstelle des zuständigen Spruchköpers niederer Ordnung ist nicht mit der Revision angreifbar[76].

– Das gilt jedoch nicht bei Willkür als unvertretbarer Fehlentscheidung[77]. –

---

[71] *KK-Tolksdorf*, § 225 a Rn 2; *Meyer-Goßner*, § 225 a Rn 2. – **Ausnahme:** § 225 a Abs. 4 S. 2, falls der Angeklagte den Einwand gemäß **§ 6 a StPO** erhoben hatte (*Meyer-Goßner* aaO, Rn 2, 22, 23; *Tolksdorf* aaO, Rn 2, 23, 25). –

[72] Bzgl. **§ 24 Abs. 1 Nr. 3 GVG** ist jedoch die »Zuständigkeitsperpetuierung« (Rn 78 a.E.) zu berücksichtigen, sodass die Vorlage nach § 225 a Abs. 1 StPO hier entfällt; dasselbe gilt für **§ 25 Nr. 2 GVG**. *KK-Tolksdorf*, § 225 a Rn 5; *Meyer-Goßner*, § 225 a Rn 5.

[73] *BGH* St 45, 58, 61 f; *Meyer-Goßner*, § 270 Rn 20.

[74] *BGH* aaO; *Meyer-Goßner* aaO; a.A. *KK-Engelhardt*, § 270 Rn 26.

[75] *KK-Engelhardt* aaO, Rn 16; *Meyer-Goßner*, § 270 Rn 12.

[76] *KK-Engelhardt*, § 269 Rn 10; *Meyer-Goßner*, § 269 Rn 8.

[77] *BGH* St 38, 212; *KK-Engelhardt*, § 269 Rn 9, 10; *Meyer-Goßner* aaO und § 338 Rn 32.

(b) Hat dagegen ein Gericht niederer Ordnung anstelle eines Gerichts höherer Ordnung entschieden, so ist diese sachliche Unzuständigkeit bei zulässiger Revision durch das Revisionsgericht **von Amts wegen** zu berücksichtigen (§ 6 StPO)[78].

(c) Was Spezialstrafkammern des *LG* angeht, ist § 6 a StPO zu beachten: Mit der Revision kann die fehlende Zuständigkeit der großen Strafkammer bzw. einer der Spezialstrafkammern gemäß §§ 74 Abs. 1, Abs. 2, 74 a, 74 c, **74 e** GVG nur gerügt werden, wenn der in § 6 a StPO geforderte rechtzeitige Einwand des Angeklagten vorliegt[79].

90 Fall 3: – Wechsel der sachlichen Zuständigkeit –

A wird wegen gefährlicher Körperverletzung beim *AG* – Strafrichter – angeklagt. Er hatte seine Freundin F mit einem Schlagstock massiv verletzt, u.a. am Auge. Im **Zwischenverfahren** (§§ 199 ff StPO) stellt sich heraus, dass die F mittlerweile auf diesem Auge erblindet ist. Demgemäß legt der Strafrichter nach § 209 Abs. 2 StPO durch die StA dem Schöffengericht die Akten zur Entscheidung vor. Das Schöffengericht eröffnet das Verfahren vor sich. In der **Hauptverhandlung** stellt sich heraus, dass die Schläge von A als Mittel eines brutalen Vergewaltigungsversuchs begangen worden waren: A wollte durch den Einsatz des Schlagstockes den Widerstand der F brechen. Da A erheblich vorbestraft ist, und zwar wegen gefährlicher Körperverletzung und Vergewaltigung, hält das Schöffengericht gemäß § 24 Abs. 1 Nr. 2 GVG die sachliche Zuständigkeit des *LG* – große Strafkammer – für gegeben und verweist die Sache nach § 270 Abs. 1 StPO an die große Strafkammer.

(a) Haben Strafrichter und Schöffengericht richtig entschieden?

(b) Die große Strafkammer will den Fall nicht übernehmen, weil sie die Strafgewalt des *AG* (§ 24 Abs. 2 GVG) für ausreichend hält.

(c) Was macht die große Strafkammer, wenn F kurz nach dem Verweisungsbeschluss des Schöffengerichts an den Folgen schwerer Hirnschäden durch jene Schläge des A stirbt?

91 Zu Fall 3 (a): Der Strafrichter musste schon deswegen nach § 209 Abs. 2 StPO (Rn 86) vorgehen, weil er für Verbrechen[80] nicht sachlich zuständig ist (§ 25 GVG, Rn 80). Das Schöffengericht hat zu Recht – zumindest aber **willkürfrei**, d.h. ohne evidenten Gesetzesverstoß – die Zuständigkeit der großen Strafkammer bejaht: Angesichts von Unrechts- und Schuldgehalt der Verbrechen des A
    – versuchte Vergewaltigung unter brutaler Gewaltanwendung mittels gefährlichen Werkzeugs, schwere Körperverletzung nach § 226 Abs. 1 StGB –
und der erheblichen einschlägigen Vorstrafen war die Prognose einer Freiheitsstrafe von mehr als vier Jahren sachgerecht, zumindest aber nicht unvertretbar.

Zu Fall 3 (b): Der Verweisungsbeschluss des Schöffengerichts ist gemäß § 270 Abs. 3 StPO bindend, da er nicht auf Willkür beruht (Rn 88).

Zu Fall 3 (c): Dieser Verweisungsbeschluss hat die Wirkungen eines **Eröffnungsbeschlusses**[81]. Die Strafsache ist jetzt bei der großen Strafkammer rechtshängig. Nach dem Tode der F (§ 227 StGB) wäre an sich das **Schwurgericht** sachlich

---

[78] *KK-Engelhardt*, § 270 Rn 30; *Meyer-Goßner*, § 270 Rn 27, § 338 Rn 32.

[79] *KK-Pfeiffer*, § 6 a Rn 13, § 338 Rn 68; *Meyer-Goßner*, § 6 a Rn 16, § 338 Rn 33.

[80] In casu: § 226 Abs. 1 Nr. 1 mit § 18 StGB.

[81] § 270 Abs. 3 StPO.

zuständig (§§ 74 Abs. 2 S. 1 Nr. 8, 74 e GVG). Jedoch dürfte die große Strafkammer ihre durch den Tod der F eingetretene sachliche Unzuständigkeit gemäß § 6 a S. 2 StPO nur noch auf rechtzeitigen (§ 6 a S. 3 StPO) Einwand des A beachten[82].

3. Örtliche Zuständigkeit (Gerichtsstand)

Während die sachliche Zuständigkeit im **GVG** geregelt ist (§ 1 StPO), bestimmt sich der **92** Gerichtsstand als örtliche Zuständigkeit nach §§ 7–21 **StPO**.

a) Allgemeine Gerichtsstände

(1) Hier normiert die StPO als primäre Gerichtsstände den des:
- Tatorts (§ 7); er bestimmt sich nach § 9 StGB[83].
- Wohnsitzes (§ 8 Abs. 1); für ihn sind §§ 7 ff BGB maßgeblich[84].
- Ergreifungsorts (§ 9); gemeint ist der Ort der Festnahme[85].
Diese Gerichtsstände, auch Hauptgerichtsstände genannt, sind nach h.M. grundsätzlich gleichwertig, sodass die StA unter ihnen wählen kann[86].

(2) Als sekundäre (subsidiäre) Gerichtsstände nennt die StPO:
- Den gewöhnlichen Aufenthaltsort (§ 8 Abs. 2 Alt. 1), wobei ein Zwangsaufenthalt wie der in einer Justizvollzugsanstalt ausscheidet.
- Den letzten Wohnsitz (§ 8 Abs. 2 Alt. 2).
- Den vom *BGH* gemäß § 13 a StPO bestimmten.

b) Besondere Gerichtsstände   93

Dazu zählt der Gerichtsstand der Presse, § 7 Abs. 2 StPO, der jedoch nur den Gerichtsstand des Tatorts ersetzt.
   – § 7 Abs. 2 ist auf Rundfunk und Fernsehen nach h.A. nicht analog anwendbar[87]. –
Hierher gehört auch der Gerichtsstand für Staatsschutzsachen, §§ 74 a, 120 GVG.

c) Außerordentliche Gerichtsstände

Bei ihnen handelt es sich um den:
- Gerichtsstand des Zusammenhanges (§§ 13 i.V.m. 3 StPO).
- Gerichtsstand durch **Bestimmung oberer Gerichte** bei Zuständigkeitsstreit zwischen mehreren Gerichten, bei negativem Kompetenzkonflikt aufgrund unanfechtbarer Entscheidungen mehrerer Gerichte, bei Verhinderung des zuständigen Gerichts bzw. bei Gefährdung der öffentlichen Sicherheit[88] (§§ 14, 15, 19 StPO).

---

[82] Siehe §§ 225 a Abs. 1, 4, S. 1, 270 Abs. 1 S. 2 StPO (dazu schon Rn 87 a.E., 88 a.E.).

[83] Siehe ergänzend §§ 10 und 10 a StPO.

[84] Ergänzend § 11 StPO.

[85] Dabei soll nach *BGH* St 44, 347 irrelevant sein, ob gegen den Beschuldigten **Haftbefehl** ergeht oder besteht. Bedenken hiergegen bei *Meyer-Goßner*, § 9 Rn 2.

[86] Dies ist allerdings für § 9 StPO strittig (dazu *Meyer-Goßner*, § 9 Rn 1 m.w.N.).

[87] *KK-Pfeiffer*, § 7 Rn 7; *Meyer-Goßner*, § 7 Rn 7; *Rudolphi* in: SK, § 7 Rn 8; **str.**

[88] Letzteres gilt etwa bei Gefahr erheblicher Unruhen; *Meyer-Goßner*, § 15 Rn 5.

d) Regelung der örtlichen Zuständigkeit und Art. 101 Abs. 1 S. 2 GG

94 Sind gemäß §§ 7 ff StPO mehrere Gerichte örtlich zuständig, so kann die StA wählen, bei welchem sie Anklage erhebt. Dieses Wahlrecht verstößt nach Ansicht einiger Autoren gegen Art. 101 Abs. 1 S. 2 GG[89]. Dem ist indes mit der ganz h.M. zu widersprechen, sofern die Entscheidung der StA frei von Willkür erfolgt[90].

e) Prioritätsprinzip, § 12 StPO

Treffen mehrere Gerichtsstände zusammen, was typisch ist, entstehen wegen des Wahlrechts der StA an sich keine Probleme. Unproblematisch ist auch der Fall, dass die Sache nur bei einem der örtlich zuständigen Gerichte rechtshängig ist. Dagegen regelt § 12 StPO den Fall, dass mehrere dieser Gerichte die Eröffnung des Hauptverfahrens in der fraglichen Strafsache beschlossen haben[91]; dann gilt das Prioritätsprinzip des § 12 Abs. 1 StPO. Eröffnung der Untersuchung meint dabei den Erlass des Eröffnungsbeschlusses[92].

f) Prüfung der örtlichen Zuständigkeit durch das Gericht; Revision

Die Prüfung der örtlichen Zuständigkeit von Amts wegen ist zeitlich begrenzt, § 16 StPO. Ihr Fehlen kann mit der Revision (§ 338 Nr. 4 StPO) nur gerügt werden, wenn der Angeklagte rechtzeitig den Einwand nach § 16 S. 3 StPO erhoben hat[93].

4. Geschäftsverteilung

a) Geschäftsverteilung auf mehrere gleichrangige Spruchkörper des Gerichts

95 Zu den Regelungen, die der Bestimmung des gesetzlichen Richters i.S. des Art. 101 Abs. 1 S. 2 GG dienen, gehört auch der Geschäftsverteilungsplan (§ 21 e GVG)[94]. Er wird in richterlicher Unabhängigkeit durch das Präsidium des Gerichts erstellt.

Beispiel 20: Am *AG* X fungieren als Spruchkörper drei Schöffengerichte und acht Strafrichter. Am *LG* X gibt es neben dem Schwurgericht fünf große und drei kleine Strafkammern. Der Geschäftsverteilungsplan des *AG* bestimmt, welche Strafsachen auf welches der drei Schöffengerichte bzw. auf welchen der acht Strafrichter zu verteilen sind. Diese Verteilung erfolgt i.d.R. nach Anfangsbuchstaben der Angeschuldigten. Entsprechend verteilt der Geschäftsverteilungsplan des *LG* die erstinstanzlichen Sachen auf die fünf großen Strafkammern, die Berufungssachen auf die drei kleinen Strafkammern.

b) Geschäftsverteilung innerhalb von Kollegialspruchkörpern

– Siehe § 21 g GVG (basierend auf *BGH* Z 126, 63, Vereinigte Große Senate). –

---

[89] *Roxin*, 8/1 und *Rudolphi* aaO, Rn 9 vor § 7, beide m.w.N.

[90] *KK-Pfeiffer*, § 7 Rn 2; *Meyer-Goßner*, Rn 10 vor § 7; *OLG Hamm* NStZ-RR 1999, 16.

[91] Zum Vorstehenden *Meyer-Goßner*, § 12 Rn 1.

[92] *Meyer-Goßner* aaO, Rn 3; *Roxin*, 8/4.

[93] *Rudolphi* in: SK, § 16 Rn 13; *Wendisch* in: LR, § 16 Rn 18.

[94] *BVerfG* E 18, 65, 69; E 18, 344, 349; E 18, 423, 425.

III. Ausschließung und Ablehnung von Richtern

Für die richterliche Tätigkeit ist neben der Unabhängigkeit die **unparteiliche Neutralität** 96
von wesentlicher Bedeutung. Das justitielle Grundrecht auf den gesetzlichen Richter
(Rn 68) verlangt die rechtliche Gewährleistung dieser Unparteilichkeit[95]. Dem dienen die
Vorschriften über die Ausschließung und Ablehnung von Richtern (§§ 22–31 StPO).

1. Der ausgeschlossene Richter (iudex inhabilis)

Die Ausschließung von Richtern nach §§ 22, 23 StPO tritt unmittelbar kraft Gesetzes ein, ohne dass es einer Ablehnung gemäß § 24 StPO bedürfte.
– Doch ist eine solche Ablehnung gleichwohl zulässig, § 24 Abs. 1 StPO. –
Der Ausschluss ist also von Amts wegen zu beachten. Ergeht wegen eines Ableh-
nungsantrags ein Gerichtsbeschluss, hat dieser nur klarstellende Bedeutung[96].

a) Die Ausschließungsgründe gemäß § 22 StPO

Diese Vorschrift enthält, wie auch § 23 StPO, eine abschließende Regelung. 97

(1) § 22 Nr. 1 StPO

»Verletzt« i.S. dieser Norm ist nur der Richter, der durch die Straftat **unmittelbar** in seinen
Rechten betroffen ist[97]. Daran fehlt es z.B., wenn es um die Verleumdung (§ 187 StGB)
einer Gewerkschaft oder Partei geht, zu deren Mitgliedern der Richter zählt[98].
– Werden **alle Richter eines Gerichts** beleidigt[99], so kann nicht jeder von ihnen i.S. des
§ 22 Nr. 1 StPO »Verletzter« sein. Anderenfalls hätten Straftäter es in der Hand, ganze
Gerichte lahm zu legen. In solchen Fällen muss auf die unmittelbare **individuelle** Be-
troffenheit des jeweiligen Richters abgestellt werden[100]. –
Ist ein Richter durch eine von mehreren angeklagten Straftaten »verletzt«, so ist er
für das gesamte Strafverfahren ausgeschlossen: Der Ausschluss gilt für den gesamten Prozessgegenstand, und zwar auch im Falle der Verbindung (§§ 2 ff StPO)[101].

(2) § 22 Nr. 2 und 3 StPO 98

Das **Verlöbnis** wird nicht erfasst, führt aber zu einem Ablehnungsgrund (§ 24 Abs. 2
StPO)[102].
Ebenfalls nicht ausdrücklich geregelt ist der Fall, dass der zuständige Richter selbst Ange-
klagter, Angeschuldigter oder Beschuldigter (§ 157 StPO) bzw. Täter ist. Hier versteht sich

---

[95]   *BVerfG* E 21, 139, 145 f; *Krey*, StPO 1, Rn 275 m.w.N.

[96]   *Meyer-Goßner*, § 24 Rn 4.

[97]   *BGH* St 1, 298; *BayObLG* NStZ 1993, 347; *KK-Pfeiffer*, § 22 Rn 4.

[98]   *Krey* aaO, Rn 277.

[99]   Zu den materiell-rechtlichen Voraussetzungen hierfür: *Krey/Heinrich*, Rn 392 ff, 395–
       397 c m.w.N.

[100] *Meyer-Goßner*, § 22 Rn 8 m.w.N.

[101] *BGH* St 14, 219; *KK-Pfeiffer*, § 22 Rn 17.

[102] *Meyer-Goßner*, § 22 Rn 9.

sein **Ausschluss** so evident von selbst (Erst-recht-Argument aus § 22 Nr. 3 StPO), dass das Fehlen einer entsprechenden Regelung unschädlich ist[103].

(3) § 22 Nr. 4 StPO

Der Begriff »in der Sache« ist weit auszulegen: Gemeint ist der Strafprozess vom Beginn der Ermittlungen bis zum rechtskräftigen Abschluss; bei Wiederaufnahme (Rn 22, 23) wird auch dieses Verfahren mitumfasst[104]. Maßgeblich ist die Einheit der Hauptverhandlung, auch wenn sie mehrere Handlungen (§ 53 StGB) oder mehrere Taten im prozessualen Sinne (Rn 83) zum Gegenstand hat. Bei Verbindung, §§ 2 ff StPO, ist das gesamte Verfahren **eine** Sache i.S. des § 22 Nr. 4 StPO[105].
Weit auszulegen ist auch der Begriff der früheren *»Tätigkeit in der Sache«*, etwa als Staatsanwalt. Es genügt jede, auch die unbedeutende, Beeinflussung des Verfahrensablaufs, z.B. durch Verfügung einer Frist zur Wiedervorlage der Akten oder durch Sachstandsanfrage bei der Polizei.[106]

(4) § 22 Nr. 5 StPO

Ohne sachgerechte Handhabung könnte diese Vorschrift die Durchführbarkeit von Strafverfahren erheblich gefährden, was der folgende Fall verdeutlichen soll.

99   **Fall 4: – Verfahrenssabotage durch Benennung des Richters als Zeugen –**

(a) Im Strafprozess gegen A wegen Schwerer Körperverletzung beantragt der Verteidiger V am 5. Verhandlungstag die Vernehmung des Vorsitzenden X als Zeugen: *Das Verbrechensopfer, der Zeuge O, habe jüngst in der Gerichtskantine dem X gegenüber zugegeben, A habe in Notwehr gehandelt.* Diese Behauptung des V ist erlogen; mit seinem Beweisantrag (§ 244 Abs. 3 StPO) will er gemäß § 22 Nr. 5 StPO X »abschießen«[107].
(b) Im Verfahren gegen A wegen Schweren Menschenhandels u.a. Delikte vor der großen Strafkammer hat die Zeugin Z den Angeklagten am 7. Sitzungstag schwer belastet. Monate später kommt es am 37. Sitzungstag der Hauptverhandlung zwischen Verteidiger V und Staatsanwalt S zu einem Streit über den Inhalt jener Zeugenaussage. Daraufhin beantragt V die Vernehmung des Vorsitzenden X als Zeugen: *X könne bekunden, dass die Zeugin seinerzeit ausgesagt habe, A habe sie keineswegs durch brutale Misshandlungen gezwungen, für ihn »auf den Strich zu gehen«. Vielmehr sei sie freiwillig Prostituierte geworden. Auf dem Straßenstrich habe A sie kennen gelernt und von da an beschützt.* Diesen Beweisantrag stellt V wider besseres Wissen, um die Ausschließung des X und damit die **Aussetzung** der Hauptverhandlung zu erreichen (§§ 22 Nr. 5 i.V.m. 228, 338 Nr. 2 StPO); dies mit der Folge, dass die gesamte Hauptverhandlung neu begonnen werden müsste.[108]

---

[103] *KK-Pfeiffer*, § 22 Rn 7; *Krey*, StPO 1, Rn 279; *Meyer-Goßner*, § 22 Rn 3.

[104] *BGH* St 28, 262, 264.

[105] *BGH* St 28, 262, 263; *Meyer-Goßner*, § 22 Rn 17.

[106] *BGH* NStZ 1982, 78; *Meyer-Goßner*, § 22 Rn 18.

[107] Zu Fall 4 a siehe schon: *Krey*, StPO 1, Rn 282–284; *BGH* St 7, 330, 331.

[108] Dazu *Meyer-Goßner*, § 22 Rn 21, § 228 Rn 3, § 338 Rn 22.

Zu Fall 4 (a): V hat keinen Erfolg[109]. X wird dienstlich versichern, zu dem im **100** Beweisantrag genannten Beweisthema nichts bekunden zu können. Damit ist er ein **völlig ungeeignetes Beweismittel**, § 244 Abs. 3 S. 2 StPO[110]. Zudem liegt der Ablehnungsgrund der **Prozessverschleppungsabsicht** vor[111].

Der *BGH* hat in einem vergleichbaren Fall sogar **Unzulässigkeit** der Beweisaufnahme (§ 244 Abs. 3 S. 1 StPO) angenommen: Werde der Beweisantrag trotz jener dienstlichen Versicherung des Nichtwissens aufrechterhalten, so zeige dies, dass der Richter nur als Zeuge benannt worden sei, »um ihn an der Ausübung seines Amtes zu hindern«[112].

Das Gericht wird daher unter Mitwirkung des X den Beweisantrag ablehnen, § 244 Abs. 3 S. 1, 2 StPO. Mithin ist X nicht nach § 22 Nr. 5 StPO ausgeschlossen. Seine bloße Benennung als Zeuge im Beweisantrag führt noch nicht zur Anwendbarkeit dieser Vorschrift, da sie auf die »Vernehmung als Zeuge« abstellt[113].

Zu Fall 4 (b): Auch hier hat V keinen Erfolg. Der Beweisantrag ist vielmehr ge- **101** mäß § 244 Abs. 3 S. 1 als **unzulässig** abzulehnen[114]: Der erkennende Richter scheidet im anhängigen Strafverfahren als Zeuge aus, soweit es um Wahrnehmungen geht, die er **als erkennender Richter** in der laufenden Hauptverhandlung gemacht hat. Solche Wahrnehmungen können allenfalls durch dienstliche Erklärung des Richters (als gerichtskundig) in die Hauptverhandlung eingeführt werden[115].

§ 22 Nr. 5 StPO ist weiterhin unanwendbar, wenn sich der Richter in der Hauptverhandlung **102** lediglich zu prozessual erheblichen Umständen äußert[116].

Beispiel 21: In der Hauptverhandlung berichtet der Vorsitzende, der Zeuge Z habe sich definitiv geweigert, vor Gericht zu erscheinen[117].

Vielmehr hat jene Vorschrift ganz andere Konstellationen im Auge, nämlich:
- erstens die Bekundung **privaten Wissens** in der Hauptverhandlung[118];
- zweitens die frühere Vernehmung des Richters **in einem anderen Verfahren** als Zeuge zu demselben Geschehen, das er jetzt abzuurteilen hätte[119].

---

[109] *BGH* aaO; *Krey* aaO; *Meyer-Goßner*, § 22 Rn 20; *KK-Pfeiffer*, § 22 Rn 15.

[110] *Krey* aaO, Rn 284; offenbar auch *Kramer*, JA 1983, 113, 119 f.

[111] *Krey* aaO; *Meyer-Goßner*, § 244 Rn 67 m.w.N.; offengelassen von *BGH* St 7 aaO.

[112] *BGH* St 7, 330, 331; kritisch *Meyer-Goßner*, § 244 Rn 49.

[113] *BGH* St 44, 4, 7 a.E., 8; *KK-Pfeiffer*, § 22 Rn 14.

[114] *BGH* St 39, 239, 241; 44, 4, 9, 10; *Itzel*, NStZ 1989, 383; *KK-Herdegen*, § 244 Rn 67 a.E.; *Meyer-Goßner*, § 244 Rn 49.

[115] *BGH* St 39 und 44 aaO; *KK-Herdegen* aaO.

[116] *KK-Pfeiffer*, § 22 Rn 14; *Krey*, StPO 1, Rn 285; *Meyer-Goßner*, § 22 Rn 20.

[117] Beispiel nach *KK-Pfeiffer* aaO.

[118] *KK-Pfeiffer*, § 22 Rn 14; *Rudolphi* in: SK, § 22 Rn 20.

[119] *BGH* St 31, 358 ff; *KK-Pfeiffer* aaO; *Meyer-Goßner*, § 22 Rn 19.

b) Die Ausschließungsgründe gemäß § 23 StPO

103 Die Mitwirkung des Richters an Vorentscheidungen in derselben Sache begründet grundsätzlich keine Befangenheit (§ 24 StPO) und keinen Ausschluss. Das beruht auf dem **Richterbild** unserer Rechts- und Verfassungsordnung: Es wird »von der Auffassung beherrscht, dass der Richter auch dann unvoreingenommen an die Beurteilung einer Sache herantrete, wenn er sich schon früher über denselben Sachverhalt ein Urteil gebildet habe« *(BVerfG* [120]*)*. Mithin ist es kein Ausschließungsgrund und begründet keine Befangenheit, wenn der erkennende Richter

– in derselben Sache als Ermittlungsrichter (§§ 162, 169 StPO) tätig war,
– kommissarische Vernehmungen gemäß §§ 223, 224 StPO durchgeführt oder
– am Eröffnungsbeschluss (§§ 199, 203, 207 StPO) mitgewirkt hat. [121]

Doch gibt es drei **gesetzliche Ausnahmen** von der Regel, dass seine Mitwirkung an richterlichen Vorentscheidungen den erkennenden Richter **nicht** ausschließt:

(1) § 23 Abs. 1 StPO

Diese Vorschrift soll verhindern, dass ein Richter über Rechtsmittel gegen seine eigenen Entscheidungen judiziert [122]. Rechtsmittel sind dabei nur Berufung (§§ 312 ff StPO), Revision (§§ 333 ff StPO) und Beschwerde (§§ 304 ff StPO), nicht dagegen sonstige Rechtsbehelfe wie

– Antrag auf Wiedereinsetzung gemäß § 44 bzw. § 329 Abs. 3 StPO;
– Antrag auf Haftprüfung, § 117 StPO;
– Einspruch gegen den Strafbefehl, §§ 410, 411 StPO [123].

»Mitwirkung« an der angefochtenen Entscheidung verlangt, dass der Richter sie mitzuverantworten hat. Daran fehlt es bei der bloßen Teilnahme an der Hauptverhandlung als Ergänzungsrichter (§ 192 Abs. 2 GVG) [124] und an einer ausgesetzten Hauptverhandlung (§ 228 Abs. 1 StPO) [125].

104 *(2) § 23 Abs. 2 StPO*

Gemäß § 140 a GVG muss in Wiederaufnahmeverfahren (§§ 359 ff StPO) **ein anderes Gericht** entscheiden, nicht nur ein anderer Spruchkörper desselben Gerichts [126]. Zusätzlich schließt § 23 Abs. 2 StPO Richter, die bei der durch Antrag auf Wiederaufnahme des Verfahrens angefochtenen Entscheidung mitgewirkt haben, von der Mitwirkung im Wiederaufnahmeverfahren aus. »Mitwirkung an der angefochtenen Entscheidung« ist auch bei Revisi-

---

[120] *BVerfG* E 30, 149, 153 f.
[121] Dazu: *BVerfG* E 30, 149; *BGH* St 9, 233, 235; *Meyer-Goßner*, § 23 Rn 1, 2.
[122] *KK-Pfeiffer*, § 23 Rn 1.
[123] *KK-Pfeiffer* aaO, Rn 2.
[124] *BVerfG* E 30, 149, 156, 157; *Meyer-Goßner*, § 23 Rn 5.
[125] *KK-Pfeiffer*, § 23 Rn 3; *Meyer-Goßner* aaO. – Die Aussetzung der Hauptverhandlung bedeutet ja deren Abbruch. –
[126] *KK-Schmidt*, § 140 a GVG Rn 3. – Ausnahme: § 140 a Abs. 3 GVG. –

onsrichtern anzunehmen, die an der Verwerfung der Revision gegen jene Entscheidung beteiligt waren[127].

*(3) §§ 148 Abs. 2, **148 a Abs. 2** StPO*

Ausgeschlossen ist schließlich auch der sog. »Überwachungsrichter« (§ 148 Abs. 2 StPO).

(4) § 23 StPO als abschließende Regelung   **105**

Fall 5: – Erneute Mitwirkung eines früheren Richters nach Zurückverweisung gemäß § 354 Abs. 2 StPO –[128]

A ist von *LG X*, 1. große Strafkammer, verurteilt worden. In diesem Verfahren hat als Beisitzer Schröder, Richter am *LG*, mitgewirkt. Auf die Revision des A hebt der *BGH* das Urteil auf und verweist die Sache zur erneuten Verhandlung und Entscheidung an eine *andere große Strafkammer des LG X* zurück (§ 354 Abs. 2 StPO). Diese ist laut Geschäftsverteilungsplan des *LG* die 3. große Strafkammer. Ihr gehört zufällig, wegen einer Änderung der Geschäftsverteilung, auch Richter am *LG* Schröder an. A versteht die Welt nicht mehr.

(a) Richter Schröder ist nicht kraft Gesetzes ausgeschlossen. § 23 StPO erfasst **106** solche Fälle nicht. Auch eine analoge Anwendung dieser Vorschrift scheidet aus[129]. Denn Gesetzesanalogie setzt eine Regelungslücke voraus, an der es bei abschließenden Regelungen wie §§ 22, 23 StPO fehlt.

(b) Die fehlende **Ausschließung** in Fällen wie dem vorliegenden will die h.L. dadurch kompensieren, dass sie (grundsätzlich) **Befangenheit** des erneut mitwirkenden Richters bejaht[130]: *Ein Richter, der wie Schröder in Fall 5, »schon einmal in dieser Sache aufgrund einer Hauptverhandlung ein Urteil gefällt habe, könne sich von seinen früheren Eindrücken unmöglich ganz frei machen«. Dieser Befangenheitsvermutung sei durch Heranziehung des § 24 StPO Rechnung zu tragen*[131].
Dem widerspricht jedoch die Judikatur[132], und zwar zu Recht: Jene Annahme einer (grundsätzlichen) Befangenheit missachtet die gesetzliche Wertung in §§ 354 Abs. 2, 23 StPO, die in Fällen wie dem vorliegenden keinen Ausschluss des Richters vorsehen[133]. Diese **fehlende Ausschließung kraft Gesetzes** in casu ist wegen des dargelegten Richterbildes (Rn 103) auch weder systemwidrig noch sachwidrig.

---

[127] *BVerfG* E 30, 165, 168; E 63, 77, 80; *KK-Pfeiffer*, § 23 Rn 4; *Krey*, StPO 1, Rn 288, 295 m.w.N. – Das gilt auch bei Verwerfung der Revision gemäß § 349 Abs. 2 StPO. –

[128] Fall nach *Krey*, StPO 1, Rn 296–298.

[129] *BVerfG* E 30, 149, 154 f; *BGH* St 21, 142, 144 f; 24, 336 f; *OLG Stuttgart* StV 1985, 492; *Krey*, StPO 1, Rn 297 m.w.N. pro und contra; *Rudolphi* in: SK, § 23 Rn 17.

[130] *Arzt*, S. 80 ff; *Beulke*, Rn 73, 74; *Roxin*, 9/10; *Rudolphi* aaO, Rn 18 m.w.N.

[131] *Roxin* aaO.

[132] *BGH* St 21 und 24 aaO; *BGH* bei *Pfeiffer*, NStZ 1981, 298 (§ 354 StPO); *BGH* NStZ 1983, 135, 136; ebenso: *Dierlamm*, S. 147 ff, 159 ff; *KK-Kuckein*, § 354 Rn 30; *Krey*, StPO 1, Rn 297, 298; *Meyer-Goßner*, § 354 Rn 39 (mit Kritik an der lex lata).

[133] *BGH* St 24, 336, 337; *Krey* aaO; das räumt auch *Roxin*, 9/10, ein.

Nur in besonders gelagerten Ausnahmefällen mag einmal eine Befangenheit des erneut mitwirkenden Richters in Betracht kommen[134]. Dafür genügt aber z.B. nicht, dass dieser Richter wieder als Berichterstatter fungiert[135].

c) Der ausgeschlossene Richter und Art. 101 Abs. 1 S. 2 GG

107 Die Mitwirkung eines ausgeschlossenen Richters begründet einen absoluten Revisionsgrund (§ 338 Nr. 2 StPO), zudem einen Verstoß gegen das Gebot des gesetzlichen Richters. Das *BVerfG* hat Art. 101 Abs. 1 S. 2 GG zwar grundsätzlich auf ein **Willkürverbot** reduziert[136], macht aber eine Ausnahme hiervon für die Mitwirkung eines ausgeschlossenen Richters[137].

2. Der befangene Richter (index suspectus) – Richterablehnung wegen Besorgnis der Befangenheit, §§ 24 bis 31 StPO –

Unter Strafrichtern und Staatsanwälten ist der Eindruck verbreitet, mit dem Institut der Richterablehnung wegen Befangenheit werde in erheblichem Umfang **Rechtsmissbrauch** betrieben: Ein Großteil der Ablehnungsgesuche der Angeklagten (bzw. in ihrem Namen der Verteidiger[138]) erfolgten zum Zweck der »Prozessverschleppung« oder sonst »zu verfahrensfremden Zwecken«[139]. Empirisch ist dieser Vorwurf allerdings nicht belegt[140].

a) Zur Besorgnis der Befangenheit, § 24 Abs. 2 StPO

108 Sie erfordert das Vorliegen eines Grundes, »der geeignet ist, Misstrauen in die Unparteilichkeit des Richters zu rechtfertigen«, § 24 Abs. 2 StPO. Ein solches Misstrauen ist begründet, wenn nach den Umständen des Einzelfalles Grund für die Annahme einer inneren Haltung des Richters besteht, die seine erforderliche Unparteilichkeit und Unvoreingenommenheit störend beeinflussen kann[141]. Hierfür ist nicht entscheidend, ob der Richter tatsächlich befangen ist; gleichgültig ist auch, ob er sich selbst für befangen hält. Vielmehr kommt es auf den Standpunkt des Ablehnenden an, genauer: auf den **Standpunkt eines vernünftigen Angeklagten**[142]. Seine Gründe für das Ablehnungsgesuch (§ 26 StPO) müssen »jedem unbeteiligten Dritten einleuchten«[143].

---

[134] *BGH* aaO; *OLG Stuttgart* aaO; dazu *Krey* aaO, Fn 55.

[135] *Meyer-Goßner* aaO; *BGH* bei *Pfeiffer* (Fn 132).

[136] *BVerfG* E 29, 45, 48; *Krey*, StPO 1, Rn 274, 295.

[137] *BVerfG* E 30, 165, 167; *Krey* aaO.

[138] Dazu unten, Rn 115.

[139] Siehe m.w.N.: *Krey*, StPO 1, Rn 301 m.w.N.

[140] *Kühne*, Rn 732.

[141] *BVerfG* E 32, 288, 290; *BGH* St 21, 334, 341; *Meyer-Goßner*, § 24 Rn 8.

[142] *BGH* St 21 aaO; *BGH* NStZ 2000, 325, 326; *Beulke*, Rn 69; *KK-Pfeiffer*, § 24 Rn 3.

[143] *KK-Pfeiffer* aaO; *Meyer-Goßner* aaO.

(1) Beispiele für »Besorgnis der Befangenheit«   **109**

Sie ist u.a. zu bejahen:

- Beim Bestehen **enger persönlicher Beziehungen** des Richters zum Beschuldigten (oder Verletzten) wie Verlöbnis, intime Beziehungen, enge Freundschaft[144].
- Bei **Feindschaft** zwischen Richter und Beschuldigtem[145].
- Bei **besonders engen dienstlichen Beziehungen** des Richters zum Beschuldigten, dessen Angehörigen oder zum Verletzten[146], etwa bei langjähriger gemeinsamer Tätigkeit.
- Bei **schweren Verfahrensfehlern**, sei es im Zwischenverfahren (§§ 199 ff StPO), bei der Vorbereitung der Hauptverhandlung (§§ 213 ff StPO) oder in der Hauptverhandlung (§§ 226 ff StPO), wenn sie den Anschein von Willkür erwecken[147].
- Bei Äußerungen, die die Besorgnis begründen, der Richter sei schon **vor Durchführung der Beweisaufnahme** endgültig von der Schuld des Angeklagten überzeugt[148].
- Bei Äußerungen des Richters, aus denen sich ergibt, er ziehe eine **schnelle Erledigung** des Verfahrens einer sachgerechten Aufklärung vor[149].

(2) Gegenbeispiele   **110**

- Greift der **Angeklagte** den Richter mit Dienstaufsichtsbeschwerde, Strafanzeige, Drohungen, **Beleidigungen** oder gar Tätlichkeiten an, so kann dies i.d.R. noch keine »Befangenheit« i.S. des § 24 Abs. 2 StPO begründen. Denn anderenfalls hätte es der Angeklagte in der Hand, nach Belieben jeden Richter befangen zu machen und damit »aus dem Prozess auszuschließen«[150]. Das gilt auch bei einer scharfen Reaktion des Richters, solange sie nicht unverhältnismäßig ausfällt[151].
- Dasselbe gilt für Beleidigungen, Bedrohungen oder gar Tätlichkeiten des **Verteidigers** gegenüber dem Richter[152]. Auch der Verteidiger darf es nicht in der Hand haben, Richter willkürlich befangen zu machen[153]. *Die Durchführbarkeit des Strafverfahrens kann nicht im Belieben des Angeklagten und/oder Verteidigers stehen.*

---

[144] *Meyer-Goßner*, § 24 Rn 11 m.w.N.

[145] *Krey*, StPO 1, Rn 303; *Meyer-Goßner* aaO.

[146] *Krey* aaO, Rn 304; *Meyer-Goßner*, § 24 Rn 10.

[147] *BGH* St 48, 4, 8; *KK-Pfeiffer*, § 24 Rn 6, 8 a.E.; *Meyer-Goßner*, § 24 Rn 14, 17 m.w.N.

[148] *BGH* St 48 aaO; *Meyer-Goßner*, § 24 Rn 15, 16 m.w.N.

[149] *BGH* NStZ 1988, 372; *Meyer-Goßner*, Rn 17.

[150] *KK-Pfeiffer*, § 24 Rn 5; *Krey*, StPO 1, Rn 308 m.w.N.; *Meyer-Goßner*, § 24 Rn 7. – **Wird dem Ablehnungsantrag stattgegeben (§ 28 Abs. 1 StPO), steht der abgelehnte Richter dem ausgeschlossenen gleich**; *Meyer-Goßner*, § 27 Rn 11. –

[151] *Krehl*, NStZ 1992, 598 f; *Krey* aaO m.w.N.; *BGH* NStZ 1992, 290, 291 (mit im Ergebnis verfehlter Annahme von Befangenheit; hiergegen zutreffend *Krehl* aaO).

[152] *KK-Pfeiffer*, Rn 5, 11; *Krey* aaO; *Meyer-Goßner*, § 24 Rn 7.

[153] *Krey* aaO.

- Spannungen zwischen Gericht und Verteidiger machen den Richter i.d.R. nicht befangen[154].
- Verständliche, angemessene **Unmutsäußerungen** des Richters führen grundsätzlich nicht zur Annahme seiner Befangenheit[155].
- Die richterliche **Vortätigkeit in der Sache**, die das Gesetz nicht als Ausschließungsgrund normiert hat (Rn 103–106), begründet i.d.R. auch keine Besorgnis der Befangenheit[156]. Das folgt aus dem dargelegten Richterbild unserer Rechtsordnung (Rn 103, 106 a.E.).

111 *(3) Zweifelsfälle*

Fall 6: – Strafverfahren wegen falscher uneidlicher Aussage gegen einen unglaubwürdigen Entlastungszeugen –

Im Strafprozess gegen A vor dem *AG* – Strafrichter – verurteilt Richter R den Angeklagten, obwohl dessen Freund Z eine entlastende Aussage gemacht hat. In den Entscheidungsgründen des Urteils legt R sachlich und ohne jede Schärfe dar, warum er die Aussage des Z für nicht glaubhaft hält; dabei stellt R u.a. auf die mangelnde Glaubwürdigkeit des Z ab.
In der Folge wird Z vor demselben *AG* – Strafrichter – wegen Vergehens nach § 153 StGB angeklagt. Nach dem Geschäftsverteilungsplan des *AG* (Rn 95) ist R als Strafrichter zuständig. Z »versteht die Welt nicht mehr«.

112 Wie ausgeführt begründet die richterliche Vortätigkeit grundsätzlich keine Befangenheit. Das gilt auch für die **Mitwirkung in früheren Zivil- oder Strafprozessen**, in denen es um »dieselben Vorgänge wie im jetzigen Verfahren« ging[157].

> **Beispiel 22:** Der Richter hat schon einen früheren Mitangeklagten wegen dessen Tatbeteiligung an derselben Tat verurteilt, die Gegenstand der Hauptverhandlung gegen den jetzigen Angeklagten ist[158].

Danach müsste an sich bei R **keine Besorgnis der Befangenheit** bestehen, obwohl er schon im Verfahren gegen A mit der Frage befasst war, ob die **Aussage des Z** falsch war oder nicht. Dafür spricht auch der Umstand, dass es bei der Beweiswürdigung im Strafverfahren gegen A nur darum ging, ob die Zeugenaussage des Z den Angeklagten entlasten könne, nicht aber bereits um die Strafbarkeit des Z wegen einer vorsätzlichen Falschaussage.
Demgemäß sprechen gute Gründe, insbesondere das erwähnte Richterbild unserer Rechtsordnung (Rn 103, 106 a.E., 110), für den folgenden Standpunkt: Nur wenn **besondere Umstände** hinzukommen, die Misstrauen gegen die Unparteilichkeit des Richters begründen, ist in Fällen wie dem vorliegenden Besorgnis der Befangenheit zu bejahen[159]. Solche Umstände können sein:

---

[154] *Beulke*, Rn 72; *KK-Pfeiffer*, Rn 11; zweifelhafte **Ausnahme** in *BGH* NStZ 1988, 372.

[155] *KK-Pfeiffer*, § 24 Rn 8; *Meyer-Goßner*, § 24 Rn 18.

[156] *BVerfG* E 30, 149, 157; *KK-Pfeiffer*, Rn 6 m.w.N.; kritisch *Beulke*, Rn 74.

[157] *KK-Pfeiffer*, § 24 Rn 6; *Meyer-Goßner*, § 24 Rn 13 m.w.N.

[158] *KK-Pfeiffer* und *Meyer-Goßner* aaO; *BGH* NStZ 1996, 323.

[159] *Meyer-Goßner* aaO.

- Der Richter selbst regt bei der StA das Strafverfahren gegen den Zeugen wegen Falsch-aussage an[160].
- Der Richter legt sich in der Beweiswürdigung der Zeugenaussage schon unangemessen auf deren Strafbarkeit fest, sei es auch ohne ausdrückliche Subsumtion unter § 153 StGB, und zwar durch Äußerungen wie »schamloser Lügner«, »wissentlich falsche Bekundung«, »durchsichtiger Versuch den Angeklagten rein zu waschen«[161].

Solche besonderen Umstände liegen nicht schon dann vor, wenn der Richter sach-lich und mit der gebotenen Behutsamkeit den Zeugen als »**nicht glaubwürdig**« qualifiziert hat, zumal die Würdigung der Zeugen**aussage** als »nicht glaubhaft«, sachlich kaum von der Beurteilung der »Glaubwürdigkeit des **Zeugen**« zu trennen ist. Anders freilich die wohl h.M., die in casu Befangenheit bejahen würde[162].

Fall 7: – Richterliche Anregung, ein Geständnis abzulegen –   113

In der Hauptverhandlung vor dem *LG* gegen A wegen Vergewaltigung äußert der Vorsit-zende (V) nach dem Hinweis an A, er könne die Aussage zur Sache verweigern (§ 243 Abs. 4 S. 1 StPO):

a) *Statt feige die Tat zu leugnen, solle der Angeklagte gestehen und sich bei seinem Opfer entschuldigen.*

b) *Sollte er (Angeklagter) schuldig sein, würde er seine Lage durch ein Geständnis erheb-lich verbessern: Ein solches Bekenntnis zu der etwaigen eigenen Schuld wäre ein wichtiger Strafmilderungsgrund. Zudem könnte das Gericht dann dem Tatopfer die Vernehmung als Belastungszeugin und damit gegebenenfalls neue seelische Qualen ersparen; dieser Aspekt (Zeugenschutz) wäre ein weitere Strafmilderungsgrund.*

Zu Fall 7 b: Die Rechtsprinzipien »Fürsorge des Gerichts gegenüber dem Ange-   114
klagten«, »Zeugenschutz« und »Beschleunigungsgebot« begründen das Recht – und u.U. sogar die Pflicht – des Gerichts, dem Angeklagten **vorsorglich**, d.h. für den Fall seiner Schuld, vor Augen zu führen: Ein frühes, freimütiges, plausibles Ges-tändnis könne sich massiv strafmildernd auswirken. Dasselbe gilt für entsprechende vorsorgliche Hinweise auf strafmildernde Gesten des Angeklagten wie Entschuldi-gung, Schadenswiedergutmachung etc. Demgemäß ist in casu kein Grund für eine Ablehnung des V wegen Befangenheit anzunehmen[163].
– Auf das Problem der Absprache in Strafsachen (deal) wird die Darstellung zurück-kommen. –

Zu Fall 7 a: Hier wäre ein Befangenheitsantrag des Angeklagten und/oder zu sei-nen Gunsten der Staatsanwaltschaft (§ 24 Abs. 3 StPO) begründet: Das Gericht darf den Angeklagten nicht **unangemessen bedrängen**, ein Geständnis abzulegen[164]. Hiergegen hat V verstoßen.

---

[160] Dafür genügt schon, dass der Richter von Amts wegen nach § 183 GVG vorgeht.

[161] *Ranft*, Rn 185.

[162] *OLG Celle* NJW 1990, 1308; *Meyer-Goßner* aaO.

[163] h.M.; *Meyer-Goßner*, § 24 Rn 18 m.w.N.; siehe auch *BGH* St 45, 312, 315 a.E., 316.

[164] *BGH* NJW 1982, 1712; *KK-Pfeiffer*, § 24 Rn 7; *Meyer-Goßner*, Rn 17; *Ranft*, Rn 186.

Im Übrigen hat V den Eindruck erweckt, er sei schon vor Durchführung der Beweisaufnahme von der Schuld des A überzeugt, was ein weiterer Grund für die Annahme von Befangenheit ist[165].

b) Ablehnungsrecht; Frist und Form der Richterablehnung

115 (1) Das Ablehnungsrecht steht nur dem Beschuldigten (Angeschuldigten, Angeklagten, § 157 StPO), dem Staatsanwalt und dem Privatkläger zu[166], nicht dagegen dem Verteidiger, § 24 Abs. 3 StPO. Jedoch ist i.d.R. anzunehmen, dass der Verteidiger Ablehnungsgesuche *für den Beschuldigten* vorbringt[167], und zwar mit dessen Einverständnis. Notfalls hat der Vorsitzende insoweit auf Klarstellung zu drängen.

116 (2) Für die Ablehnung eines erkennenden Richters legt § 25 StPO den Endzeitpunkt fest; diese Vorschrift gilt freilich nur für die Richterablehnung **in der Hauptverhandlung**[168].
Gemäß § 25 Abs. 1 StPO ist das Ablehnungsrecht nach Beginn der Vernehmung des (ersten!) Angeklagten über seine persönlichen Verhältnisse, § 243 Abs. 2 S. 2 StPO, verwirkt, genauer: danach ist die Ablehnung gemäß § 26 a Abs. 1 Nr. 1 StPO unzulässig.
Nach jenem Zeitpunkt darf ein Richter nur wegen **später eingetretener** oder erst **später bekannt gewordener Umstände** abgelehnt werden, und auch dann nur »unverzüglich« (§ 25 Abs. 2 StPO).
Unverzüglich bedeutet dabei »ohne schuldhaftes Zögern« (§ 121 Abs. 1 BGB), wobei ein strenger Maßstab anzulegen ist[169]. Dem Angeklagten ist zwar eine gewisse Zeit zum Überlegen und zur Beratung mit seinem Verteidiger einzuräumen[170]. Ich meine aber, dass jedenfalls ein Warten bis zum nächsten Sitzungstag grundsätzlich nicht mehr unverzüglich ist[171].

117 Für Verfahren, die **ohne Hauptverhandlung** durch Beschluss abgeschlossen werden
– z.B. Verwerfung einer Revision gemäß § 349 Abs. 1 bzw. Abs. 2 StPO –,
ist § 25 StPO, wie schon betont, nicht anwendbar. Vielmehr gilt hier Folgendes: Die Richterablehnung ist bis zum **Erlass** des Beschlusses möglich; danach ist sie wegen Verspätung i.S. des § 26 a Abs. 1 Nr. 1 StPO unzulässig[172]. Eine nachträgliche Richterablehnung wäre nicht sachgerecht.

---

[165] Siehe oben, Rn 109 mit Fn 148.

[166] Weitere Ablehnungsberechtigte außer den in § 24 Abs. 3 StPO genannten sind u.a. die **Nebenkläger** (§ 397 Abs. 1 S. 3 StPO); *Krey*, StPO 1, Rn 309 Fn 22; *Meyer-Goßner*, § 24 Rn 20 m.w.N.

[167] *Krey* aaO, Rn 309; *Meyer-Goßner* aaO.

[168] *KK-Pfeiffer*, § 25 Rn 1; *Meyer-Goßner*, § 25 Rn 1, 11; *OLG Koblenz* MDR 1982, 516.

[169] *Meyer-Goßner*, § 25 Rn 8.

[170] *BGH* NStZ 1992, 290, 291; *BGH* St 45, 312, 315.

[171] Weitergehend aber die h.M.; dazu *Meyer-Goßner* aaO und *Rudolphi* in: SK, § 25 Rn 13.

[172] *BGH* NStZ 1993, 600; *OLG Koblenz* aaO (dazu *Krey*, StPO 1, Rn 310, 311).

(3) Für die Form des Ablehnungsgesuchs ist § 26 (i.V.m. § 26 a Abs. 1 Nr. 2) StPO **118**
zu beachten. Aus beiden Vorschriften folgt das Erfordernis, den **Ablehnungsgrund**
anzugeben und **glaubhaft** zu machen.

Ablehnungsgrund meint die Tatsachen, auf die das Gesuch gestützt wird. *Glaubhaftmachung* bedeutet, dem Gericht die Wahrscheinlichkeit des Vorliegens der
behaupteten Tatsachen darzutun[173]; glaubhaft machen ist also weniger als beweisen.
Mittel der Glaubhaftmachung sind dabei u.a.[174]:
– die eidesstattliche Versicherung von Zeugen (nicht des Beschuldigten);
– »anwaltliche« Versicherungen des Verteidigers;
– Bezugnahme auf das Zeugnis des abgelehnten Richters (§ 26 Abs. 2 S. 3, Abs. 3 StPO).
Dagegen ist der Eid ausgeschlossen (§ 26 Abs. 2 S. 2 StPO).

c) Die unzulässige Richterablehnung, § 26 a StPO

(1) Die Hauptbedeutung dieser Vorschrift liegt in der Regelung ihres Abs. 2: **Un-** **119**
zulässige Ablehnungsgesuche verwirft das Gericht durch Beschluss, ohne dass der
abgelehnte Richter ausscheidet. Er wirkt also an dieser Entscheidung mit (Kollegi-
algericht) bzw. entscheidet allein (Strafrichter als Einzelrichter; Ermittlungsrichter).
Damit dient § 26 a StPO der Verfahrensbeschleunigung, da er ein vereinfachtes
Verfahren zur Verfügung stellt[175].
Im Übrigen wirken bei der Verwerfung unzulässiger Ablehnungsgesuche, die in der Hauptverhandlung vor dem Schöffengericht oder der Strafkammer (Rn 69, 70) gestellt werden, die
Schöffen mit[176]. Denn anders als bei zulässigen Gesuchen zählt die Entscheidung über unzu-
lässige Ablehnungsgesuche zur Hauptverhandlung (§§ 30, 76 GVG).

(2) Der Katalog der Fälle unzulässiger Richterablehnung in § 26 a Abs. 1 StPO ist **120**
an sich abschließend gemeint. Doch gibt es nach allgemeiner Ansicht einen weiteren, ungeschriebenen Fall der Unzulässigkeit, für den ebenfalls § 26 a Abs. 2 StPO
gilt: Die Ablehnung eines Gerichts als Ganzes (z.B. des *LG Trier*) bzw. aller
Spruchkörper eines Gerichts, zudem die Ablehnung eines Kollegialspruchkörpers
als Ganzen (z.B. des *1. Strafsenats des OLG Koblenz*)[177]. Die Ablehnung kann sich
immer nur gegen einen *einzelnen* oder mehrere *einzelne Richter* wenden, nicht
gegen das Gericht als solches bzw. den Kollegialspruchkörper als solchen.
Jedoch sind Ablehnungsgesuche gegen **jeden** einzelnen Richter des Gerichts bzw. des
Kollegialspruchkörpers statthaft[178].

---

[173] *BGH* St 21, 334, 350; *Pfeiffer*, § 26 Rn 2; *Rudolphi* aaO, § 26 Rn 8.

[174] Zum folgenden Text: *Meyer-Goßner*, § 26 Rn 8–13; *Pfeiffer* aaO.

[175] *Krey*, StPO 1, Rn 314; *Meyer-Goßner*, § 26 a Rn 1.

[176] *KK-Pfeiffer*, § 26 a Rn 5; *Meyer-Goßner*, § 26 a Rn 8.

[177] *BGH* St 23, 200, 202; *KK-Pfeiffer*, § 26 a Rn 1; *Meyer-Goßner*, § 24 Rn 3.

[178] *BGH* aaO (jedes einzelne Mitglied des Schwurgerichts, § 76 Abs. 2 GVG); *Günther*,
NJW 1986, 281, 282; *Meyer-Goßner* aaO; *Rudolphi* in: SK, § 26 a Rn 11.

121 (3) Zu § 26 a Abs. 1 Nr. 1 StPO siehe Rn 116, 117.

(4) Zu § 26 a Abs. 1 Nr. 2 StPO sei auf Rn 118 verwiesen; ergänzend sei betont: Die Einräumung einer Frist zur **nachträglichen** Begründung und/oder Glaubhaftmachung widerspricht dem Zweck des Gesetzes (Verfahrensbeschleunigung) und ist daher nicht statthaft[179]. Stellt der Ablehnende ein bereits verworfenes Ablehnungsgesuch **unverändert neu**, so ist das erneute Gesuch nach Sinn und Zweck des § 26 a Abs. 1 Nr. 2 StPO unzulässig[180]. Dem Fehlen der Ablehnungsbegründung steht es nach h.A. gleich, wenn der Ablehnungsgrund **völlig ungeeignet** ist[181]; dies kann aber nur für Extremfälle gelten.

122 (5) Zu § 26 a Abs. 1 Nr. 3 StPO: Mit Ablehnungsgesuchen lässt sich eine Hauptverhandlung trefflich verzögern (Rn 123). Auch können solche Gesuche verfahrensfremde Zwecke verfolgen, z.B. die Verunglimpfung des Richters[182] oder den Versuch, durch eine Vielzahl immer neuer Gesuche schließlich einen Revisionsgrund (§§ 28 Abs. 2 S. 2, 338 Nr. 3 StPO) zu schaffen[183]. Solchen Missbrauch von Ablehnungsgesuchen will § 26 a Abs. 1 Nr. 3 StPO verhindern.

Indes spielt diese Vorschrift in der Praxis keine große Rolle. Denn ihre Anwendbarkeit im Einzelfall scheitert i.d.R. an der Schwierigkeit, den – einstimmig zu erlassenden – Beschluss **revisionssicher zu begründen** (§ 26 a Abs. 2 S. 2 i.V.m. §§ 28 Abs. 2 S. 2, 338 Nr. 3 StPO): Das Gericht müsste plausibel mit Tatsachen darlegen, dass das Gesuch offensichtlich ausschließlich »das Verfahren verschleppen« bzw. ausschließlich »verfahrensfremde Zwecke verfolgen soll«[184].

d) Das Verfahren bei zulässigen Ablehnungsanträgen

123 Wird das Ablehnungsgesuch nicht als unzulässig verworfen, so entscheidet der Spruchkörper, dem der abgelehnte Richter angehört (z.B. 3. große Strafkammer des *LG Trier*), **ohne dessen Mitwirkung**, § 27 Abs. 1 StPO: Der abgelehnte Richter wird durch einen Vertreter **ersetzt**. Dieser ergibt sich (grundsätzlich) aus dem Geschäftsverteilungsplan des Gerichts.

Eine Ausnahme gilt gemäß § 27 Abs. 3 S. 2 StPO, wenn ein abgelehnter Richter beim *AG* das Ablehnungsgesuch für *begründet* hält, dem Gesuch also stattgibt.

(1) Wird der Vorsitzende oder ein beisitzender Richter einer Strafkammer *(LG)* abgelehnt, so entscheidet die Kammer auch bei Ablehnung in der Hauptverhandlung in der für *Entscheidungen außerhalb der Hauptverhandlung* vorgeschriebenen Besetzung, § 27 Abs. II StPO:

---

[179] *OLG München* NJW 1976, 436; *Krey* aaO, Rn 315 m.w.N.

[180] *Krey*, StPO 1, Rn 315 Fn 35; *Meyer-Goßner*, § 26 a Rn 4 b m.w.N.

[181] *BGH* NStZ 1997, 331 *(Kusch)*; *BGH* NStZ 1999, 311; *BGH* NStZ 2006, 50, 51, im Anschluss an das *BVerfG* (Kammer): im Zweifel habe das Verfahren nach § 27 StPO Vorrang.

[182] *Meyer-Goßner*, § 26 a Rn 7; *Pfeiffer*, § 26 a Rn 2.

[183] *Krey*, StPO 1, Rn 316.

[184] *KK-Pfeiffer*, § 26 a Rn 4, 5; *Krey* aaO mit Fn 37; *Meyer-Goßner*, § 26 a Rn 6, 7, 9.

Bei der großen Strafkammer (Rn 70, 72) besteht diese Besetzung aus drei Berufsrichtern ohne Mitwirkung von Schöffen[185], wobei der abgelehnte Richter durch seinen Vertreter ersetzt wird. Bei der kleinen Strafkammer (Rn 69, 74) entscheidet ein Berufsrichter, und zwar der Vertreter des abgelehnten Vorsitzenden; dies ebenfalls ohne Schöffen.
– § 76 Abs. 1 GVG, § 27 Abs. 1, 2 StPO. –

(2) Wird ein Richter beim *AG* abgelehnt, sei es der Strafrichter als Einzelrichter, der Vorsitzende eines Schöffengerichts oder der Ermittlungsrichter, so entscheidet ein anderer Richter des *AG* als Vertreter des abgelehnten, § 27 Abs. 3 S. 1 StPO. **124**
– Zur Ausnahmeregelung des § 27 Abs. 3 S. 2 StPO siehe Rn 123. –
Auch wenn der Vorsitzende des Schöffengerichts **in der Hauptverhandlung** abgelehnt wird, wirken die Schöffen an der Entscheidung über die Begründetheit eines zulässigen Ablehnungsgesuchs nicht mit, § 27 Abs. 3 StPO.

(3) Die fehlende Mitwirkung der **Schöffen** bei der Entscheidung über *zulässige* **125**
Ablehnungsgesuche beruht auf Folgendem: Wird ein Richter während der Hauptverhandlung abgelehnt, so ist der Zwischenstreit über die Begründetheit der Ablehnung *kein Teil der Hauptverhandlung*; diese wird vielmehr unterbrochen[186]. Schöffen aber wirken nur in der Hauptverhandlung selbst mit (§§ 30, 76 Abs. 1 GVG).

(4) Verfahren bei gleichzeitiger Ablehnung mehrer oder sämtlicher Berufsrichter **126**
eines Kollegial-Spruchkörpers aus demselben Grund

Ist ein solches Ablehnungsgesuch zulässig (Rn 120 a.E.), so ist nach h.M. über die Begründetheit der Ablehnung der zwei oder mehr Richter durch **einen einheitlichen Beschluss** zu entscheiden[187], wobei an Stelle der abgelehnten ihre Vertreter beschließen (§ 27 StPO). Für diese Auffassung spricht ihre Praktikabilität[188].

e) Rechtsmittel (§§ 28, 338 Nr. 3 StPO)

(1) Beschlüsse, die Ablehnungsgesuche für begründet erklären **127**

Sie sind gemäß § 28 Abs. 1 StPO nicht anfechtbar. Das hat zur Folge: Auch derjenige ist »gesetzlicher Richter«, der an die Stelle des erfolgreich abgelehnten Richters tritt, mag der Beschluss auch rechtsfehlerhaft sein[189].
Etwas anders gilt nur bei Willkür[190] als schwerer und evidenter Fehlentscheidung.

---

[185] Siehe Rn 72, Rn 125.

[186] *BGH* NStZ 1996, 398, 399; *Meyer-Goßner*, § 27 Rn 2. – Anders ist es bei der Verwerfung **unzulässiger** Ablehnungsgesuche gemäß § 26 a StPO (Rn 119). –

[187] *BGH* St 44, 26, 27 f; *Beulke*, Rn 75; *Meyer-Goßner*, § 27 Rn 3, 4 m.w.N.; *Roxin*, 9/13. Abweichend: *KK-Pfeiffer*, § 27 Rn 6; *Krey*, StPO 1, Rn 317 a m.w.N. (hieran halte ich nicht mehr fest).

[188] *BGH* aaO.

[189] *KK-Pfeiffer*, § 28 Rn 1; *Krey* aaO, Rn 326 ff; *Meyer-Goßner*, § 28 Rn 1; *Rudolphi* in: SK, § 28 Rn 1.

[190] *BGH* GA 1962, 338; *OLG Hamm* GA 1971, 185, 186; *KK-Pfeiffer* aaO; *Rudolphi* aaO.

128 *(2) Beschlüsse, die Ablehnungsgesuche als unzulässig verwerfen oder als unbegründet zurückweisen*

Geht es **nicht** um die Ablehnung eines erkennenden Richters, so ist das Rechtsmittel der **sofortigen Beschwerde** statthaft (§§ 28 Abs. 2 S. 1 mit 304, 311 StPO). Erkennender Richter ist jeder, der zur Mitwirkung in der Hauptverhandlung berufen ist; dieser Status beginnt mit Erlass des Eröffnungsbeschlusses (§ 203 StPO)[191].

Betrifft der Beschluss dagegen einen erkennenden Richter, so kann er **nur zusammen mit dem Urteil** angefochten werden (§ 28 Abs. 2 S. 2 StPO).

»Anfechtung nur zusammen mit dem Urteil« bedeutet dabei:
Erstens bleibt das Rechtsmittel seiner Natur nach eine **sofortige Beschwerde**; es ändert sich nur – aus Gründen der Zweckmäßigkeit – der Instanzenzug[192]. Anstelle des Beschwerdegerichts entscheidet das **Revisionsgericht**[193]. Die Normen über die Einlegung der Revision als Verfahrensrüge (Rn 9, 13), §§ 333, 335, 341, **344 Abs. 2 S. 2**, 345, sind zwar einzuhalten. Die Entscheidung des Revisionsgerichts über die Rüge der Verletzung des § 24 Abs. 2 bzw. § 26 a StPO aber folgt den für die **sofortige Beschwerde** geltenden Grundsätzen[194]:

129 **Beispiel 23:** Mit der Revision können gemäß § 337 StPO nur Verletzungen des Gesetzes gerügt werden. Da das Revisionsgericht aber eine Revision gemäß § 28 Abs. 2 S. 2 StPO nach **Beschwerdegrundsätzen** zu behandeln hat, kann es den Ablehnungsbeschluss auch in tatsächlicher Hinsicht überprüfen[195].

Beispiel 24: Dies Abstellen auf Beschwerdegrundsätze wird ferner dort relevant, wo Ablehnungsbeschlüsse nach **§ 304 Abs. 4 S. 2 StPO** nicht mit der (sofortigen) Beschwerde angefochten werden können. Dann ist auch die Revision (§ 28 Abs. 2 S. 2 StPO) unzulässig[196].

130 Wird gemäß § 28 Abs. 2 S. 2 StPO mit der Revision gerügt, die Verwerfung des gegen einen erkennenden Richter gestellten Ablehnungsgesuchs als *unzulässig* (§ 26 a StPO) sei zu Unrecht erfolgt, so gilt: Das Gesuch ist *i.S. des § 338 Nr. 3 StPO grundsätzlich nur dann zu Unrecht verworfen*, wenn es sachlich begründet war. Ist das Gesuch zwar zu Unrecht als unzulässig verworfen worden, hätte es aber als **unbegründet** zurückgewiesen werden müssen, so greift § 338 Nr. 3 grundsätzlich nicht ein: die Anfechtung nach § 28 Abs. 2 S. 2 ist dann erfolglos.[197]
Dies soll nach der neueren Judikatur jedoch nicht gelten, wenn die Verwerfung als unzulässig auf einer »willkürlichen oder Art. 101 Abs. 1 S. 2 GG grundlegend verkennenden Rechtsanwendung beruht«[198].

---

[191] *OLG Karlsruhe* NJW 1975, 458, 459; *Meyer-Goßner*, § 28 Rn 6 m.w.N.

[192] *BGH* St 27, 96, 98; *KK-Pfeiffer*, § 28 Rn 4; *Meyer-Goßner*, § 28 Rn 8, § 338 Rn 25.

[193] *BGH* aaO; *Meyer-Goßner*, § 28 Rn 8, 9, § 338 Rn 25 ff. – Zur Anfechtung nach § 28 Abs. 2 S. 2 StPO mittels **Berufung** siehe Rn 131. –

[194] *BGH* aaO; *KK-Kuckein*, § 338 Rn 59; *KK-Pfeiffer*, § 28 Rn 6; *Meyer-Goßner* aaO.

[195] *KK-Pfeiffer* aaO; *Meyer-Goßner*, § 338 Rn 27; *BGH* St 18, 200, 203.

[196] *BGH* St 27, 96, 98, 99; *BVerfG* E 45, 363; *Meyer-Goßner*, § 28 Rn 8, § 338 Rn 25, 26.

[197] *BGH* St 18 aaO; *KK-Pfeiffer*, § 28 Rn 6; *Meyer-Goßner*, § 338 Rn 28.

[198] *BGH* NStZ 2006, 50 f, im Anschluss an das *BVerfG* (Kammer); *Meyer-Goßner* aaO.

Zweitens: Die Anfechtung von Beschlüssen i.S. des § 28 Abs. 2 StPO »zusammen mit dem **131** Urteil« mittels **Berufung** ist unüblich und sinnlos[199]. Das Gesetz sieht hier keine Zurückverweisung an das *AG* vor (§ 328 Abs. 2 StPO)[200], sodass der behauptete Gesetzesverstoß – rechtsfehlerhafte Ablehnung des Gesuches als unzulässig bzw. unbegründet – folgenlos bleiben würde[201].

f) Rechtsfolgen der Richterablehnung

(1) Hat das Ablehnungsgesuch Erfolg (§ 28 Abs. 1 StPO), steht der abgelehnte **132** Richter einem ausgeschlossenen gleich[202]; er darf also in dem Verfahren **künftig** nicht mehr mitwirken[203]. Ein Verstoß hiergegen – der aber kaum vorstellbar ist – würde den absoluten Revisionsgrund des § 338 Nr. 3 StPO begründen.

(2) Schon das **Ablehnungsgesuch** hat zur Folge, dass sich der Richter vor Erledigung des Gesuchs grundsätzlich aller Amtshandlungen zu enthalten hat (§ 29 Abs. 1 StPO).

  – Erledigt ist das Gesuch erst, wenn es als unzulässig verworfen oder als unbegründet zurückgewiesen worden ist. –

Jedoch erlaubt § 29 Abs. 1 StPO dem abgelehnten Richter die Vornahme solcher Amtshandlungen, die **keinen Aufschub gestatten**. Beispiele für unaufschiebbare Handlungen, d.h. solche, die nicht bis zum Eintritt des Ersatzrichters zurückgestellt werden können, sind u.a.:
– die Anordnung von Ordnungsmaßnahmen nach § 177 GVG;
– eilbedürftige Haftentscheidungen wie Erlass eines Haftbefehls;
– Vernehmung eines todkranken Zeugen.[204]

(3) Darüber hinaus beugt § 29 Abs. 2 StPO Verfahrensverzögerungen durch **Rich-** **133** **terablehnungen in der Hauptverhandlung** vor: Das Gesetz gestattet hier in erheblichem Umfang die Fortsetzung der Hauptverhandlung unter Mitwirkung des abgelehnten Richters.

Die Überschreitung der in § 29 Abs. 2 S. 1 festgelegten zeitlichen Grenzen kann mit der Revision gerügt werden (§ 337 StPO)[205]. Doch ist eine solche Revision (grundsätzlich) erfolglos, wenn das Ablehnungsgesuch **unbegründet** war[206].

---

[199] *Krey*, StPO 1, Rn 321; *Meyer-Goßner*, § 28 Rn 9.

[200] *Krey* aaO; *Meyer-Goßner* aaO; a.A. *KK-Pfeiffer*, § 28 Rn 5.

[201] Siehe Fn 200.

[202] Oben, Rn 110 Fn 150.

[203] Dagegen hat der Beschluss, der dem Ablehnungsgesuch stattgibt (§ 28 Abs. 1 StPO) **keine Rückwirkung** auf richterliche Handlung vor seinem Erlass: *OLG Koblenz* NStZ 1983, 471; *KK-Pfeiffer*, § 27 Rn 9; *Meyer-Goßner*, § 27 Rn 11.

[204] *BGH* NStZ 2002, 429, 430; *Meyer-Goßner*, § 29 Rn 4; *Pfeiffer*, § 29 Rn 1.

[205] *BGH* NStZ 1996, 398; *KK-Pfeiffer*, § 29 Rn 14; *Meyer-Goßner*, § 29 Rn 16; *Paulus* in: KMR, § 29 Rn 27.

[206] So (grundsätzlich) *BGH* aaO: Das Urteil könne dann auf jenem Verstoß »nicht beruhen«, § 337 Abs. 1 StPO.

g) Selbstanzeige seiner möglichen Befangenheit durch den Richter

134 § 30 StPO sieht **keine Selbstablehnung** vor, sondern normiert die Amtspflicht des Richters, Mitteilung von Tatsachen zu machen, die seine Ablehnung gemäß § 24 Abs. 2 StPO rechtfertigen könnten. Diese Selbstanzeige geht an das Gericht, das im Falle eines Ablehnungsgesuchs gegen den Richter zuständig wäre, § 27 StPO[207].
Die Unterlassung dieser Selbstanzeige kann nicht mit der **Revision** gerügt werden[208]; allenfalls bei Willkür mag etwas anderes gelten[209].

3. Anwendbarkeit der §§ 22 ff StPO für Schöffen und Protokollführer

a) Schöffen (§ 31 Abs. 1, Abs. 2 S. 1, 2 StPO)

135 Die Vorschriften über Ausschließung und Ablehnung von Richtern gelten auch für die ehrenamtlichen Laienrichter (Schöffen).
– Zu ihnen unten, Rn 137 ff. –
Dabei werden die Ausschließungsgründe ergänzt durch die Bestimmungen des GVG (§§ 31 S. 2 32, 77) über die »**Unfähigkeit zum Schöffenamt**«. Bei Ablehnungsgesuchen tritt an die Stelle des **§ 27 StPO** der § 31 Abs. 2 S. 1, 2 StPO: Es entscheiden die Berufsrichter. Für die Befangenheit gelten grundsätzlich dieselben Maßstäbe wie bei Berufsrichtern[210].

b) Protokollführer (§ 31 Abs. 1, 2 StPO)

136 Für ihren *Ausschluss* gilt § 23 StPO nicht. Eine erfolgreiche Ablehnung wegen *Befangenheit* kommt praktisch nicht vor. Die Mitwirkung eines ausgeschlossenen Protokollführers kann nicht mit der Revision (§ 337 Abs. 1 StPO) gerügt werden, da das Urteil auf jener Gesetzesverletzung nicht i.S. dieser Vorschrift beruhen kann[211].
Folge eines Verstoßes gegen §§ 31 mit 22 StPO beim Protokollführer ist aber der Wegfall der Beweiskraft aus § 274 StPO und des Urkundenbeweises gemäß § 251 StPO[212].

IV. Ehrenamtliche Laienrichter (Schöffen)

1. Mitwirken von Laienrichtern in der Strafrechtspflege[213]

137 Laienrichter gibt es im anglo-amerikanischen Recht als Mitglieder einer **Jury** (Schwurgericht), also als **Geschworene**. Sie entscheiden als reine Laien-

---

[207] *KK-Pfeiffer*, § 30 Rn 2.

[208] *KK-Pfeiffer*, § 30 Rn 8; *Krey*, StPO 1, Rn 449 mit Fn 99; *Meyer-Goßner*, § 30 Rn 9 m.w.N.

[209] *Krey* aaO (Verstoß gegen Art. 100 Abs. 1 S. 2 GG); *Paulus* in: KMR, § 30 Rn 11.

[210] Zum Problem: *Aktenkenntnis von Schöffen als Ablehnungsgrund?* siehe Rn 138 ff.

[211] *KK-Pfeiffer*, § 31 Rn 5; *Meyer-Goßner*, § 31 Rn 7 m.w.N.

[212] *KK-Pfeiffer* aaO, Rn 6; *Krey*, StPO 1, Rn 330 m.w.N.

[213] Dazu eingehend *Grube*, Richter ohne Robe.

Richterbank über die Schuldfrage, während der Berufsrichter die Strafe festsetzt[214]. Dieses Jury-System prägt besonders das US-Recht. In Deutschland wurde die Institution des Schwurgerichts mit seinen zwölf Geschworenen 1924 abgeschafft[215].

Als Alternative gibt es, primär in Deutschland, das System **gemischter Richterbänke** (mixed courts): Hier wirken Berufsrichter und Laienrichtern bei der Entscheidung über die Schuldfrage **und** bei der Strafzumessung gleichberechtigt zusammen. Für den deutschen Strafprozess sei dabei an das *AG* – Schöffengericht – und das *LG* – große Strafkammer, kleine Strafkammer – erinnert[216]. Die Laienrichter, die in diesen Spruchkörpern mit gemischter Richterbank agieren, heißen dabei **Schöffen**. Sie wirken zwar nur in der Hauptverhandlung mit; dort aber üben sie das Richteramt »in vollem Umfang und mit gleichem Stimmrecht« wie die Berufsrichter aus (§§ 30, 77 GVG).

Auch das – irreführend – noch immer so genannte »*Schwurgericht*« (§§ 74 Abs. 2, 74 e, 76 Abs. 2 GVG) ist nach Rechtsstruktur und Besetzung nur ein »großes Schöffengericht« mit einer gemischten Richterbank (drei Berufsrichter und zwei Schöffen), seiner Funktion nach eine **große Strafkammer** (Spezialstrafkammer). Seine Laienrichter heißen demgemäß »Schöffen«, nicht etwa Geschworene.

– Siehe Rn 70, 72, 75, 82. –

Dieses deutsche System gemischter Richterbänke, also das Schöffengerichts-System, ist aus heutiger Sicht sachgerechter und effektiver als das US-Jury-System[217].

2. Zum Problem der Aktenkenntnis von Schöffen

a) Das Prinzip der Mündlichkeit der Hauptverhandlung (§§ 261, 264 StPO[218]) **138** sowie das Unmittelbarkeitsprinzip (§§ 250 ff StPO) sprechen für die in der Strafrechtspflege übliche Praxis: **Die Schöffen erhalten keine Einsicht in die Gerichtsakten.** Sie sollen sich ihre Überzeugung allein aufgrund der Hauptverhandlung bilden. Diese Praxis wurde von der bisher h.M. als rechtlich geboten angesehen[219]. Daher konnte Aktenkenntnis der Schöffen ihre **Befangenheit** begründen[220].

---

[214] *Grube* aaO; *Kühne*, Rn 1163 (für England); *Wilhelmi*, S. 14 (USA). – Dagegen darf die Todesstrafe nach der neueren Rspr. des *US Supreme Court* nur mit Zustimmung der Jury verhängt werden; Ring v. Arizona (01–488) 536 U.S. 584 (2002). –

[215] *Krey*, StPO 1, Rn 332 m.w.N.; *Rüping/Jerouschek*, Rn 263.

[216] Oben, Rn 69–72, 74, 80, 82. *Krey*, Characteristic Features …, S. 600–602.

[217] *Grube* aaO (grundlegend); *Krey* aaO (Fn 216); *Wilhelmi*, S. 15, 28, 29. – Kritik am Laienelement im Strafrecht bei *Kühne*, ZRP 1985, 237 ff m.w.N. –

[218] »Verhandlung« i.S. dieser Vorschriften ist die **mündliche** Hauptverhandlung.

[219] *BGH* St 13, 73 ff; *Beulke*, Rn 408 m.w.N.; *Krey*, StPO 1, Rn 329; *Kühne* aaO.

[220] *Krey* aaO; *Kühne* aaO; *Paulus* in: KMR, § 31 Rn 3.

139 Der Umstand, dass **Berufsrichter** Aktenkenntnis haben dürfen, ändert hieran nichts. Denn als Vorsitzender und als Beisitzer, der Berichterstatter ist, **müssen** sie Aktenkenntnis haben. Und sonstige Beisitzer sind typischerweise schon durch Vorentscheidungen wie den Eröffnungsbeschluss (§ 203 StPO) näher mit der Sache vertraut. Zudem sind Berufsrichter darin geschult, Akteninhalt und Ergebnis der Hauptverhandlung strikt zu trennen.

140 b) Die neuere Rechtsprechung des *BGH* beginnt jedoch, jenen Rechtsstandpunkt aufzuweichen[221]. Die heute h.L. lehnt ihn ab[222]. Zur Begründung wird dabei u.a. auf das Gebot der Gleichstellung von Laien- und Berufsrichtern abgestellt[223].
Dadurch wird jedoch sachwidrig Ungleiches gleich behandelt (Rn 139). Schon deswegen ist an der bisherigen Praxis (Rn 138) festzuhalten. Im Übrigen drohen unübersehbare Folgeprobleme: Bejaht man ein **Recht** der Schöffen auf Aktenkenntnis, ist der Weg zu der Forderung nach ihrer **Pflicht** hierzu nicht weit. Eine solche Forderung aber wäre systemsprengend und undurchführbar.

---

[221] *BGH* St 43, 36, 39.

[222] *Gollwitzer* in: LR, § 261 Rn 31 a; *KK-Hannich*, § 30 GVG Rn 2; *Meyer-Goßner*, § 30 GVG Rn 2 m.w.N.; *Rieß*, JR 1987, 389, 391.

[223] *BGH* aaO, S. 40; *Meyer-Goßner* aaO m.w.N.

§ 4 Staatsanwaltschaft (StA)

Zu den Strafverfolgungsorganen zählen neben den Strafgerichten insbesondere die **141**
Staatsanwaltschaften und die Polizeibehörden. Dabei ist die Position der **StA** gegenüber der **Strafjustiz** rechtlich und faktisch in den letzten Jahrzehnten eher stärker geworden, was u.a. die folgenden Vorschriften verdeutlichen sollen:
- § 153 Abs. 1 StPO (Einstellung wegen Geringfügigkeit, bei ausgesprochenen Bagatellen gemäß S. 2 sogar *ohne Zustimmung des Gerichts*).
- § 153 a Abs. 1 StPO (Einstellung des Verfahrens nach Erfüllung von Auflagen, bei Bagatellvergehen gemäß S. 7 i.V.m. § 153 Abs. 1 S. 2 StPO *ohne Zustimmung des Gerichts*).
- §§ 153 c, 153 d, 153 f, 154 Abs. 1, 154 a Abs. 1, 154 b Abs. 1–3, 154 e StPO (Nichtverfolgung von Straftaten bzw. Beschränkung der Strafverfolgung oder Absehen von Anklageerhebung *ohne Zustimmung des Gerichts*).
- § 161 Abs. 1 S. 1 StPO (Vornahme von Ermittlungen jeder Art) als Ermittlungsgeneralklausel und »**kleine**« **Eingriffsgeneralklausel**[1].
- §§ 183 Abs. 1, 2, 230, 248 a mit 259 Abs. 2, 263 Abs. 4, 266 Abs. 2 etc., 303 c **StGB** (»eingeschränkte Antragsdelikte«, bei denen die StA den fehlenden Strafantrag überspielen kann[2]).

Demgegenüber wird die Stellung der StA gegenüber der Polizei deutlich schwä- **142**
cher. Die **Polizei** hat sich in der Rechtswirklichkeit in erheblichem Umfang zur Herrin des Ermittlungsverfahrens entwickelt[3]. Zudem ist ihre Rolle im Rahmen der Kriminalitätsbekämpfung auch rechtlich größer geworden, und zwar insbesondere durch die Einräumung weitgehender Aufgaben und Befugnisse zur »**vorbeugenden Verbrechensbekämpfung**« nach Landespolizeirecht[4].

I. Die Stellung der StA im System der Gewaltenteilung

1. Schaffung der StA als »Wächter des Gesetzes« im 19. Jahrhundert

Schon im aufklärerischen Rechtsdenken des 18. Jahrhunderts wurde der in der CCC (Rn 24) **143**
verankerte Inquisitionsprozess mit seiner **Identität von Ankläger und Richter**[5] bekämpft. Nach dem Vorbild Frankreichs wurde dann im Deutschland des 19. Jahrhunderts die StA als Anklagebehörde eingeführt. Sie sollte gemäß den freiheitlich-rechtsstaatlichen Postulaten des Liberalismus als **Wächter des Gesetzes** fungieren[6]:
a) Gegenüber der Polizei durch Normierung umfangreicher Weisungsrechte
   – heute: §§ 161 Abs. 1 S. 2 StPO, 152 GVG –,

---

[1] Dazu u.a.: *Beulke*, Rn 104 m.w.N.; *Hilger*, NStZ 2000, 561, 563, 564; *Krey*, Kriminalitätsbekämpfung ..., S. 648 f; *Leister*, S. 230 ff, 234 ff, 237 ff; *Meyer-Goßner*, § 161 Rn 1, 1 a; *Notzon*, S. 18 ff, 22 f; *Pfeiffer*, § 161 Rn 1.

[2] *Krey*, StPO 2, Rn 135, 237.

[3] *Beulke*, Rn 106; *Krey*, StPO 1, Rn 493–495; *Kühne*, Rn 135–137; jeweils m.w.N.

[4] *Krey*, Kriminalitätsbekämpfung ..., S. 634–636, 650, 652; *Kühne*, Rn 136, 371; eingehend *Notzon*.

[5] *Krey*, StPO 1, Rn 53, 60–63, 335 m.w.N.

[6] *Krey* aaO, Rn 336 m.w.N.; *Rüping/Jerouschek*, Rn 252.

zudem durch rechtliche Reduzierung der strafprozessualen Rolle der Polizei auf ein »unselbständiges Organ der Strafrechtspflege«

– heute: § 163 StPO –.

b) Gegenüber der Justiz durch die Befugnis, Rechtsmittel einzulegen, und zwar auch zugunsten des Angeklagten (heute: § 296 StPO).

2. Die StA als Teil der Zweiten Gewalt (Exekutive)

144 Im System der Gewaltenteilung zählt die StA zur Exekutive, nicht zur Rechtsprechung (Dritte Gewalt)[7]: Die rechtsprechende Gewalt ist gemäß Art. 92 GG allein den Richtern anvertraut. Nur sie genießen die Unabhängigkeit nach Art. 97 GG; demgegenüber sind Staatsanwälte weisungsgebundene Beamte[8].

3. Die StA als Justizbehörde (Organ der Strafrechtspflege)

145 In der höchstrichterlichen Judikatur wird die StA als »Organ der Strafrechtspflege« bezeichnet[9]. Dem folgt die Lehre weitgehend, wobei vielfach auch von der StA als »Justizbehörde« gesprochen wird[10], und zwar zu Recht. Die StA hat nämlich wie das Gericht auf die Ermittlung der Wahrheit und die Findung einer gerechten Entscheidung hinzuwirken. Bei ihrer Tätigkeit geht es nicht primär um Zweckmäßigkeit, Sicherheit und Ordnung, sondern *unmittelbar um Rechtsverwirklichung und Rechtsdurchsetzung*[11]. Sie ist daher nach ihrer Funktion ein selbständiges (§ 150 GVG) **Organ der Strafrechtspflege**, sie gehört zum »Funktionsbereich der Justiz«[12]. Demgemäß ist sie zu Recht nicht dem Innen-, sondern dem Justizministerium zugeordnet und verdient die Bezeichnung als **Justizbehörde**.

4. Bindung der StA an eine feste höchstrichterliche Judikatur im Geltungsbereich des Legalitätsprinzips?

146 Gemäß § 150 GVG ist die StA »in ihren amtlichen Verrichtungen von den Gerichten unabhängig«.

Gleichwohl schließt ihre hier klargestellte Funktion als **selbständiges** Organ der Strafrechtspflege nicht aus, dass die StA in bestimmten Fällen von den Strafgerichten zu einem Tätigwerden gezwungen werden kann. Insoweit sei verwiesen auf:

– § 175 StPO (Anordnung, Anklage zu erheben);

– § 207 Abs. 3 StPO (Einreichung einer neuen Anklageschrift).

Ob (und gegebenenfalls wieweit) die StA ungeachtet des § 150 GVG an eine feste höchstrichterliche Rechtsprechung gebunden ist, wird kontrovers erörtert.

---

[7] *BVerfG* NStZ 2001, 382, 384; *Krey* aaO, Rn 338; *Meyer-Goßner*, Rn 5 f vor § 141 GVG.

[8] *BVerfG* E 32, 199, 216; *BVerfG* NStZ 2001 aaO; *Krey*, StPO 1, Rn 338 m.w.N.

[9] *BGH* St 24, 170, 171; *BVerfG* E 32 aaO; siehe auch *BVerwG* NJW 1961, 1496, 1497.

[10] *Beulke*, Rn 88; *Krey* aaO, Rn 339–341; *Kühne*, Rn 130, 133; *Roxin*, § 10 Rn 8.

[11] *Peters*, § 23 II.

[12] *Meyer-Goßner*, Rn 6, 7 vor § 141 GVG.

a) Standpunkt des *BGH*

Das Gericht hat mit Urteil v. 1960 entschieden[13]:   **147**
»*Besteht nach dem Sachverhalt genügender Anhalt dafür, dass der Verdächtige einen gesetzlichen Straftatbestand erfüllt hat und **gemäß fester höchstrichterlicher Rechtsprechung** verurteilt werden wird, so hat die Polizei einzuschreiten und die Anklagebehörde [StA] gemäß dem Legalitätsgrundsatz Anklage zu erheben, soweit keine gesetzlich ausdrücklich zugelassene Ausnahme vorliegt.*«
Mithin besagt die gesetzliche Strafverfolgungspflicht der StA (Legalitätsprinzip – §§ 152 Abs. 2, 160 Abs. 1, 170 Abs. 1 StPO –) nach Ansicht des *BGH*: Ist nach fester höchstrichterlicher Judikatur die dem Verdächtigen zur Last gelegte Tat strafbar, so darf der Staatsanwalt nicht deswegen von Verfolgung und Anklageerhebung absehen, weil **er** jene Judikatur nicht billigt.

Zur Begründung dieser Präjudizienbindung der StA betont das Gericht u.a.:
– Anderenfalls würde das Legalitätsprinzip durchbrochen und der Grundsatz der Gewaltenteilung missachtet.
– Auch würde die Verneinung jener Präjudizienbindung dem Richtervorbehalt des Art. 92 GG widersprechen; denn die StA könnte nach **eigener** Rechtsauffassung die Strafrechtspflege durch Verzicht auf Anklagen blockieren.
– Gesetze führten kein Eigenleben; vielmehr sei zur Konkretisierung ihrer Bedeutung die unabhängige Justiz berufen.
– Der Staatsanwalt, der entgegen seiner Rechtsüberzeugung Anklage erheben müsse, könne vor Gericht ja seine Ablehnung der fraglichen festen höchstrichterlichen Judikatur deutlich machen, insbesondere auf Freispruch plädieren.

b) Schrifttum[14]

(1) Dem *BGH* folgen zahlreiche Autoren[15], wobei ergänzend zur Argumentation **148** des Gerichts noch namentlich die folgenden Gesichtspunkte angeführt werden:
– Die Anklagepflicht gemäß § 170 Abs. 1 StPO verlange eine Verurteilungswahrscheinlichkeit; für sie sei die höchstrichterliche Rechtsprechung maßgeblich, soweit es um Rechtsfragen gehe[16].
– Zur Wahrung des Richtervorbehalts sei das Klageerzwingungsverfahren (§§ 172 ff, 175 StPO) nicht ausreichend, zumal nur der »Verletzte« dieses Verfahren betreiben könne[17].
(2) Eine verbreitete Auffassung im Schrifttum lehnt dagegen jene vom *BGH* angenommene Präjudizienbindung ab[18]. Zur Begründung wird dabei weitgehend auf

---

[13] *BGH* St 15, 155 ff. Eingehendere Analyse bei *Krey*, StPO 1, Rn 343 ff.

[14] Nähere Analyse bei *Krey* aaO, Rn 346–349.

[15] *Beulke*, Rn 90; *KK-Schmidt*, § 170 Rn 6; *Kühne*, Rn 144, 145; *Ranft*, Rn 242; *Schlüchter*, Rn 61.1–64; wohl auch *Meyer-Goßner*, Rn 11 vor § 141 GVG.

[16] *Schlüchter* aaO.

[17] *Gössel*, § 3 a IV.

[18] *Fezer*, 2/32 ff; *Hellmann*, Rn 66; *Lesch*, 2. Kap. Rn 66–68; *Roxin*, § 10 Rn 12; *Rüping*, Rn 68, 69.

§ 150 GVG rekurriert, d.h. auf die Stellung der StA als selbständiges Organ der Strafrechtspflege[19], zudem auf das ungeklärte Problem, wann von einer festen höchstrichterlichen Judikatur gesprochen werden könne[20].

c) Eigener Standpunkt

149 Ihn habe ich bereits an anderer Stelle dargelegt[21]. Daher soll es hier damit sein Bewenden haben, meine Ansicht zu skizzieren; zu ihrer Verdeutlichung soll der folgende Fall dienen.

Fall 8:[22]

Dr. med. O ist unheilbar an einem äußerst schmerzhaften Karzinom erkrankt. Um sich den langsamen, qualvollen Tod an der Krebsgeschwulst zu ersparen, scheidet er durch Suizid aus dem Leben. Sein Freund F, der auf Wunsch des O bei dessen Selbstmord anwesend ist, greift aus Respekt vor dem freiverantwortlichen Todeswunsch des O nicht ein. Staatsanwalt S verzichtet auf eine Anklage gegen F wegen Unterlassener Hilfeleistung (§ 323 c StGB). Er weiß zwar, dass der *BGH* in ständiger Rechtsprechung jede durch Selbstmordversuch verursachte akute Lebensgefahr als »Unglücksfall« i.S. dieser Vorschrift behandelt, also eine Pflicht zur Hilfeleistung bejaht[23]. S hält aber – mit der h.L. – diese Judikatur im Fall eines (offensichtlich) freiverantwortlichen Suizids für falsch[24].

150 (1) Nach dem dargelegten Standpunkt des *BGH* zur Bindung der StA an eine feste höchstrichterliche Judikatur hätte S gemäß dem Legalitätsprinzip (§§ 152 Abs. 2, 160 Abs. 1, 170 Abs. 1) F wegen Unterlassener Hilfeleistung verfolgen müssen. Diese **Dienstpflicht als Staatsanwalt** hat S verletzt. Ihr Bestehen hat der *BGH* überzeugend begründet. Demgemäß fällt S jedenfalls ein Dienstvergehen[25] zur Last; er kann also disziplinarisch zur Verantwortung gezogen werden[26].

151 (2) Dagegen hat er durch seine unterlassene Strafverfolgung des F keine Strafvereitelung im Amt durch Unterlassen (§§ 258, 258 a/13 StGB)[27] begangen. Eine feste höchstrichterliche Rechtsprechung vermag den Staatsanwalt nicht mit **strafbegründender** Wirkung zur Strafverfolgung entgegen seiner eigenen Rechtsüberzeugung zu zwingen[28].

---

[19] *Roxin* aaO.

[20] *Rüping* aaO verweist auf die »Schwankungen« der höchstrichterlichen Rechtsprechung.

[21] *Krey*, StPO 1, Rn 350–356 m.w.N.

[22] Fall in Anlehnung an *Lesch* aaO.

[23] *BGH* St 6, 147 ff (GS); 13, 162, 169; 32, 367, 375.

[24] Zu dieser h.L. *Krey/Heinrich*, Rn 92–95 m.w.N.

[25] Zum Begriff des **Dienstvergehens**: § 77 BBG; § 45 BRRG; § 85 LBG Rheinland-Pfalz.

[26] *Krey*, StPO 1, Rn 355; kritisch u.a.: *Kühne*, Rn 145 Fn 57; *Roxin*, § 10 Rn 12 a.E.; *Rüping*, Rn 69 Fn 53.

[27] *Krey* aaO, Rn 351–354; *Kühne*, Rn 145.

[28] *Krey* aaO. – Insoweit haben die oben, Rn 148 (2) mit Fn 18 genannten Autoren recht. –

(3) Resümee: Nach der Ansicht des *BGH* (Rn 147) müsste Staatsanwalt S in Fall 8 mit **152** Strafverfolgung wegen Strafvereitelung im Amt durch Unterlassen rechnen. Denn ihn traf gemäß §§ 152 Abs. 2, 160 Abs. 1, 170 Abs. 1 StPO wegen seiner Bindung an die feste höchstrichterliche Judikatur zu § 323 c StGB eine Pflicht zur Verfolgung des F.

Dagegen entfällt diese Verfolgungspflicht des S nach der vom *BGH* abweichenden Meinung (Rn 148 mit Fn 18), weil S das Verhalten des F nicht für strafbar hielt.

Der vermittelnde Standpunkt des Verf. bejaht zwar eine Dienstpflicht des S zur Strafverfolgung und damit ein Dienstvergehen. Jedoch verneint Verf. eine Strafbarkeit des S aus §§ 258, 258 a/13 StGB; denn die Präjudizienbindung des Staatsanwalts (Rn 147, 150) vermag keine **Garantenpflicht** für die Rechtspflege (§ 13 StGB) zu begründen.

– Weicht der Staatsanwalt aber willkürlich von der höchstrichterlichen Judikatur ab, ist sein divergierender Rechtsstandpunkt **unvertretbar**, so kann sein Verhalten §§ 258, 258 a/13 StGB erfüllen. –

5. Präjudizienbindung der StA außerhalb des Anwendungsbereichs des Legalitätsprinzips

Gemäß zutreffender h.A. darf die StA Taten anklagen, die zwar nach fester höchst- **153** richterlicher Judikatur straflos sind, die sie (StA) aber für strafbar hält[29]. Nur so kann sie ja die Korrektur einer aus ihrer Sicht verfehlten Judikatur erreichen.

Doch muss die StA gute Gründe für eine solche Verfolgung haben. Denn die Anklageerhebung hat für den »Angeschuldigten« (§ 157 StPO) häufig sehr negative Folgen[30].

6. Verpflichtung der StA zur Objektivität

Das Bild der StA in der Öffentlichkeit wird weitgehend durch ihre Funktion als Ankläger **154** (Erhebung der öffentlichen Klage durch Einreichung der Anklageschrift, § 170 Abs. 1 StPO) und ihr Auftreten in der Hauptverhandlung (Verlesung des Anklagesatzes, § 243 Abs. 3 StPO) geprägt. Demgegenüber ist zu betonen:

Die StA ist keineswegs **Partei** im Strafverfahren[31]. Vielmehr ist sie als »Wächter des Gesetzes« der Wahrheit und Gerechtigkeit verpflichtet. Diese **Verpflichtung zur Objektivität** kommt namentlich in folgenden Vorschriften zum Ausdruck:

– § 160 Abs. 2 StPO (Pflicht, auch *entlastende* Umstände zu ermitteln).
– §§ 296 Abs. 2, 359, 365 StPO (Befugnis, Rechtsmittel auch *zugunsten* des Angeklagten einzulegen und Anträge auf Wiederaufnahme auch *zugunsten* des Verurteilten zu stellen).
– § 170 Abs. 2 StPO (Pflicht zur Einstellung des Verfahrens bei Fehlen hinreichenden Tatverdachts i.S. des § 203 StPO).

Im Übrigen muss die StA in ihrem Schlussvortrag (Plädoyer, § 258 StPO) Freispruch beantragen, wenn die Hauptverhandlung nicht die Schuld des Angeklagten erwiesen hat[32].

---

[29] *Beulke*, Rn 89; *Krey*, StPO 1, Rn 358 mit Fallbeispiel und m.w.N.; *Meyer-Goßner*, Rn 11 vor § 141 GVG; a.A. *Kühne*, Rn 143.

[30] *Krey* aaO, Rn 359; *Kühne* aaO.

[31] *Krey* aaO, Rn 361 m.w.N.; *Meyer-Goßner*, Rn 8 vor § 141 m.w.N.; *Roxin*, § 10 Rn 9.

[32] Allgemeine Ansicht.

Diese Rechtsstellung hat zu dem geflügelten Wort von der StA als der »objektivsten Behörde der Welt« geführt[33], was angesichts der Rechtswirklichkeit gelegentlich etwas euphemistisch wirkt[34].

II. Aufbau und Organisation der StA

1. §§ 141, 142 GVG

155 Gemäß § 141 GVG soll bei jedem Gericht eine StA bestehen. Nach ihrer ratio legis verlangt diese Vorschrift aber nur, dass für jedes Gericht eine bestimmte StA zuständig ist[35]. Diese Feststellung ist wichtig für die *AG*. Denn für sie ist die jeweilige StA beim übergeordneten *LG* zuständig, während für jedes *LG*, jedes *OLG* und den *BGH* eine eigene StA existiert:

- Für den **BGH** üben der **Generalbundesanwalt** und *Bundesanwälte* das Amt der StA aus (§ 142 Abs. 1 Nr. 1 GVG),
- für das **OLG** die **Generalstaatsanwaltschaft** bei dem jeweiligen *OLG* mit dem Generalstaatsanwalt als Behördenleiter[36].
- Bei jedem *LG* besteht eine StA (Behördenleiter: Leitender Oberstaatsanwalt)[37].
- Für das *AG* werden die staatsanwaltschaftlichen Aufgaben durch die StA des übergeordneten *LG* ausgeübt[38].

    Auch die Amtsanwälte (Beamte des gehobenen Dienstes, aber keine Staatsanwälte), die für bestimmte Strafsachen zuständig sind, über die das *AG* – Strafrichter – entscheidet, bilden keine »StA beim *AG*«, sondern sind bei der StA beim *LG* eingeordnet[39].

Behörden der StA sind also für den **Bund** der Generalbundesanwalt beim *BGH*, für die **Länder** die Generalstaatsanwaltschaften bei den *OLG* und Staatsanwaltschaften bei den *LG*.

2. Monokratische Organisation der StA (§§ 144, 145 GVG)

156 Die StA ist hierarchisch aufgebaut; sie ist eine monokratische Behörde[40], bei der jeder einzelne Staatsanwalt als **Vertreter** des jeweiligen Behördenleiters (Generalbundesanwalt, Generalstaatsanwalt, Leitender Oberstaatsanwalt) fungiert.

---

[33] Nachweise bei *Krey*, StPO 1, Rn 361.

[34] Dazu *Kühne*, Rn 138.

[35] *KK-Schoreit*, § 141 GVG Rn 2; *Meyer-Goßner*, § 141 GVG Rn 2.

[36] Im Justizjargon »General« genannt.

[37] Abgekürzt: LOStA. In Berlin heißt der Behördenleiter der StA beim *LG* »Generalstaatsanwalt« (*Meyer-Goßner*, § 142 GVG Rn 7).

[38] *Meyer-Goßner*, § 141 GVG Rn 2, § 142 GVG Rn 8.

[39] Dazu: *KK-Schoreit*, § 142 GVG Rn 13; *Meyer-Goßner*, § 142 GVG Rn 8.

[40] *KK-Schoreit*, § 144 GVG Rn 1; *Krey/Pföhler*, NStZ 1985, 145 m.w.N.

Dabei wird die **Wirksamkeit** der Handlungen des Staatsanwalts als Vertreter durch interne Beschränkungen aufgrund von Weisungen des Vorgesetzten nicht tangiert[41].

Beispiel 25: Entgegen einer dienstlichen Weisung des Behördenleiters stimmt Staatsanwalt S einer Einstellung des Verfahrens nach Erfüllung von Auflagen gemäß § 153 a Abs. 2 StPO zu. In einem anderen Strafverfahren verzichtet S entgegen einer solchen dienstlichen Weisung auf Rechtsmittel (§ 302 Abs. 1 StPO). Sowohl dieser Verzicht als auch jene Zustimmung sind wirksam.

In der Konsequenz dieses **Vertretungs**-Modells liegen die folgenden dem Behör-   **157**
denleiter (»erster Beamter der StA«) in § 145 GVG eingeräumten Befugnisse:
a) Sein Recht der Devolution (Übernahme), d.h. seine Befugnis, alle Diensthandlungen eines Staatsanwaltes selbst zu übernehmen. Demgemäß darf der Leitende Oberstaatsanwalt z.B. selbst Anklage erheben und/oder in der Hauptverhandlung als Sitzungsvertreter der StA auftreten.
b) Sein Recht der Substitution (Beauftragung eines anderen Staatsanwaltes), § 145 Abs. 1 Alt. 2 GVG.[42]

3. Hierarchischer Aufbau der StA (Weisungsbefugnisse der Vorgesetzten)[43]

a) § 146 GVG normiert die Weisungsgebundenheit des Staatsanwalts. § 147 GVG   **158**
regelt, **wem** »das Recht der Aufsicht und Leitung« zusteht, wobei die Leitungsbefugnis das Weisungsrecht umfasst. Daraus ergeben sich folgende »Weisungspyramiden«:
(1) Bund: Der **Bundesminister** der Justiz ist gegenüber dem Generalbundesanwalt und den Bundesanwälten weisungsbefugt. Dem **Generalbundesanwalt** steht das Weisungsrecht gegenüber den Bundesanwälten zu.
(2) Länder: Die **Landesjustizverwaltung** (Justizminister/-senatoren der Länder) ist gegenüber allen staatsanwaltlichen Beamten des Landes weisungsbefugt. Der **Generalstaatsanwalt** als erster Beamter der StA beim *OLG* besitzt das Weisungsrecht gegenüber allen Staatsanwälten des *OLG*-Bezirks. Der **Leitende Oberstaatsanwalt** ist gegenüber allen Staatsanwälten des *LG*-Bezirks weisungsbefugt.
(3) Bund/Länder: Beide Weisungspyramiden, (1) und (2), sind bekanntlich von einander unabhängig. Bundesjustizminister und Generalbundesanwalt haben kein Recht der Aufsicht und Leitung gegenüber den Landesjustizverwaltungen und den Staatsanwälten der Länder[44].

---

[41] *KK-Schoreit*, § 144 GVG Rn 3 m.w.N.; *Meyer-Goßner*, § 144 GVG Rn 2.

[42] Zum Vorstehenden: *Krey/Pföhler*, NStZ 1985, 145, 146; *Meyer-Goßner*, § 145 GVG Rn 1, 2. – Auch der **Generalbundesanwalt** besitzt jene Devolutions- und Substitutionsbefugnis. –

[43] Dazu eingehend und m.w.N. *Krey/Pföhler* aaO, S. 145 ff.

[44] *Beulke*, Rn 80; *Roxin*, § 10 Rn 2.

159 Schaubild 3: Hierarchischer Aufbau der StA/»Weisungspyramide«

Bund	Länder
Bundesminister der Justiz[45]	**Landesjustizverwaltung**[46]
↓	↓
Generalbundesanwalt beim *BGH*	**Generalstaatsanwalt beim *OLG***[47]
↓	↓
Bundesanwälte	**Leitender Oberstaatsanwalt *(LG)***
	↓
	Staatsanwälte *(LG)*

III. Weisungsgebundenheit des Staatsanwalts im Einzelnen
– Schranken des internen und externen Weisungsrechts –[48]

160 Das Leitungsrecht des Bundesjustizministers bzw. der Landesjustizverwaltungen als ministerielle Weisungsbefugnis nennt man **externes** Weisungsrecht; denn der jeweilige Justizminister/-senator ist ja kein Staatsanwalt und darf keinerlei Befugnisse der StA selbst ausüben. Das **interne** Weisungsrecht ist demgegenüber das des Generalbundesanwalts und des jeweiligen »ersten Beamten der StA« beim *OLG* bzw. *LG*; sie sind selbst Staatsanwälte und gemäß § 144 GVG die eigentlichen Rechtsträger der staatsanwaltlichen Befugnisse.

1. Sinn und Zweck des Weisungsrechts

161 a) §§ 146, 147 GVG sind Ausdruck der **staatsrechtlichen Stellung** der StA als Teil der Exekutive (Rn 144). Die Organisation der Exekutive ist bekanntlich hierarchisch und der Rechtsstatus der Beamten ist durch ihre Weisungsgebundenheit geprägt. Dabei wird durch das Weisungsrecht der Justizminister/-senatoren im Bereich der staatsanwaltlichen Aufgaben das Prinzip der parlamentarischen Verantwortlichkeit der Zweiten Gewalt realisiert[49].

---

[45] Er kann seine Anweisungen nach dem Gesetzestext auch direkt an jeden einzelnen Bundesanwalt richten (§ 147 Nr. 1 GVG), sollte aber den **Dienstweg** zum Generalbundesanwalt einhalten, was in der Praxis auch geschieht.

[46] Auch die Landesjustizverwaltung kann jeden Staatsanwalt des Bundeslandes direkt anweisen, sollte aber den Dienstweg zum Generalstaatsanwalt beachten (*Krey*, StPO 1, Rn 373 Fn 35 m.w.N.).

[47] Weisungen an Staatsanwälte der StA beim *LG* richtet der Generalstaatsanwalt üblicherweise an den LOSTA (Dienstweg).

[48] Eingehend *Krey/Pföhler*, NStZ 1985, 145 ff m.w.N.

[49] *Kunert* in: Wassermann-Festschrift, 1985, 915, 922.

b) Das **interne** Weisungsrecht beruht zusätzlich auf der dargelegten Organisation der StA nach §§ 144, 145 GVG (Rn 156 f): Angesichts des **Vertretungs**-Modells (§ 144 GVG) sowie der **Devolutionsbefugnis** der StA-Behördenleiter (§ 145 Abs. 1 Alt. 1 GVG) versteht sich das interne Weisungsrecht von selbst[50].
Da nun der einzelne Staatsanwalt nicht als Vertreter des Justizministers fungiert und dieser auch keine Befugnis zur Übernahme von staatsanwaltlichen Amtshandlungen besitzt, drängt sich folgende Feststellung auf: Das interne Weisungsrecht ist normativ erheblich stärker legitimiert und darum weitergehend als das externe des Justizministers[51].

2. Schranken des Weisungsrechts nach § 146 GVG

Üblicherweise wird gelehrt: Die Schranken des Weisungsrechts folgten aus dem **162** **Legalitätsprinzip** (Rn 150) und den seinem Schutz dienenden Strafvorschriften (§§ 258, 258 a i.V.m. § 13 StGB)
– Strafvereitelung, Strafvereitelung im Amt, gegebenenfalls auch durch Unterlassen –, sowie aus dem mit diesem Prinzip korrespondierenden Verbot der Verfolgung Unschuldiger (§ 344 StGB)[52]. Demgegenüber sei der Bereich des **Opportunitäts-prinzips** (§§ 153–154 c StPO[53]) die eigentliche Domäne der Weisungsbefugnis[54]. Das ist richtig, bedarf aber der folgenden Präzisierung:

a) Auch im Bereich des Opportunitätsprinzips, d.h. der fehlenden Verfolgungs**pflicht**, gilt **163** die Bindung an Gesetz und Recht (Art. 20 Abs. 3 GG): In diesem Bereich staatsanwaltlichen **Ermessens** bzw. staatsanwaltlicher **Beurteilungsspielräume**[55] sind Weisungen rechtswidrig, soweit sie zu einer Ermessensausübung führen würden, die als »Ermessensüberschreitung« oder »Ermessensfehlgebrauch« zu bewerten wäre, etwa wegen Verstoßes gegen Art. 3 GG (Gleichheitssatz)[56]. Dasselbe gilt für Verstöße gegen die vergleichbaren Schranken staatsanwaltlicher Beurteilungsspielräume[57]. Im Übrigen ist für die Rechtmäßigkeit von Weisungen erforderlich, dass der Vorgesetzte über ausreichende Informationen verfügt.

b) Im Bereich des **Legalitätsprinzips** können Weisungen ausnahmsweise zulässig sein. So **164** darf der Vorgesetzte z.B. anordnen, einer festen höchstrichterlichen Judikatur zu folgen.

c) Was die Anträge des Staatsanwalts in seinem **Plädoyer** (§ 258 StPO) angeht, wäre jede Weisung, *unbeschadet des Ergebnisses der Beweisaufnahme in der Hauptverhandlung auf*

---

[50] *Krey/Pföhler* aaO, S. 145 f, 148.

[51] *Krey/Pföhler* (Fn 48); dem Standpunkt des Verf. zuneigend *Kühne*, Rn 141; a.A. offenbar die h.M.: *Kunert* aaO, S. 915 ff; *Roxin*, DRiZ 1997, 118 f.

[52] *KK-Schoreit*, § 146 GVG Rn 7; *Meyer-Goßner*, § 146 GVG Rn 3.

[53] Zusätzlich sind hier noch **§ 376 StPO** und die **eingeschränkten Antragsdelikte** (Rn 141 a.E.) zu nennen; *Krey*, StPO 2, Rn 135, 236, 237 m.w.N.

[54] *Gössel*, § 3 A II; *Ranft*, Rn 237.

[55] Dazu eingehend *Krey/Pföhler* aaO, S. 149, 150 m.w.N.

[56] *Beulke*, Rn 85; *Krey/Pföhler* aaO.

[57] *Beulke* aaO; *Krey/Pföhler* aaO; *Ranft*, Rn 237, 238.

Freispruch (bzw. auf Schuldspruch) zu plädieren, wegen Verstoßes gegen Sinn und Zweck der §§ 261, 264 StPO rechtswidrig[58]: Schon wegen ihrer Verpflichtung zur Objektivität (Rn 154) ist auch die StA an jenes Ergebnis gebunden.

3. Allgemeine Weisungen (Richtlinien etc.)

165 Einzelfall-Weisungen an Staatsanwälte sind selten. Vielmehr liegt die Hauptbedeutung des Weisungsrechts, insbesondere des externen, in der Kompetenz zu **allgemeinen Weisungen**, z.B.:
- Richtlinien für das Strafverfahren und das Bußgeldverfahren (RiStBV)[59].
- Generelle Anordnungen über Berichtspflichten in Strafsachen.

Durch Richtlinien der Justizminister ist es erstens möglich, in Ländern mit mehr als einem Generalstaatsanwalt eine **landeseinheitliche** Strafverfolgung im Bereich des Opportunitätsprinzips (Rn 162 mit Fn 53) zu gewährleisten[60]. Zweitens erlauben gemeinsame Richtlinien der Justizminister eine **bundesweite** Vereinheitlichung des Vorgehens der StA, sei es in bestimmten Bereichen, sei es generell[61].

IV. Aufgaben der StA

166 Die StA hat im Wesentlichen drei Aufgabenbereiche:
- Sie ist Herrin des Ermittlungsverfahrens (Vorverfahren).
- Sie vertritt die Anklage in der Hauptverhandlung.
- Sie ist Vollstreckungsbehörde.

1. Die StA als rechtliche Herrin des Ermittlungsverfahrens

a) Beginn und Ende des Ermittlungsverfahrens

(1) *Es **beginnt**, sobald die StA, die Polizei oder Zollfahndung bzw. Steuerfahndung eine Maßnahme trifft, die erkennbar darauf abzielt, gegen jemanden wegen eines Verbrechens oder Vergehens strafrechtlich vorzugehen*[62].
Die Einleitung des Ermittlungsverfahrens ist also kein Monopol der StA; sie bedarf auch keiner besonderen Einleitungsverfügung[63]. Als Maßnahme i.S. jener Definition kommen u.a. in Betracht:
- Vernehmung einer Person als Beschuldigter[64];
- Festnahme gemäß § 127 StPO;

---

[58] *Beulke*, Rn 86; *KK-Schoreit*, § 146 GVG Rn 8, 9; *Meyer-Goßner*, § 146 GVG Rn 4; *Roxin*, § 10 Rn 11.

[59] Abgedruckt in: *Meyer-Goßner*, Anh 12; *Schönfelder E*, Nr. 90 e.

[60] *Kunert* aaO (Fn 49), S. 921 f. – **Fallbeispiel** bei *Krey*, StPO 1, Rn 388 ff. –

[61] *Kunert* aaO. Beispiel: Die genannten RiStBV.

[62] *Meyer-Goßner*, Einl. Rn 60. – Vgl. § 397 Abs. 1 AO als deklaratorische Normierung jener Feststellung. –

[63] *KK-Wache*, § 160 Rn 14.

[64] Für die Polizei: § 163 a Abs. 4 StPO. Für die StA: § 163 a Abs. 1, 3 StPO.

– Anordnung der körperlichen Untersuchung gemäß § 81 a StPO.

Ist der Beschuldigte noch unbekannt, wird das Ermittlungsverfahren zunächst »gegen Unbekannt« geführt[65].

*(2) Das Ermittlungsverfahren endet mit der **Abschlussverfügung der StA**; insoweit* **167** gibt es drei Alternativen:

Anklageerhebung, § 170 Abs. 1 (mit § 203) StPO
Besteht nach den Ermittlungen »**hinreichender Tatverdacht**« (§ 203 StPO), so reicht die StA eine Anklageschrift beim zuständigen Gericht ein.
 – Neben der Anklageschrift gibt es eine zweite Möglichkeit der Anklageerhebung, nämlich den Antrag auf Erlass eines Strafbefehls (§ 407 Abs. 1 S. 4 StPO).[66] –

Einstellung des Verfahrens mangels hinreichenden Tatverdachts (§ 170 Abs. 2 StPO)
Fehlt es am hinreichenden Tatverdacht
 – sei es aus tatsächlichen Gründen (die Beweise erlauben nicht die Prognose der Verurteilungswahrscheinlichkeit), sei es aus Rechtsgründen (das vorgeworfene Verhalten ist keine Straftat oder, etwa wegen Verjährung, nicht verfolgbar) –,
stellt die StA das Verfahren ein.

Wo nicht das Legalitätsprinzip (Rn 147, 150) herrscht, sondern das **Opportuni-** **168** **tätsprinzip** (Rn 165), darf die StA unter den in der jeweiligen Vorschrift genannten Voraussetzungen auch dann von Anklage absehen und das Ermittlungsverfahren einstellen, wenn sie hinreichenden Tatverdacht bejaht[67].

(3) Die **Beendigung** des Ermittlungsverfahrens liegt also rechtlich in der Hand der **StA** – nicht auch der Polizei.

b) Durchführung der Ermittlungen

Die gemäß § 160 StPO gebotene Erforschung des Sachverhalts kann die StA *ers-* **169** *tens **selbst durchführen**,* z.B. durch eigene Vernehmung von Beschuldigten, Zeugen und/oder Sachverständigen (§§ 161 Abs. 1 S. 1, 161 a, 163 a Abs. 3 StPO). *Zweitens* kann sie Ermittlungen jeder Art von der ***Polizei*** vornehmen lassen; dies mittels *bindender* Ersuchen oder Aufträge (§§ 161 Abs. 1 S. 1, 2 StPO, 152 GVG).
 – Auf diesen Regelfall der Durchführung der Ermittlungen ist zurückzukommen. –

---

[65] *KK-Wache* aaO; *Krey*, StPO 1, Rn 392.

[66] Weitere **besondere Klagearten** sind: Die mündliche Nachtragsanklage in der Hauptverhandlung, § 266 StPO (*KK-Engelhardt*, § 266 Rn 3); die mündliche Anklage in der Hauptverhandlung des beschleunigten Verfahrens (§§ 417, 418 Abs. 3 S. 2 StPO).

[67] *Beulke*, Rn 17; *Krey*, StPO 2, Rn 212; *Kühne*, Rn 583. – Deutlich mehr als 50% aller Ermittlungsverfahren werden durch **Einstellungen** im Opportunitätsbereich und gemäß § 170 Abs. 2 StPO beendet; *Kühne*, Rn 583. –

170 *Drittens* kann die StA gemäß § 162 StPO die Vornahme von Untersuchungshandlungen durch den *Ermittlungsrichter* beantragen. Dieser darf nur die gesetzliche Zulässigkeit der beantragten Untersuchungshandlung überprüfen, ist aber im Übrigen an den Antrag gebunden[68].

§ 162 StPO gilt zum einen für Handlungen, die nur der Richter vornehmen darf,
  – also (insbesondere) bei **strafprozessualen Grundrechtseingriffen mit Richtervorbehalt** (wie beim Haftbefehl, § 114 StPO, bzw., wenn keine »Gefahr im Verzug« vorliegt, bei der Überwachung der Telekommunikation, § 100 b StPO) –.
Zum anderen darf die StA aber auch dann Ermittlungshandlungen durch den Richter (§ 162 StPO) beantragen, wenn sie die fraglichen Handlungen selbst durchführen dürfte, z.B. die Vernehmung von Beschuldigten und Zeugen[69].
  Hier kann jener Antrag schon aus Rechtsgründen sinnvoll sein, was u.a. §§ 254 und 251 Abs. 2 StPO, §§ 153, 154 StGB zeigen.

c) Die StA als Herrin des Ermittlungsverfahrens gegenüber dem Gericht

171 Diese Position der StA verdeutlichen insbesondere:
  – Das Recht der StA, die Klage bis zur Eröffnung des Hauptverfahrens durch das Gericht (§§ 203, 207 StPO) zurückzunehmen, § 156 StPO.
  – Die Befugnis zur Verfahrenseinstellung gemäß § 170 Abs. 2 StPO ohne Mitwirkung des Richters.
  – Die oben (Rn 141) dargelegten Möglichkeiten der Einstellung des Verfahrens im Geltungsbereich des Opportunitätsprinzips ohne Zustimmung des Gerichts.
  – § 162 Abs. 3 StPO (Rn 170 mit Fn 68).

d) Die StA als rechtliche Herrin des Ermittlungsverfahrens gegenüber der Polizei

172 Hier sei an das Weisungsrecht der StA (§§ 161 Abs. 1 S. 2 StPO, 152 GVG) und die fehlende Befugnis der Polizei zur Einstellung des Ermittlungsverfahrens (Rn 168) erinnert.
  – Näher zum Verhältnis StA/Polizei in § 5 dieses Lehrbuchs. –

2. Vertretung der Anklage in der Hauptverhandlung

An dieser Stelle soll der Verweis auf §§ 226 (mit 338 Nr. 5), 227, 240 Abs. 2, **243 Abs. 3**, 244 Abs. 3–6 mit 245 Abs. 2[70], 257 Abs. 2, **258** StPO genügen.

3. Die StA als Vollstreckungsbehörde; sonstige Funktionen

173 a) Nach § 36 Abs. 2 StPO obliegt der StA die Vollstreckung gerichtlicher Entscheidungen; gemeint sind Gerichtsentscheidungen wie:
  – Festsetzung von Ordnungsgeld bzw. -haft nach §§ 51, 70 Abs. 1 StPO;
  – Haftbefehl gemäß §§ 112 ff, 114 bzw. 230 Abs. 2 StPO.[71]

---

[68] *Meyer-Goßner*, § 162 Rn 14. – Zur gesetzlichen Zulässigkeit gehört auch die Vereinbarkeit mit dem **Verhältnismäßigkeitsprinzip** (Rn 30–34); *KK-Wache*, § 162 Rn 17. –

[69] *KK-Wache* aaO; *Meyer-Goßner*, § 162 Rn 17; h.M., aber str.

[70] Auch die **StA** hat das Recht, Beweisanträge zu stellen.

[71] *Pfeiffer*, § 36 Rn 3.

Dabei darf sie sich der Hilfe der Polizei bedienen.

Wichtiger ist die Kompetenz für den Bereich der Strafvollstreckung (Rn 14): Die StA ist gemäß § 451 StPO **Strafvollstreckungsbehörde**[72].

b) Zu den sonstigen Funktionen zählen die Führung des **Bundeszentralregisters** gemäß dem BZRG (Rn 26) und des länderübergreifenden **zentralen staatsanwaltschaftlichen Verfahrensregisters** (§§ 492 ff StPO).

4. Zuständigkeitsfragen

a) StA der Länder

Grundsätzlich werden die staatsanwaltschaftlichen Aufgaben von der StA des je-   **174** weiligen **Landes** ausgeübt, was bereits aus Art. 30, Art. 83 GG folgt und einfach- gesetzlich in §§ 141 ff GVG seinen Ausdruck gefunden hat.

Mit »StA« meint das Gesetz also die **Generalstaatsanwaltschaften bei den** *OLG* und die **Staatsanwaltschaften bei den** *LG*[73], sofern nicht ausdrücklich Kompetenzen des Generalbundesanwaltes normiert werden.

Zur örtlichen Zuständigkeit der StA siehe § 143 GVG i.V.m. §§ 7 ff StPO.

Soweit danach eine bestimmte StA, z.B. die beim *LG Trier*, zuständig ist, sind ihre Befugnisse weder auf ihren Bezirk noch auf das Gebiet des jeweiligen Bundeslandes beschränkt: Die StA Trier kann z.B. beim *AG Köln* Anträge gemäß § 162 StPO stellen[74].

b) Generalbundesanwalt (Rn 155, 158, 159)

Seine Behörde wirkt erstens als StA beim *BGH* in dessen Revisions- und Beschwerdesachen (§ 135 GVG) mit.

Zweitens übt sie das Amt der StA in den zur Zuständigkeit der *OLG als 1. Instanz* gehörenden Strafsachen aus (§ 142 a Abs. 1 StPO)[75].

V. Ausschließung und Ablehnung von Staatsanwälten?

Weder StPO noch GVG enthalten eine gesetzliche Regelung dieses Problems[76].   **175** Seine Behandlung ist daher ungeklärt und kontrovers.

1. Der »ausgeschlossene« Staatsanwalt

Verf. hat sich hierzu schon an früherer Stelle eingehend geäußert[77]. Mithin soll es hier mit der folgenden knappen Darstellung sein Bewenden haben:

---

[72] Für die Vollstreckung von Maßregeln der Besserung und Sicherung: § 463 StPO.

[73] Zu dieser **StA der Länder** siehe oben, Rn 155, 158, 159.

[74] *KK-Schoreit*, § 143 GVG Rn 2; *Meyer-Goßner*, § 143 GVG Rn 1.

[75] Zur Abgabe des Verfahrens an die StA der Länder siehe § 142 a Abs. 2–4 GVG.

[76] *BVerfG* E 25, 336, 345; *BGH* NJW 1980, 845 und 1984, 1907 f; *KK-Pfeiffer*, § 22 Rn 16; *Krey*, StPO 1, Rn 404–408.

[77] *Krey* aaO, Rn 404–440.

a) **§§ 22, 23 StPO** gelten weder unmittelbar noch **analog**[78]. Sie sind, was die fehlende Anwendbarkeit auf Staatsanwälte angeht, nach dem Willen des Gesetzgebers und der ratio legis eine abschließende Regelung. Daher mangelt es an einer Regelungslücke als Voraussetzung für Gesetzesanalogie. Weiterhin fehlt es wegen der Aufgaben- und Statusunterschiede zwischen Richter und Staatsanwalt an der Gleichheit der Interessenlage.

176 b) Auch **§§ 141–145 GVG** bieten keine Lösung unseres Problems. § 145 GVG normiert zwar das Recht des Vorgesetzten, einen anderen als den zunächst zuständigen Staatsanwalt mit der Sache zu betrauen (Rn 157), regelt aber nicht, **wann** dieses Substitutionsrecht zur Ersetzungs**pflicht** wird, weil der Staatsanwalt offensichtlich parteilich ist[79].

c) Weiterhin bieten einschlägige Vorschriften des **Landesrechts**
   – § 7 AG GVG Niedersachen, § 11 AG GVG Baden-Württemberg[80] –
keine Regelung der Problematik des »ausgeschlossenen« Staatsanwalts. Denn für das **Strafprozessrecht** fehlt es nach Art. 74 Abs. 1 Nr. 1 GG i.V.m. §§ 3, 6 EG StPO an der Gesetzgebungskompetenz der Länder[81].

d) Die **Verwaltungsverfahrensgesetze** des Bundes und der Länder enthalten zwar Vorschriften über ausgeschlossene und befangene Beamte[82], gelten aber nicht für die Strafverfolgung[83], auch nicht analog[84].

177 e) Auch der **Grundsatz des fairen Verfahrens** bietet keinen Schlüssel zur Lösung der Problematik von Ausschluss und Ablehnung »befangener Staatsanwälte«[85]. Jenes vielzitierte Verfahrensprinzip besagt zum einen nicht mehr als das **Gebot eines rechtsstaatlichen Strafprozesses**. Zum anderen lässt sich aus beiden schwerlich ein detaillierter Katalog von Ausschließungsgründen für Staatsanwälte ableiten[86]. Zwar sei eingeräumt: Ein faires, rechtsstaatliches Strafprozessrecht muss

---

[78] *BGH* aaO; *Krey*, StPO 1, Rn 407 m.w.N.; *Kühne*, Rn 739 ff; *Meyer-Goßner*, Rn 3 vor § 22 m.w.N.; h.M. Für eine »eingeschränkte Analogie zu §§ 22 ff StPO«: *Beulke*, Rn 93, 94; *Rüping*, Rn 388.

[79] *Krey* aaO, Rn 408 m.w.N.

[80] Dazu m.w.N. *Krey* aaO, Rn 410.

[81] *Arloth*, NJW 1983, 207, 208; *Krey*, StPO 1, Rn 411 m.w.N.; *Meyer-Goßner* aaO m.w.N.; a.A. *Schairer*, S. 25 f.

[82] Verwaltungsverfahrensgesetz des Bundes, VwVfG (Nr. 100 im *Sartorius I*), §§ 20, 21. Aufstellung der Verwaltungsverfahrensgesetze der Länder im *Sartorius* aaO, S. 1, Fn 2.

[83] § 2 Abs. 2 Nr. 2 VwVfG (Fn 82).

[84] *Krey* aaO, Rn 413; *Schairer* aaO, S. 28; (fast) unstrittig.

[85] Unentschieden: *BVerfG* JR 1979, 28 mit Anm. *Bruns*; *BGH* NJW 1980, 845 f (dazu *Bruns*, JR 1980, 397 ff); *BGH* NJW 1984, 1907 f (dazu *Arloth*, NJW 1985, 417). Auf das fair trial-Prinzip rekurrieren: *Arloth* aaO; wohl auch *Meyer-Goßner*, Einl. Rn 19 i.V.m. **Rn 3 vor § 22**. Dagegen u.a.: *Beulke*, Rn 93, 94; *Krey*, StPO 1, Rn 414 ff, 417 ff; h.M.

[86] *Krey* aaO, Rn 416.

garantieren, **dass** ein Staatsanwalt nicht im Strafprozess tätig werden darf, wenn er evident befangen ist. Das folgt schon aus der Funktion der StA als Wächter des Gesetzes (Rn 143), ihrer Verpflichtung zur Objektivität (Rn 154) und ihren Aufgaben (Rn 166–173) und Befugnissen[87]. Damit ist aber noch nichts darüber gesagt, **wann** wegen evidenter Befangenheit ein Ausschluss des Staatsanwalts geboten ist.

f) Die Antwort auf diese Frage sollte man in **Rechtsanalogie**[88] zu den Ausschließungsgründen für Richter (§§ 22, 23 StPO) sowie Verwaltungsbeamte (§ 20 VwVfG) geben[89] und sich dabei zusätzlich an den Ausschließungsgründen für Verteidiger (§§ 138 a, 138 b StPO) orientieren[90]. Daraus resultieren namentlich die folgenden **Ausschließungsgründe**:   **178**
(1) Der Staatsanwalt ist dringend oder hinreichend verdächtig,
– an der fraglichen Straftat beteiligt zu sein oder
– eine Handlung begangen zu haben, die für den Fall der Verurteilung des Beschuldigten Begünstigung, Strafvereitelung oder Hehlerei wäre.
»Erst-recht-Argument« aus § 138 Abs. 1 Nr. 1, 3, Abs. 2 StPO: Wenn schon der Verteidiger als Organ der Rechtspflege trotz seiner Rolle als **Beistand des Beschuldigten** in solchen Fällen der Tatverstrickung untragbar wäre, muss der Staatsanwalt als ein zur **Objektivität** verpflichtetes Organ der Strafrechtspflege (Rn 154) erst recht ausgeschlossen sein[91].

(2) Der Staatsanwalt ist weiterhin ausgeschlossen, wenn er   **179**
– selbst durch die Straftat unmittelbar in seinen Rechten betroffen (verletzt) oder
– i.S. des § 22 Nr. 2, 3 StPO »Angehöriger« des Verletzten bzw. Beschuldigten ist.
Rechtsanalogie zu § 22 Nr. 2, 3 StPO, § 20 VwVfG.[92]

g) Sonderfälle: Qualifizierte Vorbefasstheit; Staatsanwalt als Zeuge

(1) Qualifizierte Vorbefasstheit als Ausschließungsgrund

Fall 9: Der Richter 1. Instanz als Staatsanwalt in der Berufungsinstanz?[93]   **180**
Richter R hat als Strafrichter (Einzelrichter, Rn 69, 71) den Angeklagten A verurteilt. A hat Berufung eingelegt. In der Berufungshauptverhandlung fungiert als Sitzungsvertreter der StA jener R, der inzwischen bei der StA tätig ist (§ 13 DRiG). R beantragt, die Berufung als

---

[87] Zu diesen Befugnissen siehe insbesondere Rn 141, 143, 154, 167–173.

[88] Sie leitet aus einer **Mehrzahl** einzelner gesetzlicher Regeln allgemeine Rechtsgrundsätze ab und wendet diese auf Fälle an, die unter keine jener Gesetzesregeln fallen; *Krey*, JZ 1978, 361, 365 m.w.N. – Dagegen geht es bei der Gesetzesanalogie um die entsprechende Anwendung einer **Einzelnorm**; *Krey* aaO und AT 1 (= Vol. I), Rn 88, 89. –

[89] *Krey*, StPO 1, Rn 417, 418 ff; weitere Nachweise dazu bei *Beulke*, Rn 94; offen gelassen von *Meyer-Goßner* aaO.

[90] *Krey* aaO, Rn 417, 418, **419**. Offen gelassen von *Meyer-Goßner* aaO.

[91] *Krey*, StPO 1, Rn 419, 421–424.

[92] Ebenso im Ergebnis die h.M.; so u.a.: *Beulke*, Rn 93; *KK-Pfeiffer*, § 22 Rn 16, 16 c; *Meyer-Goßner*, Rn 3 vor § 22.

[93] Fall nach *OLG Stuttgart* NJW 1974, 1394 ff mit Anm. *Fuchs*.

unbegründet zu verwerfen; das Berufungsgericht folgt seinem Antrag. Gegen das Berufungsurteil legt A form- und fristgerecht Revision ein (§§ 341, 344, 345 StPO). Mit seiner Verfahrensrüge (Rn 9, 13) macht er als Gesetzesverletzung die Mitwirkung eines ausgeschlossenen Staatsanwalts geltend.

181 Zu Fall 9 hat das *OLG Stuttgart* als Revisionsgericht (Rn 69, 74) zu Recht entschieden, und zwar unter Zustimmung der h.L.[94]:

– R war wegen seiner *Vortätigkeit als Richter 1. Instanz* als Sitzungsvertreter der StA in der Berufungshauptverhandlung ausgeschlossen. Angesichts jener Vortätigkeit bestand keine Gewähr für eine **objektive Beweiswürdigung** durch R.

– Die Mitwirkung eines ausgeschlossenen Staatsanwalts in der Hauptverhandlung ist ein Revisionsgrund gemäß § 337 StPO[95].

Vereinzelt wird sogar ein absoluter Revisionsgrund bejaht, und zwar §§ 338 Nr. 5 i.V.m. 226 StPO: Der ausgeschlossene Staatsanwalt sei kein **anwesender** Staatsanwalt[96].

182 Weitere Fälle qualifizierter Vorbefasstheit:

– Der Staatsanwalt war in der Sache bereits als **Strafverteidiger** oder sonst als Rechtsanwalt tätig[97]. Durch jene parteiliche Vortätigkeit sind Zweifel an der Objektivität des Staatsanwalts (Rn 154) begründet, was seinen Ausschluss zur Folge hat.

– Der Staatsanwalt, der gemäß § 170 Abs. 2 StPO ein Ermittlungsverfahren eingestellt hat und inzwischen bei der *Generalstaatsanwaltschaft beim OLG* tätig ist, darf nicht über die **Beschwerde** gegen jene Einstellung (§§ 171, 172 Abs. 1 StPO) entscheiden[98].

Gegenbeispiele (keine Ausschließung des Staatsanwalts):

– Der Sitzungsvertreter der StA in der Berufungsinstanz war schon in der Hauptverhandlung 1. Instanz als Staatsanwalt tätig[99].

– Der Staatsanwalt, der die Ermittlungen geführt und die Anklage erhoben hat, darf in der Hauptverhandlung als Sitzungsvertreter der StA fungieren. Das ist in Großverfahren auch sachgerecht und im Übrigen verbreitete Praxis[100].

(2) Ausschluss des Staatsanwalts durch seine Vernehmung als Zeuge?

183 Fall 10:[101]

In einem Großverfahren vor der Wirtschaftsstrafkammer stellt der Verteidiger (V) den Beweisantrag (§ 244 Abs. 3 StPO), *den Sitzungsvertreter der StA (S) als Zeugen dazu zu hören, dass der Angeklagte bei seiner Vernehmung im Ermittlungsverfahren durch S (§ 163 a Abs. 3 StPO) nur deswegen ein Geständnis abgelegt habe, weil S ihn unangemessen dazu*

---

[94] *OLG Stuttgart* aaO; *KK-Pfeiffer* aaO, Rn 16 c; *Krey* aaO, Rn 405, 406, 425, 438, 439.

[95] *OLG Stuttgart* aaO; *Beulke*, Rn 97; *KK-Pfeiffer*, § 22 Rn 18; *Krey*, StPO 1, Rn 438, 439 m.w.N.; *Meyer-Goßner*, Rn 5, 6 vor § 22; *Pawlik*, NStZ 1995, 309, 314 m.w.N.

[96] *Kühne*, Rn 741. Ablehnend zu Recht die h.A. (siehe Fn 95).

[97] *KK-Pfeiffer*, § 22 Rn 16 c; *Krey* aaO, Rn 426 m.w.N.; *Meyer-Goßner*, Rn 3 vor § 22.

[98] *KK-Pfeiffer* aaO (unter Hinweis auf den Grundgedanken des § 23 Abs. 1 StPO).

[99] *Krey* aaO, Rn 427 m.w.N. (h.M.).

[100] *BGH* St 21, 85, 90; *Krey* aaO, Rn 426, 458.

[101] Fall in Anlehnung an *BGH* St 14, 265 und *Schlüchter*, Rn 65.

gedrängt habe. Diesen Beweisantrag hat V deswegen gestellt, weil er durch die Zeugenvernehmung des S dessen Ausschluss erreichen wollte. Die Strafkammer vermutet eine solche Absicht, glaubt aber, eine Ablehnung des Beweisantrags
– sei es als *unzulässig*, sei es wegen *Prozessverschleppungsabsicht* [102] –
nicht revisionssicher begründen zu können. Daher wird dem Beweisantrag stattgegeben. Bei der Zeugenaussage des S ist ein anderer Staatsanwalt (S1) als Sitzungsvertreter der StA anwesend. S bekundet glaubhaft, er habe den Angeklagten keineswegs zu einem Geständnis gedrängt. Vielmehr habe er ihm nur vor Augen geführt, dass ein frühes, plausibles Geständnis sich erheblich strafmildernd auswirken könne (Rn 114). Das habe den Angeklagten seinerzeit auch überzeugt. Nach seiner Zeugenvernehmung übernimmt S wieder die Funktion des Sitzungsvertreters der StA. Er hält auch das Plädoyer für die StA (§ 258 StPO), wobei Staatsanwalt S1 zugezogen wird, um die Zeugenaussage des S zu würdigen.
War dieses Procedere legal oder war S nach seiner Zeugenaussage als Staatsanwalt ausgeschlossen?

Gericht und StA haben in casu keinen Verfahrensfehler begangen: **184**
Erstens ist allgemein anerkannt, dass auch der *Sitzungsvertreter der StA in der Hauptverhandlung* als Zeuge fungieren kann[103]. Bei seiner Vernehmung muss allerdings ein anderer Staatsanwalt als Sitzungsvertreter der StA auftreten[104], was aus §§ 226, 338 Nr. 5 StPO folgt. Denn während seiner Zeugenvernehmung kann der Staatsanwalt nicht zugleich Sitzungsvertreter der StA sein[105].
Zweitens versteht sich von selbst, dass im Schlussvortrag der StA (§ 258 StPO) die *Zeugenaussage des S* nicht von ihm selbst gewürdigt werden kann, sondern dass für diesen Teil der Beweiswürdigung ein anderer Staatsanwalt hinzuzuziehen ist[106].
Drittens war S auch keineswegs aufgrund seiner Zeugenaussage von der weiteren Wahrnehmung der Funktion als Sitzungsvertreter der StA **ausgeschlossen**:

(a) Allerdings hat das *RG* den Standpunkt vertreten, die Vernehmung als Zeuge führe zum **185** Ausschluss des Sitzungsvertreters der StA[107].
(b) Diese Judikatur hat der *BGH* aber inzwischen weitgehend aufgegeben. Das Gericht ist zwar zunächst dem *RG* im Grundsatz gefolgt, hat aber wichtige **Ausnahmen** zugelassen[108]. Von diesen ist hier die folgende von besonderer Bedeutung:
Ein Ausschluss des Staatsanwalts entfalle, wenn er nur über die Art und Weise seiner amtlichen Ermittlungstätigkeit im Vorverfahren ausgesagt habe [109].

---

[102] Zu Ersterem: § 244 Abs. 3 S. 1 StPO (hier gelten die in Rn 100 mit Fn 112 wiedergegebenen Darlegungen des *BGH* sinngemäß). Zu Letzterem: § 244 Abs. 3 S. 2 Alt. 5 StPO.

[103] *Beulke*, Rn 183; *Meyer-Goßner*, Rn 17 vor § 48.

[104] *KK-Senge*, Rn 11 vor § 48; *Krey*, StPO 1, Rn 452 m.w.N.

[105] *Dose*, NJW 1978, 349 f; *KK-Senge* aaO; *Krey* aaO.

[106] *Beulke*, Rn 95, 183; *Krey* aaO, Rn 456; *BGH* St 14, 265, 267.

[107] *RG* St 29, 236, 237; ebenso noch heute u.a. *HK-Julius*, § 226 Rn 4, 7.

[108] *BGH* St 14 aaO; 21, 85, 89, 90; *BGH* bei *KK-Senge* aaO; dazu u.a.: *Krey*, StPO 1, Rn 455, 456 m.w.N.; *Meyer-Goßner*, Rn 17 vor § 48; *Pawlik*, NStZ 1995, 309, 312.

[109] *BGH* bei *Senge* aaO.

Später hat das Gericht jedoch die These vom grundsätzlichen Ausschluss des Staatsanwalts wegen seiner Zeugenvernehmung prinzipiell in Frage gestellt, und zwar mit der folgenden, zutreffenden Begründung[110]:

Würde jede Vernehmung des Sitzungsvertreters der StA in der Hauptverhandlung als Zeuge zu seinem Ausschluss führen, hätte der Angeklagte es in der Hand, »mit Hilfe geeigneter Beweisanträge gerade den mit der Sache von Anfang an befassten und deshalb eingearbeiteten Anklagevertreter aus dem Verfahren zu entfernen«.

(c) Daher neige ich zu folgender Konzeption: Der Sitzungsvertreter der StA ist wegen seiner Zeugenvernehmung in der Hauptverhandlung nur dann ausgeschlossen, wenn seine **Aussage von wesentlicher Bedeutung für die Schuldfrage ist**[111].

Jedoch muss das dargelegte Procedere – Zuziehung eines zweiten Staatsanwalts während der Zeugenvernehmung und beim Plädoyer (Rn 183, 184) – eingehalten werden.

Ergebnis: S war kein ausgeschlossener Staatsanwalt[112].

– Wollte man anders entscheiden, läge zwar ein Revisionsgrund gemäß § 337 StPO vor (Rn 181). Das Urteil würde aber nicht auf dieser Gesetzesverletzung »beruhen«, was für Fälle wie den vorliegenden (fast) allgemeine Ansicht ist[113]. –

2. Der befangene Staatsanwalt

186 a) §§ 24 ff StPO als Regelung der **Ablehnung befangener Richter** gelten weder unmittelbar noch analog für Staatsanwälte[114]. Das ist auch sachgerecht. Denn anders als der unabhängige Richter agiert der Staatsanwalt als weisungsgebundener Beamter unbeschadet seiner Verpflichtung zur Objektivität (Rn 154) nicht in unparteilicher Neutralität. Zudem widerspräche es § 150 GVG als Ausdruck der Gewaltenteilung, wenn die **Gerichte** Staatsanwälte auf Antrag des Beschuldigten als befangen erklären und damit aus dem Verfahren **ausschließen** könnten[115].

Selbst in Fällen des Ausschlusses des Staatsanwaltes gibt es ja kein Ablehnungsverfahren für den Beschuldigten nach Art des § 24 Abs. 1 Alt. 1 StPO (Rn 96) und keine Befugnis des Gerichts, dem Staatsanwalt das Recht zum Tätigwerden in der Sache zu entziehen[116].

---

[110] *BGH* NStZ 1989, 583; so schon *Krey* aaO, Rn 458 m.w.N.

[111] *Krey*, StPO 1, Rn 451 ff, 458 mit Fn 122, 123; so auch *Schneider*, NStZ 1994, 457; wohl noch enger *Pawlik*, NStZ 1995, 309, 312 f.

[112] *Krey* aaO; anders offenbar *BGH* St 14, 265, 267 ff.

[113] *Krey* aaO, Rn 359 mit Fn 123; *Pawlik* aaO; *BGH* aaO.

[114] *KK-Pfeiffer*, § 24 Rn 13 m.w.N.; *Krey*, StPO 1, Rn 407, 442 m.w.N.; *Meyer-Goßner*, Rn 3 ff vor § 22 m.w.N.; h.M., aber str.

[115] *Krey* aaO, Rn 431, 444; *Kühne*, Rn 741; *Pawlik*, NStZ 1995, 309, 314.

[116] Siehe Fn 115 (h.A., aber str.).

b) Jedoch hat der Staatsanwalt die Amtspflicht, seinen Behördenleiter/Vorgesetzten **187** zu unterrichten, wenn ein Ausschließungsgrund oder ein (sonstiger) Befangenheitsgrund vorliegt[117]. Der **Behördenleiter** seinerseits hat die Amtspflicht, ausgeschlossene und befangene Staatsanwälte gemäß **§ 145 GVG** zu ersetzen[118].

Das **Gericht** schließlich hat das Recht und die Pflicht, in den Fällen von Ausschluss oder Befangenheit des Staatsanwalts bei dessen Vorgesetzten die Ausübung jenes Substitutionsrechts (Beauftragung eines anderen Staatsanwalts) »anzuregen« – dies aber nicht in der Form des Ersuchens oder gar der Weisung (§ 150 GVG) –[119]. Eine solche **Anregung des Gerichts** kann der Beschuldigte gegebenenfalls beantragen. Jedoch hat er keinen Anspruch, genauer: kein durchsetzbares subjektives öffentliches Recht auf ein solches Vorgehen des Gerichts und keinen gerichtlich durchsetzbaren Anspruch auf jene Ersetzung des Staatsanwalts gemäß § 145 GVG durch dessen Vorgesetzten[120].

c) Zwar ist die Mitwirkung eines ausgeschlossenen Staatsanwalts in der Hauptver- **188** handlung mit der **Revision** anfechtbar (Rn 181, 185 a.E.). Das gilt aber nicht für den **befangenen** Staatsanwalt[121]: Wollte man das Auftreten eines »befangenen Staatsanwalts« in der Hauptverhandlung als Revisionsgrund behandeln, so würde das einen unerträglichen Wertungswiderspruch dazu bedeuten, dass die Mitwirkung eines befangenen Richters bei der Urteilsfindung nur unter den Voraussetzungen des § 338 Nr. 3 StPO revisibel wäre[122].

d) Abschließend sei noch mit Nachdruck betont: Für Richter und Staatsanwälte können »wegen ihrer unterschiedlichen verfahrensrechtlichen Stellung nicht die gleichen Maßstäbe für die Beurteilung ihrer Befangenheit gelten« *(BVerfG)* [123]. Das ist insbesondere für die **Art des Auftretens in der Hauptverhandlung** bedeutsam[124].

---

[117] *Krey* aaO, Rn 443 (im Anschluss an *Wendisch*). – **Rechtsanalogie** zu § 30 StPO, § 21 Abs. 1 VwVfG. –

[118] *Krey* aaO; *Kühne* aaO; *Meyer-Goßner* aaO.

[119] *Krey* aaO, Rn 435, 436, **444**; *Meyer-Goßner*, Rn 3, 4 vor § 22; h.M.

[120] *Krey* aaO, Rn 431, 443, 445 m.w.N.; *Pawlik* aaO, S. 313, 314; h.M.

[121] *Fezer*, 2/28 ff; *Krey*, StPO 1, Rn 447–450 m.w.N.; *Kühne*, Rn 741; *Meyer-Goßner*, Rn 7 vor § 22; a.A. *Pawlik* aaO, S. 314 f m.w.N.

[122] *Krey* aaO, Rn 449 (im Anschluss an *Koffka* und *Schairer*).

[123] *BVerfG* JR 1979, 28 mit Anm. *Bruns*; *Kühne*, Rn 740; *Pawlik*, NStZ 1995, 309, 311.

[124] *Pawlik* aaO (m.w.N.); *Schairer*, S. 116 ff.

§ 5 Die Polizei der Länder

I. Doppelfunktion der Polizei: Gefahrenabwehr und Strafverfolgung

189 Die Polizei hat zwei große Aufgabenbereiche, nämlich Gefahrenabwehr (Prävention) und Strafverfolgung (vielfach als repressive Funktion bezeichnet[1]). Diese Differenzierung ist insbesondere für die folgenden Rechtsfragen relevant:
- **Gesetzgebungskompetenz** des Bundes oder der Länder?
- **Ermächtigungsgrundlage** für Grundrechteingriffe durch die Polizei?
- **Legalitätsprinzip** oder Opportunitätsprinzip beim Einschreiten der Polizei?
- **Weisungsrecht** der Staatsanwaltschaft (StA)?
- **Rechtsschutz** gegen Grundrechteingriffe der Polizei?

1. Gefahrenabwehr

190 Hierzu bestimmt z.B. das Landespolizeirecht für Rheinland-Pfalz in § 1 POG: *»Die allgemeinen Ordnungsbehörden und die Polizei haben die Aufgabe, Gefahren für die öffentliche Sicherheit oder Ordnung abzuwehren.«*
Diese Aufgabengeneralklausel wird dabei in § 9 POG durch die folgende **Eingriffsgeneralklausel** ergänzt: *»Die allgemeinen Ordnungsbehören und die Polizei können die notwendigen Maßnahmen treffen, um eine im einzelnen Fall bestehende Gefahr für die öffentliche Sicherheit oder Ordnung abzuwehren ...«*

a) Die Gesetzgebungskompetenz der Länder für das Polizeirecht (i.S. des Rechts der staatlichen Gefahrenabwehr) folgt aus Art. 30, Art. 70 GG.
 – Zum Bundeskriminalamt und zur Bundespolizei siehe unten, § 6. –
Da nun jedes drohende Verbrechen oder Vergehen eine Gefahr für die öffentliche Sicherheit darstellt, gehört die **Verhütung solcher Straftaten** als Kernbereich polizeilicher Gefahrenabwehr zur Gesetzgebungskompetenz der Länder[2].

191 b) Die **Eingriffsbefugnisse** der Polizei zur Gefahrenabwehr ergeben sich aus Landespolizeirecht, z.B. für Rheinland-Pfalz
- aus der zitierten **Eingriffsgeneralklausel** (§ 9 POG), zudem
- aus **Spezialvorschriften** des POG wie: § 11 (Erkennungsdienstliche Maßnahmen, z.B. Abnahme von Fingerabdrücken); § 14 (Polizeigewahrsam, z.B. zur Verhinderung von Straftaten); §§ 27 ff (Datenerhebung durch Einsatz technischer Mittel wie Lauschangriff); §§ 57 ff (Anwendung unmittelbaren Zwangs wie Fesselung oder Schusswaffengebrauch).

c) Nach den erwähnten polizeilichen Generalklauseln »**kann**« die Polizei die notwendigen Maßnahmen zur Gefahrenabwehr treffen. Sie hat also bei Vorliegen der Tatbestandsmerkmale des § 9 POG Rheinland-Pfalz ein *Rechtsfolgenermessen*[3].

---

[1] *Beulke*, Rn 103; *KK-Wache*, § 163 Rn 22, 23; *Kühne*, Rn 154 (jedoch mit Bedenken).

[2] *Krey*, AT 2, Rn 336, 363; *Notzon*, S. 25, 26, 31, 32.

[3] Nachweise bei *Krey*, AT 2, Rn 336, 363. – Jenes pflichtgemäße **Ermessen** besteht aus einem Entschließungs- und einem Auswahlermessen. –

Jedoch kann dieses Ermessen in Ausnahmefällen »auf Null schrumpfen«, sodass aus der polizeilichen Befugnis zur Gefahrenabwehr eine Rettungspflicht wird[4].

Beispiel 26: Eine solche Ermessensschrumpfung ist bei konkreten, schweren Gefahren für Leib oder Leben, bei drohenden oder gerade stattfindenden Raubüberfällen und ähnlichen schweren Verbrechen anzunehmen[5].

Wegen jenes grundsätzlichen Ermessensspielraumes gilt im Polizeirecht also das **Opportunitätsprinzip**.

d) Das **Weisungsrecht der StA** gegenüber der Polizei aus § 161 Abs. 1 S. 2 StPO,   192
§ 152 GVG gilt nicht im Bereich präventiv-polizeilicher Gefahrenabwehr[6], worauf zurückzukommen ist.

e) Der **Rechtsschutz** gegen präventiv-polizeiliche Grundrechtseingriffe wird grundsätzlich durch die Verwaltungsgerichte garantiert, § 40 VwGO[7].

Hiervon gibt es freilich Ausnahmen; so u.a. für:
– Polizeigewahrsam (§§ 14, 15 POG);
– Durchsuchung von Wohnungen (§§ 20, 21 Abs. 1 POG);
– Lauschangriff auf Wohnungen (§ 29 Abs. 4 POG)[8].
In solchen Fällen ist das *AG* zuständig.

2. Strafverfolgung

a) Die Gesetzgebungskompetenz für Strafverfolgungsaufgaben und -befugnisse der   193
Polizei liegt beim **Bund** (Art. 74 Abs. 1 Nr. 1: konkurrierende Gesetzgebung).
Hiervon hat der Bund durch die StPO als umfassende Kodifikation abschließend Gebrauch gemacht, sodass kein Raum für Landesstrafprozessrecht bleibt[9].

b) Demgemäß ergeben sich **Eingriffsbefugnisse** der Polizei im Rahmen der Strafverfolgung allein aus der StPO, nicht aus Landespolizeirecht[10].

c) Bei der Strafverfolgung gilt für die Polizei nicht das Opportunitätsprinzip, sondern gemäß § 163 StPO das **Legalitätsprinzip** (Pflicht zur Strafverfolgung).

d) Im Rahmen der Strafverfolgung ist die StA gegenüber der Polizei **weisungsbefugt** (§ 161 Abs. 1 S. 2 StPO, § 152 GVG).

---

[4] Dazu *Krey* aaO, Rn 337, 339, 363 m.w.N.; *Schenke* in: Steiner, II/70, 71.

[5] *Krey* aaO, Rn 337, 339 m.w.N.

[6] *Krey*, ZRP 1971, 224, 226 f; *Krey/Meyer*, ZRP 1973, 1 ff; *Meyer-Goßner*, § 161 Rn 13; *Notzon*, S. 94, 97.

[7] *Krey*, StPO 1, Rn 466; *Schenke* aaO, II/228.

[8] Genauer: »Datenerhebung durch den verdeckten Einsatz technischer Mittel in oder aus Wohnungen«, § 29 POG (siehe ergänzend Art. 13 Abs. 4, 5 GG).

[9] § 6 EGStPO (*Schönfelder*, Nr. 90 a). Dazu m.w.N. *Krey*, StPO 1, Rn 486 a.E., 487.

[10] Dazu *BGH* NJW 1962, 1020 f; *Roxin*, 31/23; *Schenke*, JR 1970, 48; siehe schon Fn 9.

194 e) Der **Rechtsschutz** gegen polizeiliche Grundrechtseingriffe bei der Strafverfolgung bestimmt sich nach Strafprozessrecht, nicht nach § 40 VwGO.

> **Beispiel 27:** Bei **Beschlagnahmen** durch die Polizei im Rahmen der Eilkompetenz von Ermittlungspersonen der StA (§§ 94 Abs. 2, 98 Abs. 1 StPO) ist der Rechtsweg zu den ordentlichen Gerichten gegeben, **§ 98 Abs. 2 S. 2, 3 StPO.**
> Dieser Rechtsweg gilt **analog** bei Durchsuchungen u.a. strafprozessualen Grundrechtseingriffen der Polizei[11].

3. Vorbeugende Verbrechensbekämpfung durch die Polizei
– Gefahrenabwehr oder Strafverfolgung? –

195 In den modernen Landespolizeigesetzen wird zu den Polizeiaufgaben im Rahmen der Gefahrenabwehr auch die »vorbeugende Bekämpfung von Straftaten« (Vorfeldermittlungen) gezählt, und zwar in zwei Erscheinungsformen (§ 1 Abs. 1 POG)[12]:
Erstens »Verhütung von Straftaten«.
Zweitens »Vorsorge für die Verfolgung von Straftaten«.
– Gemeint ist die Verfolgung *künftiger* Straftaten[13]. –

a) Die vorbeugende Verbrechensbekämpfung in der Modalität der **Verhütung von Straftaten** gehört nach fast einhelliger Ansicht zum präventiv-polizeilichen Aufgabenbereich; hier lässt sich die Gesetzgebungskompetenz der Länder nicht ernstlich bezweifeln[14]. Zwar geht jene Polizeiaufgabe weit über den Bereich der Abwehr konkreter Gefahren für die öffentliche Sicherheit hinaus[15]. Doch ist seit langem anerkannt, dass zu den präventiven Aufgaben der Polizei auch **Vorbereitungen auf die Gefahrenabwehr** zählen, genauer: auf die Abwehr künftiger Gefahren[16].

> Beispielsweise durch Observation und/oder sichtbare Polizeipräsenz an Orten, an denen erfahrungsgemäß Straftaten zu erwarten sind.

196 b) Dagegen war die Rechtsnatur der **Vorsorge für die Verfolgung künftiger Straftaten** lange Zeit sehr umstritten[17]:

> (1) Eine verbreitete Meinung ging davon aus, bei dieser Modalität der vorbeugenden Verbrechensbekämpfung handele es sich um Strafprozessrecht; mithin sei die Gesetzgebungskompetenz des Bundes nach Art. 74 Abs. 1 Nr. 1 GG einschlägig[18].

---

[11] *Beulke*, Rn 323; *Meyer-Goßner*, § 98 Rn 23. – Hierauf ist zurückzukommen. –

[12] Zum Folgenden m.w.N.: *Notzon*, S. 1, 2, 51 ff, 65 ff; siehe weiter: *Krey*, Kriminalitätsbekämpfung, S. 634 f; *Kühne*, Rn 370–376; *Linke*, S. 189–220.

[13] Dazu: *Linke*, S. 191, 192 mit Nachweisen; *Notzon*, S. 58.

[14] So die Landespolizeigesetze, die Rspr. des *Sächsischen Verfassungsgerichtshofs,* des *Landesverfassungsgerichtshofs Mecklenburg-Vorpommern* und die h.L.; Nachweise bei: *Linke*, S. 194 ff; *Notzon*, S. 66 ff. – **Ebenso jetzt** *BVerfG* **NJW 2005, 2603, 2605.** –

[15] *Linke*, S. 191, 194, 196; *Notzon*, S. 52, 218 a.E.

[16] § 1 Abs. 1 S. 2 POG Rheinland-Pfalz; *Schenke* in: Steiner, II/9 (»Gefahrenvorsorge«).

[17] Eingehend m.w.N. *Linke*, S. 191, 193, 196 ff; *Notzon*, S. 65, 70 ff; *Schenke* aaO, II/9, 19.

[18] *Schenke* aaO; *Wolter* in: SK, Rn 160 a vor § 151; weitere Nachweise bei *Linke*, S. 197–205 und *Notzon*, S. 74–85. – **Ebenso jetzt** *BVerfG* **NJW 2005, 2603, 2605, 2606.** –

Zur Begründung hierfür wurde u.a. auf § 81 b Alt. 2 StPO und § 81 g StPO verwiesen[19]. Diese Normen beträfen die Vorsorge für die Verfolgung (künftiger) Straftaten durch Maßnahmen des **Erkennungsdienstes**. Sie seien durch den Bundesgesetzgeber in der StPO geregelt, weil es um die Beweisführung in künftigen Strafverfahren, also um das **gerichtliche Verfahren** gehe. Es handele sich also um *genuines Strafprozessrecht* [20].

Diese Ansicht war sachlich schon deswegen verfehlt, weil das schneidige, die Grundrechte der Bürger massiv gefährdende Strafprozessrecht nach Gesetzestext und guter, rechtsstaatlicher Tradition einen **Anfangsverdacht** erfordert[21]. Maßnahmen des Erkennungsdienstes als Vorsorge für künftige Strafverfahren aber setzen gerade keinen Anfangsverdacht voraus.

(2) Die lange Zeit herrschende Gegenmeinung ging zu Recht davon aus: Auch die **197** vorbeugende Verbrechensbekämpfung in der Form der Vorsorge für die Verfolgung künftiger Straftaten (Erkennungsdienst) sei Teil der präventiv-polizeilichen Aufgaben und falle in die Gesetzgebungskompetenz der Länder (Art. 30, Art. 70 GG)[22]. Polizeirecht und Strafprozessrecht dienten letztlich beide dem Schutz der Bürger vor Straftaten, also der **Kriminalitätsbekämpfung**. Diese aber sei Gefahrenabwehr. Erst dort, wo aufgrund des Anfangsverdachts einer bestimmten Straftat ein Strafverfahren einzuleiten sei
– sei es gegen einen bestimmten Beschuldigten, sei es gegen Unbekannt[23] –,
beginne die Herrschaft der StPO. Vorher jedoch müsse es gemäß Art. 30, 70 GG bei der Kompetenz der Landesgesetzgeber für die Prävention verbleiben.

Danach wären die erwähnten Vorschriften über erkennungsdienstliche Maßnahmen in der **198** StPO (Rn 196) kein genuines Strafprozessrecht, sondern beträfen **Vorfeldermittlungen vor jenem Anfangsverdacht**. Sie wären also polizeirechtliche Fremdkörper in der StPO[24]. Ihre Normierung durch den Bundesgesetzgeber im Strafverfahrensrecht könnte daher nur auf die ungeschriebene Gesetzgebungskompetenz des Bundes **»Annexkompetenz/Kompetenz kraft unmittelbaren Sachzusammenhangs«** gestützt werden.

Indes hat der 1. Senat des *BVerfG* am 27. 07. 2005 anders entschieden und die vorbeugende Verbrechensbekämpfung in der Modalität der Vorsorge für die Verfolgung künftiger Straftaten zu genuinem Strafprozessrecht erklärt, genauer: zu *Strafprozessrecht ohne Anfangsverdacht mit präventiver Funktion* [25]. Diese Auffassung mag sachlich verfehlt sein – sie ist aber bindend (§ 31 Abs. 1 BVerfGG).

---

[19] Dazu *Notzon*, 79 ff.

[20] 3. Kammer des 2. Senats, NJW 2001, 879 ff mit berechtigter Kritik von *Notzon*, S. 83 ff.

[21] § 152 Abs. 2 StPO (»zureichende tatsächliche Anhaltspunkte«); zu diesem Erfordernis m.w.N.: *Meyer-Goßner*, § 152 Rn 4 a; *Notzon*, S. 75, 84, 86, 89, 90.

[22] So die modernen Landespolizeigesetze; ebenso u.a.: *BVerwG* und *BGH* (siehe Rn 198 Fn 24) sowie die h.L.; *Kühne*, Rn 482 a.E., 491; *Notzon*, S. 78, 79, 83 ff, 88 ff (m.w.N.).

[23] Rn 166 (a.E.)

[24] *BGH* St 28, 206, 209 a.E.; *BVerwG* E 66, 192 u. 66, 202; *Krey*, StPO 2, Rn 277 Fn 35 (2), Rn 293; *Kühne* aaO; *Meyer-Goßner*, § 81 b Rn 3; *Notzon*, S. 77–80, 81 ff, 85 ff; **siehe auch unten, Rn 551, 553**. Abweichend u.a.: *BVerfG* (Fn 20 und 25); *Schenke* aaO.

[25] *BVerfG* NJW 2005, 2603, 2605, 2606 (ausdrücklich zu **§§ 81 b Alt. 2 und 81 g StPO**).

4. Weitere polizeirechtliche Fremdkörper in der StPO

199 Hier seien insbesondere genannt:

a) Haftgrund der Wiederholungsgefahr, § 112 a StPO

Er dient nicht der Sicherung des Strafverfahrens, sondern der Verhütung von Straftaten; mithin ist er nicht strafprozessualer, sondern präventiv-polizeilicher Natur[26]. Jedoch ist diese Vorschrift gleichwohl verfassungsmäßig, weil die dargelegte ungeschriebene Gesetzgebungskompetenz des Bundes (Rn 198 a.E.) eingreift[27].

b) Beschlagnahme des Führerscheines, § 94 Abs. 3 StPO (i.V.m. § 69 Abs. 3 S. 2 StGB) und vorläufige Entziehung der Fahrerlaubnis (§ 111 a StPO)

Beide Grundrechtseingriffe dienen in erster Linie dem Schutz der Allgemeinheit vor weiteren Trunkenheitsfahrten bzw. sonstigen Gefahren durch ungeeignete Kraftfahrer[28], also primär der **Gefahrenabwehr**. Auch hier kann die Bundeskompetenz nur auf jene »Annexkompetenz/Kompetenz kraft unmittelbaren Sachzusammenhanges« gestützt werden[29].

200 Das zunehmende Eindringen des Bundesgesetzgebers in die *Kompetenz der Landesparlamente* für *präventiv-polizeiliche Gefahrenabwehr* durch Normierung präventiv-polizeilicher Materien in der **StPO** (Rn 197–199) wird vom *BVerfG* mit leichter Hand sanktioniert. Jedoch geht es um eine weitere Aushöhlung der wenigen verbliebenen Kernbereiche der Gesetzgebungskompetenz der Länder entgegen Wortlaut und ratio der Art. 30, Art. 70 GG; diese Entwicklung ist bedenklich und sollte gebremst werden.

II. Aufbau und Organisation der Polizei der Länder

201 Polizeibehörden sind die Polizeipräsidien, das Landeskriminalamt und die Wasserschutzpolizei (§ 76 Abs. 2 POG Rheinland-Pfalz).
Die bekannte Untergliederung in **Kriminalpolizei** (Kripo) und **Schutzpolizei** (Schupo) darf nicht dahin missverstanden werden, nur erstere habe die Funktion der Strafverfolgung. Vielmehr werden die polizeilichen Aufgaben bei der Verfolgung von Straftaten von der Kriminal- und von der Schutzpolizei wahrgenommen (§ 84 POG). Jedoch dominiert außerhalb von Verkehrsdelikten und Kleinkriminalität die Rolle der Kripo. Sie ist auch **der** zentrale Ansprechpartner der StA als Herrin des Ermittlungsverfahrens.

---

[26] *BVerfG* E 19, 342, 349; E 35, 185 ff; *Meyer-Goßner*, § 112 a Rn 1.

[27] *Krey*, StPO 2, Rn 290–293; übereinstimmend, aber nicht näher begründet, *BVerfG* aaO.

[28] *Meyer-Goßner*, § 94 Rn 10 mit § 111 a Rn 15 und *BGH* St 22, 385, 393 (zu § 94 Abs. 3 StPO); *Meyer-Goßner*, § 111 a Rn 1, *Rudolphi* in: SK, § 111 a Rn 1 und *BVerfG* NStZ 1982, 78 (zu § 111 a StPO); str.

[29] Insoweit sind die in Fn 28 genannten Fundstellen unergiebig.

III. Zum Verhältnis von Staatsanwaltschaft und Polizei

1. Die StA als rechtliche Herrin des Ermittlungsverfahrens

Wie dargelegt kann allein die StA, nicht aber die Polizei, das Ermittlungsverfahren **202** beenden (Rn 166–168). Weiterhin fungiert die Polizei ungeachtet ihrer Strafverfolgungspflicht (Legalitätsprinzip, § 163 StPO) nach den Wertungen der StPO nur als »verlängerter Arm der StA«[30], als deren »gesetzlicher Mandatar«[31]. Das folgt aus
– § 163 StPO, der nur eine **Durchgangszuständigkeit** der Polizei begründet[32];
– § 161 Abs. 1 S. 2 StPO, § 152 GVG, die für den Bereich der Strafverfolgung das **Weisungsrecht der StA** normieren. Dieses hat dabei unstreitig Vorrang vor etwaigen entgegenstehenden Weisungen von Polizeivorgesetzten[33].

2. Die Polizei als faktische Herrin des Ermittlungsverfahrens?

Im heutigen Schrifttum, z.T. auch in der Judikatur, findet sich freilich die These, **203** *faktisch sei die Polizei Herrin des Ermittlungsverfahrens*[34]:
– Nach ihren personellen und sachlichen Ressourcen sei die StA unfähig, die strafprozessualen Ermittlungen selbst durchzuführen.
– Den Staatsanwälten fehle typischerweise der kriminalistische Sachverstand; auch sei die kriminaltechnische Ausrüstung bei der Polizei konzentriert.[35]
– In der großen Masse der Strafverfahren werde die StA erst nach Abschluss der polizeilichen Ermittlungen eingeschaltet: Die Polizei übersende nach diesem Abschluss die Akten an die StA, die dann i.d.R. nur noch darüber entscheide, ob sie Anklage erhebe oder das Verfahren einstelle (Rn 167, 168)[36].

3. Differenzierende Betrachtung

Die These von der faktischen Herrschaft der Polizei über das Ermittlungsverfahren **204** ist erstens zu undifferenziert und zweitens überzogen.

a) Zwar treffen die in Rn 203 geschilderten Behauptungen zu: Bei der Unzahl an leichteren und mittelschweren Straftaten fungiert die StA typischerweise nicht als **Ermittlungsbehörde**, sondern gewissermaßen als Justiziar der Polizei.

---

[30] *BVerwG* NJW 1975, 893 f; *Meyer-Goßner*, § 163 Rn 1; *Rieß* in: LR, § 163 Rn 3, 3 a; *Wohlers* in: SK, § 163 Rn 3.

[31] *Goergen*, S. 88 f; *Krey*, StPO 1, Rn 470; *Rüping*, Rn 76.

[32] *Ernesti*, NStZ 1983, 57, 61; *Krey* aaO, Rn 471; *Meyer-Goßner* aaO.

[33] Das ist insbesondere dann bedeutsam, wenn die **Polizeiführung** wegen politischen Drucks oder aus Rücksicht auf Politiker die Strafverfolgung scheut. In solchen Fällen sollte der von Polizeivorgesetzten »gebremste« Kripo-Beamte sich von der StA anweisen lassen (*Krey*, Characteristic Features ..., S. 597, 598, vor 2.).

[34] *Kühne*, Rn 135 m.w.N.; ähnlich: *Hellmann*, Rn 137; *BVerwG* aaO.

[35] *Hellmann*, Rn 138; *Kühne*, Rn 135, 136; *Lilie*, ZStW 1994, 625 ff.

[36] Siehe Fn 35.

Aber auch hier **entscheidet die StA** über Anklageerhebung oder Einstellung; zudem kann sie jederzeit die Ermittlungen an sich ziehen. Weiterhin verfügt sie bei **strafprozessualen Grundrechtseingriffen**, was deren Anordnung angeht, im Vergleich zur Polizei in erheblichem Umfang über weitergehende oder vorrangige Befugnisse[37]. Auch ist grundsätzlich nur die StA berechtigt, Untersuchungshandlungen des **Ermittlungsrichters** zu beantragen (§§ 162, 163 Abs. 2 S. 2 StPO). Schließlich sind Beschuldigte und Zeugen verpflichtet, auf Ladung **vor der StA** zu erscheinen, dagegen nicht vor der Polizei (§§ 161 a Abs. 1, 163 a Abs. 5 StPO). Auch die Aussagepflicht von Zeugen vor der StA hat keine Entsprechung für die Polizei, was aus den genannten Vorschriften folgt.

b) Betrachtet man Straftaten nicht nach ihrer Zahl, sondern nach ihrem **Gewicht**, so ergibt sich ohnehin ein anderes Bild als bei der Massenkriminalität: Bei Kapitalverbrechen, bei schwerwiegenden Taten in den Bereichen Wirtschaftskriminalität sowie Umweltstrafrecht und ganz allgemein bei aufsehenerregenden gravierenden Straftaten übernimmt die StA i.d.R. von Anfang an eine dominierende Rolle im Rahmen der Ermittlungen[38].

4. Zur Bindung der Polizei an Weisungen der StA im Einzelnen

a) Verhältnis der §§ 161 Abs. 1 S. 2 StPO, 152 GVG zueinander

205 Soweit es um »Ermittlungspersonen der StA« (früher: »Hilfsbeamte der StA«) geht, darf die StA die fraglichen Beamten direkt anweisen, **§ 152 Abs. 1 GVG**, ohne sich an deren Behörde wenden zu müssen[39]. Solche direkten Weisungen sind bindend.

Doch hat die StA aus Rücksicht auf berechtigte Belange der Behörde, der die betreffende Ermittlungsperson angehört, die Pflicht, so weit möglich ihre Anordnung als **Ersuchen an jene Behörde** zu richten und nur aus triftigen Gründen hiervon abzuweichen[40]. Soweit es um Polizeibeamte geht, die **nicht** Ermittlungspersonen der StA sind, richtet die StA ihre Weisungen grundsätzlich als Ersuchen an die Polizeibehörde. Bei Gefahr im Verzug darf der Staatsanwalt aber auch einzelnen Polizeibeamten bindende Anordnungen (Aufträge, § 161 Abs. 1 S. 2 StPO) erteilen.[41]

b) Wer ist »Ermittlungsperson der StA« (§ 152 StPO)?

206 Diese Frage ist nicht nur im Hinblick auf das Weisungsrecht der StA bedeutsam. Sie ist vielmehr auch wegen der zahlreichen Befugnisse relevant, die durch die StPO nicht »Polizeibeamten«, sondern »Ermittlungspersonen der StA« verliehen

---

[37] An dieser Stelle soll der Hinweis auf §§ 100, 100 b, 163 f Abs. 3 StPO genügen.

[38] *Krey*, StPO 1, Rn 495 m.w.N.; *Rüping*, ZStW 1983, 894, 913 f.

[39] *OVG Hamburg* NJW 1970, 1699 f; *Fezer*, 2/52/53; *KK-Schoreit*, § 152 GVG Rn 6, 14; *Meyer-Goßner*, § 152 GVG Rn 2.

[40] *Fezer* aaO; *Krey* aaO, Rn 497 f; *Meyer-Goßner* § 152 GVG Rn 2, 3, § 161 StPO Rn 11.

[41] *KK-Wache*, § 161 Rn 28; *Krey* aaO; *Meyer-Goßner* aaO.

werden, wenn auch nur bei *Gefahr im Verzuge/Gefährdung des Untersuchungs-erfolges durch Verzögerung* [42].

(1) Wer Ermittlungspersonen der StA sind, bestimmen in erster Linie Rechtsver-ordnungen der Länder (§ 152 Abs. 2 GVG).

– Bei der Polizei werden die *unteren Dienstgrade* mangels hinreichender Berufserfahrung, die *höheren* wegen fehlenden Außendienstes und aus Statusgründen ausgeklammert[43].

– Auch Amtsträger, die nicht den Polizeibehörden angehören, können durch jene Rechts-verordnungen zu Ermittlungspersonen der StA erklärt werden[44].

(2) Weiterhin werden in Bundesgesetzen wie

– AO (§ 404, Steuer- und Zollfahnder),

– BPolG (§ 12 Abs. 5, Beamte im Polizeivollzugsdienst),

– BKAG (§ 19, Vollzugsbeamte des Bundes)

Strafverfolgungsbeamte des Bundes zu Ermittlungspersonen der StA bestellt.

c) Weisungsrecht der StA bei Kollision Strafverfolgung/Gefahrenabwehr

Fall 11: – Prävention versus Repression –[45]   207

Vermummte Teilnehmer einer Demonstration versuchen, das türkische Generalkonsulat zu stürmen. Sie werfen Steine auf Polizeibeamte und das Konsulatsgebäude; einige Beamte werden verletzt, das Gebäude wird beschädigt. Der eintreffende Staatsanwalt X will die Polizeibeamten, die das Generalkonsulat sichern sollen, anweisen, die Rädelsführer zu verhaften. Y, Einsatzleiter der Polizei, hält das für ganz ausgeschlossen, solange seine Polizeikräfte vor Ort alle Hände voll damit zu tun haben, die Erstürmung zu verhindern.

Zum Weisungsrecht der StA bei einer Kollision von Strafverfolgung und Gefahren-abwehr sei an dieser Stelle nur so viel gesagt[46]: Kann eine der beiden Staatsaufga-ben in casu nur auf Kosten der anderen durchgeführt werden, liegt eine solche **Kollision** vor. Da jenes Weisungsrecht nur für den Bereich der Strafverfolgung gilt, können hier die Befehlsgewalt des Polizeivorgesetzten für die Gefahrenabwehr und das Weisungsrecht der StA in Widerstreit treten.

---

[42] Siehe u.a.: §§ 127 Abs. 2, 163 b Abs. 1 StPO (»Beamte des Polizeidienstes«) gegenüber §§ 81 a Abs. 2, 98 Abs. 1, 105 Abs. 1, 163 f StPO (»**Ermittlungspersonen der StA**«).

[43] *Krey*, StPO 1, Rn 499 m.w.N.; *Kühne*, Rn 147.

[44] Rechtsverordnungen der Länder gemäß § 152 Abs. 2 GVG beziehen sogar Bundesbeamte ein; dazu *KK-Schoreit*, § 152 GVG Rn 10; *Krey* aaO mit Fn 117.

[45] Fall nach *Krey* aaO, Rn 501 ff.

[46] Näher: *AK-Achenbach*, § 161 Rn 17 ff; *Beulke*, Rn 103; *Krey*, ZRP 1971, 224 ff; ders. StPO 1, Rn 501 ff, 511, 514; *Krey/Meyer*, ZRP 1973, 1 ff; *Rieß* in: LR, § 161 Rn 55.
– Zu jener Kollision siehe auch die »**Gemeinsamen Richtlinien** der Justizminister/-senatoren und der Innenminister/-senatoren des Bundes und der Länder über die An-wendung unmittelbaren Zwanges durch Polizeibeamte auf Anordnung des Staatsan-walts«, B. III. (abgedruckt in: *Meyer-Goßner*, Anh A 12, Anl A, S. 2023 ff). –

208 (1) **Organisationsrechtlich** geht es bei der Lösung eines derartigen Widerstreits um die Frage: **Wer** bestimmt notfalls letztverbindlich, wenn StA und Polizei divergieren?[47] Da die betroffenen Staatsaufgaben Strafverfolgung und Gefahrenabwehr **abstrakt gleichwertig** sind und dasselbe für die betroffenen Ressorts (Justizministerium für erstere, Innenministerium für letztere) gilt[48], muss auf Landesebene letztlich die Landesregierung entscheiden.

Bei einem – selten auftretenden – Widerstreit zwischen der Weisungsbefugnis des **Generalbundesanwalts** im Rahmen der Strafverfolgung und der Befehlsgewalt von Polizeivorgesetzten der **BPol** für die Gefahrenabwehr müsste notfalls die Bundesregierung entscheiden. Dies dann, wenn sich Bundesjustizminister (Rn 158, 159) und Bundesinnenminister (Ressortchef für die BPol) nicht einigen können.

Bei dramatischen Konflikten zwischen Strafverfolgungs- und Gefahrenabwehrinteressen wie in den Fällen der (versuchten) Freipressung inhaftierter terroristischer Straftäter durch Geiselnahme prominenter Bürger wurde jeweils ein Krisenstab zur Entscheidung gebildet[49].

209 (2) **Materiell-rechtlich** geht es um Kriterien für die Entscheidung solcher Kompetenzkonflikte: Maßgeblich ist, ob *im Einzelfall bei einer Abwägung der beteiligten Interessen* Maßnahmen der Gefahrenabwehr auf Kosten der Strafverfolgung Vorrang beanspruchen oder umgekehrt. Es kommt also darauf an, wo der Schwerpunkt der Tätigkeit liegt[50].

– Soweit am Einsatzort unaufschiebbare Maßnahmen erforderlich sind und bei divergierenden Anordnungen des Staatsanwalts und des polizeilichen Einsatzleiters eine Klärung auf höchster Ebene (Rn 208) zu spät käme, müssen die betreffenden Polizeibeamten sich notfalls selbst über jene Vorrangfrage schlüssig werden[51]. Ein Letztentscheidungsrecht der Polizei ist nicht zu akzeptieren. –

(3) In Fall 11 konnte die Polizei die Gefahrenabwehr nur durchführen, solange sie auf Strafverfolgungsmaßnahmen verzichtete. Da schon aufgrund völkerrechtlicher Verpflichtungen der Bundesrepublik die Gefahrenabwehrinteressen (Schutz des Generalkonsulats) klar dominierten, bestand in casu kein Weisungsrecht des Staatsanwalts zur unverzüglichen Durchführung von Strafverfolgungsmaßnahmen.

---

[47] Hierzu *Krey/Meyer* aaO.

[48] *Krey*, ZRP 1971, 224, 226 f m.w.N.; *Krey/Meyer* aaO, S. 2.

[49] Siehe dazu u.a.: Fall Peter Lorenz (*Krey*, ZRP 1975, 97 ff; *Küper*, Darf sich der Staat erpressen lassen? 1986, S. 14 f m.w.N.); Fall Hanns Martin Schleyer (*BVerfG* E 46, 160 ff; *Küper* aaO).

[50] *Beulke* aaO; *Krey* und *Krey/Meyer* (Fn 46); *Roxin*, § 10 Rn 33; Gemeinsame Richtlinien (Fn 46), B. III. Abs. 3 S. 2.

[51] *Krey* und *Krey/Meyer* aaO; str.

d) Anwendung unmittelbaren Zwanges auf Weisung der StA?

Was diese Frage angeht, soll es mit zwei Thesen sein Bewenden haben[52]: **210**
(1) Die StA hat kein Recht, die Polizei zum **Einsatz der Schusswaffe gegen Personen** anzuweisen[53]. Diese Zwangsmaßnahme gegen fliehende Straftäter ist kein spezifisch strafprozessualer Grundrechtseingriff. Vielmehr beruht die Regelung jenes Einsatzes (z.B. in § 64 Abs. 1 Nr. 3 POG Rheinland-Pfalz) in starkem Maße auf präventiv-polizeilichen Aspekten (Gefährlichkeit des Täters)[54]. Jene Befugnis zum Schusswaffengebrauch ist also zu Recht in den Polizeigesetzen geregelt und keine bloße Annexkompetenz zu § 127 StPO.
(2) Das in B. III. Abs. 4 der erwähnten »Gemeinsamen Richtlinien« (Rn 207 Fn 46) vorgesehene Letztentscheidungsrecht der **Polizei** bei der Frage der Anwendung unmittelbaren Zwanges ist in dieser Allgemeinheit nicht hinzunehmen. Es widerspricht Wortlaut und Sinn der §§ 161 Abs. 1 S. 2 StPO, 152 GVG[55].

e) Weisungsrecht der StA und Grundsatz der Verhältnismäßigkeit

Beispiel 28: Staatsanwalt S ordnet aufgrund eines von ihm erwirkten gerichtlichen Haus- **211** durchsuchungsbefehls (§§ 102, 103, 105 StPO) die Durchsuchung eines Wohngebäudes an. Das Haus ist von politischen Extremisten besetzt, die des Handelns mit Heroin (§§ 29 Abs. 1 Nr. 1, 30 Abs. 1 Nr. 2 BtMG) verdächtig sind. Der Polizeipräsident verweigert die Durchführung der Weisung, und zwar mit der Begründung: *Eine solche Polizeiaktion könne zu gewalttätigen Ausschreitungen durch Angehörige der Hausbesetzerszene führen und würde auch auf heftige Gegenwehr stoßen; sie sei daher unverhältnismäßig.*[56]

Dieses Beispiel führt zu der viel diskutierten Frage: Darf die Polizei die Durchführung staatsanwaltlicher Anordnungen unter Berufung darauf verweigern, anderenfalls drohten Widerstand der Betroffenen und/oder Racheaktionen?

Bei der Polizei finden sich Tendenzen zur Bejahung dieser Frage unter Berufung **212** auf das **Verhältnismäßigkeitsprinzip**[57]. Dem ist jedoch entgegenzutreten[58]:

Erstens sind gewaltsamer Widerstand und/oder Vergeltungsaktionen eine durchaus typische Gefahr bei der Durchführung strafprozessualer Zwangsmaßnahmen (Grundrechtseingriffe) wie Durchsuchungen, Festnahmen etc. Solche typischen Begleitphänomene können das Weisungsrecht der StA nicht tangieren; anderenfalls würde es weitgehend leer laufen. Vielmehr ist die Beurteilung der **Verhältnismäßigkeit** der Durchführung solcher Zwangsmaßnahmen im Hinblick auf drohende

---

[52] Näher hierzu, mit Fall-Beispiel, *Krey*, StPO 1, Rn 504 ff m.w.N.

[53] *Krey*, ZRP 1971, 224, 226 f; ders. StPO 1, Rn 508; *Krey/Meyer*, ZRP 1973, 1; *Kühne*, Rn 150; siehe auch *Meyer-Goßner*, § 161 Rn 13; sehr str.; a.A. etwa *Roxin* aaO.

[54] *Krey*, ZRP 1971 aaO; ders. StPO 2, Rn 381.

[55] *Krey*, StPO 1, Rn 503, 509.

[56] Fall nach: *Krey* aaO, Rn 511 ff; ders. StPO 2, Rn 241 ff; *Schultz/Leppin*, Jura 1981, 521.

[57] Dazu *Schultz/Leppin*, Jura 1981, 521 ff.

[58] *Krey*, StPO 1, Rn 511–515 m.w.N.; *Schultz/Leppin* aaO.

Gefahren durch Widerstand und Racheaktionen Aufgabe der StA; ihre Beurteilung ist dabei bindend[59].

Zweitens geht es hier nicht um eine Kollision von Strafverfolgung und Gefahrenabwehr, wie sie in Rn 207 ff erörtert wurde[60]. Jene Kollision betraf nicht die Gefahr von **Reaktionen** auf legale Strafverfolgungsmaßnahmen, sondern »janusköpfige« Konstellationen, in denen **von vornherein** – unabhängig von strafprozessualen Zwangsmaßnahmen – Aufgaben der Gefahrenabwehr und der Strafverfolgung kollidierten.

Drittens: Weigert sich die Polizei, Anordnungen des Staatsanwalts (§§ 161 Abs. 1 S. 2 StPO, 152 GVG) durchzuführen, so kann die StA
– Dienstaufsichtsbeschwerde einlegen und/oder
– Strafverfahren wegen **(versuchter) Strafvereitelung im Amt durch Unterlassen** (§§ 258, 258 a/13 StGB) einleiten.

---

[59] *KK-Schoreit,* § 152 GVG Rn 18 a.E.; *KK-Wache,* § 161 StPO Rn 33; *Krey* aaO, Rn 513, 514; *Meyer-Goßner,* § 161 Rn 14; *Schultz/Leppin* aaO, S. 532 f.

[60] *Krey* aaO.

§ 6 Bundeskriminalamt und Bundespolizei

Zwar ist die Polizei grundsätzlich Ländersache; doch gibt es mit BKA und BPol **213**
(früher: BGS) auch Polizeibehörden des Bundes.

1. Bundeskriminalamt (BKA)

Es hat primär Aufgaben und Befugnisse im Bereich der **Strafverfolgung** (§§ 4,
16 ff BKAG[1]), beispielsweise bei **international organisierten** Straftaten wie
– illegaler Handel mit Betäubungsmitteln und Waffen;
– Terrorismus (§§ 129 a, 129 b StGB).
Nur sekundär hat das BKA auch Aufgaben und Befugnisse der Gefahrenabwehr (Schutz von
Mitgliedern der Verfassungsorgane des Bundes, Zeugenschutz, §§ 5, 6, 21 ff, 26 BKAG).
Weiterhin dient das BKA als **Zentrale Einrichtung** des Bundes zur Zusammenarbeit Bund/Länder in kriminalpolizeilichen Angelegenheiten, als **Zentralstelle** für
das polizeiliche Auskunfts- und Nachrichtenwesen und für die Kriminalpolizei[2]
sowie als **Nationales Zentralbüro** für Interpol (§§ 1–3 mit 7 ff BKAG).

2. Bundespolizei (BPol) – früher: Bundesgrenzschutz (BGS) –

Ihre Aufgabe ist primär die Gefahrenabwehr in bestimmten Bereichen, §§ 2 ff BPolG[3], wozu **214**
auch Bahnpolizei und Sicherung des Luftverkehrs zählen.
Nur sekundär hat die BPol einige Funktionen im Bereich der **Strafverfolgung**
(§ 12 BPolG), so insbesondere bei Straftaten wie illegaler Grenzübertritt.

3. Exkurs: Zollkriminalamt mit Zollfahndungsämtern und Hauptzollämtern

Nicht nur für Zolldelikte, sondern auch in wichtigen Bereichen der grenzüberschreitenden **215**
organisierten Kriminalität fungieren die genannten Behörden als bedeutsame und effektive
Strafverfolgungsorgane des Bundes[4]. Dabei ist das **Zollkriminalamt** (ZKA) ungeachtet der
fast unübersehbaren Fülle seiner Aufgaben und Befugnisse, seiner Zusammenarbeit mit
BKA und BND[5] weitgehend unbekannt. Es wird daher von *Linke* nicht zu Unrecht als »ge-
heimnisvolle, unsichtbare und mächtige Strafverfolgungsbehörde« bezeichnet[6].

---

[1] v. 07.07.1997 i.d.F. September 2004; auszugsweise abgedruckt in: *Sartorius I*, Nr. 450.

[2] Dazu *Linke*, S. 280 ff, 287 ff.

[3] Abgedruckt in: *Sartorius I*, Nr. 90.

[4] Eingehend *Linke*, S. 34, 58, 69, 73 ff. Dabei haben sie teils die *polizeilichen* **Befugnisse**
nach der StPO sowie die der *Ermittlungspersonen der StA*, teils sogar *Befugnisse der StA*
(§§ 404, 386 AO sowie Spezialgesetze; vgl. *Linke*, S. 143 ff, 153 ff).

[5] *Linke*, S. 33 ff, 143 ff, 279 ff, 299 ff, 307 ff, 311 ff.

[6] *Linke*, Titel seiner Studie sowie S. 279 ff.

Kapitel 2: Strafverteidiger, Beschuldigter und weitere Verfahrensbeteiligte

§ 7 Der Verteidiger: Unabhängiges Organ der Strafrechtspflege und Beistand des Beschuldigten

I. Bedeutung von Grundgesetz und EMRK für die Strafverteidigung

216 1. Das Recht des Beschuldigten (Angeschuldigter, Angeklagter, § 157 StPO), sich in jeder Lage des Verfahrens des Beistandes eines **Wahlverteidigers** zu bedienen, § 137 StPO, ist im Rechtsstaatsprinzip des GG i.V.m. Art. 2 Abs. 1 GG verankert[1].

Ebenfalls Ausfluss des Rechtsstaatsprinzips sind die Regelungen der StPO über die **notwendige Verteidigung**, §§ 140 ff StPO[2]. Sie treffen für den Fall Vorsorge, dass die Mitwirkung eines Verteidigers geboten erscheint (§ 140 StPO), der Beschuldigte aber keinen Verteidiger hat, sei es

– wegen Mittellosigkeit,
– aus sozialer Unerfahrenheit,
– aufgrund der Überzeugung, keinen Verteidiger zu benötigen, oder
– weil niemand bereit ist, die Verteidigung zu übernehmen[3].

In solchen Fällen wird dem Beschuldigten vom Gericht ein **Pflichtverteidiger** bestellt (§§ 141 ff StPO). Diese Bestellung erfolgt zum Schutze des Beschuldigten und im Interesse der Allgemeinheit an einem prozessordnungsgemäßen Verfahren[4]: *Ein rechtsstaatlicher Strafprozess erfordere, dass der Beschuldigte, der die Kosten eines Wahlverteidigers nicht tragen könne,* **in schwerwiegenden Fällen** *von Amts wegen und auf Staatskosten einen Pflichtverteidiger erhalte (BVerfG)* [5].

Dabei agiert der **Wahlverteidiger** unter dem Schutz des Art. 12 GG[6].

217 2. Auch die EMRK (Rn 42–49) garantiert in Art. 6 Abs. 3 c das Recht auf einen **Wahlverteidiger**. Darüber hinaus gewährleistet diese Vorschrift das Recht auf den unentgeltlichen Beistand eines **Pflichtverteidigers**, falls dem Angeklagten »die Mittel zur Bezahlung fehlen« und die Bestellung des Pflichtverteidigers »im Interesse der Rechtspflege erforderlich ist«[7].

---

[1] *BVerfG* E 26, 66, 71; E 34, 293, 302; *BVerfG* JZ 2004, 670, 672 f mit Anm. *Wohlers* (Geldwäsche); *Meyer-Goßner*, § 137 Rn 2 m.w.N.

[2] *BVerfG* E 39, 238, 243; E 46, 202, 210; *Meyer-Goßner*, § 140 Rn 1 m.w.N.

[3] Beispielsweise aus Angst.

[4] *BVerfG* (Fn 2); *Krey*, StPO 1, Rn 532, 533 m.w.N.; *Meyer-Goßner* aaO.

[5] *BVerfG* (Fn 2).

[6] *BVerfG* JZ 2004 aaO. **Anders** für die Weiterführung einer übertragenen Pflichtverteidigung: *BVerfG* E 39, 238, 242; *Krey*, StPO 1, Rn 726; *Meyer-Goßner*, § 143 Rn 7; str.

[7] Dazu eingehend und m.w.N. *Esser*, S. 457 ff.

II. Stellung und Funktion des Strafverteidigers

1. Der Verteidiger als unabhängiges Organ der Strafrechtspflege und als Beistand des Beschuldigten

a) Gemäß § 137 Abs. 1 StPO fungiert der Verteidiger als **Beistand** des Beschuldig- 218
ten: Er ist *einseitiger* Interessenvertreter und Fürsprecher[8].
– Demgegenüber ist die StA zur Objektivität verpflichtet (Rn 154). –

b) Zugleich hat der Verteidiger jedoch die Stellung eines **unabhängigen Organs
der Strafrechtspflege** (§§ 1, 3 BRAO)[9]: Er ist ein selbständiges, dem Gericht und
der StA gleichgeordnetes Rechtspflegeorgan[10]. Seine Position ist also ungeachtet
der Funktion als Beistand »mit einer spürbaren Distanz zum Beschuldigten hin
ausgestattet«[11]. Zwar ist er als Beistand ein Gegenpol zu Richter und StA; jedoch
ist er Teilhaber, nicht Gegner einer funktionstüchtigen Strafrechtspflege[12].

Dieser Standpunkt ist herrschend und auch zutreffend. Die Gegenmeinung[13] ver- 219
fehlt das geltende Recht und verfälscht Rolle und Funktion des Verteidigers; sie
nimmt dem Strafverteidiger im Übrigen auch die **Legitimation** für seine außeror-
dentlich weitgehenden Verfahrensrechte – auf die zurückzukommen ist –. Das hat
Verf. an früherer Stelle eingehend dargelegt[14], worauf hier verwiesen sei.

2. Aufgaben des Strafverteidigers

Da das Lehrbuch die Rechte und Pflichten des Verteidigers noch eingehend darle- 220
gen wird, soll es an dieser Stelle mit einigen Stichworten sein Bewenden haben.
Danach gehört zu jenen Aufgaben namentlich:
– Erteilung umfassenden Rechtsrats an den Beschuldigten.
– Fürsprache zu seinen Gunsten.
– Sonstige Entlastungshandlungen wie Stellung von Beweisanträgen (§ 244 Abs. 3 StPO[15]),
  Ausübung von Frage- und Erklärungsrechten (§§ 240 Abs. 2, 257 Abs. 2 StPO).

---

[8] *Krey* aaO, Rn 535 m.w.N.; *Meyer-Goßner*, Rn 1 vor § 137; *BVerfG* JZ 2004, 670 ff.

[9] *BGH* St 9, 20, 22; 15, 326; *BVerfG* E 53, 207, 214; *BVerfG* JZ 2004 aaO; *Beulke*, Der
Verteidiger, S. 79 f, 163 ff, 183 ff, 215; *Krey*, StPO 1, Rn 536–544 m.w.N.; *Kühne*,
Rn 171, 178; *Meyer-Goßner*, Rn 1 vor § 137; *Pfeiffer*, Rn 1 vor § 137; *Roxin*, 19/2 ff, 8.

[10] *BVerfG* E 53 aaO; *Meyer-Goßner* aaO; *Pfeiffer* aaO.

[11] *BVerfG* aaO; *Krey* aaO, Rn 536.

[12] *Hassemer*, ZRP 1980, 326, 331; *Krey* aaO; *Meyer-Goßner* aaO.

[13] Für alle: *Lüderssen* in: LR, Rn 33 ff, 89 ff vor § 137 (Vertragsprinzip) m.w.N.; so schon
Arbeitskreis Strafprozessreform. Die Verteidigung. Gesetzesentwurf mit Begründung,
1979, § 1 (S. 3) und Begründung hierzu S. 38 ff, 44.

[14] *Krey* (Fn 9).

[15] Siehe auch §§ 201 Abs. 1, 219 StPO.

- Einlegung von Rechtsmitteln (Berufung, Revision, Beschwerde) und Rechtsbehelfen (z.B. Wiederaufnahme des Verfahrens, Haftprüfung, Einspruch gegen Strafbefehle)[16] zugunsten des Beschuldigten.
- Durchführung eigener Ermittlungen, auch unter Einschaltung von Privatdetektiven, zur Entlastung des Beschuldigten[17].
- **Absprachen** mit StA und Gericht (sog. deal), etwa über die Strafmilderung für ein Geständnis; auch hierauf ist zurückzukommen.

III. Selbständigkeit des Verteidigers gegenüber dem Beschuldigten

221 Der Strafverteidiger agiert nicht als Vertreter des Beschuldigten, sondern als von ihm unabhängiger Beistand mit selbständig auszuübenden Rechten:

1. Der Verteidiger: Kein Vertreter des Beschuldigten

Der Strafverteidiger ist schon in seiner Eigenschaft als **Beistand** des Beschuldigten nicht dessen Vertreter, sondern handelt selbständig unter eigener Verantwortung; er ist als **unabhängiges Organ der Strafrechtspflege** auch nicht an Weisungen des Beschuldigten gebunden[18].
Ausnahmen von der Regel, der Verteidiger fungiere nicht als Vertreter, sind u.a.:
- § 145 a StPO (Zustellungen an Verteidiger);
- § 234 mit §§ 231 Abs. 2, 231 a, 231 b, 232, 233 StPO (Vertretung des abwesenden Angeklagten);
- §§ 297, 302 StPO (Reduzierung der Selbständigkeit des Verteidigers bei Rechtsmitteln).
Wo dem Verteidiger ausnahmsweise Verfahrensrechte des Beschuldigten nicht selbst zustehen (§ 24 Abs. 3 S. 1 StPO, siehe Rn 115), kann er sie nur *im Namen des Beschuldigten* mit dessen Einverständnis ausüben, d.h. als Vertreter.

2. Zur Unabhängigkeit des Verteidigers vom Beschuldigten

222 Fall 12: – Verteidigungstaktik gegen den Willen des Beschuldigten –

Im Strafprozess gegen den Beschuldigten B wegen Vergewaltigung hat sein Wahlverteidiger V massive Zweifel an der Schuldfähigkeit des B (§ 20 StGB). Daher regt V ohne Einwilligung des B seine Unterbringung gemäß § 81 StPO in einem psychiatrischen Krankenhaus an. Er rechnet dabei mit dem *lebhaften Protest* des B – der in der Tat heftig widerspricht[19].

Dieser Fall bietet ein anschauliches Beispiel legaler selbständiger Handlungen des Verteidigers. Er ist bei seiner Verteidigungsstrategie und der Wahrnehmung seiner

---

[16] Siehe §§ 297 mit 304 ff, 312 ff, 333 ff (Rechtsmittel) und § 297 mit §§ 359, 365, §§ 117–118 b, § 410 StPO (die genannten Rechtsbehelfe).

[17] *Hellmann*, Rn 505; *Krey*, Rechtsprobleme privater Ermittlungen, S. 40–42 m.w.N.; *Lüderssen* aaO, Rn 139 vor § 137; *Meyer-Goßner*, Rn 2 vor § 137.

[18] *Fezer*, 4/5; *Krey*, StPO 1, Rn 535, 547; *Meyer-Goßner*, Rn 1 vor § 137; *BGH* St 12, 367, 369 f.

[19] Fall nach *Krey*, StPO 1, Rn 552, 554–558.

Verfahrensrechte gegenüber Gericht, StA und (grundsätzlich) auch gegenüber dem Beschuldigten unabhängig. Das gilt insbesondere für sein Recht,
- Beweisanträge (§ 244 Abs. 3 StPO) zu stellen[20],
- Anordnungen des Gerichts nach § 81 und §§ 81 a, 81 e StPO anzuregen,
- Fragen zu stellen und Erklärungen abzugeben (§§ 240 Abs. 2, 257 Abs. 2 StPO).

Der Beschuldigte ist gegenüber dem Verteidiger, der **eigenmächtig** agiert **223**
- sei es ohne Einverständnis des Beschuldigten,
- sei es sogar gegen dessen ausdrücklichen Willen,
nicht ganz schutzlos: Zum einen findet solche Eigenmächtigkeit in der *Schweigepflicht des Verteidigers* (§ 203 Abs. 1 Nr. 3 StGB) ihre Schranken. Zum anderen kann der Beschuldigte dem Wahlverteidiger *das Mandat entziehen* (kündigen)[21].

Umgekehrt kann bei ernstlichen Differenzen zwischen Wahlverteidiger und Beschuldigtem in Fragen der Verteidigungsstrategie der Verteidiger *das Mandat niederlegen*, jedoch wegen seiner Beistandsfunktion und als Organ der Rechtspflege nicht zur Unzeit und nicht in einer Weise, die den Schluss auf die Schuld des Angeklagten nahe legt.[22]

Ausnahmen vom Grundsatz der Unabhängigkeit des Verteidigers vom Willen des Beschul- **224** digten ordnen die bereits erwähnten §§ 297 und 302 Abs. 2 StPO an:
- § 297 verbietet dem Verteidiger, Rechtsmittel gegen den ausdrücklichen Willen des Beschuldigten einzulegen.
- § 302 Abs. 2 verlangt für die Zurücknahme eines Rechtsmittels des Verteidigers durch ihn eine ausdrückliche Ermächtigung des Beschuldigten. Diese Vorschrift gilt analog für den Rechtsmittel**verzicht** durch den Verteidiger[23].

3. Verfahrensrechte, die nur dem Verteidiger zustehen

Die Selbständigkeit des Verteidigers gegenüber dem Beschuldigten wird auch **225** durch solche Verfahrensrechte deutlich; genannt seien hier namentlich:
a) § 145 Abs. 3 StPO: Unterbrechung oder Aussetzung der Hauptverhandlung auf Verlangen eines **neubestellten Verteidigers** zur Vorbereitung der Verteidigung.

Der Angeklagte kann eine solche Unterbrechung oder Aussetzung nicht verlangen[24].

b) § 147 StPO: Akteneinsichtsrecht des Verteidigers.

Der Beschuldigte selbst hat nur eingeschränkte Rechte auf Auskünfte und Abschriften aus den Akten, § 147 Abs. 7 StPO n.F.

c) §§ 168 c, 224 StPO: Weitergehende Rechte des Verteidigers auf Anwesenheit bei richterlichen Vernehmungen von Zeugen.

d) § 240 Abs. 2 S. 2 StPO: Nur der Verteidiger, nicht der Angeklagte darf in der Hauptverhandlung Mitangeklagte befragen.

---

[20] Fallbeispiel hierzu bei *Krey* aaO, Rn 553, 554–558.

[21] *Kühne*, Rn 178; *Meyer-Goßner*, Rn 6 vor § 137.

[22] *Krey*, StPO 1, Rn 558; *Meyer-Goßner* aaO.

[23] *KK-Ruß*, § 302 Rn 20; *Krey* aaO, Rn 562; *Meyer-Goßner*, § 302 Rn 30; *BayObLG* NStZ 1995, 142.

[24] *BGH* NJW 1973, 1885 f; *Lüderssen* in: LR, § 145 Rn 30; *Meyer-Goßner*, § 145 Rn 14.

IV. Gesetzlich zugelassene Verteidiger, § 138 Abs. 1 StPO

1. Bei einem deutschen Gericht zugelassene Rechtsanwälte

226   In aller Regel treten als Verteidiger Rechtsanwälte auf. Die Strafverteidigung ist *ihre* Domäne; sie verkörpern das gesetzliche Leitbild des Strafverteidigers[25].

Ist ein Beschuldigter Rechtsanwalt, so kann er nicht als sein eigener Verteidiger agieren: Die Stellung als Beschuldigter und als Verteidiger schließen sich aus[26].

2. Rechtslehrer an deutschen Hochschulen

Hierzu zählen nicht nur die **Universitätsprofessoren des Rechts**, sondern gemäß § 138 Abs. 1 StPO n.F. auch Rechtslehrer an Fachhochschulen mit Befähigung zum Richteramt[27].

3. Steuerberater, Steuerbevollmächtigte, Wirtschaftsprüfer, vereidigte Buchprüfer (§ 392 Abs. 1 Halbsatz 1 AO)

Die genannten Personen können in Steuerstrafverfahren als **Wahlverteidiger** fungieren, *»soweit die Finanzbehörde das Strafverfahren selbständig durchführt«* *(§ 386 AO).*
– Im Übrigen gelten für jene Berufsgruppen § 392 Abs. 1 Halbsatz 2 und Abs. 2 AO[28]. –

4. Exkurs: Gerichtlich zugelassene Verteidiger, § 138 Abs. 2 StPO

227   Neben den in § 138 Abs. 1 StPO, § 392 Abs. 1 Halbsatz 1 AO *gesetzlich* zugelassenen Verteidigern gibt es noch *gerichtlich* zugelassene. Sie spielen in der Praxis keine große Rolle. In den Fällen **notwendiger Verteidigung** (§§ 140, 231 a Abs. 4 StPO) ist ihre Zulassung weiter eingeschränkt, § 138 Abs. 2 Halbsatz 2 StPO.

V. Rechte des Verteidigers

228   Hier sind im Anschluss an Rn 216 a.E., 220–225 noch darzustellen:
– die Verteidigerrechte **im Überblick**;
– die, zu Recht, beschränkten Verteidigerbefugnisse im Ermittlungsverfahren gegenüber denen in der Hauptverhandlung;
– als besonders bedeutsame Verteidigerrechte das Akteneinsichtsrecht und das Recht auf unbeschränkten mündlichen und schriftlichen Verkehr mit dem Beschuldigten.

---

[25]   *Krey,* StPO 1, Rn 539 unter Hinweis auf §§ 1–4, 7 BRAO.
– **Zu Rechtsanwälten aus anderen EU-Staaten siehe:** *Kühne,* **Rn 166;** *Meyer-Goßner,* **§ 138 Rn 3;** *Pfeiffer,* **§ 138 Rn 1.** –

[26]   *Pfeiffer,* § 138 Rn 1.

[27]   *BGH* NJW 2003, 3573; *Meyer-Goßner,* § 138 Rn 4; *Pfeiffer,* § 138 Rn 2.

[28]   § 392 AO: »(1) Abweichend von § 138 Abs. 1 der StPO können auch Steuerberater, Steuerbevollmächtigte, Wirtschaftsprüfer und vereidigte Buchprüfer zu Verteidigern gewählt werden, soweit die Finanzbehörde das Verfahren selbständig durchführt; im Übrigen können sie die Verteidigung nur in Gemeinschaft mit einem Rechtsanwalt oder einem Rechtslehrer ... führen. (2) § 138 Abs. 2 der StPO bleibt unberührt.«

1. Die Verteidigerrechte im Überblick

Die im Folgenden aufgezählten **Rechte** bestehen selbstredend nicht schrankenlos; vielmehr finden sie ihre Grenzen in den an späterer Stelle zu erörternden **Pflichten** des Verteidigers. Ob und wieweit der Verteidiger Verfahrensrechte wegen evidenten und schwerwiegenden Rechtsmissbrauchs **verwirken** kann, ist strittig und ungeklärt; hierauf ist zurückzukommen.

a) Der Strafverteidiger hat das Recht, den Beschuldigten umfassend zu *beraten,* **229** insbesondere über die Rechtslage und ein sinnvolles Verteidigungsverhalten seines Mandanten (Geständnis oder Ausübung des Schweigerechts etc.).

b) Der Verteidiger hat das Recht zur *Anwesenheit* in der Hauptverhandlung. **Außerhalb der Hauptverhandlung** besitzt er ein Anwesenheitsrecht bei der
- richterlichen Vernehmung des Beschuldigten (§ 168 c Abs. 1 StPO);
- richterlichen Vernehmung von Zeugen und Sachverständigen (§§ 168 c Abs. 2, 223, 224 StPO);
- staatsanwaltlichen Vernehmung des Beschuldigten (§ 163 a Abs. 3 S. 2 i.V.m. § 168 c Abs. 1 StPO).

Dagegen hat der Verteidiger *kein Recht zur Anwesenheit* bei der **230**
- polizeilichen Beschuldigtenvernehmung (§ 163 a Abs. 4 StPO)[29];
- polizeilichen und staatsanwaltlichen Vernehmung von Zeugen und Sachverständigen (§§ 161 a – StA –, 163 a Abs. 5 StPO – Polizei –)[30].

Dieser Ausschluss von Anwesenheitsrechten dient der Verfahrensbeschleunigung, dem Zeugenschutz und der Wahrheitsfindung. Letzteres, weil Zeugen in Anwesenheit des Verteidigers häufig nicht zu belastenden Aussagen bereit sind. Jedoch wird jene Verweigerung von Anwesenheitsrechten durch die StPO kompensiert:
Erstens durch § 136 Abs. 1 S. 2 i.V.m. § 163 a Abs. 3 S. 2, Abs. 4 S. 2 StPO (Recht des Beschuldigten, nicht zur Sache auszusagen und jederzeit, auch schon vor seiner Vernehmung, einen von ihm zu wählenden Verteidiger zu befragen).
Zweitens durch den kraft Gesetzes geringeren Beweiswert der polizeilichen und staatsanwaltlichen Zeugenvernehmung gegenüber der richterlichen (§ 251 Abs. 2 StPO).

c) Als Beistand und damit Fürsprecher des Beschuldigten besitzt der Verteidiger *Erklärungsrechte,* wobei u.a. auf §§ 257 Abs. 2 und 258 StPO verwiesen sei.

d) Bei der Beweisaufnahme hat der Verteidiger *Fragerechte* (§ 240 Abs. 2 StPO). »Ungeeignete und nicht zur Sache gehörende« Fragen kann der Vorsitzende zurückweisen (§ 241 Abs. 2 StPO); gegen seine Entscheidung kann der Verteidiger gemäß § 238 Abs. 2 StPO das Gericht anrufen[31].

e) Das Recht auf *Kreuzverhör* (§ 239 StPO) ist eine »Anleihe beim anglo- **231** amerikanischen Strafprozess«. Es spielt in der Praxis aber keine Rolle.

f) Zum Recht des Verteidigers, *Beweisanträge* zu stellen (§ 244 Abs. 3 StPO), siehe bereits Rn 99, 100, 220, 222.

---

[29] *Beulke,* Rn 156; *KK-Wache,* § 163 a Rn 28.

[30] *Beulke* aaO; *Meyer-Goßner,* § 168 c Rn 2.

[31] *KK-Tolksdorf,* § 241 Rn 7; *Meyer-Goßner,* § 241 Rn 20.

232 g) Gemäß § 145 Abs. 3 StPO können in der Hauptverhandlung **neu bestellte Verteidiger** mit der Erklärung, sie benötigten Zeit für die Vorbereitung der Verteidigung, *die Unterbrechung oder Aussetzung der Hauptverhandlung verlangen.*

Jene Erklärung wird vom Gericht nicht überprüft[32], was aus Normtext und Stellung des Verteidigers als unabhängiges Organ der Rechtspflege folgt. Doch muss eine Überprüfung auf Willkür (evidenter Rechtsmissbrauch) möglich sein.

Ob die Hauptverhandlung nur **unterbrochen** wird, d.h. fortgesetzt werden kann (§§ 228, 229 StPO), oder ob sie **ausgesetzt (vertagt)** wird, also abgebrochen ist und neu begonnen werden muss (Rn 64), entscheidet das Gericht nach pflichtgemäßem Ermessen[33].

233 Dabei hat die **Unterbrechung** grundsätzlich Vorrang vor der Aussetzung[34]:
– Die Aussetzung widerspricht dem Beschleunigungsgebot.
– Sie macht die bereits erfolgte Beweisaufnahme in der vertagten Hauptverhandlung grundsätzlich wertlos, was jeder Prozessökonomie widerspricht.
– Aussetzungen bedeuten daher auch eine unzumutbare Belastung für Zeugen, die erneut vor Gericht aussagen müssen.
– Die Unterbrechungsfrist nach § 229 StPO n.F. (bis zu drei Wochen, Abs. 1, nach Maßgabe der Abs. 2, 3 auch länger) muss für die Vorbereitung der Verteidigung in aller Regel genügen.

§ 145 Abs. 3 StPO gilt nach Wortlaut und systematischer Stellung nur für **Pflichtverteidiger**[35]. Doch ist diese Vorschrift nach h.M. analog anwendbar, wenn der Angeklagte die gemäß §§ 141 mit 145 StPO gebotene Bestellung eines Pflichtverteidigers überflüssig macht, weil er einen neuen Verteidiger wählt **(Wahlverteidiger)**[36].
– Diese Analogie entfällt freilich bei **Rechtsmissbrauch**[37], d.h. bei einem zwecks Verfahrensverschleppung bewirkten Verteidigerwechsel. –

h) Zum Recht des Verteidigers auf *eigene Ermittlungen* siehe bereits Rn 220.

i) Zur Befugnis, *Rechtsmittel und -behelfe einzulegen*, siehe Rn 220, 221, 224.

j) Auf die Verteidigerrechte gemäß *§§ 147 und 148 StPO* ist zurückzukommen[38].

---

[32] *BGH* NStZ 2000, 212, 213; *Lüderssen* in: LR, § 145 Rn 26; *Pfeiffer*, § 145 Rn 4.

[33] *BGH* St 13, 337, 343; *KK-Laufhütte*, § 145 Rn 10; *Krey*, StPO 1, Rn 583; *Meyer-Goßner*, § 145 Rn 12; a.A. (Wahlrechte des Verteidigers – was fern liegt): *Lüderssen* aaO; *Wohlers* in: SK, § 145 Rn 19.

[34] Näher dazu *Krey*, StPO 1, Rn 584, 585, 696; ähnlich *KK-Laufhütte* aaO.

[35] *Krey* aaO, Rn 586.

[36] *OLG Karlsruhe* StV 1991, 199; *KK-Laufhütte*, § 145 Rn 9; *Lüderssen* aaO, Rn 31 m.w.N.; *Wohlers* in: SK, § 145 Rn 18.

[37] *OLG Karlsruhe* aaO; *KK-Laufhütte* aaO; *Pfeiffer*, § 145 Rn 4.
    – **Zu den durch § 145 Abs. 3 StPO eröffneten Möglichkeiten der Verfahrenssabotage siehe *Krey*, StPO 1, Rn 695 ff, 698 m.w.N.** –

[38] Unten, Rn 237 ff.

2. Reduzierte Verteidigerrechte im Ermittlungsverfahren

Ungeachtet der faktischen Bedeutung des Ermittlungsverfahrens für den Strafpro- 234
zess[39] ist die Rechtsstellung des Verteidigers hier in wichtigen Punkten schwächer
als in der Hauptverhandlung. Dabei geht es vor allem um folgende Punkte:

a) Anwesenheitsrechte des Verteidigers bei Ermittlungshandlungen

(1) Wie ausgeführt hat der Verteidiger **kein** Anwesenheitsrecht bei der
– polizeilichen Beschuldigtenvernehmung;
– polizeilichen und staatsanwaltlichen Zeugen- und Sachverständigenvernehmung.
Beides wird vielfach kritisiert, freilich zu Unrecht (Rn 230). Im Übrigen sind Äußerungen
im Schrifttum, ungeachtet der klaren gesetzlichen Regelungen bestehe hier doch ein Anwesenheitsrecht des Verteidigers[40], als Rechtsfindung **contra legem** zurückzuweisen.

(2) Dagegen besitzt der Verteidiger ein **Recht zur Anwesenheit** bei der 235
– richterlichen und staatsanwaltlichen Vernehmung des Beschuldigten,
– richterlichen Vernehmung von Zeugen und Sachverständigen (Rn 229).
Jedoch ist dieses Verteidigerrecht wie folgt **eingeschränkt**:
(a) Der Verteidiger ist zwar von den Vernehmungsterminen vorher zu benachrichtigen. Er
hat aber keinen Anspruch auf Verlegung des Termins im Falle seiner Verhinderung (§ 168 c
Abs. 5 S. 1, 3, § 163 a Abs. 3 S. 2 StPO).
– Allerdings dürfen die Terminierung und die Ablehnung einer Terminverlegung nicht
willkürlich erfolgen[41]. –

(b) Die soeben erwähnte vorherige Benachrichtigung des Verteidigers unterbleibt, 236
»wenn sie den Untersuchungserfolg gefährden würde«, § 168 c Abs. 5 S. 2,
§ 163 a Abs. 3 S. 2 StPO. *Untersuchungserfolg* ist dabei die Gewinnung einer
Aussage, die in einem späteren Verfahrensabschnitt (insbesondere in der Hauptver-
handlung) verwertet werden kann[42]. Eine *Gefährdung* dieses Erfolges kommt dabei
in zwei Konstellationen in Betracht:
Erstens im Falle einer **zeitlichen Verzögerung** der Vernehmung[43].
Beispiel 29: Es geht um die Vernehmung eines todkranken Zeugen. Bei Verzögerung durch
Benachrichtigung des Verteidigers könnte der Zeuge vorher sterben.
Zweitens nimmt die h.M. eine solche Gefährdung zu Recht auch an, wenn konkrete
Anhaltspunkte dafür vorliegen,
– der Zeuge solle mit Nachdruck vom Verteidiger zu einer Falschaussage angehal-
ten[44] oder

---

[39] Dazu u.a.: *Beulke*, Der Verteidiger, S. 244 f; *Kühne*, Rn 175; *Weihrauch*, Verteidigung
im Ermittlungsverfahren, 2. Aufl. 1985, S. 1 f.

[40] So etwa: *Hellmann*, Rn 494; *Kühne*, Rn 225.

[41] In der Sache wohl übereinstimmend: *KK-Wache*, § 168 c Rn 20 m.w.N.

[42] *BGH* St 29, 1, 3; *Meyer-Goßner*, § 168 c Rn 5.

[43] *BGH* aaO; *KK-Wache*, § 168 c Rn 17.

[44] *BGH* aaO; *BGH* St 32, 115, 129 **(GS)**; *KK-Wache* aaO; *Krey*, Probleme des Zeugenschutzes, S. 255; *Meyer-Goßner*, § 168 c Rn 5; *Schlüchter*, Rn 75.3 und 111; a.A.:
Wohlers in: SK, § 168 c Rn 23, 35; *Zaczyk*, NStZ 1987, 536.

– zur Berufung auf ein Zeugnisverweigerungsrecht genötigt werden[45].
Die Gegenansicht vernachlässigt den Normtext, der jene h.M. erlaubt, belässt § 168 c Abs. 5
S. 2 StPO keinen nennenswerten Anwendungsbereich und missachtet den **Zeugenschutz**.

(3) Für das Anwesenheitsrecht des Verteidigers bei einem **richterlichen Augenschein** (z.B.
Ortstermin) im Ermittlungsverfahren gilt § 168 c StPO nach § 168 d dieses Gesetzes analog.

b) Beschränktes Recht des Verteidigers auf Akteneinsicht im Ermittlungsverfahren
– Dazu unten, Rn 240–242, 245. –

3. Akteneinsichtsrecht des Verteidigers, § 147 StPO

237 Grundsätzlich hat der Verteidiger ein Einsichtsrecht in alle Akten,»die dem Gericht vorliegen oder im Falle der Erhebung der Anklage vorzulegen wären« (§ 147
Abs. 1 StPO). Dies Recht ist für den Verteidiger von zentraler Bedeutung: Sachgerechte Verteidigung verlangt möglichst umfassende Kenntnis der Beschuldigung[46].

a) Gegenstand des Akteneinsichtsrechts, §§ 147 Abs. 1, 199 Abs. 2 S. 2 StPO

Objekt dieses Rechts sind nach dem **Grundsatz der Aktenvollständigkeit** neben
den Akten, die dem Gericht vorliegen, auch die dem Gericht im Falle der Anklage-
erhebung vorzulegenden Akten. Dazu zählen namentlich:
– Alle Schriftstücke, Ton- und Bildaufnahmen, Videoaufzeichnungen, soweit sie für den
  Schuldspruch oder die Rechtsfolge relevant sein können[47].
– Strafregisterauszüge[48].
– Unterlagen über die Untersuchungshaft des Beschuldigten[49].
– Akten über andere Taten des Beschuldigten, wenn der Inhalt für die Aufklärung der jetzt
  zu verfolgenden Tat oder die Strafzumessung von Bedeutung sein könnte **(Beiakten)**[50].
Erfasst werden Schriftstücke etc., die vom ersten Zugriff der Polizei (§ 163 Abs. 1
StPO) an gesammelt und zu den Ermittlungsakten der StA genommen wurden;
weiterhin **nach Anklageerhebung** entstandene Aktenteile, insbesondere von der
StA nachgereichte oder vom Gericht hinzugezogene Beiakten.[51]

238 Nicht zu den Akten i.S. der §§ 147 Abs. 1, 199 Abs. 2 S. 2 StPO gehören:
– Die *Handakten der StA* und andere innerdienstliche Unterlagen wie
– Notizen, die Richter in der Hauptverhandlung zur Gedächtnisstütze anfertigen[52].

---

[45] *BayObLG* NJW 1978, 232 f; *KK-Wache* aaO; *Meyer-Goßner* aaO; *Schlüchter* aaO; a.A.
Peters, JR 1978, 173 f.

[46] *Pfeiffer*, § 147 Rn 1.

[47] *Beulke*, Rn 160; *Meyer-Goßner*, § 147 Rn 14; *Pfeiffer*, § 147 Rn 3.

[48] *BVerfG* E 62, 338; *KK-Laufhütte*, § 147 Rn 4.

[49] *BGH* St 37, 204, 205 f; *Meyer-Goßner*, § 147 Rn 14.

[50] *BGH* St 30, 131, 139; *Meyer-Goßner*, § 147 Rn 15. – **Beiakten können auch verfah-
rensrelevante Steuerakten, Zivilprozessakten etc. sein;** *HK-Julius*, § 147 Rn 5. –

[51] *BGH* aaO, S. 138, 139; *Krey*, StPO 1, Rn 618; *Meyer-Goßner* aaO.

[52] *KK-Laufhütte*, § 147 Rn 4, 7; *Meyer-Goßner*, § 147 Rn 13; *Pfeiffer*, § 147 Rn 5.

Strittig ist die Behandlung von **Spurenakten**, d.h. von polizeilichen Ermittlungsak- 239
ten, die sich zwar auf die angeklagte Tat beziehen, aber auf **andere Personen** als
den Angeklagten[53]. Dabei kann es im Einzelfall um Tausende solcher Spurenakten
gehen, die u.a. Fingerabdrücke, Autokennzeichen, Hinweise aus der Bevölkerung
etc. enthalten[54]. Sie sind im Prozess gegen den Angeklagten keine Akten i.S. der
§§ 147 Abs. 1, 199 Abs. 2 S. 2 StPO, sondern »verfahrensfremde Akten«[55]:
Den Gegenstand des Strafprozesses bestimmen die angeklagte Tat und die Person des Angeklagten. Das dargelegte Erfordernis, die **Akten** müssten für die Schuld oder Rechtsfolgen
relevant sein (Rn 237 mit Fn 47), ist also nur erfüllt, soweit sie Ermittlungen enthalten, die
jene Tat betreffen **und sich gegen den Angeklagten richten**[56]. Mithin gelten §§ 147 Abs. 1,
199 Abs. 2 S. 2 StPO für Spurenakten nur ausnahmsweise, nämlich dann,
– wenn nach den Umständen des Einzelfalls Anhaltspunkte dafür bestehen, sie könnten
  auch im Prozess gegen den Angeklagten jene Relevanz besitzen[57], oder
– wenn die StA sie in ihre Ermittlungsakten integriert hat[58].
Die Ansicht, Spurenakten seien grundsätzlich beizuziehen, ist sachwidrig und lebensfremd; sie würde die Durchführbarkeit von Strafverfahren massiv behindern[59].

b) Beschränkung des Akteneinsichtsrechts im Ermittlungsverfahren

(1) Das grundsätzlich unbeschränkte Akteneinsichtsrecht des Verteidigers ist im 240
Ermittlungsverfahren, solange der Abschluss der Ermittlungen noch nicht in den
Akten vermerkt ist (§ 169 a StPO), wie folgt eingeschränkt: *Dem Verteidiger darf*
»die Einsicht in die Akten oder einzelne Aktenstücke sowie die Besichtigung der
amtlich verwahrten Beweisstücke versagt werden, **wenn sie den Untersuchungs-**
zweck gefährden kann« *(§ 147 Abs. 2 StPO).*
Das Erfordernis »Gefährdung des Untersuchungszwecks« ist immer anzunehmen,
wenn bestimmte Untersuchungshandlungen vorbereitet wurden, die nur durch
Überraschung erfolgreich sein können (§ 33 Abs. 4 StPO)[60].

Fall 13: 241
Im Strafverfahren gegen den Beschuldigten B plant die StA:
a) Die Durchsuchung der Geschäftsräume des B (§§ 102, 105 StPO).
b) Die Anordnung der Untersuchungshaft wegen Fluchtgefahr (§§ 112 Abs. 1, Abs. 2 Nr. 2,
114 StPO).

---

[53] *BGH* St 30, 131, 139, 140; *Fezer,* 9/18; *Krey,* StPO 1, Rn 619; *Roxin,* 19/66.

[54] *BGH* aaO; *Krey* aaO; *Roxin* aaO.

[55] *BGH* aaO; *Fezer* aaO; eingehend *Krey* aaO, Rn 619–624 m.w.N. pro und contra; *Pfeiffer,*
§ 147 Rn 3; ähnlich: *KK-Laufhütte,* § 147 Rn 4; *BVerfG* E 63, 45 (dazu kritisch *Krey*
aaO, Rn 622, 623). **Abweichend** u.a. *Beulke,* Rn 160 m.w.N.

[56] Siehe Fn 55.

[57] Siehe Fn 55.

[58] *Fezer* aaO; *KK-Laufhütte* aaO; *Pfeiffer* aaO.

[59] *BGH* St 30, 131, 140.

[60] *Krey,* StPO 1, Rn 599; *Meyer-Goßner,* § 147 Rn 25.

In den Ermittlungsakten der StA ist in Fall 13 a der Antrag auf richterliche Durchsuchungsanordnung (§§ 105, 162 StPO), in Fall 13 b der Antrag auf richterlichen Haftbefehl (§§ 114, 125 Abs. 1 StPO) enthalten. Vor Durchführung der *Durchsuchung* bzw. der *Festnahme* beantragt sein ahnungsloser Verteidiger Akteneinsicht gemäß § 147 Abs. 1 StPO. Der Abschluss der Ermittlungen i.S. der §§ 169 a, 147 Abs. 2 StPO ist noch nicht erfolgt.

242 Hier wird in beiden Fällen wegen »Gefährdung des Untersuchungszwecks« die Akteneinsicht zu Recht verweigert werden (§ 147 Abs. 2 StPO)[61]: Diese Vorschrift verlangt keine konkrete Gefährdung[62]. Vielmehr genügt die *plausible Prognose der StA*, die Akteneinsicht des Verteidigers könnte die Durchführung der geplanten strafprozessualen Maßnahmen vereiteln. In casu ist diese Prognose plausibel, und zwar unter dem Aspekt der *Vereitelung des Überraschungseffekts (Rn 240)*, weil *der Verteidiger möglicherweise den Beschuldigten sofort informiert*[63].

243 (2) Diese Einsicht führt zu der heiklen und strittigen Frage: Wieweit ist der Verteidiger zu einer umfassenden Information des Beschuldigten über den Akteninhalt berechtigt oder sogar verpflichtet? Hierzu sei an dieser Stelle nur so viel gesagt[64]:
– Grundsätzlich ist der Verteidiger zu jener Information berechtigt und verpflichtet. Dabei darf er dem Beschuldigten den Akteninhalt mittels Kopien in Auszügen oder vollständig zugänglich machen, jedoch nicht durch Aushändigung der Akte selbst[65].
– Jene Berechtigung und damit auch Verpflichtung entfallen aber bei Gefahr des Missbrauchs der Aktenkenntnis durch den Beschuldigten zu »verfahrensfremden Zwecken«[66].
– Weiterhin ist jenes Informationsrecht ausgeschlossen, soweit die Kenntnis des Beschuldigten den Untersuchungszweck gefährden würde[67].

244 Zur Verdeutlichung: *Missbrauch zu verfahrensfremden Zwecken* wird üblicherweise bejaht, wenn der Beschuldigte Kopien des Akteninhalts für private Veröffentlichungen benutzt, sie beispielsweise an die Presse verkaufen will[68]. Darüber hinaus gehört hierher der wichtigere Fall, dass der Verteidiger hinreichende Anhaltspunkte dafür hat, der Beschuldigte wolle die Aktenkenntnis zu **Racheaktionen gegenüber Belastungszeugen** missbrauchen[69]; solche kriminelle, verfahrensfremde Zwecke darf der Verteidiger als Organ der Strafrechtspflege nicht vorsätzlich unterstützen.

---

[61] Zu beiden Fällen *Krey* aaO, Rn 596–600, 613, 614; zudem: *KK-Laufhütte*, § 147 Rn 13; *Roxin*, § 19 Rn 64.

[62] *KK-Laufhütte* aaO; *Meyer-Goßner* aaO.

[63] *Krey* aaO, Rn 596 ff, 600 m.w.N.

[64] Eingehend *Krey*, StPO 1, Rn 600–614 m.w.N.

[65] *BGH* St 29, 99, 102 f; *Beulke*, Der Verteidiger, S. 89 ff; *KK-Laufhütte*, § 147 Rn 12; *Meyer-Goßner*, § 147 Rn 20 ff; *Welp* in: Peters-Festschrift 1984, S. 309, 315 f.

[66] *BGH* aaO; *Krey* aaO, Rn 602–607 m.w.N.; *Meyer-Goßner* aaO; *Welp* aaO.

[67] *BGH* aaO, S. 103; *Beulke* aaO, S. 90; *Krey* aaO, Rn 609 ff; *Meyer-Goßner* aaO (m.w.N.).

[68] *BGH* St 29, 99, 102, 103; *Meyer-Goßner*, § 147 Rn 21; *Welp* aaO, S. 317.

[69] *Krey*, StPO 1, Rn 604–607 (mit Fallbeispiel).

Die *Gefährdung des Untersuchungszwecks* als Grund dafür, Informationen des Beschuldigten über den Akteninhalt durch den Verteidiger zu verbieten, ist hier nicht anders als bei § 147 Abs. 2 StPO (Rn 240–242) zu verstehen: Der Verteidiger darf den Beschuldigten nicht über bevorstehende Hausdurchsuchungen oder den beantragten Erlass eines Haftbefehls informieren[70].

Strafverteidiger haben also in Ausnahmefällen als Rechtspflegeorgan Pflichten zur Ver- **245** *schwiegenheit gegenüber dem Beschuldigten.* Daraus folgt eine Art »**Doppelsicherung**« gegen Gefährdungen des Untersuchungszwecks durch Aktenkenntnis des Verteidigers: Erstens erlaubt eine solche Gefährdung, dem Verteidiger gemäß § 147 Abs. 2 StPO die Akteneinsicht zu versagen (Rn 240–241). Zweitens darf er bei gleichwohl erlangter Aktenkenntnis den Beschuldigten nicht informieren (Rn 243, 244)[71]. Diese Doppelsicherung ist sachgerecht und unverzichtbar:
– Die *Ergänzung des § 147 Abs. 2 StPO* durch die herrschende Annahme eines Verbots für den Verteidiger, den Beschuldigten zu informieren, dient der Schadensbegrenzung, wenn dem Verteidiger entgegen dieser Vorschrift Akteneinsicht gewährt wurde.
– Die *Ergänzung der Schweigepflicht des Verteidigers gegenüber dem Beschuldigten bei Gefährdung des Untersuchungszwecks* durch die Regelung des § 147 Abs. 2 StPO ist geboten, weil jene Schweigepflicht nicht unstrittig ist[72] und im Übrigen wenig dafür spricht, dass sie von allen Verteidigern stets respektiert wird.
(3) **Resümee:** In Fall 13 a und b ist dem Verteidiger Akteneinsicht gemäß § 147 Abs. 2 StPO zu versagen. Sollte er gesetzwidrig Akteneinsicht erhalten, dürfte er den B nicht über die drohenden Zwangsmaßnahmen informieren.

c) Durchführung der Akteneinsicht (§ 147 Abs. 4 StPO)

Die Akteneinsicht wird grundsätzlich in den Diensträumen der StA oder des Ge- **246** richts gewährt. Jedoch können die Akten nach Maßgabe des § 147 Abs. 4 StPO dem Verteidiger zur Einsichtnahme in seine Kanzlei oder Wohnung mitgegeben werden. *Üblich ist die Mitnahme in die Kanzlei des Verteidigers, wo die Akten kopiert werden.* Der Verteidiger darf die Akten weder dem Beschuldigten noch Dritten überlassen; die Kopien dürfen nur er oder sein Büropersonal fertigen[73].

d) Zuständigkeit für die Entscheidung über die Akteneinsicht

Gemäß § 147 Abs. 5 S. 1 StPO entscheidet über die Gewährung der Akteneinsicht:
– im Ermittlungsverfahren (»vorbereitendes Verfahren«) die StA;
– vom Zwischenverfahren (§§ 199 ff StPO, also mit Eingang der Anklage bei Gericht) bis zum rechtskräftigen Abschluss des Prozesses der Vorsitzende[74];
– nach Rechtskraft wieder die StA.

---

[70] *BGH* aaO; *KK-Laufhütte,* § 147 Rn 12; *Krey* aaO, Rn 608, 609; *Meyer-Goßner,* § 147 Rn 21; a.A. etwa: *Lüderssen* in: LR, § 147 Rn 127; *Welp* aaO, S. 318 ff.

[71] *Krey* aaO, Rn 613, 614.

[72] Siehe Rn 244 mit Fn 70.

[73] *KK-Laufhütte,* § 147 Rn 10; *Meyer-Goßner,* § 147 Rn 28–31.

[74] Eine Anrufung des Gerichts, § 238 Abs. 2 StPO, entfällt (siehe Rn 248).

e) Anfechtbarkeit der Entscheidung

247 (1) Nach § 147 Abs. 5 S. 2 StPO kann gegen die Versagung der Akteneinsicht durch die **StA** in drei Fällen die Entscheidung des *LG* beantragt werden[75]:
(a) Wenn der **Abschluss der Ermittlungen** gemäß § 169 a StPO erfolgt war.
 – Dann besteht nämlich ein grundsätzlich unbeschränktes Akteneinsichtsrecht des Verteidigers (Umkehrschluss aus § 147 Abs. 2 StPO). –
(b) Bei Versagung der Akteneinsicht entgegen **§ 147 Abs. 3 StPO**.
 – Denn diese Vorschrift hebt die Schranken aus § 147 Abs. 2 StPO wieder auf. –
(c) Wenn der Beschuldigte **inhaftiert** ist.
In anderen als den in § 147 Abs. 5 S. 2 StPO genannten Fällen ist die Entscheidung der StA nach Wortlaut und Sinn des Gesetzes nicht anfechtbar[76], was bei Willkür bedenklich ist.

248 (2) Für die Entscheidung des **Vorsitzenden** auf Versagung der Akteneinsicht ist § 238 Abs. 2 StPO – Anrufung des Gerichts – nicht einschlägig[77]; es handelt sich nicht um eine Anordnung zur Verfahrensleitung (Sachleitung)[78]. Ob und wieweit gegen Entscheidungen des Vorsitzenden das Rechtsmittel der **Beschwerde** (§§ 304 ff StPO) statthaft ist, soll hier nicht vertieft werden[79].

f) § 147 StPO und Akteneinsichtsrecht bei U-Haft des Beschuldigten

249 Für den Sonderfall der Verteidigung von Beschuldigten, die sich in U-Haft befinden, hat das *BVerfG* das Akteneinsichtsrecht des Verteidigers erweitert:
*Dem Verteidiger sei zumindest eine **Teilakteneinsicht** zu gewähren, genauer: Einsicht in die für Haftentscheidungen in Haftbeschwerde- bzw. Haftprüfungsverfahren (§§ 117 ff StPO) bedeutsamen Aktenteile. Das folge aus dem Prinzip des fairen, rechtsstaatlichen Verfahrens und dem Anspruch auf rechtliches Gehör* [80].
 – Noch weitergehend die Judikatur des *EGMR* [81]. –
Danach ist der Haftbefehl aufzuheben, soweit er auf Tatsachen und Beweismittel gestützt wird, die dem Verteidiger des U-Häftlings nicht zur Kenntnis gelangen[82].

---

[75] Diese Vorschrift verweist auf § 161 a Abs. 3 S. 2, 4 StPO *(LG; seine Entscheidung ist unanfechtbar)*.

[76] *Beulke*, Rn 162; *KK-Laufhütte*, § 147 Rn 24, 25; *Meyer-Goßner*, § 147 Rn 39, 40.

[77] *Lüderssen* in: LR, § 147 Rn 152; *Meyer-Goßner*, § 147 Rn 35.

[78] Die Begriffe Sachleitung (§ 238 Abs. 2 StPO) und Verhandlungsleitung (§ 238 Abs. 1 StPO) sind identisch; *Meyer-Goßner*, § 238 Rn 12 m.w.N.

[79] Die Frage ist strittig; siehe: *KK-Laufhütte*, § 147 Rn 27; *Lüderssen* aaO, Rn 167, 168; *Meyer-Goßner*, § 147 Rn 41.

[80] *BVerfG* (Kammer-Beschluss) NStZ 1994, 551 ff; dazu m.w.N.: *KK-Laufhütte*, § 147 Rn 14; *Kühne*, Rn 216; *Meyer-Goßner*, § 147 Rn 25 a.

[81] *EGMR* v. 13.02.01 StV 2001, 201 ff (mit Anm. *Kempf*); dazu: *Ambos*, NStZ 2003, 14 f; *Beulke*, Rn 161; *Kühne/Esser*, StV 2002, 391; *Wohlers* in: SK, § 147 Rn 63 ff, 65.

[82] *BVerfG* aaO, S. 552 a.E.; *Ambos* aaO; *Meyer-Goßner* aaO.

g) Revision bei Verletzung des § 147 StPO

(1) Verstöße der **StA** gegen diese Vorschrift (Rn 246) können nicht mit der Revision gerügt **250** werden; § 336 StPO gilt nur für richterliche Entscheidungen[83].

(2) Anordnungen des **Vorsitzenden vor der Hauptverhandlung** sind nach Maßgabe des § 336 StPO mit der Revision anfechtbar[84]. Jedoch kann sie nur Erfolg haben, wenn das Urteil auf dem Verstoß gegen § 147 StPO **beruht** (§ 336 S. 1 StPO)[85] – was grundsätzlich ausgeschlossen ist, weil Urteile aufgrund der **Beweisaufnahme in der Hauptverhandlung** gefällt werden (§ 261 StPO) –.

(3) Die Verletzung des Akteneinsichtsrechts des Verteidigers durch den **Vorsitzenden in 251 der Hauptverhandlung** kann mit der Revision gerügt werden (§ 338 Nr. 8 StPO)[86]. Jedoch muss die Versagung der Akteneinsicht die Verteidigung in einem *»für die Entscheidung wesentlichen Punkt«* beschränkt haben. Das Urteil muss also auf dem Verstoß gegen § 147 StPO **beruhen** können. Denn jenes Erfordernis der *Wesentlichkeit* zeigt, dass § 338 Nr. 8 StPO – anders als Nr. 1–7 – kein absoluter Revisionsgrund ist.[87]

h) Akteneinsicht von Beschuldigten und Verletzten

– Hierauf ist bei der Darstellung ihrer Rechte zurückzukommen. –

4. Recht des Verteidigers auf Verkehr mit dem Beschuldigten, § 148 StPO

§ 148 Abs. 1 StPO formuliert zwar nur ein Recht des Beschuldigten, garantiert aber **252** zugleich ein **Verteidigerrecht**, was u.a. § 138 c Abs. 3 StPO verdeutlicht (»Rechte des Verteidigers aus ... § 148«).

a) Bedeutung des Verkehrsrechts nach § 148 Abs. 1 StPO

Garantiert wird der **unüberwachte und ungehinderte** mündliche und schriftliche Verkehr, und zwar auch mit dem inhaftierten Beschuldigten.

(1) **Verteidigergespräche** mit dem Beschuldigten dürfen weder akustisch noch optisch überwacht werden. Erfolgt das Gespräch in der Haftanstalt, können beide verlangen, dass ihnen ein Raum zur Verfügung gestellt wird, in dem sie sich ungestört unterhalten können, ohne dass ein Mithören in Nebenräumen möglich ist[88].

---

[83] *Krey*, StPO 1, Rn 631; *Meyer-Goßner*, § 336 Rn 1, 2.

[84] *KK-Laufhütte*, § 147 Rn 30; *Lüderssen* in: LR, § 147 Rn 172, 173; *Pfeiffer*, § 147 Rn 12; *Wohlers* in: SK, § 147 Rn 121 m.w.N.

[85] *Krey* aaO; *Lüderssen* aaO; *Wohlers* aaO; enger offenbar *OLG Hamm* NJW 1972, 1096 und *Meyer-Goßner*, § 147 Rn 42.

[86] *BGH* St 30, 131, 135; *KK-Laufhütte* aaO; *Lüderssen* aaO; *Pfeiffer* aaO; *Wohlers* aaO, Rn 122; enger *Meyer-Goßner* aaO.

[87] *BGH* aaO, *BGH* St 44, 82, 90 u. *BGH* NStZ 2000, 212 f: **Konkret** bestehende Möglichkeit eines kausalen Zusammenhanges Verfahrensverstoß/Urteil (= Beruhen des Urteils auf dem Verstoß); *Krey*, StPO 1, Rn 633; *Meyer-Goßner*, § 338 Rn 58 f; *Pfeiffer*, § 338 Rn 31; a.A. *Kühne*, Rn 1084 m.w.N. (**abstrakte** Möglichkeit jener Urteilsrelevanz).

[88] *Krey* aaO, Rn 643; *Meyer-Goßner*, § 148 Rn 13, 14.

253 (2) § 148 Abs. 1 StPO geht als lex specialis § 100 a StPO vor. Die **Telekommunikation** des Verteidigers mit dem Beschuldigten darf dort nicht überwacht werden, wo die Garantie des unüberwachten mündlichen Verkehrs zwischen beiden eingreift: Der fernmündliche Verkehr steht insoweit als nur technisch vermittelte Form des mündlichen Verkehrs letzterem gleich[89]. Daher muss die Zulässigkeit der Telefonüberwachung **(TÜ)** nach §§ 100 a, 100 b StPO dort enden, wo das Recht auf unüberwachten Verkehr zwischen Verteidiger und Beschuldigtem beginnt[90].

254 **Ausnahmen** hiervon gelten auch dann nicht, wenn gegen den Verteidiger der Verdacht der Strafvereitelung (§ 258 StGB) zugunsten des Beschuldigten besteht[91]. Das ergibt sich:
– Erstens aus der fehlenden Nennung des § 258 StGB im Katalog des § 100 a StPO.
– Zweitens aus der fehlenden analogen Anwendbarkeit des § 97 Abs. 2 S. 3 StPO für die TÜ: diese Vorschrift für die *schriftliche* Kommunikation gilt nicht für die *(fern-) mündliche*[92], die in § 148 StPO ohnehin stärker garantiert ist, was sein Abs. 2 verdeutlicht.

255 Jedoch wird vielfach für **eine** Fallkonstellation eine Ausnahme vom dargelegten Vorrang des § 148 Abs. 1 StPO vor § 100 a StPO zugelassen. Gemeint ist der Fall, dass beide, Verteidiger und Beschuldigter, als Beteiligte einer Katalogtat i.S. des § 100 a StPO verdächtig sind[93]. Für diese Ausnahme sprechen gute Gründe, da es hier an einer schutzwürdigen Vertrauensbeziehung zwischen Verteidiger und Beschuldigtem fehlt. Das Prozedere nach § 138 a Abs. 1 Nr. 1 i.V.m. § 138 c Abs. 3 StPO ist bei solcher **Tatbeteiligung** zu aufwendig und langwierig.

256 Klarstellung: § 148 Abs. 1 StPO schließt nicht die TÜ von Rechtsanwälten und Rechtslehrern, die sich als Strafverteidiger betätigen, schlechthin aus, sondern gilt nur, soweit die Telekommunikation zwischen **Verteidiger und Beschuldigtem** betroffen ist[94]. In diesem Fall ist die TÜ zu unterbrechen, Tonbandaufzeichnungen über solche Verteidigergespräche sind zu löschen, ihr Inhalt darf nicht zum Nachteil der beiden als Beweismittel verwertet werden.[95]
– Doch sei an die in Rn 255 genannte Ausnahme erinnert. –
Im Übrigen gilt § 148 StPO nach Wortlaut und Sinn nur für das bestehende Verteidigungsverhältnis, nicht für die sog. Anbahnungsgespräche, um die Frage der Übernahme der Verteidigung zu klären[96].

---

[89] *BGH* St 33, 347, 350; *Krey*, StPO 1, Rn 638; *Pfeiffer*, § 148 Rn 3.

[90] *BGH* aaO; *Beulke*, Rn 155, 254; *Meyer-Goßner*, § 100 a Rn 13.

[91] *BGH* aaO, S. 350 a.E., 351, 352; *Beulke*, Rn 155; *Krey* aaO, Rn 639 m.w.N.

[92] *BGH* aaO; *Krey* aaO.

[93] *BGH* St 33, 347, 350 *(Schutz des »**nicht** tat- oder teilnahmeverdächtigen Verteidigers«)*; *KK-Nack*, § 100 a Rn 29; *Krey*, StPO 1, Rn 640, 641; **a.A.:** *Beulke* (Fn 90); *Lüderssen* in: LR, § 148 Rn 14; *Meyer-Goßner* aaO; *Roxin*, 34/34; *Wohlers* in: SK, § 148 Rn 34.

[94] *BVerfG* E 30, 1, 32 ff; *BGH* St 33, 347, 348 f; *BGH* NStZ 1988, 562 f.

[95] *BGH* aaO; *Krey*, StPO 1, Rn 641, 642; *Meyer-Goßner*, § 100 a Rn 13.

[96] *Krey* aaO, Rn 651, 652; *Meyer-Goßner*, § 148 Rn 3, 4 m.w.N.; *Pfeiffer*, § 148 Rn 1; vermittelnd *KK-Laufhütte*, § 148 Rn 5; a.A. etwa *Lüderssen* aaO, Rn 7, 8.

(3) Für den »Lauschangriff« (Abhören und Aufzeichnen des nichtöffentlich gesprochenen **257** Wortes) *außerhalb von Wohnungen* gemäß § 100 f Abs. 2 StPO n.F. ist § 148 Abs. 1 StPO in gleicher Weise als Schranke maßgeblich wie bei der TÜ[97].
– Dasselbe gilt erst recht für den »Großen Lauschangriff«, d.h. die akustische Überwachung von *Wohnungen* (Art. 13 Abs. 3 GG mit §§ 100 c, 100 d StPO n.F.); doch gibt es hier eine ausdrückliche Regelung im Gesetz als lex specialis[98]. –

(4) Für Besuche des Verteidigers inhaftierter Beschuldigter sind **Beschränkungen** **258** **nach Häufigkeit und Dauer** grundsätzlich verboten; jedoch ist der Verteidiger an die anstaltsüblichen Besuchszeiten gebunden[99]. **Verteidigungsunterlagen** (Akten, Briefe etc.) dürfen gegebenenfalls daraufhin überprüft werden,
– ob in ihnen Waffen oder Drogen verborgen sind (wichtig für Pakete und Akten),
– ob es sich nach ihrem äußeren Erscheinungsbild um Verteidigungspost handelt.[100]
Keinesfalls aber dürfen Briefe geöffnet oder Akten durch Lesen inhaltlich überprüft werden[101]. Im Übrigen ist bei jener Kontrolle ihre Verhältnismäßigkeit zu beachten.

b) Einschränkungen des Verkehrs mit dem Beschuldigten bei Straftaten nach §§ 129 a, 129 b StGB (Terrorismus)

(1) Der **schriftliche** Verkehr zwischen Verteidiger und Beschuldigten ist bei Strafverfahren **259** wegen solcher Taten nach Maßgabe des **§ 148 Abs. 2** i.V.m. § 148 a StPO eingeschränkt. Diese Kontrolle soll verhindern, dass der Inhaftierte aus der JVA heraus weiterhin zum Fortbestand der terroristischen Vereinigung beiträgt[102]; sie hat also präventive Funktion.
(2) Der **mündliche** Verkehr bleibt unüberwacht. Doch wird durch Trennscheiben als »Vorrichtungen« i.S. des § 148 Abs. 2 S. 3 StPO die Übergabe von Schriftstücken und anderen Gegenständen (Waffen etc.) ausgeschlossen. Eine weitergehende Überwachung, z.B durch Beobachtung, und erst recht das Mithören oder Abhören sind unzulässig[103].

c) Kontaktsperregesetz (§§ 31–38 EGGVG)

Nach der Entführung von *Schleyer* (Rn 208 Fn 49) wurden diese Vorschriften 1977 zur Abwehr schwerer terroristischer Gefahren geschaffen; sie sind mit dem GG vereinbar[104].

---

[97] *Krey*, Rechtsprobleme … Verdeckter Ermittler, Rn 344 ff, **347**.

[98] § 100 c Abs. 6 StPO n.F. mit § 53 Abs. 1 Nr. 2 StPO.

[99] *OLG Hamm* NStZ 1985, 432; *OLG Karlsruhe* NStZ 1997, 407 f; *Lüderssen* in: LR, § 148 Rn 13; *Meyer-Goßner*, § 148 Rn 9, 10.

[100] *KK-Laufhütte*, § 148 Rn 3, 8; *Krey*, StPO 1, Rn 646, 648–650 (Fallbeispiel); *Meyer-Goßner*, § 148 Rn 6, 7, 12; wohl enger *Lüderssen* aaO, Rn 15 ff, 20.
– Für **Strafgefangene** als Beschuldigte siehe § 24 Abs. 3, § 26 S. 2, 3, § 29 Abs. 1 S. 1 StVollzG (*Schönfelder* Nr. 91).
– Für Beschuldigte in **U-Haft** werden jene Kontrollen auf § 119 Abs. 3 StPO gestützt.

[101] Siehe Fn 100, Abs. 1.

[102] *BGH* NStZ 1984, 177, 178; *Meyer-Goßner*, § 148 Rn 17.

[103] *Krey*, StPO 1, Rn 656; *Meyer-Goßner* aaO, Rn 22; *Wohlers* aaO, Rn 50.

[104] *BVerfG* E 49, 24 ff; dazu ergänzend: *Kühne*, Rn 212, 213; *Meyer-Goßner*, A 2 EGGVG, Rn 1, 2 vor § 31; *Ranft*, Rn 455.

VI. Pflichten des Verteidigers

260 Fall 14:

A ist wegen Vergewaltigung, § 177 StGB, angeklagt. Er hat seinem Wahlverteidiger V zwar seine Schuld eingestanden, den V aber gedrängt, einen Freispruch »aus Mangel an Beweisen« anzustreben. V rät A zu einem Geständnis, jedoch vergeblich.

a) In seinem Plädoyer, § 258 StPO, offenbart V, dass A ihm gegenüber die Tat gestanden habe, und bittet um ein mildes Urteil.

b) V gibt jenes Geständnis nicht preis, plädiert aber auf »schuldig« und bittet um eine milde Bestrafung.

c) V plädiert auf Freispruch: A sei durch die Beweisaufnahme nicht überführt.

d) V erklärt in seinem Plädoyer wahrheitswidrig, aber sehr beeindruckend: Er glaube den Beteuerungen des Angeklagten, unschuldig zu sein.

1. Schweigepflicht, § 203 Abs. 1 Nr. 3 StGB

261 In **Fall 14 a** hat V diese Pflicht verletzt. Er durfte jenes Geständnis nicht offenbaren, solange A ihn nicht von der Schweigepflicht entbunden hatte.

2. Entlastungs- und Fürsprachepflicht

Als Beistand des Beschuldigten hat der Verteidiger das Recht und die Pflicht zur einseitigen Interessenvertretung und Fürsprache (Rn 218). Daher ist er berechtigt und verpflichtet, nur die **entlastenden** Gesichtspunkte hervorzuheben und auch in Kenntnis der Schuld des Angeklagten auf **Freispruch**, gegebenenfalls »mangels Beweises«, zu plädieren[105]
– es sei denn, der Angeklagte ist mit einer anderen Verteidigungstaktik einverstanden –.

262 Eine Wahrheits**pflicht** des Verteidigers dahingehend, *seine Überzeugung von der Schuld des Angeklagten oder auch nur seine Zweifel an dessen Unschuld zu offenbaren,* besteht nicht. Als Beistand des Beschuldigten hat er noch nicht einmal das **Recht** zu einer solchen Offenbarung. Soweit dem Verteidiger sein Gewissen verbietet, in Fällen wie dem vorliegenden (Rn 260) auf Freispruch zu plädieren, etwa wegen der Rückfallgefahr bei einem uneinsichtigen Gewalttäter, mag er eine Niederlegung des Mandats (Rn 223) erwägen.

In **Fall 14 b** hat V jene Entlastungs- und Fürsprachepflicht verletzt.

Dagegen hat er in **Fall 14 c** pflichtgemäß gehandelt.

3. Zur sog. »Wahrheitspflicht« des Verteidigers

263 Die h.M. leitet aus der Stellung des Verteidigers als Organ der Strafrechtspflege seine Wahrheitspflicht ab[106]. Dem ist mit folgender Klarstellung zuzustimmen:

---

[105] *Fezer*, 4/6–9; *Krey* aaO, Rn 660; *Kühne*, Rn 199, 200 a.E.; *Meyer-Goßner*, Rn 2 vor § 137; *BGH* St 29, 99, 107.

[106] *BVerfG* E 38; 105, 119; *Beulke*, Der Verteidiger, S. 149 f; *KK-Laufhütte*, Rn 7 vor § 137; *Kühne*, Rn 199 ff.

– Der Verteidiger darf nicht alles sagen, was er weiß; das folgt aus einer Schweige-pflicht sowie seiner Entlastungs- und Fürsprachepflicht[107].
– Was er sagt, muss aber der Wahrheit entsprechen; insoweit gilt für den Verteidi-ger ein **Verbot zu lügen**[108].
Dieses Lügeverbot folgt erstens aus der Stellung des Verteidigers als Rechtspflegeorgan. Zweitens liegt es im wohlverstandenen Interesse der Beschuldigten und dient der Gewähr-leistung einer effektiven Strafverteidigung im Allgemeininteresse: Der »lügeberechtigte« Verteidiger könnte kein von Gericht und StA respektierter, ernstzunehmender Beistand sein. Gegen dieses Lügeverbot hat V in **Fall 14 d** verstoßen[109].

4. Fürsorgepflicht des Verteidigers gegenüber dem Beschuldigten

Als Beistand und als Organ der Strafrechtspflege treffen den Verteidiger über die dargelegte **264** Entlastungs- und Fürsprachepflicht hinaus weitere Fürsorgepflichten[110], so insbesondere:
– Die Pflicht, dem Beschuldigten zu raten, einer *Einstellung des Verfahrens gemäß § 153 StPO* bzw. einer *Einstellung gegen Auflagen nach § 153 a StPO* zuzustimmen, wenn an-derenfalls mit hoher Wahrscheinlichkeit eine rechtskräftige Verurteilung droht. Dies gilt namentlich bei konkreter Gefahr erheblicher beruflicher Nachteile für den Beschuldigten im Falle seiner Verurteilung.
– Die Pflicht, dem schuldigen Mandanten zu einem früheren *Geständnis* zu raten, wenn eine Verurteilung hoch wahrscheinlich ist und das Geständnis eine erhebliche Strafmilde-rung bzw. eine Strafaussetzung zur Bewährung zur Folge hätte.
– Die Pflicht, den Angeklagten von offensichtlich nicht erfolgversprechenden *Rechtsmitteln* abzuraten, insbesondere dann, wenn er »gut davon gekommen ist«. Diese Pflicht gilt erst recht für *Rechtsbehelfe*, bei denen es kein Verschlechterungsverbot gibt, wie Einspruch gegen Strafbefehle[111].
Gegen diese Fürsorgepflicht wird oft verstoßen, sei es aus finanziellen Gründen (Gebühren-schinderei), sei es aus Streitlust (Kampf mit der Justiz auf Kosten des Mandanten), etc.[112].

5. Verbot von Verdunkelungshandlungen; Verbot, dem Beschuldigten zur Flucht zu verhelfen; sonstige Strafvereitelungshandlungen

Als Organ der Strafrechtspflege unterliegt der Verteidiger nicht nur einem Verbot **265** zu lügen. Vielmehr ist es ihm darüber hinaus **verboten**:

---

[107] Rn 261, 262.

[108] *Beulke* aaO; *Bottke*, ZStW 1984, 726, 750 ff, 755 ff; *KK-Laufhütte* aaO; *Krey*, StPO 1, Rn 662 m.w.N. (pro und contra); *Kühne* aaO; *Roxin*, 19/11; zweifelnd *Fezer*, 4/30.

[109] *Roxin*, 19/13.

[110] Näher dazu *Krey*, StPO 1, Rn 664–666.

[111] Das bei Berufung und Revision anerkannte **Verschlechterungsverbot** – Verbot der reformatio in peius, §§ 331, 358 Abs. 2 StPO – wird in § 411 Abs. 4 StPO für den Ein-spruch gegen den Strafbefehl ausgeschlossen; *Hellmann*, Rn 1016; *Meyer-Goßner*, § 411 Rn 11. **Hierauf muss der Verteidiger den Angeklagten hinweisen.**

[112] Dazu *Krey* aaO.

– Verdunkelungshandlungen wie Beseitigung von Beweismitteln vorzunehmen[113].
– Den Beschuldigten vor einer bevorstehenden Festnahme oder sonstigen strafprozessualen Grundrechtseingriffen wie Hausdurchsuchung zu warnen[114].
– Dem Beschuldigten zur Flucht zu verhelfen[115].
– Zeugen zur Lüge zu verleiten[116].

6. Sonderprobleme: Strafvereitelung (§ 258 StGB) durch Verteidiger

266 Diese intrikate Problematik an der Schnittstelle von materiellem Strafrecht und Strafprozessrecht kann hier nicht eingehend untersucht werden; nur soviel sei gesagt[117]:

a) § 258 StGB erfasst nur strafprozessual unzulässiges Verhalten

Die Vorstellung, § 258 StGB begrenze die strafprozessualen Befugnisse des Verteidigers[118], ist falsch. Vielmehr ergeben sich die Schranken zwischen **erlaubter Strafverteidigung** und **verbotener Strafvereitelung** aus dem Strafverfahrensrecht[119]. *Beulke* spricht insoweit zutreffend von der »akzessorischen Natur des § 258 StGB zur StPO«[120]: Strafprozessual zulässiges Verteidigerverhalten erfüllt nicht den Tatbestand der Strafvereitelung[121].

b) Fallgruppen der Strafvereitelung durch Verteidiger; Gegenbeispiele

267 (1) Wegen **strafprozessualer Zulässigkeit** des fraglichen Verteidigerverhaltens ist der Tatbestand der vollendeten bzw. versuchten Strafvereitelung von vornherein **nicht** einschlägig, wenn der Verteidiger:
– dem Beschuldigten rät, die Aussage zur Sache zu verweigern;
– ihn über die Abgrenzung von Vorsatz und Fahrlässigkeit, von Mord und Totschlag etc. berät, sofern hierin keine konkludente Anstiftung zur Lüge liegt;
– Belastungszeugen bittet, von einem Zeugnisverweigerungsrecht Gebrauch zu machen;

---

[113] *Beulke*, Rn 175; ders. Die Strafbarkeit des Verteidigers, Rn 60, 62, 227 m.w.N.; *Hellmann*, Rn 491; *BGH* St 46, 53, 55.

[114] Rn 243–245. Ebenso m.w.N. *Beulke*, Die Strafbarkeit des Verteidigers, Rn 42 ff, 207.

[115] *Beulke* (Fn 114), Rn 73, 237 ff; *Hellmann* aaO; *Meyer-Goßner*, Rn 2 vor § 137.

[116] *Beulke*, Die Strafbarkeit des Verteidigers, Rn 92, 260 ff m.w.N.; *Krey*, StPO 1, Rn 675 m.w.N.; *BGH* St 46, 53, 56 ff.
Auch den Beschuldigten darf der Verteidiger nicht zum Lügen verleiten (*Beulke* aaO, Rn 29, 30, 34, 35, 189, 194 f; *Krey*, StPO 1, Rn 673 mit Fall 62; *Kühne*, Rn 204).

[117] Eingehend: *Beulke*, Die Strafbarkeit des Verteidigers; *Tröndle/Fischer*, § 258 Rn 8–13 d; siehe auch *Lüderssen* in: LR, Rn 120 ff vor § 137.

[118] Nachweise hierzu bei: *Beulke*, Der Verteidiger, S. 98; ders. Die Strafbarkeit ..., Rn 1.

[119] *BGH* St 46, 53, 54; *Beulke* aaO; *Krey*, StPO 1, Rn 668; *Tröndle/Fischer*, § 258 Rn 8 a.

[120] *Beulke* aaO; ebenso *BGH* St 38, 345, 347 a.E. (h.M.).

[121] *BGH* St 46, 53, 54 f (m.w.N.); *Beulke* aaO; *Krey* aaO; *Tröndle/Fischer* aaO.

– namens des Beschuldigten mit dem Verletzten die Zahlung eines Schmerzensgeldes an letzteren vereinbart, um ihn zu einer entlastenden Aussage zu motivieren, sofern er (Verteidiger) ernstlich für möglich hält, diese Aussage werde der Wahrheit entsprechen.[122]

(2) Gegenbeispiele (vollendete oder versuchte Strafvereitelung): 268
– Der Verteidiger rät dem Beschuldigten zur Flucht bzw. hilft ihm bei der Flucht.
– Er benennt einen Entlastungszeugen für den Beschuldigten; wie vom Verteidiger erwartet, sagt der Zeuge vor Gericht vorsätzlich falsch aus.
– Er verleitet Zeugen durch Suggestivfragen wissentlich zu einer Falschaussage.
– Er versucht, die Entnahme einer Blutprobe beim Beschuldigten zu verhindern.[123]
– Er nötigt Zeugen, ein Zeugnisverweigerungsrecht (§ 52 StPO) wahrzunehmen[124].
– Er verleitet den Beschuldigten zur Lüge[125].

7. Verletzung anderer Strafgesetze durch Verteidigerverhalten

Hier kommen u.a. in Frage: 269
– Versuchte Anstiftung von Zeugen zum Meineid, §§ 30 Abs. 1, 154 StGB[126].
– Geldwäsche gemäß § 261 Abs. 2 Nr. 1 StGB durch Annahme eines **Honorars**, wenn der Verteidiger sichere Kenntnis von dessen deliktischer Herkunft hat[127].

VII. Freigestellte und notwendige Verteidigung (§ 137 Abs. 1/§§ 140 ff StPO)

Auf die verfassungsrechtliche Fundierung des Rechts auf einen **Wahlverteidiger** 270
sowie der **notwendigen Verteidigung** hat die Darstellung schon hingewiesen (Rn 216). Ob sich der Beschuldigte des Beistands eines Verteidigers bedient, hat allein er zu entscheiden, es sei denn, die StPO schreibt die Mitwirkung eines Verteidigers vor (notwendige Verteidigung).

1. Fallgruppen der notwendigen Verteidigung gemäß § 140 StPO

a) Der Katalog des § 140 Abs. 1 StPO und sein Grundgedanke

Die Generalklausel des § 140 Abs. 2 als Auffangtatbestand nennt die Gesichtspunk- 271
te, auf denen die Notwendigkeit der Verteidigung in den Fällen des **§ 140 Abs. 1 Nr. 1–3, 5–8 StPO** beruht:

---

[122] Zum Vorstehenden: *Beulke*, Die Strafbarkeit des Verteidigers, Rn 27 mit 187, Rn 31 mit 190, Rn 57 mit 221; *Krey*, StPO 1, Rn 672, 674; *Tröndle/Fischer*, § 258 Rn 9; *BGH* St 46, 53, 54 ff (dazu m.w.N. *Beulke*, Rn 176 a.E.).

[123] Zum Vorstehenden: *Beulke*, Die Strafbarkeit ..., Rn 36 mit 196, Rn 93 mit 266, Rn 98 mit 273, Rn 60 mit 228; *Krey* aaO, Rn 673, 675, 676; *Tröndle/Fischer*, § 258 Rn 11.

[124] *Tröndle/Fischer*, § 258 Rn 12.

[125] *Beulke*, Rn 176 m.w.N.; *Krey*, StPO 1, Rn 673 (Fall 62).

[126] *BGH* St 31, 10, 11.

[127] *BVerfG* JZ 2004, 670 ff mit Anm. *Wohlers*.

(1) Schwere der Tat
Auf diesem Aspekt basiert § 140 Abs. 1 Nr. 1–3 StPO.

(2) Schwierigkeit der Sach- oder Rechtslage
Auch dieser Gesichtspunkt ist ratio legis der erwähnten Nr. 1–3.

(3) Unfähigkeit des Beschuldigten, sich selbst zu verteidigen
Hierauf beruhen § 140 Abs. 1 Nr. 5–7 und letztlich auch Nr. 8.
– Zu Nr. 7 siehe §§ 413 ff StPO: Der Schuldunfähige bzw. Verhandlungsunfähige kann sich nicht selbst verteidigen.
– Zu Nr. 8: Schließt die Justiz Verteidiger aus (§§ 138 a–138 d StPO), ist sie dafür verantwortlich, dass der Beschuldigte **nicht ohne Verteidiger bleibt**. Daher gilt § 140 Abs. 1 Nr. 8 nicht, wenn nur einer von mehreren Wahlverteidigern ausgeschlossen wurde[128].

b) Zur Generalklausel des § 140 Abs. 2 StPO

272 Sie fungiert als **Auffangtatbestand** für Fälle, in denen § 140 Abs. 1 Nr. 1–3, 5–8 StPO bzw. sonstige Spezialvorschriften[129] nicht eingreifen. Dabei ist § 140 Abs. 2 StPO bedenklich weit gefasst und hat zu erheblicher **Rechtsunsicherheit** geführt, zudem die Revisionsgerichte unnötig oft beschäftigt (Rn 277). Daher sollte man einen weiten **Beurteilungsspielraum** des Vorsitzenden bei der Anwendung jener Generalklausel akzeptieren[130].

(1) Normbereich

Die Notwendigkeit der Verteidigung aus § 140 Abs. 1 StPO gilt für den gesamten Prozess, also auch für Berufungsinstanz und Revisionsbegründung[131]. Dagegen kann die Bestellung eines Verteidigers nach **§ 140 Abs. 2 StPO** auf die 1. Instanz beschränkt werden oder nur für die Revisionsbegründung (§§ 344, 345) erfolgen[132].

273 *(2) Zum Merkmal »Schwere der Tat«*

Sie beurteilt sich in erster Linie nach der zu erwartenden Rechtsfolgenentscheidung. Dabei hat sich in der Rechtsprechung weitgehend die Orientierung an einer Straferwartung von **einem Jahr Freiheitsstrafe** (oder mehr) durchgesetzt[133].
– Das kann jedoch nicht gelten, wenn eine Strafaussetzung zur **Bewährung** zu erwarten ist und dann auch erfolgt[134]. –
Neben der Straferwartung können auch andere Aspekte bedeutsam werden, insbesondere das Drohen schwerer Sanktionen des Disziplinarrechts für Beamte infolge der Straftat[135].

---

[128] *Meyer-Goßner*, § 140 Rn 20.

[129] Zu diesen Spezialvorschriften siehe Rn 276.

[130] Ähnlich *KK-Laufhütte*, § 140 Rn 20 (pflichtgemäßes Ermessen). Von Beurteilungsspielraum spricht u.a. *Meyer-Goßner*, § 140 Rn 22.

[131] *KK-Laufhütte* aaO, Rn 4; *Lüderssen* in: LR, § 141 Rn 28, 31; *Pfeiffer*, § 140 Rn 2.

[132] *Meyer-Goßner*, § 140 Rn 6, 29. – **Siehe auch unten, Rn 275.** –

[133] *Meyer-Goßner* aaO, Rn 23 m.w.N.; weitergehend *Lüderssen* aaO, Rn 64 m.w.N.

[134] Sehr strittig; Nachweise bei *Lüderssen* in: LR, § 140 Rn 57. Wie Verf. offenbar auch *Pfeiffer*, § 140 Rn 5; a.A.: *OLG Frankfurt* StV 2001, 106; *KK-Laufhütte*, § 140 Rn 21.

[135] *Meyer-Goßner*, § 140 Rn 25.

(3) »Schwierigkeit der Sach- und Rechtslage«

Fall 15:   274

In einem Strafverfahren wegen Betrugs vor dem *AG* geht es um folgende Besonderheiten:
(a) Eine effektive Verteidigung ist in casu ohne volle Aktenkenntnis nicht möglich.
(b) Im Rahmen der Beweisaufnahme sollen Sachverständigengutachten erstattet werden.
(c) Es geht bei der Anwendung des Strafrechts in casu um schwierige, noch nicht geklärte Rechtsfragen.

Zu **Fall 15 a**: Hier gebietet die Schwierigkeit der Sachlage eine Verteidigerbestellung gemäß § 140 Abs. 2 StPO[136]. Denn nur der Verteidiger besitzt das Akteneinsichtsrecht aus § 147 StPO (Rn 237–251), während der Beschuldigte keinen Anspruch auf volle Akteneinsicht hat, § 147 Abs. 7 StPO[137].

Zu **Fall 15 b**: Auch hier ist Schwierigkeit der Sachlage i.S. des § 140 Abs. 2 StPO anzunehmen, jedenfalls dann, wenn es bei dem Gutachten um die Schuldfähigkeit des Angeklagten oder (sonst) um ein wichtiges Beweismittel geht[138].

In **Fall 15 c** ist Schwierigkeit der Rechtslage zu bejahen[139].

(4) § 140 Abs. 2 im Berufungs- und Revisionsverfahren   275

–Legt die StA gegen ein freisprechendes Urteil des *AG* **Berufung** ein, ist dem Angeklagten i.d.R. gemäß dieser Vorschrift ein Verteidiger zu bestellen[140].
–Wie bereits erwähnt, kann die Verteidigerbestellung auch nur für die **Revisionsbegründung** erfolgen (Rn 272 a.E.), nämlich dann, wenn zwar sonst die Voraussetzungen des § 140 StPO nicht vorliegen, aber die Begründung der Revision besondere Schwierigkeiten macht[141].
–Für die **Revisionshauptverhandlung** (§§ 349 Abs. 5, 350, 351 StPO) gilt die Verteidigerbestellung gemäß § 140 StPO **nicht**[142], was aus § 350 Abs. 3 folgt. Doch prüft, wenn nicht die letztgenannte Norm eingreift, der Vorsitzende des Revisionsgerichts gemäß § 140 Abs. 2, ob wegen der Schwierigkeit der Rechtslage (ausnahmsweise) ein Verteidiger für jene Hauptverhandlung zu bestellen ist[143].

---

[136] *Beulke*, Rn 167 m.w.N.; *Meyer-Goßner* aaO, Rn 27.

[137] Siehe Fn 136.

[138] *Beulke* aaO; *KK-Laufhütte*, § 140 Rn 22.

[139] *Beulke* aaO; *Lüderssen* in: LR, § 140 Rn 78; *Meyer-Goßner*, § 140 Rn 27 a.

[140] *Beulke* aaO; *KK-Laufhütte* aaO, Rn 23; *Meyer-Goßner* aaO, Rn 26.

[141] *Meyer-Goßner* aaO (Fn 132).

[142] *BGH* St 19, 258, 259 f; *BVerfG* E 46, 202, 209, 210; *Meyer-Goßner*, § 140 Rn 9; *Pfeiffer*, § 140 Rn 3; zweifelnd *Wohlers* in: SK, § 141 Rn 22 m.w.N.

[143] Siehe Fn 142. Die Bestellung erfolgt durch den Vorsitzenden des Strafsenats des *BGH* bzw. *OLG* als Revisionsgericht (Rn 69, 70, 74).

2. Sonstige Fälle notwendiger Verteidigung

276 Hier sei auf §§ 117 Abs. 4, 118 a Abs. 2 S. 2–4, 231 a Abs. 4, 350 Abs. 3, 364 a, 364 b, 408 b, 418 Abs. 4 StPO, § 68 JGG verwiesen.

3. Rechtsanwalt als Beschuldigter[144]

§ 140 StPO gilt auch, wenn der Beschuldigte Rechtsanwalt (oder Rechtslehrer an einer deutschen Hochschule i.S. des § 138 Abs. 1 StPO) ist. Im Übrigen dürfen Rechtsanwälte (und Rechtslehrer) als Beschuldigte sich auch nicht selbst zum Verteidiger nach § 137 StPO bestellen.

4. Bedeutung der notwendigen Verteidigung

a) Erfordernis der Anwesenheit eines Verteidigers in der Hauptverhandlung

277 Notwendigkeit der Verteidigung bedeutet, dass die Hauptverhandlung (1. Instanz und Berufungsinstanz) nicht in Abwesenheit des Verteidigers durchgeführt werden darf: Die **Abwesenheit** des Verteidigers

– bei einem wesentlichen Teil der Hauptverhandlung[145] –

hat den **absoluten Revisionsgrund** des § 338 Nr. 5 StPO zur Folge.

Die fehlende Anwesenheit eines Verteidigers kann dabei darauf beruhen, dass

– der Wahlverteidiger (§ 137 StPO) bzw. der Pflichtverteidiger (§§ 140, 141 StPO) ausbleibt bzw. sich entfernt oder

– der Vorsitzende entgegen §§ 140 ff StPO keinen Pflichtverteidiger bestellt hat.[146]

Im Übrigen folgt aus § 227 StPO (i.V.m. § 226, der den Verteidiger nicht nennt), dass keineswegs stets derselbe Verteidiger anwesend sein muss.

b) § 145 StPO (Verfahren bei fehlender Anwesenheit eines Verteidigers)

278 Bleibt im Falle notwendiger Verteidigung der Verteidiger in der Hauptverhandlung aus, entfernt er sich zur Unzeit oder weigert er sich, die Verteidigung zu führen, so hat der Vorsitzende sogleich einen anderen Verteidiger zu bestellen (§ 145 Abs. 1)

– sofern das Gericht keine Aussetzung (Vertagung) beschließt[147] –.

Eine solche **Neubestellung eines anderen Verteidigers** ist auch nötig, wenn der Wahlverteidiger sein Mandat niederlegt oder der Angeklagte seinem Wahlverteidiger das Mandat entzieht

– wobei in beiden Fällen auch kollusives Vorgehen von Verteidiger und Angeklagtem vorliegen kann –

und der bisherige Wahlverteidiger nicht zum Pflichtverteidiger bestellt wird (§§ 140, 141 Abs. 2 StPO).

---

[144] Siehe bereits Rn 226.

[145] *KK-Laufhütte*, § 140 Rn 27; *Meyer-Goßner*, § 338 Rn 35–38, 41.

[146] *KK-Laufhütte*, § 140 Rn 27; *Meyer-Goßner*, § 338 Rn 41; *Pfeiffer*, § 140 Rn 9, § 338 Rn 20. – **Entfernt sich der Verteidiger zu Beginn oder während der Urteilsverkündung,** so ist die Rüge nach § 338 Nr. 5 StPO verwirkt (*BGH* NStZ 1998, 209; *KK-Laufhütte* aaO; *Meyer-Goßner* aaO). –

[147] § 145 Abs. 1 S. 2. – Eine Aussetzung ist aber grundsätzlich zu vermeiden (Rn 233). –

Da nun der neu bestellte Verteidiger gemäß § 145 Abs. 3 StPO eine *Unterbrechung* oder gar **279** *Aussetzung des Verfahrens* herbeiführen kann (Rn 232, 233), eröffnet die StPO Wahlverteidigern und Angeklagten die Möglichkeit **empfindlicher Verfahrenssabotage** durch ein Vorgehen wie in Rn 278 dargelegt[148].

c) Exkurs: Abwesenheit des Verteidigers in der Hauptverhandlung bei nicht notwendiger Verteidigung

Hier kann die Hauptverhandlung ohne Verteidiger durchgeführt werden. **Verspätet** **280** sich der Wahlverteidiger bei freigestellter Verteidigung, so hat das Gericht aufgrund seiner Fürsorgepflicht gegenüber dem Angeklagten jedoch eine angemessene Zeit mit dem Beginn der Hauptverhandlung zu warten.

Diese Wartepflicht kann aber wegen des Beschleunigungsgebots und der *Fürsorgepflicht gegenüber anderen Verfahrensbeteiligten sowie Zeugen etc.* nur kurz dauern (i.d.R. 15–20 Minuten)[149].

VIII. Wahlverteidiger und Pflichtverteidiger

1. Bestellung des Wahlverteidigers

– Zu § 138 StPO (zugelassene Verteidiger) siehe Rn 226, 227. –

a) Beschränkung der Zahl der Wahlverteidiger auf drei

Diese Beschränkung in § 137 Abs. 1 S. 2 StPO soll Verfahrenssabotage und Prozessver- **281** schleppung verhindern; sie ist verfassungskonform und sachgerecht[150].

Für **Anwaltssozietäten** ist zu beachten: Besteht die Sozietät aus nicht mehr als drei Mitgliedern, sind im Falle der Bestellung der Sozietät alle Mitglieder Verteidiger – nicht etwa die Sozietät als solche –[151].

Besteht die Anwaltssozietät aus mehr als drei Rechtsanwälten, so dürfen nicht mehr als drei die Wahl zum Verteidiger annehmen[152].

Unterbevollmächtigte zählen bei § 137 Abs. 1 S. 2 StPO nicht mit, wenn sie nur an Stelle des Hauptbevollmächtigten (bei dessen Verhinderung) auftreten[153].

b) Verbot der Mehrfachverteidigung, § 146 StPO

Diese Norm soll den Beschuldigten davor schützen, dass der Verteidiger in einen **282** Interessenwiderstreit gerät und seine Beistandsfunktion beeinträchtigt wird[154].

---

[148] Dazu näher *Krey*, StPO 1, Rn 583–587, 695–698, 727, 728, 729 ff.

[149] *Meyer-Goßner*, § 228 Rn 11 m.w.N.

[150] *BVerfG* E 39, 157, 162 ff.

[151] *BVerfG* E 43, 79, 91.

[152] *BVerfG* aaO, S. 94; *Meyer-Goßner*, § 137 Rn 6; *Pfeiffer*, § 137 Rn 1.

[153] *KK-Laufhütte*, Rn 14 vor § 137; *Meyer-Goßner*, § 137 Rn 5.

[154] *BVerfG* E 45, 354, 358; *Beulke*, Rn 173; *Kühne*, Rn 179.

*(1) Verbot der Mehrfachverteidigung bei **Tatidentität** (§ 146 S. 1 StPO)*

Mehrere Beschuldigte, die derselben Tat beschuldigt werden
– wobei Tat im prozessualen Sinne (Rn 83) gemeint ist –
kann ein Verteidiger nicht **gleichzeitig** verteidigen.
An dieser Gleichzeitigkeit fehlt es bei der sog. **sukzessiven** Mehrfachverteidigung. Sie erfordert, dass eine rechtliche Beendigung des Verteidigungsverhältnisses zwischen dem früheren Mandanten und dem Verteidiger vorliegt, sei es durch Entziehung des Mandats durch den Beschuldigten, sei es durch Niederlegung des Mandats (Rn 223). Nach einer solchen Beendigung kann der frühere Verteidiger des einen Beschuldigten den anderen verteidigen[155].

*(2) Verbot der Mehrfachverteidigung bei fehlender Tatidentität, aber bestehender **Verfahrensidentität** (§ 146 S. 2 StPO)*

283 Solche Konstellationen können bei einer Verbindung wegen sachlichen Zusammenhangs, §§ 2, 3 StPO (Rn 85), vorkommen[156].
Im Übrigen steht wegen des Erfordernisses der **gleichzeitigen** Verteidigung auch § 146 S. 2 StPO der sukzessiven Mehrfachverteidigung nicht entgegen[157].

*(3) § 146 StPO und **Rechtsanwaltssozietäten***

284 Bei verfassungskonformer Auslegung dieser Vorschrift im Lichte des Art. 12 GG gilt: Die Verteidigung mehrer Beschuldigter durch Rechtsanwälte einer Sozietät ist erlaubt, wenn jeder der Anwälte einen anderen der Mitbeschuldigten verteidigt. Dabei ist nicht der Inhalt der Vollmachtsurkunde maßgeblich, sondern die Annahme der Bestellung als Wahlverteidiger durch jene Rechtsanwälte[158].
Beispiel 30: Die Mitbeschuldigten A und B haben zwar beide die Verteidigungsvollmacht jeweils für die Rechtsanwälte V1 **und** V2 derselben Sozietät ausgestellt. Jedoch nimmt V1 die Verteidigung für A an, V2 für B. Damit ist § 146 StPO genügt.

c) Zurückweisung des Verteidigers bei Verstoß gegen § 137 bzw. § 146 StPO

Den überzähligen Wahlverteidiger (§ 137 Abs. 1 S. 2) und den Wahlverteidiger im Falle gleichzeitiger Mehrfachverteidigung (§ 146) hat das Gericht, nicht der Vorsitzende, nach Maßgabe des § 146 a StPO zurückzuweisen.

2. Bestellung und Abberufung des Pflichtverteidigers

a) Bestellung, §§ 141, 142, 145 StPO

285 Ist ein Fall notwendiger Verteidigung gegeben (Rn 270–276, 278) und hat der Beschuldigte (Angeschuldigte, Angeklagte, § 157 StPO) noch keinen Verteidiger,

---

[155] *Krey*, StPO 1, Rn 710; *Kühne*, Rn 180; *Meyer-Goßner*, § 146 Rn 18, 19.

[156] *Meyer-Goßner*, § 146 Rn 17; *Pfeiffer*, § 146 Rn 2.

[157] *Krey*, StPO 1, Rn 711; *Meyer-Goßner*, § 146 Rn 17 i.V.m. 18, 19.

[158] *BVerfG* E 43, 79, 94; E 45, 272, 295 f; *Krey* aaO, Rn 712; *Meyer-Goßner* aaO, Rn 8.

so ist ihm **von Amts wegen** ein Verteidiger zu bestellen, §§ 141, 145 StPO; ihn nennt man Pflichtverteidiger[159].

(1) Zuständigkeit des Vorsitzenden; Zeitpunkt der Bestellung

Über die Bestellung des Pflichtverteidigers entscheidet der Vorsitzende, § 141 Abs. 4 StPO. Der Strafrichter als Einzelrichter (Rn 69, 71) ist Vorsitzender i.S. dieser Norm.

Die Bestellung erfolgt gemäß § 141 Abs. 1 StPO unverzüglich **nach Zustellung der Anklage** (§ 201 Abs. 1 StPO): Der Vorsitzende wird den Angeklagten mit Zustellung der Anklageschrift auffordern, innerhalb einer bestimmten Frist i.S. des § 142 Abs. 1 S. 2 StPO einen Rechtsanwalt seines Vertrauens als Pflichtverteidiger »zu bezeichnen« (d.h. vorzuschlagen)[160].

Ergibt sich die Notwendigkeit der Verteidigung **erst später**, so wird der Verteidiger sofort bestellt, § 141 Abs. 2 StPO.

Beispiel 31: Erst während der Hauptverhandlung zeigt sich die Schwere der Tat i.S. des § 140 Abs. 2 StPO.

Hier ist § 141 Abs. 2 StPO anwendbar, wobei in casu zusätzlich § 145 Abs. 2 und 3 StPO zu beachten sind[161].

Gemäß § 141 Abs. 3 StPO kann der Pflichtverteidiger schon während des **Vorver-** 286 **fahrens** (Rn 166–168) bestellt werden, freilich nur auf Antrag der StA[162].

Dabei ist in der neueren Judikatur eine Tendenz festzustellen, in bestimmten Fällen den Entscheidungsspielraum der StA

– und den des Vorsitzenden vor Abschluss der Ermittlungen (§§ 169 mit 141 Abs. 3 S. 3 StPO) –

auf Null zu reduzieren[163]. Dies z.B. dann, wenn der Beschuldigte gemäß § 168 c Abs. 3 StPO von der Anwesenheit bei der ermittlungsrichterlichen Vernehmung eines »zentralen Belastungszeugen« ausgeschlossen wird[164].

(2) Auswahl des Pflichtverteidigers, § 142 StPO

Die gesetzliche Regelung hierzu in § 142 Abs. 1 StPO ist unklar und z.T. in sich wider- 287 sprüchlich: S. 2, 3 auf der einen Seite und S. 1 auf der anderen sind nur schwer miteinander in Einklang zu bringen. Im Übrigen dürfte S. 3 den Beurteilungsspielraum des Vorsitzenden vernebeln. Im Folgenden soll in idealtypisierender Vereinfachung ein Lösungsweg aufge-

---

[159] *Beulke*, Rn 165, 168; *Kühne*, Rn 187.

[160] *Meyer-Goßner*, § 141 Rn 3 m.w.N.; str.

[161] Sieht das Gericht von einer Aussetzung nach **§ 145 Abs. 2 StPO** ab, hat es die Hauptverhandlung in Anwesenheit des Pflichtverteidigers in ihren **wesentlichen** Teilen zu wiederholen (*BGH* St 9, 243; *Meyer-Goßner*, § 141 Rn 4; *Pfeiffer*, § 141 Rn 2), um den Revisionsgrund des § 338 Nr. 5 StPO zu vermeiden.
– Zu **§ 145 Abs. 3 StPO** siehe bereits Rn 232, 233, 279 mit 278. –

[162] *KK-Laufhütte*, § 141 Rn 6; *Meyer-Goßner*, § 141 Rn 5; a.A. *Lüderssen* in: LR, § 141 Rn 24 (auch auf Antrag des Beschuldigten).

[163] *BGH* St 46, 93; 47, 172, 175 ff; *Pfeiffer*, § 141 Rn 2; zurückhaltender *BGH* St 47, 233, 235 (a.E.) ff.

[164] *BGH* St 46, 93; *Meyer-Goßner*, § 141 Rn 5 m.w.N.; *Pfeiffer* aaO.

zeigt werden, der den beteiligten Interessen gerecht wird, dem Gesetz nicht widerspricht und der Praxis weitgehend entspricht:

(a) Ausgangspunkt ist nach der Gesetzessystematik in § 142 Abs. 1 StPO und gemäß Verfahrensgesichtspunkten wie

– Beschleunigungsgebot,
– Gewährleistung möglichst reibungsloser Realisierung von Verteidigerbefugnissen (insbesondere denen aus §§ 147, 148, 168 c Abs. 1 StPO)[165],
– Reduzierung der Verfahrenskosten[166]

der Aspekt der **Ortsnähe** (S. 1 jener Vorschrift). Diese Ortsnähe ist im Falle von U-Haft besonders wichtig, wenn, wie in aller Regel, der Beschuldigte in Gerichtsnähe inhaftiert ist.

288 (b) Daneben ist der Aspekt des **Verteidigers des Vertrauens**, § 142 Abs. 1 S. 2, 3 StPO, bedeutsam und muss bei der Entscheidung des Vorsitzenden angemessen berücksichtigt werden. Dieser hat zwischen den in casu oft widerstreitenden Interessen der Ortsnähe und des Verteidigers des Vertrauens abzuwägen[167]

– mag man dabei wie hier von Beurteilungsspielraum sprechen oder von Entscheidung nach pflichtgemäßem Ermessen[168] –.

(c) Bei dieser Interessenabwägung ist zu berücksichtigen:

Primär ist der Pflichtverteidiger des Vertrauens aus dem Kreis der **ortsnahen** Rechtsanwälte (§ 142 Abs. 1 S. 1 StPO) zu bestimmen[169]. Diese hat § 142 Abs. 1 S. 2, 3 in erster Linie im Auge. Mithin bedeutet die fehlende Ortsnähe i.d.R. einen wichtigen Grund i.S. des § 142 Abs. 1 S. 3 StPO (Rn 292).

Allerdings kann sich das Gewicht fehlender Ortsnähe i.S. des § 142 Abs. 1 S. 1 StPO in Richtung Null reduzieren, wenn Gerichtsort und Sitz des Rechtsanwalts nicht sehr weit voneinander entfernt sind[170]. –

289 Ausnahmsweise kann beim **ortsfernen** Rechtsanwalt (z.B. beim Anwalt aus Köln in einer Saarbrücker Strafsache) der Gesichtspunkt des Anwalts des Vertrauens dominieren[171]; dies u.a. in folgenden Konstellationen[172]:

– Der Rechtsanwalt hat den Beschuldigten schon in vergleichbaren früheren Verfahren verteidigt.
– Der bisherige Wahlverteidiger des Beschuldigten hat wegen dessen Mittellosigkeit das Mandat niedergelegt (dazu Rn 290–292).

---

[165] *Krey*, StPO 1, Rn 716; *Meyer-Goßner*, § 142 Rn 5; *Pfeiffer*, § 142 Rn 1.

[166] BGH St 43, 153, 155. – Zu diesem Aspekt instruktiv *Pfeiffer* aaO. –

[167] BGH aaO; *KK-Laufhütte*, § 142 Rn 5; *Krey* aaO.

[168] Für Ersteres: *Beulke*, Rn 168; *Krey* aaO; für Letzteres: BGH St 43, 153–155; BVerfG E 39, 238, 242.

[169] BGH St 43, 153, 155; *Meyer-Goßner*, § 142 Rn 5, 11; *Pfeiffer*, § 142 Rn 1; str.

[170] *Meyer-Goßner*, § 142 Rn 12 m.w.N.

[171] BGH St 43, 153, 156 ff; 48, 170, 172 f; *KK-Laufhütte*, § 142 Rn 5; *Meyer-Goßner* aaO.

[172] *Meyer-Goßner* aaO m.w.N.

(3) Kein Rechtsanspruch des Beschuldigten auf Bestellung eines bestimmten Rechtsanwalts

Weder der **Beschuldigte** noch der von ihm gewünschte **Rechtsanwalt** (§ 142 Abs. 1 S. 2, 3 StPO) haben einen Anspruch auf die Bestellung des letzteren zum Pflichtverteidiger[173].

Fall 16: 290

A ist wegen unerlaubten Handels mit Betäubungsmitteln gemäß §§ 29 Abs. 1 S. 1 Nr. 1, 30 Abs. 1 Nr. 1 BtMG (Verbrechen) angeklagt. Er hat als Wahlverteidiger Rechtsanwalt R bestellt. Am sechsten Verhandlungstag erklärt R in der Hauptverhandlung, er lege wegen Mittellosigkeit des A das Mandat nieder. Anschließend beantragt R, auch im Namen des A (§ 142 Abs. 1 S. 2, 3 StPO), seine Bestellung als Pflichtverteidiger.

a) R ist schon seit längerem als Wahlverteidiger für A tätig und genießt dessen Vertrauen.

b) R ist der klassische Typ des »Konfliktverteidigers«: Er hatte zunächst in kollusivem Zusammenwirken mit A durch seine Übernahme der Wahlverteidigung den bisherigen Pflichtverteidiger des A, Rechtsanwalt X, gemäß § 143 StPO aus dem Verfahren verdrängt. Danach hatte er zahllose offensichtlich unbegründete Befangenheitsanträge gestellt und sich wiederholt bei Hauptverhandlungsterminen massiv verspätet. Im Übrigen residiert er mehr als 300 km vom Gerichtsort entfernt.

In beiden Fällen ist die Mitwirkung eines Verteidigers notwendig (§ 140 Abs. 1 291
Nr. 2: Verbrechen); mit der Erklärung des R ist die Wahlverteidigung erloschen[174]
– nicht erst mit der Bestellung zum Pflichtverteidiger, da sie nicht immer selbstverständlich ist (Rn 292) –.

Zu Fall 16 a: In solchen Situationen erfolgt i.d.R. die beantragte Bestellung zum Pflichtverteidiger[175]: R ist Verteidiger des Vertrauens, und wichtige Gründe gegen seine Bestellung sind in casu nicht ersichtlich (§ 142 Abs. 1 S. 2, 3 StPO).

Zu Fall 16 b: Hier stehen mehrere wichtige Gründe der Bestellung des R als 292
Pflichtverteidiger entgegen (§ 142 Abs. 1 S. 3 StPO).

(a) Der Gesichtspunkt der **Ortsferne** (§ 142 Abs. 1 S. 1 StPO)[176]: In casu fehlt ein besonderer Grund, der die Bestellung des auswärtigen Rechtsanwalts gebieten könnte.

(b) Die **Verdrängung des bisherigen Pflichtverteidigers** in Kollusion mit dem Angeklagten aus dem Verfahren (§ 143 StPO), ohne dass ein triftiger Grund hierfür ersichtlich ist[177].

(c) Der Gesichtspunkt, der vom Angeklagten benannte Rechtsanwalt (§ 142 Abs. 1 S. 2 StPO) biete keine Gewähr für eine sachgerechte, **ordnungsgemäße Verteidigung**[178]. Jener Aspekt wird hier jedenfalls aus dem Gesamtverhalten des R (sinnlose Befangenheitsanträge, wiederholte erhebliche Verspätungen) deutlich.

---

[173] *BVerfG* E 39, 238, 242, 243; *BGH* St 43, 153, 154; *Meyer-Goßner*, § 142 Rn 9.

[174] Oben, Rn 223; missverständlich *Meyer-Goßner*, § 142 Rn 7.

[175] *KK-Laufhütte*, § 142 Rn 5; *Meyer-Goßner* aaO.

[176] *BGH* St 43, 153, 155; *Kühne*, Rn 189; *Meyer-Goßner*, § 142 Rn 5, 11; *Pfeiffer*, § 142 Rn 1. – **Siehe schon oben, Rn 287–289.** –

[177] *Meyer-Goßner*, § 142 Rn 7 m.w.N. (h.M.); kritisch *Lüderssen* in: LR, § 142 Rn 22.

[178] So für alle: *Meyer-Goßner*, § 142 Rn 3, 13; *Pfeiffer* aaO; beide m.w.N.

(4) Bestellung des bisherigen Wahlverteidigers zum Pflichtverteidiger gegen den Willen des Beschuldigten

293 Hat der Wahlverteidiger **das Mandat niedergelegt** oder der Beschuldigte (Angeschuldigte, Angeklagte, § 157 StPO) ihm **das Mandat entzogen**, so kann das Gericht den bisherigen Wahlverteidiger auch gegen den Willen des Beschuldigten
– im Übrigen auch gegen den Willen des betroffenen Rechtsanwalts –
als Pflichtverteidiger bestellen[179]. Eine solche Bestellung kann sachgerecht und zur Sicherung der Fortführung der Hauptverhandlung regelrecht geboten sein:
– zur Abwehr einer von Angeklagtem *oder* Verteidiger *bezweckten Prozessverschleppung*[180],
– zur Verhinderung einer von Angeklagtem *und* bisherigem Wahlverteidiger **kollusiv** betriebenen *Verfahrenssabotage* [181] oder
– zur Verhinderung der Aussetzung bzw. längeren Unterbrechung der Hauptverhandlung[182], auch wenn keine Prozessverschleppungsabsicht vorliegt.
Diese Darlegungen verdeutlichen, dass die Bestellung des Pflichtverteidigers nicht stets im Einvernehmen mit dem Beschuldigten erfolgen muss[183]. Die Pflicht von Rechtsanwälten zur Übernahme der Pflichtverteidigung folgt aus der BRAO[184].

b) Abberufung des Pflichtverteidigers

294 (1) Gemäß § 143 StPO ist die Bestellung des Pflichtverteidigers zurückzunehmen, sobald für den Beschuldigten ein Wahlverteidiger (§ 137 StPO) auftritt.
Jedoch gilt diese Regelung nicht ohne Ausnahme (Rn 298).

(2) Über § 143 StPO hinaus ist ein **Widerruf der Bestellung aus wichtigem Grund** zulässig[185]. Dies dann, wenn der Zweck der Pflichtverteidigung
– *dem Beschuldigten einen geeigneten Beistand zu sichern und den ordnungsgemäßen Verfahrensablauf zu gewährleisten* [186] –
wegen besonderer Umstände ernsthaft gefährdet ist. Als wichtige Gründe für die Annahme einer solchen Gefährdung sind dabei anerkannt:
(a) Krankheit oder sonstige Verhinderung des Verteidigers[187].
(b) Grobe Pflichtverletzungen[188] wie *wiederholte*, nicht genügend entschuldigte

---

[179] *BGH* St 39, 310, 312 f; *Kühne*, Rn 189; *Meyer-Goßner*, § 142 Rn 7.

[180] Dazu oben, Rn 277–**279** (mit Rn 232, 233); *BGH* aaO.

[181] Siehe Fn 180.

[182] Dazu Rn 232, 233, 278, 279, zudem Rn 296–299.

[183] Siehe bereits Rn 287, 288, 292; ergänzend: Rn 296, 297, 298.

[184] §§ 48, 49 BRAO (in *Schönfelder E*, Nr. 98). – Zur Pflicht des RA, Pflichtverteidigungen zu übernehmen, siehe *BVerfG* JZ 2004, 670, 675 m.w.N. –

[185] *BVerfG* E 39, 238, 244; *KK-Laufhütte*, § 143 Rn 4, 5; *Meyer-Goßner*, § 143 Rn 3 ff; *Pfeiffer*, § 143 Rn 1.

[186] *BVerfG* aaO; *Meyer-Goßner* aaO, Rn 3.

[187] *Meyer-Goßner* aaO; *Pfeiffer* aaO.

[188] *KK-Laufhütte*, § 143 Rn 4 m.w.N. (er verlangt aber zuvor eine **Abmahnung**, aaO m.w.N.); *Meyer-Goßner*, § 143 Rn 4 m.w.N.

erhebliche *Verspätung*, beharrliche *Weigerung, die Verteidigung zu führen* (etwa Weigerung, gemäß § 258 Abs. 3 StPO zugunsten des Angeklagten zu plädieren).

Selbstredend gehört nicht jedes unzweckmäßige oder prozessordnungswidrige Verhalten hierher, zumal der Vorsitzende weder verpflichtet noch auch nur berechtigt ist, die Angemessenheit der Verteidigungstätigkeit zu überwachen[189].

(c) Strittig ist, ob das Vorliegen von Tatsachen, die beim Wahlverteidiger gemäß **295** §§ **138 a, 138 b StPO** zu seinem Ausschluss führen würden, beim Pflichtverteidiger den Widerruf der Bestellung durch den Vorsitzenden erlaubt, also den Verzicht auf das schwerfällige förmliche Ausschließungsverfahren nach §§ 138 c, 138 d. Die früher h.A. bejahte diese Frage[190] zu Recht: Die in §§ 138 a, 138 b genannten Umstände sind offensichtlich wichtige Gründe, die einen prozessordnungsgemäßen Verfahrensablauf gefährden und den Verteidiger als ungeeignet für die Rolle eines Beistandes erscheinen lassen. Sie müssen daher Verhinderungsgründen wie Krankheit und grobe Pflichtverletzungen als Widerrufsgrund gleichgestellt werden. §§ 138 a–138 d sind für Wahlverteidiger bestimmt; sie schließen den Widerruf der Bestellung von Pflichtverteidigern durch den Vorsitzenden nicht als lex specialis aus[191]. Die heute h.L. ist freilich anderer Ansicht[192].

Weiterhin wird als wichtiger Grund (Rn 294) üblicherweise die »Zerstörung bzw. **296** nachhaltige Störung des **Vertrauensverhältnisses** zwischen Beschuldigtem und Pflichtverteidiger« genannt[193]. Jedoch ist dieser Standpunkt nur teilweise zutreffend[194], denn er vernachlässigt die folgenden Einsichten:
– Aus wichtigen Gründen kann der Vorsitzende die Auswahl des Pflichtverteidigers gegen den Willen des Beschuldigten treffen (Rn 287, 288, 292, 293).
– In Ausnahmefällen kann gegen den Willen des Beschuldigten ein Pflichtverteidiger neben dem Wahlverteidiger bestellt werden (Rn 298).
– Unter Berufung auf eine Störung des Vertrauensverhältnisses könnte der Pflichtverteidiger sich aus einer ungeliebten Verteidigerstellung »herausmogeln«, zumal er jene Störung arglistig provozieren könnte.
– Umgekehrt könnte der Beschuldigte eine solche Störung provozieren, um seinen Pflichtverteidiger »loszuwerden«.

---

[189] *KK-Laufhütte* aaO; *Meyer-Goßner* aaO; *Pfeiffer* aaO.

[190] *BVerfG* E 39, 238, 245 ff; *OLG Koblenz* NJW 1978, 2521; *OLG Köln* NStZ 1982, 129 f; *Beulke*, Rn 169; *Krey*, StPO 1, Rn 721; offen gelassen in *BGH* St 42, 94, 97.

[191] *Beulke* aaO; offengelassen von *BGH* aaO.

[192] Sie wendet §§ 138 a ff StPO auch auf **Pflichtverteidiger** an, und zwar i.S. einer Spezialregelung, die das Widerrufsrecht des Vorsitzenden (Rn 294) ausschließen soll. So u.a.: *Hellmann*, Rn 519; *Meyer-Goßner*, § 138 a Rn 3 m.w.N., § 143 Rn 6; *Lüderssen* in: LR, § 138 a Rn 3 ff m.w.N. pro und contra; *Roxin*, 19/51. *BGH* St 42, 94 ff wendet §§ 138 a ff StPO ebenfalls auf Pflichtverteidiger an, lässt aber offen, ob damit das Widerrufsrecht des Vorsitzenden entfällt (S. 97).

[193] *Beulke*, Rn 169; *Fezer*, 4/40; *Meyer-Goßner*, § 143 Rn 5 m.w.N.

[194] *OLG Düsseldorf* JZ 1985, 100; 1986, 204; *Krey*, StPO 1, Rn 722–724.

297 Daher ist der Aspekt der nachhaltigen Störung jenes Vertrauensverhältnisses nur **ein** Abwägungsaspekt unter anderen für die Entscheidung des Vorsitzenden über einen Widerruf aus wichtigem Grund. Diesem Aspekt werden vielfach Gesichtspunkte wie **Verhinderung von Verfahrenssabotage,** Sicherung eines **ordnungsgemäßen Verfahrensablaufs** und **Beschleunigungsgebot** entgegenstehen.

c) Pflichtverteidiger neben dem Wahlverteidiger

298 Das Gesetz geht davon aus, dass ein Pflichtverteidiger nur an Stelle eines fehlenden Wahlverteidigers auftreten soll (§§ 141, 143 StPO[195]). Gleichwohl wird überwiegend anerkannt: **Ausnahmsweise** kann ein Pflichtverteidiger auch bestellt werden, wenn der Beschuldigte einen (oder auch mehrere) Wahlverteidiger hat, bzw. kann auf die Zurücknahme der Bestellung eines Pflichtverteidigers entgegen § 143 StPO verzichtet werden[196]. Dann tritt der Pflichtverteidiger nicht anstelle, sondern **neben dem Wahlverteidiger** auf. Ein solches Vorgehen des Vorsitzenden wird von der h.M. anerkannt, wenn die Bestellung des Pflichtverteidigers bzw. der Verzicht auf die Zurücknahme seiner Bestellung trotz Vorhandenseins von Wahlverteidigern dazu dient, *der »ernsthaften Gefahr einer Beeinträchtigung des ordnungsgemäßen Verfahrensablaufs« zu begegnen* [197]. Jener Pflichtverteidiger neben dem Wahlverteidiger fungiert als **Pflichtverteidiger zur Verfahrenssicherung** (»Sicherungsverteidiger«[198]), wenn anders der zügige Fortgang des Verfahrens, insbesondere der Hauptverhandlung nicht gewährleistet ist[199].

299 **Beispiel 32:** Ein Pflichtverteidiger neben dem Wahlverteidiger kommt insbesondere in Betracht, wenn ein Wahlverteidiger als »Konfliktverteidiger mit Hang zur Verfahrenssabotage« eine ernsthafte Gefahr für den zügigen Fortgang des Verfahrens bedeutet, weil er
– zu keiner verständigen Kooperation mit dem Vorsitzenden bei der Anberaumung des *Termins* zur Hauptverhandlung und etwaiger *Fortsetzungstermine* bereit ist[200];
– wiederholt ohne Entschuldigung *erheblich verspätet* zu Terminen erschienen ist;
– in begründetem Verdacht steht, im Verlauf der Hauptverhandlung eines Umfangsverfahrens *das Mandat niederlegen zu wollen* [201].
Weiterhin kommt die Bestellung eines Sicherungsverteidigers etwa in Betracht, wenn eine *Erkrankung* des Wahlverteidigers den ordnungsgemäßen Verfahrensablauf gefährdet.

---

[195] § 145 Abs. 1 StPO nennt zusätzlich den Fall, dass sich der Verteidiger weigert, die Verteidigung zu führen; dann fehlt er gewissermaßen »materiell«.

[196] *BVerfG* E 39, 238, 246 a.E., 247; E 66, 313, 321; *BGH* St 15, 306, 308 f; *Beulke,* Rn 170; *Hellmann,* Rn 516; *KK-Laufhütte,* § 141 Rn 8; *Kühne,* Rn 194; *Lüderssen* in: LR, § 141 Rn 36 ff, 39 ff m.w.N.; *Meyer-Goßner,* § 141 Rn 1 a m.w.N.; **a.A.** etwa *Fezer,* 4/43 m.w.N.

[197] *BVerfG* E 66, 313, 321; *Krey,* StPO 1, Rn 731.

[198] *Beulke* u. *Hellmann* aaO. – Gegner dieser Figur sprechen von »Zwangsverteidiger«. –

[199] *Meyer-Goßner* aaO.

[200] Bei der Terminierung durch den Vorsitzenden ist eine *Absprache mit dem Verteidiger* jedenfalls bei größeren Verfahren sachgerecht und üblich (*Meyer-Goßner,* § 213 Rn 6), vielfach wohl auch geboten (*KK-Tolksdorf,* § 213 Rn 4, 4 b).

[201] Dazu: *OLG Düsseldorf* NStZ 1986, 137; *Meyer-Goßner,* § 141 Rn 1 a.

Die Figur des Pflichtverteidigers neben dem Wahlverteidiger bedeutet keine unzu- **300**
lässige richterliche Rechtsfortbildung contra legem, sondern **gesetzesergänzende**
Lückenfüllung in der Form der **Schließung einer nachträglichen Regelungslü-**
cke, die durch die Erfahrungen mit heutigen Großverfahren und mit einem »neuen«
Typ von Verteidigern« (Konfliktverteidiger) deutlich geworden ist[202].

3. Rechtsmittel

a) Entgegen §§ 140, 141, 145 StPO wird kein Pflichtverteidiger bestellt

(1) Revision **301**

Zur Abwesenheit des Verteidigers in der *Hauptverhandlung* als absoluter Revisionsgrund
gemäß **§ 338 Nr. 5 StPO** siehe Rn 277.
Ist in der Hauptverhandlung ein Pflichtverteidiger anwesend, wurde er aber entgegen § 141
Abs. 1–3 *zu spät* bestellt, so kommt der relative Revisionsgrund des **§ 336 StPO** in Betracht[203]. Jedoch wird das Urteil auf jener Verspätung meist nicht »beruhen«, weil gemäß
§ 261 StPO das Ergebnis der Hauptverhandlung für die Urteilsfindung maßgeblich ist.

(2) Beschwerde **302**

Lehnt der Vorsitzende die Bestellung eines Pflichtverteidigers ab, hat der **Beschul-**
digte hiergegen das Rechtsmittel der Beschwerde (§ 304 Abs. 1 StPO)[204].
 – Kein Beschwerderecht besitzt dagegen der vom Beschuldigten vorgeschlagene, aber
 nicht bestellte Rechtsanwalt, da **er** nicht in eigenen Rechten verletzt ist[205]. –
Die Entscheidung des Beschwerdegerichts ist für das Revisionsgericht nicht bindend[206].

b) Auswahl des Pflichtverteidigers gegen den Willen des Beschuldigten und/ oder des bestellten Rechtsanwalts[207]

(1) Revision **303**

Die Entscheidung des Vorsitzenden kann gemäß § 336 S. 1 StPO die Revision begründen[208]. Jedoch ist hier – und in gleicher Weise bei Fällen wie in Rn 301 – der weite **Beurtei-**
lungsspielraum (Ermessensspielraum) des Vorsitzenden zu beachten[209]. Im Übrigen wird
das Urteil häufig nicht auf der Verletzung des § 142 StPO »beruhen«.

---

[202] *Krey*, StPO 1, Rn 732 m.w.N.

[203] *BGH* St 47, 172 ff, 179 f; *KK-Laußhütte*, § 140 Rn 29; *Meyer-Goßner*, § 141 Rn 11.

[204] *KK-Laußhütte*, § 141 Rn 13 m.w.N.; *Meyer-Goßner*, § 141 Rn 10 m.w.N. – § 305 S. 1
StPO gilt hier nicht. –

[205] *KK-Laußhütte* aaO; *Meyer-Goßner* aaO; *BVerfG* E 39, 238, 241, 242; unten, Rn 305.

[206] *BGH* St 43, 153, 154; *KK-Laußhütte*, § 141 Rn 14.

[207] Dazu Rn 287–293, 296–298.

[208] *BGH* NStZ 1992, 292; *Meyer-Goßner*, § 142 Rn 20; *Pfeiffer*, § 142 Rn 6.

[209] Dazu oben, Rn 272, 286–288, 297.

304 *(2) Beschwerde*

Der **Beschuldigte** kann gegen die Entscheidung des Vorsitzenden Beschwerde einlegen (§ 304 Abs. 1 StPO)[210].

– Kein Beschwerderecht hat dagegen der nicht bestellte Rechtsanwalt[211]. –

Der **gegen seinen Willen bestellte Rechtsanwalt** ist in seinem Grundrecht aus Art. 12 Abs. 1 GG *betroffen*[212], jedoch i.d.R. wegen seiner Pflicht zur Übernahme von Pflichtverteidigungen (Rn 293 a.E.) nicht *verletzt*. Er kann also Beschwerde einlegen; sie wird aber regelmäßig erfolglos sein.

c) Widerruf der Bestellung aus wichtigem Grund (Rn 294 ff)

305 Dieser Widerruf kann gemäß § 336 S. 1 StPO mit der **Revision** gerügt werden. Sie ist aber meist nicht erfolgreich, weil der Vorsitzende einen Beurteilungsspielraum besitzt und das Urteil auf dem fehlerhaften Widerruf »beruhen« muss.

Der Beschuldigte hat ein **Beschwerderecht**, dagegen nicht der betroffene Pflichtverteidiger: Art. 12 Abs. 1 GG gewährt dem Rechtsanwalt kein Recht auf Übernahme oder Weiterführung von Pflichtverteidigungen[213].

IX. Ausschließung von Wahlverteidigern, §§ 138 a–138 d StPO

306 – Für Pflichtverteidiger siehe Rn 294, 295 mit Fn 192. –

§§ 138 a, 138 b StPO enthalten einen abschließenden **Katalog** von Ausschließungsgründen; sie sind nicht analogiefähig[214]. Dieser Katalog ist eng und das **Ausschließungsverfahren** (§§ 138 c, 138 d StPO) umständlich und zeitaufwendig.

Verfahren gemäß §§ 138 a–138 d StPO sind selten und enden oft mit einem Deal: Der Rechtsanwalt legt sein Mandat nieder und versichert anwaltlich, in dem fraglichen Strafverfahren nicht erneut als Wahlverteidiger aufzutreten. Daraufhin stellt das OLG (§ 138 c Abs. 1 StPO) das Ausschließungsverfahren wegen Erledigung ein.

Ob (und wieweit) es neben §§ 138 a, 138 b ungeschriebene weitere Ausschließungsgründe gibt, ist ungeklärt und strittig[215]. Diese Frage kann hier nicht vertieft werden.

---

[210] *Meyer-Goßner*, § 142 Rn 19 m.w.N.; *Pfeiffer*, § 142 Rn 5.

[211] *BVerfG* aaO (Fn 205); *Pfeiffer* aaO; unten, Rn 305.

[212] *BVerfG* aaO.

[213] *BVerfG* aaO; *Meyer-Goßner*, § 143 Rn 7 m.w.N.

[214] *Krey*, StPO 1, Rn 746.

[215] Dazu *Beulke*, Rn 172; wohl zu weitgehend *Krey* aaO, Rn 740 ff, 747 ff.

§ 8 Der Beschuldigte als Prozesssubjekt

Das Strafverfahren richtet sich gegen den Beschuldigten; gegen ihn können ggf. als straf- **307** prozessuale Zwangsmaßnahmen Grundrechtseingriffe wie Untersuchungshaft angeordnet werden. Insoweit ist er Objekt des Strafverfahrens[1]. Weiterhin fungiert der Beschuldigte durch seine Vernehmung zur Sache (§ 243 Abs. 4 S. 2 StPO) als Beweismittel[2].
– Auf beides wird die Darstellung zurückkommen. –
In erster Linie aber ist er **Prozesssubjekt**[3] mit einer Fülle von Verfahrensrechten. Vor allem um diese Stellung des Beschuldigten als Subjekt des Strafverfahrens und damit als Verfahrensbeteiligter geht es im Folgenden.

I. Terminologie (§ 157 StPO)

Der Begriff »Beschuldigter« als Oberbegriff ist maßgeblich für das *Ermittlungsver-* **308** *fahren (Vorverfahren)*[4].
Im *Zwischenverfahren* (§§ 199 ff StPO), d.h. mit Erhebung der öffentlichen Klage
– sei es durch Einreichung der Anklageschrift bei Gericht, §§ 199, 200 StPO, sei es durch Strafbefehlsantrag gemäß § 407 StPO[5] –,
wird der Beschuldigte zum »Angeschuldigten«.
Im *Hauptverfahren* (§§ 213 ff StPO), also mit Eröffnungsbeschluss des Gerichts gemäß § 203 StPO, heißt der Beschuldigte dann »Angeklagter«.
Als »Verurteilter« wird der Beschuldigte *nach rechtskräftiger Verurteilung* bezeichnet; doch ist die Terminologie des Gesetzes insoweit uneinheitlich[6].

II. Begründung der Beschuldigteneigenschaft

1. Unterscheidung zwischen Verdächtigem und Beschuldigtem

Die StPO differenziert durchgehend zwischen dem nur »Verdächtigen« und dem **309** bereits »Beschuldigten«, so u.a. in
– §§ 102, 163 b StPO (Verdächtiger),
– §§ 81–81 b, 81 g, 112, 133–136 a StPO (Beschuldigter).
Nicht jeder Verdächtige ist also Beschuldigter[7]; das mag der folgende Fall verdeutlichen.

---

[1] *Krey*, StPO 1, Rn 752; *Kühne*, Rn 102, 107; *Roxin*, 18/1; *Schlüchter*, Rn 83; *BGH* St 38, 372, 374.

[2] *KK-Pfeiffer*, Einl. Rn 90; *Krey* aaO; *Meyer-Goßner*, Einl. Rn 49; *Rogall*, Der Beschuldigte als Beweismittel gegen sich selbst, 1977, S. 33; *BGH* St 20, 298, 300; str.

[3] *BVerfG* E 38, 111; E 57, 250, 275; E 63, 380, 390; *BGH* St 38, 372, 374; *Kühne*, Rn 102, 107; *Roxin*, 18/1.

[4] Zum Ermittlungsverfahren siehe bereits Rn 166 ff.

[5] Siehe § 407 Abs. 1 S. 4 StPO.

[6] Dazu *Meyer-Goßner*, § 157 Rn 5.

[7] *Hanack* in: LR, § 136 Rn 4; *Meyer-Goßner*, Einl. Rn 76, 77.

310 **Fall 17: – Viele Verdächtige, wenige Beschuldigte –**

A veranstaltet in seinem Haus eine Party, an der außer ihm, seiner Ehefrau E, seinem Sohn S und seiner Tochter T noch 20 Gäste teilnehmen. Für die Gäste hat A alle Räume seines Hauses geöffnet. Gegen 23 Uhr bemerkt E, dass ein wertvoller Brillantring, den sie ca. 22.30 Uhr in ihrem Badezimmer liegengelassen hatte, verschwunden ist. Den Ring hat die 18jährige T entwendet; sie hofft, der Verdacht werde auf die Gäste fallen.

Auch die rasch herbeigerufene Polizei glaubt zunächst, der Dieb müsse unter den Gästen zu finden sein. Zuerst versuchen die Polizeibeamten durch Befragung von A, E, S und T sowie der anderen Anwesenden zu klären, *ob nach ca. 22.30 Uhr Gäste aufgebrochen sind.* Dabei stellt sich heraus, dass ein Gast, die **F**, kurz vor 23 Uhr die Party verlassen hatte und direkt davor in jenem Badezimmer gewesen sein könnte. F war nämlich mit den Worten, sie müsse sich »frisch machen«, in das Obergeschoss gegangen, in dem die Bäder liegen. Danach war sie ohne Abschied verschwunden. Der dienstälteste Polizeibeamte, P, Ermittlungsperson der StA, hält das Verhalten der **F** für äußerst verdächtig und ordnet gegen 0.10 Uhr die Durchsuchung der **F** und ihrer Wohnung an (§§ 102, 104, 105 Abs. 1 S. 1 StPO).

Vorsorglich versucht P dann durch Befragen der Anwesenden zu ermitteln, wer zwischen ca. 22.30 und 23 Uhr *auf keinen Fall im Obergeschoss gewesen sein kann.* Dabei ergibt sich, dass jedenfalls A, S und 16 Gäste als Täter ausscheiden. Nun wird die **T** auffallend nervös und versucht, sich unauffällig zu entfernen. Dies bemerkt P, der daraus folgert: *Wenn nicht F, dann ist T die Schuldige.* P ordnet die Durchsuchung der **T** an (§§ 102, 105 Abs. 1 S. 1 StPO); hierbei findet sich der gestohlene Ring.

311 Aus der Sicht der Polizei waren in casu zunächst A, E, S und T unverdächtig; **Verdächtige** waren allenfalls die Gäste. Nach Feststellung ihres suspekten Verhaltens kurz nach der Tat konzentrierte sich der Verdacht dann auf **F**; durch die Anordnung der Durchsuchung wurde sie zur **Beschuldigten.** Aufgrund der anschließenden Befragung der Anwesenden konnten außer F noch T und drei der anwesenden Gäste im Badezimmer gewesen sein; das machte sie – neben F – zu **Verdächtigen.** Jedoch wurde von T und diesen Gästen nur **T** zur **Beschuldigten,** und zwar wegen der Anordnung der Durchsuchung aufgrund ihres sehr suspekten Verhaltens.

Die Begründung der Beschuldigteneigenschaft in casu ergibt sich aus Folgendem:

2. Begründung der Eigenschaft als Beschuldigter durch Willensakt des Strafverfolgungsorgans

312 Nur derjenige Tatverdächtige ist Beschuldigter, gegen den das Verfahren als Beschuldigter betrieben wird[8]. Die Beschuldigteneigenschaft kann nur durch einen »Willensakt der Strafverfolgungsbehörde« begründet werden[9], erfordert also einen »Zuschreibungsprozess«[10]. Fehlt es an einer solchen förmlichen Ausrichtung des Verfahrens gegen eine bestimmte Person als Beschuldigten, so ist nicht ausreichend, dass gegen sie schon ein gewisser Verdacht besteht[11].

---

[8]   *BGH* St 10, 8, 11; *Beulke,* Rn 111.

[9]   *BGH* St 34, 138, 140; *Meyer-Goßner,* Einl. Rn 76–79.

[10]   *Hanack* in: LR, § 136 Rn 4; *Krey,* StPO 1, Rn 758; *Rogall* (Fn 2), S. 26.

[11]   *BGH* St 34 aaO; *Krey* aaO, Rn 758, 759; *Meyer-Goßner* aaO.

a) I.d.R. wird jener Willensakt in der **förmlichen Einleitung** des Ermittlungsver- 313
fahrens gegen eine Person liegen, d.h. in einer besonderen Einleitungsverfügung,
die den Beschuldigten und die ihm zur Last gelegte Tat bezeichnet[12].

b) Eine solche Verfügung ist aber nicht nötig. Es genügt, dass ein zunächst gegen 314
Unbekannt oder gegen einen Dritten gerichtetes Ermittlungsverfahren *sich jetzt*
erkennbar gegen eine bestimmte Person **als Beschuldigten** *richtet*, sei es durch
–Antrag auf richterliche Beschuldigtenvernehmung gemäß § 162 StPO durch die StA[13];
–Ladung einer Person zur Vernehmung als Beschuldigter durch die Polizei oder StA[14];
–Anordnung strafprozessualer Zwangsmaßnahmen (Grundrechtseingriffe), die nur gegen
  Beschuldigte zulässig sind[15].

c) Darüber hinaus genügt in **analoger Anwendung des § 397 AO** zur Begründung 315
der Beschuldigteneigenschaft kraft »Willensaktes« *jede Maßnahme eines Straf-*
verfolgungsorgans, die erkennbar darauf abzielt, gegen eine bestimmte Person
wegen einer Straftat strafrechtlich vorzugehen[16]. Dafür wird i.d.R. die **Anord-**
nung der Durchsuchung gegen den Verdächtigen ausreichen[17].
Dies zumindest dann, wenn – wie in casu – diese Anordnung darauf beruht, dass sich
der Verdacht nach dem bisherigen Ergebnis der Ermittlungen auf diejenige Person konzentriert hat, bei der die Durchsuchung vorgenommen wird.

3. Schutz des Verdächtigen vor willkürlichem Vorenthalten des Beschuldig-
tenstatus/Informatorische Befragung tatverdächtiger Auskunftspersonen

Mit Begründung des Beschuldigtenstatus sind bedeutsame Verfahrensrechte verbunden[18], so 316
namentlich zum Schutz des Beschuldigten sein Recht auf ordnungsgemäße *Belehrung vor*
seiner Vernehmung zur Sache (§§ 136 Abs. 1, 163 a Abs. 3, 4 StPO). Der nur Verdächtige
hat als solcher noch keinen derartigen Anspruch[19].

a) Für Fälle wie den vorliegenden (Rn 310), bei denen Strafverfolgungsorgane zu 317
Beginn ihrer Ermittlungen den Täter in einem größeren, wenn auch bestimmten
Personenkreis mit einer Vielzahl (möglicher) Verdächtiger suchen müssen, ist
daher anerkannt: Die sog. »informatorische Befragung« der Anwesenden als erste,
formlose Befragung wie in casu ist ein zulässiges Ermittlungsinstrument[20], um den

---

12 *Hanack* aaO; *Krey* aaO, Rn 760; *Meyer-Goßner*, Einl. Rn 76.

13 *Meyer-Goßner* aaO.

14 *Beulke* aaO; *Krey* aaO, Rn 761.

15 *Beulke*, Rn 112; *Fezer*, 3/51; *Krey* aaO, Rn 762 m.w.N.

16 *BGH* NStZ 1997, 398 (mit Anm. Rogall); *Beulke* aaO; *Krey* aaO, Rn 763; *Roxin*, 25/10.

17 *Hanack* in: LR, § 136 Rn 4, 14; *Krey* aaO, Rn 762 ff; ders. StPO 2, Rn 486 (mit Beispiel
    für Ausnahmen in Rn 487); *BGH* NStZ 1997, 398, 399; kritisch *Rogall* (Fn 2), S. 25.

18 Dazu unten, Rn 320 ff.

19 *BGH* St 37, 48, 51, 52; 38, 214, 227, 228.

20 *BGH* St 37 und 38 aaO; *Beulke*, Rn 113; *Krey*, StPO 1, Rn 768 ff; *Meyer-Goßner*, Einl.
    Rn 78, 79.

Personenkreis möglicher Verdächtiger *durch Ausscheiden Unverdächtiger* zu reduzieren (negative Funktion) und unter den Verbliebenen *besonders verdächtige Personen zu ermitteln*, auf die sich der Verdacht konzentriert (positive Funktion) und die daher als **Beschuldigte** zu verfolgen sind.

Bei solchen informatorischen Befragungen der Anwesenden handelt es sich um **Zeugenvernehmungen**. Das gilt auch für die erste, formlose Befragung möglicherweise tatverdächtiger Auskunftspersonen als möglicherweise **tatverdächtige Zeugen**[21].
– Dass es solche Zeugen gibt, folgt schon aus §§ 55, 56 und § 60 Nr. 2 StPO[22]. –

318 Bei der Entscheidung, ob ein Verdächtiger *als Beschuldigter* verfolgt, d.h. das Ermittlungsverfahren *gegen ihn* geführt wird, geht es also insbesondere auch darum: Erfolgt seine informatorische Befragung als **Zeugenvernehmung**, oder ist eine **Beschuldigtenvernehmung** (Rn 316) geboten?[23] Hierzu hat der *BGH* zutreffend festgestellt: *Für die Frage, wann von der Zeugen- zur Beschuldigtenvernehmung überzugehen sei, komme es auf die »Stärke des Tatverdachts« an; hierfür sei die »pflichtgemäße Beurteilung« des jeweiligen Polizeibeamten bzw. Staatsanwalts maßgeblich (Beurteilungsspielraum)* [24].

319 b) Wird einem Verdächtigen, gegen den sich der Tatverdacht so verdichtet hat, dass er ernstlich als Täter der untersuchten Tat in Betracht kommt, der Beschuldigtenstatus **willkürlich** vorenthalten
– etwa zur Vermeidung der Belehrungspflichten (Rn 316) –
so ist einem solchen Missbrauch der Erfolg zu versagen: Jenes Vorenthalten kann dem Verdächtigen weder *den Status des Zeugen erhalten* noch ihm *die Stellung des Beschuldigten mit eigenen Verfahrensrechten nehmen* [25]. Es gelten also zugunsten des Verdächtigen die dargelegten Belehrungspflichten[26].

III. Verfahrensrechte des Beschuldigten

1. Aktive Beteiligungsrechte als Prozesssubjekt (status activus)

a) Anspruch auf rechtliches Gehör vor Gericht (Art. 103 Abs. 1 GG)

320 Dieses justitielle Grundrecht (Rn 29, 41) wird in der StPO insbesondere in folgenden Vorschriften konkretisiert:
§§ 33 Abs. 1, 3; 115, 115 a, 118, 128; 175; 201; 243 Abs. 4; 257, 258, 265 StPO[27].

---

[21] *Krey* aaO, Rn 768 ff, 770, 771 m.w.N.; *Meyer-Goßner* aaO; *Rogall* NJW 1978, 2535 ff; a.A. etwa *Fezer*, 3/52.

[22] *Krey*, StPO 1, Rn 759, 770, 771 m.w.N.; *Rogall* aaO; h.M.

[23] *BGH* St 10, 8 ff; 37, 48, 51, 52; 38, 214, 227, 228; *Krey*, StPO 1, Rn 770 ff; *Meyer-Goßner*, Einl. Rn 77–79.

[24] *BGH* St 37 und 38 aaO; ebenso u.a.: *Beulke*, Rn 111; *Meyer-Goßner* aaO, Rn 77; str.

[25] *BGH* St 10, 8 ff; zustimmend u.a.: *Beulke*, Rn 112; *Krey* aaO, Rn 765–767; kritisch *Rogall* in: SK, Rn 28 vor § 133.

[26] *BGH* aaO; *Krey* aaO; *Pfeiffer*, § 163 a Rn 1.

[27] Für **Rechtsmittelverfahren** siehe: §§ 308 Abs. 1; 324, 326; 350, 351 StPO.

Rechtliches Gehör bedeutet dabei, dass dem Beschuldigten **Gelegenheit** gegeben werden muss, sich zu der ihm zur Last gelegten Tat zu äußern, und zwar zum Sachverhalt und zur Rechtslage; hierzu gehört auch die Befugnis, Anträge zu stellen[28]. Zugleich verpflichtet Art. 103 Abs. 1 GG das Gericht, die Ausführungen des Beschuldigten zur Kenntnis zu nehmen und in Erwägung zu ziehen[29]

– was freilich nicht bedeutet, dass sich das Gericht in seiner **Entscheidungsbegründung** mit den Ausführungen des Beschuldigten im Einzelnen auseinandersetzen muss.

Rechtliches Gehör ist *vor* der gerichtlichen Entscheidung zu gewähren. Jedoch gibt **321** es von dieser Regel Ausnahmen:

– Gemäß § 33 Abs. 4 S. 1 StPO ist im Falle der Notwendigkeit **überraschender** Maßnahmen wie Anordnung von **U-Haft** und anderen strafprozessualen Zwangsmaßnahmen[30] eine *vorherige Anhörung des Betroffenen* nicht nötig, wenn sie den Zweck der Untersuchung gefährden würde[31].

– Gemäß § 407 Abs. 3 StPO kann das zuständige *AG* einen Strafbefehl ohne vorherige Anhörung des Angeschuldigten erlassen[32].

In beiden Fällen ist aber die *nachträgliche* Anhörung des Betroffenen durch das Gericht gewährleistet:

– Bei der U-Haft durch §§ 115, 115 a StPO.

– Beim Strafbefehl durch die Zulassung des Einspruchs mit anschließender Hauptverhandlung, §§ 409 Abs. 1 Nr. 7, 410 ff StPO.

b) Nachholung des rechtlichen Gehörs, § 33 a StPO

Nach Maßgabe dieser Vorschrift ist im Falle unanfechtbarer **Gerichtsbeschlüsse**, **322** die den Anspruch auf rechtliches Gehör in entscheidungserheblicher Weise verletzt haben, eine Nachholung des rechtlichen Gehörs geboten.
§ 33 a StPO – sowie die ergänzenden §§ 311 a und 356 a StPO – gehören zum Rechtsweg i.S. des § 90 Abs. 2 S. 1 BVerfGG und dienen damit der Entlastung des *BVerfG*[33].

c) Rechtliches Gehör vor StA und Polizei im Strafverfahren

Art. 103 Abs. 1 GG gilt hier nicht. Gleichwohl entspricht es der Rechtsstaatlichkeit des Strafprozesses, dass die StPO in gewissem Umfang auch eine Anhörung des Beschuldigten vor StA und Polizei vorschreibt:

– Für die **StA** siehe §§ 163 a Abs. 1; 136 i.V.m. 163 a Abs. 3 S. 2 StPO.

– Für die Polizei siehe § 136 Abs. 1 S. 2–4, Abs. 2, 3 i.V.m. § 163 a Abs. 4 StPO.

---

[28] *BVerfG* E 60, 175, 210; E 64, 135, 143, 144; *Meyer-Goßner*, Einl. Rn 23, 28 m.w.N.

[29] *BVerfG* E 64 aaO; E 65, 305, 307; *Meyer-Goßner* aaO.

[30] Hier seien als Beispiele genannt: Beschlagnahme (§§ 94 ff); Telefonüberwachung (§§ 100 a, 100 b); Durchsuchung (§§ 102 ff); Vorführung (§ 134 StPO).

[31] § 33 Abs. 4 S. 1 StPO beruht auf der Natur der Sache und ist *verfassungsmäßig*.

[32] Verfassungsmäßigkeit: *BVerfG* E 25, 158, 164 f; *Meyer-Goßner*, § 407 Rn 24 m.w.N.

[33] *Meyer-Goßner*, § 33 a Rn 1, 1 a m.w.N.

d) Weitere Verfahrensrechte des Beschuldigten als Prozesssubjekt

323 (1) Recht auf freie *Verteidigerwahl,* § 137 StPO (Rn 216, 217, 226, 270, 281 ff).

(2) Recht, *Beweisanträge* zu stellen, §§ 244 Abs. 3–6, 245, 246 StPO[34].

(3) *Fragebefugnisse,* §§ 240 Abs. 2, 241 Abs. 2 StPO (siehe auch Rn 225 a.E.).

(4) Recht zur *Richterablehnung,* § 24 Abs. 3 StPO (Rn 115).

(5) Recht zur *Anwesenheit in der Hauptverhandlung,* §§ 230, 231 a, 231 b, 232, 247 StPO; Recht zur Anwesenheit bei bestimmten *richterlichen* Beweisaufnahmen außerhalb der Hauptverhandlung, §§ 168 c Abs. 2–5, 168 d, 224, 225 StPO[35].

(6) Befugnis zur *Einlegung von Rechtsmitteln* (Beschwerde, Berufung, Revision), § 296 Abs. 1 StPO, und zur *Einlegung von Rechtsbehelfen,* z.B. gemäß: §§ 33 a, 44–46, 98 Abs. 2 S. 2, 117–118 b, 359 mit 365, 410, 458 StPO.

2. Ansprüche des Beschuldigten auf Leistungen des Staates (status positivus)

324 Aus den Grundrechten i.V.m. dem Sozialstaatsprinzip (Art. 20 Abs. 1 GG) können in Ausnahmefällen sogar Leistungsansprüche gegen den Staat entstehen, so u.a.:

– Der Anspruch des Beschuldigten auf Beiordnung eines *Pflichtverteidigers,* insbesondere bei Mittellosigkeit (Rn 216, 217, 270 ff, 285 ff).

– Anspruch auf unentgeltliche Beiordnung eines *Dolmetschers* nach § 185 GVG, Art. 6 Abs. 3 e EMRK[36].

– Anspruch auf *Prozesskostenhilfe* im Adhäsionsverfahren bei Mittellosigkeit, § 404 Abs. 5 StPO i.V.m. §§ 114 ff ZPO.

3. Grundrechte als Abwehrrechte gegenüber dem Staat (status negativus)

325 Wie bereits erwähnt gehört zu den wichtigsten Aufgaben eines rechtsstaatlichen Strafprozessrechts die Gewährleistung eines angemessenen Ausgleichs zwischen den Erfordernissen einer effektiven Strafverfolgung einerseits und Gegeninteressen mit Verfassungsrang wie den **Grundrechten des Beschuldigten** andererseits (Rn 15–18, 20). Solche Rechtspositionen des Beschuldigten mit Verfassungsrang sind namentlich:

a) Recht, die Aussage zur Sache zu verweigern

Dieses Recht folgt bei *richterlichen* Vernehmungen aus § 136 Abs. 1 S. 2, speziell für die Hauptverhandlung aus § 243 Abs. 4 S. 1 StPO. Für Vernehmungen durch die *StA* gelten §§ 163 a Abs. 3 S. 2 mit 136 StPO. Bei *polizeilichen* Beschuldigtenvernehmungen ist § 163 a Abs. 4 S. 2 StPO einschlägig.

Dagegen darf der Beschuldigte die **Aussage zur Person** nach der klaren Regelung der StPO, §§ 136 Abs. 1 S. 2 und 243 Abs. 2 S. 3, Abs. 4 S. 1, nicht verweigern[37].

---

[34] Siehe ergänzend §§ 201, 219, 220 StPO.

[35] Zu § 168 c Abs. 5 – bzgl. des Verteidigers – siehe bereits Rn 236.

[36] Dazu *Meyer-Goßner,* Anhang 4 **MRK,** Art. 6 Rn 23 ff.

[37] *BGH* St 25, 13, 17; *BayObLG* NJW 1969, 2057 ff (mit kritischer Anm. *Seebode*); *KK-Boujong,* § 136 Rn 7; *Krey,* StPO 1, Rn 785–787 m.w.N. pro und contra; *Meyer-Goßner,* § 136 Rn 5.

Dabei dient die Vernehmung zur Person der **Feststellung der Identität des Beschuldig-ten**[38]. Die Aussagepflicht zur Person kann also im Einzelfall auf eine Selbstbelastung hinauslaufen[39].

b) Recht, nicht aktiv an der eigenen Überführung mitwirken zu müssen – »nemo tenetur se ipsum accusare« –

Das Recht, die Aussage zur Sache zu verweigern, ist eine spezielle Ausprägung eines ungeschriebenen Rechtsprinzips, das auf der Menschenwürde und der Rechts-staatlichkeit beruht und besagt: *Der Beschuldigte ist nicht verpflichtet, sich selbst zu belasten oder sonst **aktiv** an seiner eigenen Überführung mitzuwirken*[40].   **326**

Beispiel 33: Der Beschuldigte hat das Recht, die **aktive** Mitwirkung an Untersuchungshand-lungen von Strafverfolgungsorganen (oder von Sachverständigen) wie Speichelproben, Alkoholtests, Schriftproben, Sprechproben etc. zu verweigern[41].

Von diesem Recht, nicht aktiv an der eigenen Überführung mitwirken zu müssen, gibt es jedoch zwei verfassungskonforme Ausnahmen[42]:   **327**
– Die erwähnte Pflicht, zur Person auszusagen (Rn 325).
– Die Pflicht, zur richterlichen und staatsanwaltlichen Beschuldigtenvernehmung sowie zur Hauptverhandlung auf Ladung **zu erscheinen**[43] (§§ 133–135; 163 a Abs. 3; 216, 230 Abs. 2 StPO).

IV. Pflichten des Beschuldigten

Hier seien neben den erwähnten aktiven Mitwirkungspflichten noch genannt: **328**
– Die Pflicht zur *Anwesenheit in der Hauptverhandlung* mit dem darin eingeschlos-senen Verbot, sich eigenmächtig zu entfernen (§§ 231, 231 c, 233, 234 StPO).
– Pflicht zu *ordnungsgemäßem Benehmen* in der Hauptverhandlung (§§ 176–178 GVG, 231 b StPO).
Hinzu kommen Duldungspflichten: Dort, wo das Recht wegen übergeordneter Strafverfolgungsinteressen strafprozessuale Zwangsmaßnahmen als **Eingriffe in Grundrechte des Beschuldigten** erlaubt, hat er solche Eingriffe zu dulden[44].

---

[38] *BGH* aaO; *BayOLG* aaO; *KK-Boujong*, § 136 Rn 6, 7; *Krey* aaO; *Meyer-Goßner* aaO. **– Dabei wird auf § 111 OWiG rekurriert. –**

[39] *Hanack* in: LR, § 136 Rn 13; *KK-Boujong, Krey* und *Meyer-Goßner* aaO; a.A. etwa *Rogall* in: SK, Rn 69–71 vor § 133.

[40] *BVerfG* E 56, 37, 43; *BGH* St 34, 39, 45, 46; 38, 214, 220; *Beulke*, Rn 125.

[41] *BGH* St 49, 56, 57, 58; *Krey*, StPO 1, Rn 789, 790; *Meyer-Goßner*, Einl. Rn 29 a, 80.

[42] *Krey* aaO, Rn 791; *Meyer-Goßner*, § 136 Rn 5 und Einl. Rn 80.

[43] *Meyer-Goßner*, Einl. Rn 29 a, 80.

[44] *BVerfG* E 56, 37, 42; *Meyer-Goßner* aaO, Rn 80.

§ 9   Der Verletzte als selbständiger Prozessbeteiligter

329   Straftatopfer (Verletzte) fungieren nicht nur als Beweismittel, genauer: als Zeugen. Vielmehr hat der Verletzte die Stellung eines selbständigen Prozessbeteiligten, ist also Prozesssubjekt[1]. Von seinen Verfahrensrechten als Prozesssubjekt sollen zunächst Befugnisse aufgrund **besonderer Formen der Beteiligung am Strafverfahren** für bestimmte Verletzte angeführt werden. Anschließend erfolgt eine knappe Darlegung der **allgemeinen** Verfahrensrechte von Verletzten unabhängig von jenen besonderen Verfahrensrollen (Rn 334).

I.   Die Beteiligung von Verletzten am Strafprozess als Privatkläger, Nebenkläger und als Antragsteller im Adhäsionsverfahren

1.   Privatkläger, §§ 374–394 StPO

330   Bei den in § 374 Abs. 1 Nr. 1–8 abschließend aufgezählten Privatklagedelikten kann der Verletzte selbst die Tat als Ankläger verfolgen, ohne dass es der Mitwirkung der StA bedürfte. Hierauf ist zurückzukommen.

2.   Nebenkläger, §§ 395–402 StPO

Viel bedeutsamer als die Verfahrensrolle als Privatkläger ist die als Nebenkläger. Denn Privatklagedelikte sind einige wenige leichtere Vergehen, die die Allgemeinheit i.d.R. wenig berühren[2]; im Übrigen spielen Privatklagedelikte in der forensischen Praxis keine große Rolle. Dagegen wird die **Nebenklagebefugnis** in § 395 für einen Katalog von Straftaten eingeräumt, von denen viele sehr schwerwiegend sind, z.B. Sexuelle Nötigung/Vergewaltigung sowie Versuch des Mordes bzw. Totschlags, § 395 Abs. 1 Nr. 1 a, 2 StPO. Und in der Gerichtspraxis spielt die Nebenklage eine viel größere Rolle als die Privatklage. Auch auf die Nebenklage ist zurückzukommen.

3.   Antragsteller im Adhäsionsverfahren, §§ 403–406 c StPO

331   Mit diesem Verfahren soll der Verletzte die Möglichkeit erhalten, aus der Straftat erwachsene vermögensrechtliche Ansprüche (insbesondere Ansprüche auf Schadensersatz und Schmerzensgeld) wahlweise statt vor den Zivilgerichten **im Strafverfahren** geltend zu machen, § 403 StPO. Das Adhäsionsverfahren hatte sich bislang in Deutschland nicht durchsetzen können[3]. Dies wollte der Gesetzgeber mit dem Opferrechtsreformgesetz v. 24.06.2004 (BGBl I, 1354) entschieden ändern – allerdings zu Unrecht und hoffentlich ohne Aussicht auf großen Erfolg:
Das Adhäsionsverfahren stellt nämlich erstens unter dem Aspekt sachgerechter Rechtsfindung durch kompetente Gerichte einen systematischen Fremdkörper im Strafprozess dar – man denke etwa an schwierige Rechtsfragen wie solche des IPR und/oder ausländischen Privatrechts, das gemäß IPR anwendbar ist[4].

---

[1]   *Beulke*, Rn 602; *Kühne*, Rn 245 ff.

[2]   *Meyer-Goßner*, Rn 1 vor § 374.

[3]   *Kühne*, Rn 1136 f; *Meyer-Goßner*, Rn 1 vor § 403; *Wilhelmi*, IPRax 2005, 236 m.w.N.

[4]   Dazu *BGH* StV 2004, 61; *Meyer-Goßner*, § 406 Rn 12; *Wilhelmi* aaO, S. 236–238.

Wer der Strafjustiz ungeachtet ihrer unzulänglichen Ressourcen[5] durch gravierende Ausweitung der Zahl von Adhäsionsverfahren Mehrarbeit aufbürden will, missachtet zweitens
– die *Unmöglichkeit* erheblicher Mehrarbeit wegen der Überlastung der Strafjustiz[6];
– das rechtsstaatliche *Beschleunigungsgebot*, das im Strafprozess besonders bedeutsam ist und durch strenge Spezialvorschriften garantiert wird[7];
– die *Fürsorgepflicht* des Staates gegenüber den Angehörigen der Strafjustiz.
Drittens besteht die Gefahr eines wachsenden *Missbrauchs der Strafrichter* zur Durchsetzung privatrechtlicher Forderungen.

a) Nach § 406 Abs. 1 S. 4, 5 StPO i.d.F. des Opferrechtsreformgesetzes 2004 kann **332** das Strafgericht die Entscheidung im Adhäsionsverfahren ablehnen, wenn der Antrag sich *»zur Erledigung im Strafverfahren nicht eignet«*. Das ist insbesondere der Fall, wenn die Prüfung des Antrags das Verfahren *»erheblich verzögern würde«* [8]. Hierzu ist im Hinblick auf die vorgenannten Bedenken (Rn 331) festzustellen:
(1) Rechtsprobleme des **IPR** und/oder **ausländischen Zivilrechts**, das nach IPR anwendbar sein kann, sind zur Klärung im Adhäsionsverfahren nicht geeignet[9].
(2) Die Ersetzung der Formel »Verzögerung des Verfahrens« (§ 405 StPO a.f.) durch »*erhebliche* Verzögerung« gebietet schon sprachlich keine Umkehrung der Praxis von der regelmäßigen Ablehnung des Antrags gemäß §§ 403 ff StPO zur regelmäßigen Entscheidung im Adhäsionsverfahren. Jener Ersetzung kommt nur die Funktion zu, formelhafte Ablehnungen ohne Einzelfallprüfung zu vermeiden.
(3) Die Erledigung der Strafverfahren gemäß dem Beschleunigungsgebot hat absoluten Vorrang vor verfahrensverzögernden Entscheidungen über privatrechtliche Forderungen im Adhäsionsverfahren. Das ist in **Haftsachen** (§§ 121, 122 StPO) evident, gilt aber (im Grundsatz) allgemein. Nur bei **offensichtlich unerheblicher** Verzögerung kann etwas anderes gelten, wobei schon ein weiterer Verhandlungstag bei der Strafkammer oder beim Schöffengericht eine erhebliche Verzögerung begründen kann. Beim Strafrichter, der mehrere Strafsachen auf einen Tag terminieren muss, wird schon eine stundenlange Verzögerung vielfach erheblich sein.

b) Für **Schmerzensgeld** gemäß § 253 Abs. 2 BGB schließt § 406 Abs. 1 S. 6 StPO i.d.F. des **333** erwähnten Reformgesetzes 2004 (Rn 331) ein Absehen von der Entscheidung im Adhäsionsverfahren mangels Eignung im Allgemeinen und wegen erheblicher Verfahrensverzögerungen im Besonderen gänzlich aus. Dazu ist im Anschluss an *Wilhelmi* [10] festzustellen: Mit dem Verweis auf § 253 Abs. 2 BGB ist gemäß Abs. 1 dieses Gesetzes nur der Schmerzensgeldanspruch nach dem **BGB** gemeint. Im Wege der restriktiven Auslegung gemäß der ratio legis des § 406 Abs. 1 S. 6 StPO n.F., hilfsweise im Wege der teleologischen Reduktion[11],

---

[5] *BGH* JZ 2005, 629, 630 (GS); siehe bereits oben, Rn 66.

[6] Siehe Rn 66, zudem unten, Rn 333. – Verkannt von *Meier/Dürre*, JZ 2006, 18 ff. –

[7] Zu diesen Spezialvorschriften (§§ 121 f, 228 f, 275 StPO) siehe schon Rn 40, 61, 64.

[8] Das Wort **erheblich** wurde durch das Opferrechtsreformgesetz (Rn 331) eingeführt.

[9] Siehe Fn 4. Ebenso offenbar *Meier/Dürre*, JZ 2006, 18, 24.

[10] IPRax 2005, 236, 238.

[11] Zur teleologischen Reduktion siehe *Krey*, AT 1 (= Vol. I), Rn 97, 98.

wird man darüber hinaus postulieren müssen, dass es dabei nicht auf die Klärung von IPR-Problemen ankommen darf[12].

Im Übrigen ist im Wege der teleologischen Reduktion letzterer Vorschrift als einer sachwidrigen Normierung festzustellen: »*ultra vires nemo obligatur*« (*niemand ist zu unmöglichem Verhalten verpflichtet* – auch nicht zu unverhältnismäßiger, unzumutbarer Mehrbelastung). Dieses überpositive Rechtsprinzip aufgrund der Natur der Sache schützt auch den Strafrichter vor gesetzlichen Zumutungen. Daher ist § 406 Abs. 1 S. 6 StPO durch die ungeschriebene Ausnahme einzuschränken: »*Dies gilt nicht, wenn die Überlastung des Gerichts (Spruchkörpers) und/oder das Beschleunigungsgebot die Entscheidung über Schmerzensgeld als unverhältnismäßig und unzumutbar erweisen.*«

II. Verfahrensrechte des Verletzten außerhalb besonderer Verfahrensrollen

334 Auch der Verletzte ohne besondere Verfahrensrolle ist selbständiger Prozessbeteiligter (Prozesssubjekt), und zwar spätestens seit dem Opferschutzgesetz v. 1986[13]. Die StPO räumt dem Verletzten insbesondere die folgenden Befugnisse ein:

1. Bei den echten **Antragsdelikten** wie Hausfriedensbruch kann der Verletzte gemäß §§ 77 ff StGB nach Belieben die Strafverfolgung verhindern; dies dadurch, dass er
– innerhalb der Frist des § 77 b StGB *keinen Strafantrag stellt* oder
– den Antrag vor rechtskräftigem Abschluss des Prozesses *zurücknimmt*, § 77 d StGB.[14]
Wo und in welcher Form der Antrag zu stellen ist, regelt § 158 Abs. 2 StPO.

2. Der Verletzte, der einen Antrag auf Erhebung der öffentlichen Klage gestellt hat, sei es durch förmlichen Strafantrag, sei es durch Strafanzeige (§ 158 Abs. 1 StPO)[15], kann nach Maßgabe der §§ 172 ff StPO das **Klageerzwingungsverfahren zum OLG** betreiben, wenn die StA das Ermittlungsverfahren mangels hinreichenden Tatverdachts (§ 170 Abs. 2 StPO) eingestellt hat. Hierauf ist zurückzukommen.

335 3. Zusätzlich zu diesen Rechten hat das Opferschutzgesetz eine Reihe **sonstiger Verfahrensrechte des Verletzten** geschaffen (§§ 406 d–406 h StPO), namentlich:
– Informationsrechte gemäß § 406 d;
– Akteneinsichtsrechte, die Rechtsanwälte für Verletzte wahrnehmen, § 406 e;
– Recht auf Beistand eines Rechtsanwaltes im Strafprozess, §§ 406 f, 406 g.

4. Schließlich hat der Verletzte das Recht **zu privaten Recherchen** zwecks Aufklärung der gegen ihn begangenen Straftat, insbesondere unter Einschaltung von
– eigenen Mitarbeitern wie Angehörigen eines *betrieblichen Werkschutzes* und/oder
– Rechtsanwälten und Privatdetektiven (Rn 220 mit Fn 17).[16]

---

[12] *Wilhelmi*, IPRax aaO.

[13] BGBl I, 2496; dazu *Krey*, StPO 1, Rn 136–138 m.w.N., 143 ff.

[14] Zu den **eingeschränkten Antragsdelikten** (z.B. § 230 StGB) siehe an späterer Stelle.

[15] *KK-Pfeiffer*, § 171 Rn 1.

[16] Siehe eingehend *Krey*, Zur Problematik privater Ermittlungen ..., S. 17–103, 104 ff.

Dritter Teil: Überblick über den Gang des Strafverfahrens

§ 10 Allgemeiner Überblick (Erkenntnisverfahren/Vollstreckungsverfahren); Überblick über das ordentliche Erkenntnisverfahren 1. Instanz

I. Erkenntnisverfahren/Vollstreckungsverfahren

Erkenntnisverfahren und Vollstreckungsverfahren bilden die beiden großen Teile **336** der StPO. Letzteres beginnt mit **Rechtskraft des Strafurteils**, § 449 StPO.
– Gegenstand dieses Lehrbuchs ist das strafprozessuale Erkenntnisverfahren, nicht das Vollstreckungsverfahren[1]. –

Das **Erkenntnisverfahren** ist wie folgt unterteilt: **337**

1. Ordentliches Strafverfahren; besondere Verfahrensarten

Der ordentliche Strafprozess (§§ 151 ff, 296 ff – Rn 338, 339 –) ist der eigentliche Gegenstand unseres Lehrbuchs. Die besonderen Verfahrensarten
– namentlich Strafbefehlsverfahren (§§ 407 ff), Sicherungsverfahren (§§ 413 ff), Beschleunigtes Verfahren (§§ 417 ff StPO)[2] –
werden nur sehr knapp im letzten Teil dieses Buches angesprochen.

2. Erstinstanzliches Verfahren/Rechtsmittelverfahren

Das **ordentliche Erkenntnisverfahren** wird in das *erstinstanzliche* und das **338** *Rechtsmittelverfahren* getrennt. Wird das Urteil 1. Instanz mit Berufung oder Revision (Rn 69, 70, 74) angefochten, so endet das Erkenntnisverfahren erst mit Abschluss des Rechtsmittelverfahrens.

3. Vorverfahren/Zwischenverfahren/Hauptverfahren

Von zentraler Bedeutung für die Struktur des Erkenntnisverfahrens ist seine Drei- **339** teilung in *Vorverfahren (Ermittlungsverfahren), Zwischenverfahren* und *Hauptverfahren*[3]. Zu Letzterem zählen im Falle der Einlegung von Rechtsmitteln auch das Berufungs- und/oder Revisionsverfahren. Jene Dreiteilung soll im Folgenden vertieft werden, allerdings an dieser Stelle nur für das Verfahren 1. Instanz:

II. Überblick über das ordentliche Erkenntnisverfahren 1. Instanz

1. Vorverfahren (Ermittlungsverfahren)

Insoweit hat die Darstellung bereits die folgenden Punkte näher erörtert: **340**
–Beginn und Ende des Ermittlungsverfahrens (Rn 166–168);

---

[1] Zu Letzterem siehe immerhin Rn 14, 173.

[2] Zum Strafbefehlsverfahren siehe bereits Rn 167 (mit Fn 66).

[3] Dazu schon Rn 86, 87, 166 ff.

–Durchführung der staatsanwaltlichen Ermittlungen (Rn 169, 170);
–StA als Herrin des Ermittlungsverfahrens (Rn 171, 172, 202–204);
–Weisungsgebundenheit der Polizei gegenüber der StA im Einzelnen (Rn 205 ff);
–Reduktion der Verteidigerrechte im Ermittlungsverfahren (Rn 234 ff, 240 ff);
–Begründung der Beschuldigteneigenschaft (Rn 309–319).
Auf jene Darlegungen sei hier verwiesen.

Ergänzend hierzu soll im Folgenden noch näher auf die **Abschlussverfügung der StA** eingegangen werden, mit der das Ermittlungsverfahren endet (Rn 167, 168):

a) Einstellungsbescheid, §§ 170 Abs. 2, 171 StPO

341 (1) Gemäß § 170 Abs. 2 StPO hat die StA das Verfahren einzustellen, wenn die Ermittlungen keinen »genügenden Anlass zur Erhebung der öffentlichen Klage« (§ 170 Abs. 1 StPO) bieten, d.h. wenn der **hinreichende Tatverdacht** fehlt[4]. Das Fehlen dieses Verdachts kann dabei auf **tatsächlichen Gründen** beruhen, weil angesichts nicht ausreichender Beweise die erforderliche Verurteilungswahrscheinlichkeit nicht bejaht werden kann und die Ermittlungsmöglichkeiten erschöpft sind.

Beispiel 34: Ein Ermittlungsverfahren gegen Unbekannt, Rn 166, 314, ist einzustellen, wenn kein (hinreichend verdächtiger) Beschuldigter ermittelt werden kann[5].

Weiterhin kann jener Tatverdacht auch aus **rechtlichen Gründen** entfallen.

Beispiel 35: Aus Rechtsgründen fehlt dieser Verdacht u.a., wenn
– die Tat verjährt, also nicht mehr verfolgbar ist;
– die Tat keinen Straftatbestand erfüllt;
– Rechtfertigungsgründe wie Notwehr die Tat erlauben etc.

342 (2) Bei einer Einstellung nach § 170 Abs. 2 StPO geht die StA wie folgt vor:

(a) Sie stellt das Ermittlungsverfahren durch *Verfügung* ein.

(b) Gemäß § 171 StPO unterrichtet die StA hiervon den *»Antragsteller«*, d.h. den Erstatter der *Strafanzeige* (§ 158 Abs. 1 StPO) bzw. denjenigen, der *Strafantrag* gestellt hat[6]. Diese Unterrichtung erfolgt durch **Einstellungsbescheid** unter Angabe der Gründe.

Ist der Antragsteller zugleich der Verletzte, so ist er in dem Bescheid über die Möglichkeit der Beschwerde zum Generalstaatsanwalt beim *OLG* zu belehren (§ 171 S. 2 StPO).

(c) Der *Beschuldigte* ist von der Einstellung zu benachrichtigen, § 170 Abs. 2 S. 2 StPO.

343 (3) Ein **Strafklageverbrauch** tritt durch die Einstellung des Ermittlungsverfahrens gemäß § 170 Abs. 2 StPO nicht ein. Vielmehr kann die StA nach h.M. das Strafverfahren jederzeit wieder aufnehmen[7]. Die Wiederaufnahme darf aber keineswegs »nach Belieben« erfolgen, sondern aus allgemeinen rechtsstaatlichen Erwägungen nur bei **Vorliegen sachgerechter Gründe**, also willkürfrei[8].

---

[4] Dazu unten, Rn 346.

[5] *Krey*, StPO 2, Rn 6 (im Anschluss an *G. Schäfer*).

[6] *Meyer-Goßner*, § 171 Rn 1.

[7] *Beulke*, Rn 320; *KK-Schmid*, § 170 Rn 23 m.w.N.; *Meyer-Goßner*, § 170 Rn 9. Dies gelte auch bei gleicher Sach- und Rechtslage (*Beulke* und *KK-Schmid* aaO).

[8] So schon *Krey* aaO, Rn 8.

(4) **Muster** einer Einstellungsverfügung der StA mit Einstellungsbescheid   **344**

(a) Verfügung (Vfg.)

Vfg.

1. Einstellung gemäß § 170 Abs. 2 StPO.
2. Zu schreiben:
   – *siehe Anlage* – [9]
3. Wiedervorlage 1 Monat (Nachricht von der Einstellung an den Beschuldigten, wenn der Anzeigeerstatter innerhalb der Frist des § 172 Abs. 1 StPO keine Beschwerde eingelegt hat). [10]

(b) Einstellungsbescheid (gekürztes Muster) [11]

Staatsanwaltschaft Trier   Datum
Aktenzeichen …

Herrn …
Adresse …

Ermittlungsverfahren gegen den Staatsanwalt … wegen Falscher Verdächtigung u.a.
Ihre Strafanzeige vom …

Sehr geehrter Herr …,

ich habe das Strafverfahren eingestellt.
Der Beschuldigte hat sich nicht der Falschen Verdächtigung im Sinne des § 164 StGB strafbar gemacht, als er Polizeibeamte aufforderte zu ermitteln, ob Sie die Kollision am … zwischen Ihrem und seinem Fahrzeug unter Alkoholeinfluss verursacht hätten … [12]
Er hat sich auch nicht der Verfolgung Unschuldiger nach § 344 StGB strafbar gemacht … [13]
Auch eine Strafbarkeit des Beschuldigten wegen Amtsanmaßung gemäß § 132 StGB kommt nicht in Betracht, obwohl er sich zum fraglichen Zeitpunkt nicht im Dienst befand … [14]

Gegen diesen Bescheid steht Ihnen binnen zwei Wochen nach der Bekanntmachung die Beschwerde zu, die bei der Generalstaatsanwaltschaft beim OLG Koblenz oder bei der Staatsanwaltschaft Trier eingelegt werden kann.

Dr. Klein
Staatsanwalt

---

[9] Gemeint ist das Schreiben an den Antragsteller (Rn 342: **Einstellungsbescheid**).

[10] Ist der Antragsteller (§ 171 StPO) *nicht Verletzter* i.S. der §§ 171, 172 StPO, so treten an die Stelle von diesem Punkt 3 die *folgenden Punkte 3, 4*:
     3. Nachricht an den Beschuldigten (Bl. … d.A.)
     4. Weglegen

[11] Das ungekürzte Muster enthält *Krey*, StPO 2, Rn 10, 11.

[12] Es folgen tatsächliche und rechtliche Gründe hierfür (dazu *Krey* aaO).

[13] Siehe Fn 12.

[14] Folgt Begründung (dazu *Krey* aaO).

b) Anklageerhebung (§ 170 Abs. 1 mit §§ 199 Abs. 2, 200 StPO)

345 (1) Bieten die Ermittlungen »genügenden Anlass zur Erhebung der öffentlichen Klage« (§ 170 Abs. 1 StPO), so hat die StA wie folgt vorzugehen:

(a) Sie verfügt den Abschluss der Ermittlungen und vermerkt ihn nach § 169 a in den Akten.
– Zur Bedeutung dieses Vermerks siehe Rn 240 ff, 286. –

(b) Sie erhebt die öffentliche Klage durch Einreichung einer Anklageschrift bei Gericht[15].

346 (2) Genügender Anlass zur Erhebung der öffentlichen Klage bedeutet **hinreichender Tatverdacht** (§ 203 StPO) und fordert eine Verurteilungswahrscheinlichkeit[16]. Im Zeitpunkt der Entscheidung der StA über Anklage oder Einstellung (§ 170 Abs. 1, 2 StPO) ist nur eine *Wahrscheinlichkeitsprognose auf vorläufiger Beweisbasis* möglich[17]; die endgültige Wahrheitsfindung ist ja der Hauptverhandlung vorbehalten, § 261 StPO. Für diese Prognose ist erforderlich, dass die StA bei vorläufiger Tatbewertung eine Verurteilung nach Durchführung der Hauptverhandlung für *wahrscheinlicher* hält als einen Freispruch[18].

Insoweit besitzt die StA nach h.M. einen **Beurteilungsspielraum**[19]. Jedoch ist zu dieser Ansicht die folgende Klarstellung geboten:

Soweit es um die **strafrechtliche** Verantwortlichkeit des Staatsanwalts bzw. die Frage einer **Amtshaftung** geht, besteht in der Tat ein weiter Beurteilungsspielraum für die StA[20].

Bei der Entscheidung des **Gerichts** über die Eröffnung des Hauptverfahrens (§§ 199 ff StPO) geht es dagegen nicht um eine Überprüfung der Entscheidung des Staatsanwalts auf Fehler bei der Ausfüllung jenes Spielraumes. Vielmehr trifft das Gericht eine *selbständige eigene Prognoseentscheidung* über die erforderliche Verurteilungswahrscheinlichkeit[21].

347 *(3) Zu Funktion und Inhalt der Anklageschrift (§§ 199, 200 StPO):*

Die Anklageschrift enthält den Antrag an das **Gericht**, das Hauptverfahren zu eröffnen, § 199 Abs. 2 StPO. Adressat ist das **Gericht**, das die StA für zuständig hält; die Anklageschrift hat auch den aus Sicht der StA zuständigen **Spruchkörper** zu bezeichnen[22], § 200 Abs. 1 S. 2 StPO (Beispiel: *AG Trier – Schöffengericht –*).

Der Inhalt der Anklageschrift ergibt sich aus § 200 StPO:

(a) Der **Anklagesatz** (§ 200 Abs. 1 S. 1 StPO) umfasst die Benennung des *Angeschuldigten* und der ihm zur Last gelegten *Tat* mit Tatzeit und Tatort, gesetzlichen Tatbestandsmerkmalen und anzuwendenden Strafvorschriften.

---

[15] Zur Anklageerhebung durch Antrag auf Erlass eines Strafbefehls siehe Rn 167.

[16] *KK-Schmid*, § 170 Rn 3 m.w.N.; *Meyer-Goßner*, § 170 Rn 1.

[17] *KK-Schmid* aaO.

[18] *KK-Schmid* aaO; *Krey*, StPO 2, Rn 13 m.w.N.

[19] *BVerfG* NStZ 2002, 606; *BGH* NJW 1970, 1543 und NStZ 1988, 510, 511 (jeweils Zivilsenat); *Meyer-Goßner*, § 170 Rn 1.

[20] *Krey*, StPO 2, Rn 14 m.w.N.

[21] Unstrittig; dazu *Krey* aaO, Rn 15, 16, unter Hinweis auf **§ 202 StPO**.

[22] *KK-Tolksdorf*, § 200 Rn 27; *Meyer-Goßner*, § 200 Rn 3.

– Dieser Anklagesatz wird in der Hauptverhandlung vom Sitzungsvertreter der StA verlesen, § 243 Abs. 3 S. 1 StPO. –

(b) Zusätzlich sind die *Beweismittel* anzugeben (siehe Rn 351), im Übrigen auch der Verteidiger, § 200 Abs. 1 S. 2 StPO.

(c) **Wesentliches Ergebnis der Ermittlungen, § 200 Abs. 2 StPO:** 348

Bei Anklagen zum *Strafrichter* (Rn 69, 71) kann auf das wesentliche Ergebnis der Ermittlungen verzichtet werden, § 200 Abs. 2 S. 2 StPO. Von dieser Ermächtigung macht die StA (fast) ausnahmslos Gebrauch.
Hier sind namentlich Tatsachen und Beweissituation darzulegen; grundsätzlich ist auch eine Beweiswürdigung geboten. Damit soll das wesentliche Ergebnis der Ermittlungen den hinreichenden Tatverdacht belegen.
In der **Hauptverhandlung** wird gemäß § 243 Abs. 3 S. 1 StPO nur der Anklagesatz verlesen, dagegen nicht das wesentliche Ergebnis der Ermittlungen[23].

(4) **Muster** einer Abschlussverfügung der StA mit Anklageschrift 349

(a) Verfügung

Vfg.

1. Die Ermittlungen sind abgeschlossen.
2. Anklage schreiben.
3. Durchschrift zu den Handakten.
4. U.m.A. dem AG – Schöffengericht – Koblenz.
5. WV am …

Koblenz, den …   Dr. Klein, Staatsanwalt

(b) Anklageschrift (gekürztes Muster) [24] 350

Staatsanwaltschaft Koblenz   Datum
Aktenzeichen …

Landgericht   **Haft**
– Schwurgerichtskammer –   Eilt sehr
Koblenz

Anklageschrift

Der Hilfsarbeiter Max Mustermann, geb. am … in Koblenz, wohnhaft in: Koblenz, Muster-Str. 999, Deutscher, verheiratet,

– in dieser Sache aufgrund Haftbefehls des Amtsgerichts Koblenz v. … seit … in Untersuchungshaft in der JVA Koblenz –

– Verteidiger: Rechtsanwalt Dr. Deal, Koblenz –

wird angeklagt,
am 01. Mai 2004 in Remagen und Koblenz
durch zwei selbständige Handlungen

---

[23] Dadurch soll u.a. eine **Beeinflussung der Schöffen** verhindert werden.
[24] Das ungekürzte Muster enthält *Krey*, StPO 2, Rn 23–36.

1. versucht zu haben, heimtückisch einen Menschen zu töten,

2. a) widerrechtlich einen Menschen eingesperrt oder auf andere Weise der Freiheit beraubt zu haben

und tateinheitlich hierzu

b) eine andere Person durch Drohung mit gegenwärtiger Gefahr für Leib oder Leben genötigt zu haben, sexuelle Handlungen des Täters an sich zu dulden, wobei der Täter mit dem Opfer den Beischlaf vollzog, *sowie*

c) eine andere Person körperlich misshandelt und an der Gesundheit geschädigt zu haben.

Zu 1:

Am 01. Mai 2004 fuhr der Angeschuldigte mit seiner von ihm getrennt lebenden Ehefrau, der Zeugin Ute Mustermann, in seinem Pkw ..., amtliches Kennzeichen ... unter dem Vorwand, urinieren zu müssen, in ein Waldstück bei Remagen. Dort packte er völlig überraschend die Zeugin, die mit keinen feindseligen Handlungen rechnete, am Hals und würgte sie in Tötungsabsicht bis zur Bewusstlosigkeit; auch danach würgte er sie weiter. Als sich Fußgänger näherten, ließ der Angeschuldigte aus Angst vor Entdeckung von seinem Opfer ab, das er inzwischen für tot hielt. Einige Zeit später erlangte das Opfer zur Überraschung des Angeschuldigten wieder das Bewusstsein.

Zu 2:

Danach fuhr der Angeschuldigte mit dem Pkw in Richtung Koblenz. Dort bog er gegen den Willen der Zeugin erneut in einen Waldweg. Er zog seine Ehefrau mit Gewalt aus dem Fahrzeug, würgte sie und forderte sie nunmehr auf, den Beischlaf mit ihm zu vollziehen. Eingeschüchtert durch das Würgen und aus Angst vor weiteren Gewalttätigkeiten duldete die Zeugin, dass der Angeschuldigte mit ihr geschlechtlich verkehrte; ihm war dabei bewusst, dass er ihre Angst missbrauchte.

Verbrechen und Vergehen gemäß §§ 211, 22, 23/53/177 Abs. 1 Nr. 2, Abs. 2 S. 1, 2, Nr. 1, 223 Abs. 1, 239 Abs. 1, 52 StGB.

Hinsichtlich der Körperverletzung wird das besondere öffentliche Interesse an der Strafverfolgung bejaht, § 230 Abs. 1 StGB

351 Beweismittel:

I. Teilgeständnis des Angeschuldigten.

II. Zeugen[25]:

    1. Ute Mustermann, Koblenz, Goethestraße 999

    2. KHK Derrick, Polizeipräsidium Koblenz

    3. Dr. med. Sauerbruch, Amtsarzt, Stadtverwaltung Koblenz

    4. Richterin von Savigny, AG Koblenz

III. Augenscheinsobjekte:

    Lichtbildmappe[26]

---

[25] Bei Polizeibeamten, Staatsanwälten, Richtern, Amtsärzten etc. ist die Angabe der **Dienststelle** statt der Privatadresse sachgerecht und üblich.

[26] Sie enthält insbesondere Lichtbilder, die Verletzungen des Opfers, den Tatort etc. zeigen.

Wesentliches Ergebnis der Ermittlungen (abgekürzt)[27] **352**

Die im August ... zwischen dem Angeschuldigten und der Zeugin Ute Mustermann geschlossene Ehe begann bereits unter ungünstigen Voraussetzungen ...[28]. Schon Anfang ... wandte sich die Zeugin einem anderen Mann zu, mit dem sie sich regelmäßig traf und eine intime Beziehung hatte. Nach etwa einem Jahr erfuhr der Angeschuldigte von diesem Verhältnis. Die Folgezeit war durch wachsende Spannungen zwischen den Eheleuten geprägt ...
Am 13. März 2004 wurde der Angeschuldigte nach einem der üblichen Besuche seiner Frau bei ihrem Freund erstmals massiv gewalttätig. Er würgte sie heftig ... Nach diesem Vorfall verließ die Zeugin die eheliche Wohnung und zog zu ihrem Geliebten nach Koblenz. Unter Polizeischutz holte sie einen Teil ihrer persönlichen Habe aus der ehelichen Wohnung.

Am 01. Mai 2004 rief der Angeschuldigte die Zeugin an. Sie schlug dabei vor, ihre restli- **353** chen Sachen aus der ehelichen Wohnung zu holen. Der Angeschuldigte war einverstanden ... Er holte sie in Koblenz ab und fuhr mit ihr nach ..., wo das Fahrzeug beladen wurde.
Auf der Rückfahrt nach Koblenz bog der Angeschuldigte unter dem Vorwand urinieren zu müssen, bei Remagen in einen Waldweg ab. Er hielt an ... packte dann völlig überrascht seine ihm an Körperkraft weit unterlegene Frau am Hals und würgte sie. Hierbei hatte er die Absicht, die er auch äußerte, sie zu töten. Auch nachdem die Zeugin bereits das Bewusstsein verloren hatte, würgte er sie weiter. Dann aber entdeckte der Angeschuldigte im Rückspiegel Personen, die sich dem Pkw näherten ...

Der Angeschuldigte fuhr dann mit der Zeugin weiter nach Koblenz. Völlig überraschend für **354** die Zeugin steuerte er aber am Zielort vorbei und fuhr wiederum in einen Waldweg. Dort führte er, nachdem er die Zeugin durch erneutes Würgen am Hals eingeschüchtert hatte, mit ihr gegen ihren Willen den Geschlechtsverkehr aus ...

Der Angeschuldigte wurde am ... festgenommen und befindet sich aufgrund Haftbefehls des Amtsgerichts Koblenz seit ... in Untersuchungshaft.
Die Zeugin hat durch die Angriffe des Angeschuldigten erhebliche Verletzungen erlitten (Prellungen, Blutergüsse), die einen Krankenhausaufenthalt erforderlich machten.

Der Angeschuldigte, der zur Tatzeit nicht alkoholisiert war, ist weitgehend geständig ...[29] **355**
Von der Verfolgung der am 13. März 2004 begangenen Körperverletzung[30] ist gemäß § 154 Abs. 1 StPO abgesehen worden, weil die Strafe, zu der die Verfolgung führen kann, neben der, die der Angeschuldigte im Übrigen zu erwarten hat, nicht beträchtlich ins Gewicht fällt.

Es wird beantragt,
1. das Hauptverfahren vor dem Landgericht – Schwurgerichtskammer – in Koblenz zu eröffnen;
2. den Haftbefehl des Amtsgerichts Koblenz vom ... aufrechtzuerhalten.

Dr. Klein

Staatsanwalt

---

[27] Siehe Fn 24.

[28] Bzgl. der folgenden (und weiteren) Kürzung(en) sei auf das ungekürzte Muster bei *Krey*, StPO 2, Rn 28 ff verwiesen.

[29] Es folgen weitere Ausführungen zur Beweiswürdigung.

[30] Siehe oben im Text, Rn 352 (Abs. 2).

356 (5) **Wirkungen** der Anklageerhebung:

(a) Mit der Anklageschrift hat die StA die *Akten* dem Gericht vorzulegen[31].

(b) Mit Einreichung der Anklageschrift bei Gericht beginnt das *Zwischenverfahren*, §§ 199–211 StPO.

(c) Der Beschuldigte wird zum *Angeschuldigten* (Rn 308).

(d) Das Strafverfahren wird bei Gericht *anhängig*, jedoch noch nicht rechtshängig. Die Rechtshängigkeit beginnt, wie § 156 StPO zeigt, erst mit Erlass des Eröffnungsbeschlusses gemäß § 203 StPO[32].

(e) Es kommt zu einer *Zuständigkeitsverschiebung* für richterliche Untersuchungshandlungen: Statt des Ermittlungsrichters (§ 162 StPO) wird jetzt das Gericht zuständig, bei dem Anklage erhoben ist[33].

– So für Haftsachen §§ 125 Abs. 2, 126 Abs. 2 StPO als Ausdruck eines allgemeinen Rechtsgedankens. –

(f) Die *Verfahrensherrschaft* geht von der StA auf das Gericht über, was u.a. §§ 120 Abs. 3, 155 Abs. 2, 199 mit 201 ff, 207 StPO verdeutlichen. Allerdings kann die StA diesen Übergang vor Eröffnung der Hauptverhandlung durch **Rücknahme der Anklage** (§ 156 StPO) rückgängig machen.

Eine solche Rücknahme kann etwa darauf beruhen, dass die StA bei erneuter Prüfung den hinreichenden Tatverdacht verneint[34].

357 (g) Mit Anklageerhebung wird der **Prozessgegenstand** bestimmt, d.h. in persönlicher und sachlicher Hinsicht (Angeschuldigter, Tat) begrenzt; § 155 Abs. 1 StPO:

»Die Untersuchung und Entscheidung [des Gerichts] erstreckt sich nur auf die in der Klage bezeichnete Tat und auf die durch die Klage bezeichneten Personen.«

Diese Vorschrift ist, wie § 264 StPO, Ausfluss des Anklagegrundsatzes, § 151 StPO. Dabei ist der in beiden Bestimmungen verwandte Tatbegriff identisch[35]. Er meint nicht den materiell-rechtlichen Tatbegriff der §§ 52, 53 StGB. Vielmehr geht es in §§ 155, 264 StPO um den *strafprozessualen Tatbegriff*, der auch für Art. 103 Abs. 3 GG (»ne bis in idem«) gilt[36]: *Er bezeichnet das gesamte Verhalten des Angeschuldigten, soweit es mit der angeklagten Tat nach natürlicher Auffassung einen einheitlichen Lebensvorgang darstellt*[37].

– Hierauf ist zurückzukommen. –

---

[31] § 199 Abs. 2 S. 2 StPO (dazu oben, Rn 237–239).

[32] *Meyer-Goßner*, Einl. Rn 60 b, § 156 Rn 1; *Pfeiffer*, § 156 Rn 1; *BGH* St 29, 341, 343.

[33] *KK-Nack*, § 98 Rn 8; *Krey*, StPO 2, Rn 38; *Rudolphi* in: SK, § 98 Rn 14; alle für die **Beschlagnahme**. Für **Durchsuchungen**: *Müller* in: KMR, § 105 Rn 2 i.V.m. § 98 Rn 3; *Rudolphi* in: SK, § 105 Rn 10 i.V.m. § 98 Rn 14.

[34] *Meyer-Goßner*, § 156 Rn 2 mit weiteren Gründen für eine solche Rücknahme.

[35] *BGH* St 25, 388, 389; *KK-Engelhardt*, § 264 Rn 3; *KK-Schoreit*, § 155 Rn 3; *Meyer-Goßner*, § 155 Rn 1, § 264 Rn 1.

[36] *BGH* St 29, 288, 292; *BVerfG* E 45, 434, 435; *Meyer-Goßner* aaO. – ne bis in idem: Verbot der erneuten Strafverfolgung gegen denselben Täter wegen derselben Tat. –

[37] Oben, Rn 83 m.w.N.; ebenso u.a.: *BVerfG* E 56, 22, 28; *Beulke*, Rn 513; *Kühne*, Rn 641.

(6) Mängel der Anklageschrift

358

(a) Aus §§ 151, 155, 264 StPO folgt: Das Vorliegen einer *wirksamen Anklage* ist Prozessvoraussetzung, ihr Fehlen ist Verfahrenshindernis[38].

Unwirksamkeit der Anklage, die ihrem Fehlen gleichsteht, ist (grundsätzlich) nur dann anzunehmen, wenn es an der
– *genügenden Identifizierung des Angeschuldigten* oder
– *hinreichend klaren Konkretisierung der Tat*
mangelt[39], wobei nur letztere Alternative praxisrelevant ist.

Fall 18: – Ungenügende Konkretisierung der angeklagten Tat(en) –[40]

359

Die Anklageschrift v. 13. Juni 2005 legt dem Angeschuldigten zur Last, er habe *»vom 17. Januar 2005 an in Nordrhein-Westfalen in Warenhäusern gestohlen«*. Im Zwischenverfahren fragt sich der Strafrichter, bei dem Anklage erhoben ist (Rn 69, 71, 75 ff, 80, 81), ob die Anklageschrift die Tat(en) hinreichend konkretisiert habe.

Die Frage ist zu verneinen. In casu genügt die Anklage evident nicht den Anforderungen an eine so genaue Kennzeichnung der Tat(en), dass der Verfahrensgegenstand (§§ 155, 264 StPO) hinreichend deutlich wird. Es fehlt insbesondere an
– jeder Angabe zur *Zahl (Mindestzahl)* der angeklagten Diebstähle;
– Hinweisen über die unterschiedlichen *Geschädigten* und die *Höhe* des Schadens;
– einer Begrenzung des *Tatzeitraums*, da nur sein Beginn genannt wird;
– jeder Angabe über die *Begehungsweise*.
Mithin mangelt es an einer wirksamen Anklage.

Ausnahmsweise kann sich die Konkretisierung der Tat(en) aus dem *wesentlichen Ergebnis der Ermittlungen* ergeben[41]. Bei Anklagen zum Strafrichter wird aber vom wesentlichen Ergebnis der Ermittlungen abgesehen (Rn 348).

Das Gericht (hier: der Strafrichter) kann also keinen Eröffnungsbeschluss erlassen[42]. In solchen Fällen verfährt die **Praxis** wie folgt: Die Akten werden an die StA zurückgegeben, und zwar mit der *Anregung, die Anklage nachzubessern*[43].
360

Erfolgt eine solche Nachbesserung durch genügende Konkretisierung der angeklagten Tat, ist das Verfahrenshindernis der unwirksamen Anklage behoben. Lehnt die StA die angeregte Nachbesserung ab (§ 150 GVG), so wird ein Ablehnungsbeschluss gemäß § 204 StPO unvermeidbar[44]: Das Gericht beschließt die Nichteröffnung des Hauptverfahrens aus Rechtsgründen (§ 204 Abs. 1 StPO).

---

[38] *BGH* NStZ 1982, 519; *Beulke,* Rn 285; *KK-Tolksdorf,* § 200 Rn 30, 34, 37.

[39] *Beulke* aaO; *KK-Tolksdorf* aaO; *Meyer-Goßner,* § 200 Rn 26.

[40] Fall in Anlehnung an *BGH* bei *Dallinger,* MDR 1972, 752 f; ähnlich *BGH* NStZ 1986, 275, 276.

[41] *BGH* aaO (Fn 40); *KK-Tolksdorf,* § 200 Rn 30, 31 m.w.N.; *Meyer-Goßner,* § 200 Rn 26.

[42] *KK-Treier* aaO; *Krey,* StPO 2, Rn 50 m.w.N.; *Meyer-Goßner* aaO.

[43] Siehe Fn 42.

[44] Siehe Fn 42.

361 Verkennt das Gericht die mangelnde Konkretisierung der Tat in der Anklageschrift, d.h. deren Unwirksamkeit, und erlässt rechtsirrig Eröffnungsbeschluss, so ist auch letzterer unwirksam[45], was ein Verfahrenshindernis bedeutet. Hierauf ist zurückzukommen.

(b) **Andere Mängel** der Anklage als die genannten (Rn 358) machen diese grundsätzlich nicht unwirksam[46].

> **Beispiel 36:** Die angeklagte Tat ist rechtlich falsch gewürdigt, etwa als Betrug statt richtig als Trickdiebstahl (siehe § 207 Abs. 2 Nr. 3 StPO).

c) Einstellung in den Fällen des Opportunitätsprinzips

362 Neben der Einstellung mangels hinreichenden Tatverdachts (Rn 167, 341 ff) und der Anklageerhebung (Rn 167, 345 ff) gibt es noch die Abschlussverfügung der StA in der Form der *Einstellung in Fällen des Opportunitätsprinzips*, Rn 168: Dort, wo nicht das Legalitätsprinzip (§§ 152 Abs. 2, 160 Abs. 1, 170 Abs. 1 StPO) herrscht, sondern das **Opportunitätsprinzip** für die StA gilt

– und zwar gemäß §§ 153–154 c StPO, weiterhin nach § 376 StPO, schließlich bei den **eingeschränkten Antragsdelikten** (§§ 230 Abs. 1, 248 a, 303 c StGB etc.) –,

kann sie von Anklage absehen. Dies nach pflichtgemäßem Ermessen bzw. pflichtgemäßer Konkretisierung ihres Beurteilungsspielraumes, und zwar auch dann, wenn hinreichender Tatverdacht vorliegt.

– Auf jene Fälle des Opportunitätsprinzips wird die Darstellung zurückkommen. –

2. Zwischenverfahren, §§ 199–211 StPO

a) Funktion; Beginn und Ende

363 Im Zwischenverfahren ergeht die *gerichtliche Entscheidung über die Eröffnung des Hauptverfahrens*. Damit hat dieser Verfahrensabschnitt eine wichtige Filterfunktion: Ob der Angeschuldigte »auf die Anklagebank kommt«, also eine öffentliche Hauptverhandlung als Angeklagter erdulden muss

– was erhebliche Nachteile für ihn zur Folge haben kann[47] –,

entscheiden unabhängige Richter. Neben dieser **Schutzfunktion** kommt dem Zwischenverfahren noch eine Justizentlastungsfunktion zu (Verhinderung unnötiger Hauptverhandlungen).

Das Zwischenverfahren **beginnt** mit Einreichung der Anklageschrift bei Gericht; es **endet** mit der Entscheidung des Gerichts über die Zulassung der Anklage, sei es durch Eröffnungsbeschluss, sei es durch Nichteröffnung[48].

---

[45] *BGH* (Fn 40); *KK-Treier, Krey* und *Meyer-Goßner* aaO.

[46] *BGH* St 40, 44, 45; *KK-Treier*, § 200 Rn 34, 35; *Meyer-Goßner*, § 200 Rn 27.

[47] Dazu *Krey*, StPO 1, Rn 359; *Kühne*, Rn 143.

[48] *Kühne*, Rn 609; *Roxin*, 5/4.

b) Verfahrensgang

(1) Der Vorsitzende des zuständigen Spruchkörpers[49] teilt dem Angeschuldigten **364** die Anklageschrift mit (§ 201 Abs. 1 StPO). Dabei fordert er ihn auf, innerhalb einer (vom Vorsitzenden) bestimmten, angemessenen Frist zu erklären, ob er
– die Vornahme einzelner Beweiserhebungen beantragen und/oder
– Einwendungen gegen die Eröffnung des Hauptverfahrens vorbringen wolle.
Für etwaige *Beweisanträge* des Angeschuldigten gilt dabei § 244 Abs. 3 StPO nicht[50]. *Einwendungen* des Angeschuldigten können tatsächlicher oder auch rechtlicher Natur sein.

(2) Gemäß § 202 StPO kann das Gericht, auch ohne Antrag i.S. des § 201 Abs. 1, vor Entscheidung über die Eröffnung *einzelne Beweiserhebungen anordnen.* Bei ihnen gilt das Strengbeweisverfahren für die Hauptverhandlung (§§ 244 ff, 249 ff StPO) nicht, sondern das Freibeweisverfahren[51].
– Demgemäß kann das Gericht z.B. telefonische Auskünfte einholen. –
Die Beweisaufnahme nach § 202 StPO muss das Gericht nicht selbst vornehmen, sondern kann sie z.B. analog §§ 223 ff StPO von ersuchten bzw. beauftragten Richtern durchführen lassen oder im Wege der Amtshilfe durch StA bzw. Polizei[52].

(3) Soweit gemäß §§ 140, 141 StPO erforderlich, bestellt der Vorsitzende dem Angeschuldigten einen *Pflichtverteidiger* (Rn 270 ff, 285 ff).

c) Voraussetzungen des Eröffnungsbeschlusses (§§ 203, 207 StPO)

(1) Zuständigkeit des Gerichts   **365**

Das Gericht prüft zunächst von Amts wegen seine *sachliche* und *örtliche* Zuständigkeit, §§ 6, 6 a, 207 Abs. 1, 209, 209 a und § 16 S. 1 StPO.
– Zum Fall fehlender **sachlicher** Zuständigkeit siehe schon Rn 86.
– Im kontroversen Falle mangelnder **örtlicher** Zuständigkeit erscheint folgendes Procedere sachgerecht: *Das Gericht erklärt sich für unzuständig,* ohne die Nichteröffnung des Hauptverfahrens zu beschließen, und sendet der StA die Akten zurück; die StA nimmt die Anklage zurück (§ 156 StPO) und erhebt sie anschließend vor dem zuständigen Gericht[53]. Beharrt die StA auf ihrem Standpunkt, ist die Nichteröffnung, § 204 StPO, unvermeidbar.

(2) Weitere Verfahrensvoraussetzungen

Neben der Zuständigkeit müssen auch die (sonstigen) Verfahrensvoraussetzungen **366** gegeben sein, z.B. bei Antragsdelikten wie Beleidigung ein wirksamer Strafantrag. Auch darf kein Verfahrenshindernis, z.B. Verjährung, vorliegen:

---

[49] Der **Strafrichter** als Einzelrichter ist Vorsitzender i.S. dieser Norm.

[50] *KK-Tolksdorf,* § 201 Rn 18 m.w.N.

[51] *KK-Tolksdorf,* § 202 Rn 4 m.w.N.; *Krey,* StPO 2, Rn 61.

[52] *Meyer-Goßner,* § 202 Rn 3, 4; *Rieß* in: LR, § 202 Rn 12 ff.

[53] h.M., so u.a.: *Meyer-Goßner,* § 16 Rn 4 m.w.N.; *Paeffgen* in: SK, § 204 Rn 8 m.w.N.; *Rieß* aaO, § 204 Rn 7; a.A. *KK-Tolksdorf,* § 204 Rn 3 (Ablehnung der Eröffnung).

Bei **endgültigen** Verfahrenshindernissen ergeht Ablehnungsbeschluss, § 204 StPO. Endgültige, nicht behebbare Verfahrenshindernisse sind u.a.: Verjährung, §§ 78 ff StGB; Fehlen eines Strafantrags, der wegen Fristablaufs oder Zurücknahme nicht mehr nachholbar ist, §§ 77 b, 77 d StGB; Strafklageverbrauch, § 103 Abs. 3 GG.

Bei **vorübergehenden** Verfahrenshindernissen wird das Verfahren vorläufig eingestellt (§ 199 Abs. 1 Alt. 2, § 205 StPO)[54].
Solche Verfahrenshindernisse sind u.a.: Vorübergehende Verhandlungsunfähigkeit des Angeschuldigten und parlamentarische Immunität[55].

367 *(3) Hinreichender Tatverdacht, § 203 StPO*

Er verlangt bzgl. der ***Tatfrage***, d.h. der »Beweisbarkeit in tatsächlicher Hinsicht«, Verurteilungswahrscheinlichkeit (Rn 346) aus der Sicht des Gerichts.
Bezüglich ***Prozessvoraussetzungen*** muss das Gericht von ihrem ***Vorliegen*** überzeugt sein[56]; dies nach Aktenlage, § 199 Abs. 2 S. 2, ggf. auch nach eigenen Ermittlungen, § 202 StPO. Was die ***Rechtsfrage*** betrifft, d.h. die Frage, ob die dem Angeschuldigten zur Last gelegte Tat nach materiellem Recht strafbar ist *(Schlüssigkeit der Anklage)*, muss eine bejahende richterliche Überzeugung vorliegen[57].

d) Zum Eröffnungsbeschluss im Einzelnen, § 207 StPO

368 *(1) Inhalt bei unveränderter Zulassung der Anklage, § 207 Abs. 1 StPO*

Die unveränderte Zulassung ist der Regelfall eines Eröffnungsbeschlusses. Der Beschluss hat dabei folgenden Inhalt **(Muster)**:

In der Strafsache
gegen …
wegen …
wird das Hauptverfahren eröffnet. Die Anklage der Staatsanwaltschaft Trier wird zur Hauptverhandlung vor dem Landgericht – 3. Große Strafkammer – Trier zugelassen[58].

(2) Abweichung von der Anklage in der Zuständigkeitsfrage
– Dazu Rn 86, 365. –

369 *(3) Zulassung der Anklage mit Änderungen, § 207 Abs. 2, 3 StPO*

§ 207 Abs. 2 StPO nennt vier Fälle solcher inhaltlichen Abweichung:
Nr. 1 betrifft den Fall, dass *mehrere Taten im prozessualen Sinne* (§§ 155, 264 StPO) angeklagt sind und das Gericht bei einer von ihnen hinreichenden Tatver-

---

[54] *KK-Tolksdorf*, § 205 Rn 1 ff.

[55] *KK-Tolksdorf* aaO, Rn 8, 9; *Rieß* in: LR, § 205 Rn 12 ff, 20.

[56] *KK-Tolksdorf*, § 203 Rn 7; *Rieß* in: LR, § 203 Rn 10, 16; *Seidl* in: KMR, § 203 Rn 20; *BGH* St 46, 349, 351 f.

[57] *KK-Tolksdorf* aaO, Rn 6; *Rieß* aaO, Rn 15.

[58] Die Bezeichnung des zuständigen Gerichts (§ 207 Abs. 1 StPO) umfasst auch den *nach Gesetz und Geschäftsverteilungsplan **zuständigen Spruchkörper*** (Rn 69, 70, 75–82, 95); *Meyer-Goßner*, § 207 Rn 1.

dacht verneint. Hier kommt es zur Kombination von Eröffnungsbeschluss (§§ 203, 207 Abs. 1) und Nichteröffnung (§ 204 mit § 207 Abs. 2 Nr. 1 StPO)[59].

Nr. 2, 3 und 4: Sie betreffen nur *Änderungen innerhalb der angeklagten Tat*:

– Nr. 2 meint mit *einzelnen abtrennbaren Teilen einer Tat* i.S. des § 154 a StPO z.B.: Teile einer falschen Zeugenaussage; Teilakte von Handlungskomplexen, die als »Bewertungseinheit« zu einer Tat zusammengefasst werden[60].

– Nr. 4 hat den Fall im Auge, dass *eine Tat* i.S. der §§ 154 a, 155, 264 StPO mehrere Strafgesetze verletzt, die i.d.R. in Tateinheit stehen[61].

– Nr. 3 erfasst z.B. die rechtliche Würdigung der angeklagten Tat durch das Gericht als Totschlag statt, wie in der Anklage, als Mord.

§ 207 Abs. 2 Nr. 2, 4 StPO spielen in der Praxis keine große Rolle. Die Verfolgungsbeschränkung i.S. von Nr. 2 und 4 wird meist von der StA schon nach § 154 a StPO in der Anklage vorgenommen[62] oder der Hauptverhandlung überlassen.

Lässt das Gericht die Anklage mit Änderungen i.S. des § 207 Abs. 2 **Nr. 1** bzw. **370** **Nr. 2** StPO zu, hat die StA eine diesem Eröffnungsbeschluss entsprechende neue Anklageschrift einzureichen (§ 207 Abs. 3 StPO).

e) Wirkungen des Eröffnungsbeschlusses:

– Das Zwischenverfahren endet und das *Hauptverfahren* (§§ 213 ff StPO) beginnt. **371**
– Der Angeschuldigte wird zum *Angeklagten* (Rn 308).
– Das Strafverfahren wird *rechtshängig*, § 156 StPO (Rn 356).
– Recht und Pflicht des Gerichts zur Prüfung bestimmter Zuständigkeitsnormen *von Amts wegen* enden nach Maßgabe der §§ 6 a, 16 StPO (Rn 87 a.E., 94, unter f).
– In den Fällen sachlicher Zuständigkeit nach § 24 Abs. 1 Nr. 3 GVG tritt eine *Zuständigkeitsperpetuierung* ein (Rn 78).
– In Haftsachen entscheidet das Gericht von Amts wegen über die *Fortdauer* der U-Haft, § 207 Abs. 4 StPO.
– Die zur Mitwirkung in der Hauptverhandlung berufenen Richter werden *erkennende Richter* (Rn 128).

f) Ablehnungsbeschluss (Nichteröffnung, § 204 StPO)

Bei fehlendem hinreichenden Tatverdacht (Rn 346, 367) beschließt das Gericht, **372** das Hauptverfahren nicht zu eröffnen. Aus dem Beschluss muss hervorgehen, ob er auf *tatsächlichen* oder auf *rechtlichen* Gründen beruht.

Letzteres ist etwa der Fall bei Prozesshindernissen oder Unschlüssigkeit der Anklage (Rn 366, 367), Ersteres bei fehlender Beweisbarkeit in tatsächlicher Hinsicht.

Gemäß § 211 StPO kommt dem *nicht mehr anfechtbaren Ablehnungsbeschluss* (§ 210 Abs. 2 StPO) eine beschränkte *Sperrwirkung* gegenüber erneuter Strafver-

---

[59] *KK-Tolksdorf*, § 207 Rn 6. § 207 Abs. 2 Nr. 1 StPO hat nur deklaratorische Bedeutung.

[60] *KK-Schoreit*, § 154 a Rn 5. Zur **Bewertungseinheit**: *Tröndle/Fischer*, Rn 12 ff vor § 52.

[61] *KK-Schoreit* aaO, Rn 6; *Krey*, StPO 2, Rn 79; *Meyer-Goßner*, § 154 a Rn 6.

[62] *KK-Tolksdorf*, § 207 Rn 8; *Meyer-Goßner*, § 207 Rn 4, 7 i.V.m. § 200 Rn 7, 14.

folgung zu: Die Klage kann nur auf Grund *neuer Tatsachen oder Beweismittel* wieder aufgenommen werden. Dabei ist vom Rechtsstandpunkt auszugehen, den das Gericht beim Erlass des Ablehnungsbeschlusses zugrunde gelegt hatte[63]. Eine neue, hiervon abweichende Beurteilung der Rechtsfrage ist irrelevant und keine neue Tatsache i.S. des § 211 StPO[64].

373 **Fall 19: – Sperrwirkung der Ablehnung der Eröffnung? –**

R, Richter am AG, hat als Strafrichter (§ 25 GVG) eine Anklage wegen unerlaubten Entfernens vom Unfallort, § 142 StGB, nicht zur Hauptverhandlung zugelassen, sondern beschlossen: *»Die Eröffnung des Hauptverfahrens wird abgelehnt«*, § 204 StPO. R war nämlich der Überzeugung, in der Hauptverhandlung werde man dem Angeklagten keinen Vorsatz nachweisen können (Ablehnung aus tatsächlichen Gründen). Der Beschluss wird unanfechtbar, weil die StA keine sofortige Beschwerde einlegt (§§ 210 Abs. 2 mit 311 StPO).

Später hält R den Nichteröffnungsbeschluss für falsch und regt bei der StA an, erneut Anklage zu erheben; dies aus folgenden Gründen:

(a) R hält seine damalige **Beweiswürdigung** für »blauäugig«, lebensfremd.

(b) R hatte **rechtlich** nicht gebotene überstrenge Anforderungen an den dolus eventualis bei § 142 StGB gestellt und dies inzwischen erkannt.

(c) Ein Entlastungszeuge belastet den Angeschuldigten jetzt in einer **neuen, abweichenden Zeugenaussage**.

(d) Ein Belastungszeuge **verzichtet** jetzt auf sein Zeugnisverweigerungsrecht.

(e) Ein **neues Sachverständigengutachten** macht deutlich, dass der Angeschuldigte den Unfall nicht überhört haben konnte.

374 In **Fall 19 (a) und (b)** mangelt es an neuen Tatsachen oder Beweismitteln i.S. des § 211 StPO: Dass der Richter später

– seine frühere Beweiswürdigung als »blauäugig« erkennt bzw.

– seine seinerzeitigen rechtlichen Anforderungen an den dolus eventualis jetzt als Rechtsirrtum bewertet,

begründet keine neuen Tatsachen[65]. Daher greift hier die Sperrwirkung des § 211 StPO ein: Eine erneute Anklage wäre unzulässig.

In **Fall 19 (c), (d)** kann die Klage auf Grund neuer Tatsachen wieder aufgenommen werden. Denn die neue, abweichende Zeugenaussage und der jetzige Verzicht auf das Zeugnisverweigerungsrecht sind **neue Tatsachen** i.S. des § 211 StPO[66].

– Vertretbar wäre aber auch die Annahme neuer Beweismittel[67]. –

Fall 19 (e) verdeutlicht das Merkmal **neuer Beweismittel**; dies gilt auch bei sonst unveränderter Tatsachengrundlage.

---

[63] *BGH* St 18, 225; *Meyer-Goßner*, § 211 Rn 4.

[64] *Krey*, StPO 2, Rn 91, 92 mit Fallbeispiel; *Rieß* in: LR, § 211 Rn 7.

[65] *Krey*, StPO 2, Rn 89–92 m.w.N.

[66] *Meyer-Goßner*, § 211 Rn 4 m.w.N.

[67] Offengelassen bei *KK-Tolksdorf*, § 211 Rn 6.

Neu sind Tatsachen und Beweismittel, wenn sie dem Gericht bei Ablehnung der   375
Eröffnung nicht bekannt waren, auch wenn sie ihm hätten bekannt sein können.

g) Rechtsmittel gegen Eröffnungsbeschluss und Nichteröffnung

Der Angeschuldigte kann keine von beiden Entscheidungen anfechten, § 210 StPO.   376
Die StA hat gegen den **Ablehnungsbeschluss** das Rechtsmittel der sofortigen Be-
schwerde, §§ 210 Abs. 2, 311 StPO; ebenso gegen den Beschluss nach § 207
Abs. 2 Nr. 1 (Rn 369: Teileröffnung und -ablehnung) bzgl. der **Teilablehnung** [68].

h) Fehlender, unwirksamer bzw. sonst fehlerhafter Eröffnungsbeschluss

(1) Fehlen des Eröffnungsbeschlusses

Der Eröffnungsbeschluss ist Prozessvoraussetzung, sein **Fehlen** Prozesshindernis[69].   377
Wird dieser Mangel *vor Beginn der Hauptverhandlung* (§ 243 StPO) festgestellt, ist die
Entscheidung über die Eröffnung nachzuholen; d.h. der Eröffnungsbeschluss kann, wenn
jene Entscheidung positiv ausfällt, nachträglich erlassen werden[70].

Sehr strittig ist dagegen die Frage, ob der fehlende Eröffnungsbeschluss auch noch
in der Hauptverhandlung nachgeholt werden kann: Die h.M. bejaht diese Frage
für die 1. Instanz[71]; dies aus Gründen (vermeintlicher) Verfahrensökonomie.

Dem ist jedoch zu widersprechen[72]: Erstens führt die h.M. zu einer Entwertung der   378
Schutzfunktion des Eröffnungsbeschlusses als grundlegender Verfahrensvorausset-
zung für die Hauptverhandlung[73]. Zweitens spricht gegen jene h.A. der das Strafprozessrecht prägende Grundsatz der Formstrenge[74]. Drittens müsste konsequen-
terweise jene Nachholung auch für die Rechtsmittelinstanz zugelassen werden[75]
– was das Zwischenverfahren aber weiter entwerten würde.
Daraus folgt: Nach Beginn der Hauptverhandlung führt das Fehlen des Eröffnungsbeschlusses zur *Einstellung des Strafprozesses durch Urteil*, § 260 Abs. 3 StPO[76].
    Jedoch kann die StA erneut anklagen, weil kein endgültiges Verfahrenshindernis vor-
    liegt, sondern ein behebbares[77].

---

[68] *KK-Tolksdorf*, § 210 Rn 5; *Krey* aaO, Rn 100 m.w.N.; *Meyer-Goßner*, § 210 Rn 2.

[69] *Beulke*, Rn 273, 284; *Hellmann*, Rn 610; *Kühne*, Rn 616, 664.

[70] *Beulke*, Rn 284; *KK-Tolksdorf*, § 207 Rn 21; *Krey*, StPO 2, Rn 103; *Seidl* in: KMR,
     § 203 Rn 8, § 207 Rn 23. – Zu seiner **Zustellung** siehe §§ 215, 216 StPO. –

[71] *BGH* St 29, 224 ff; 33, 167 f; *Pfeiffer*, § 207 Rn 11; *Seidl* in: KMR, § 207 Rn 23.

[72] *Beulke*, Rn 284; *KK-Tolksdorf*, § 207 Rn 21; *Krey*, StPO 2, Rn 103–107; *Meyer-Goßner*,
     § 203 Rn 4; *ders.* JR 1981, 214 ff; *Paeffgen* in: SK, § 207 Rn 27; *Ranft*, Rn 1374.

[73] *KK-Tolksdorf* aaO; *Paeffgen* aaO.

[74] *Meyer-Goßner*, JR 1981 aaO; ebenso *Krey* aaO, Rn 107; vgl. auch *Paeffgen* aaO.

[75] *KK-Tolksdorf* aaO; hiergegen u.a. *BGH* St 33 aaO (h.M.).

[76] Siehe Fn 72.

[77] *Beulke* aaO.

379 Die h.M. (Rn 377 a.E.) hätte zur Folge, dass die bereits begonnene Hauptverhandlung nach Erlass des Eröffnungsbeschlusses sogleich fortgesetzt werden könnte, und zwar selbst dann, wenn schon zahlreiche Hauptverhandlungstermine stattgefunden haben[78]. Voraussetzung wäre freilich die Zustimmung des Angeklagten und Verteidigers; denn diese könnten gemäß §§ 215, 216, 217 Abs. 2, 218 S. 2 StPO die **Aussetzung** der Hauptverhandlung verlangen[79]. – Obwohl auch die h.M. insoweit den Schutz des Angeklagten berücksichtigt, ist sie mit Wortlaut und System der StPO unvereinbar. –

380 *(2) Unwirksamer Eröffnungsbeschluss*

Solche Unwirksamkeit liegt insbesondere bei Zulassung einer mangels hinreichender Konkretisierung der Tat **unwirksamen Anklage** vor (Rn 358–361). Hier ist nach zutreffender Ansicht eine **Einstellung des Verfahrens** geboten[80], und zwar
– nach Beginn der Hauptverhandlung gemäß § 260 Abs. 3 StPO,
– vor ihrem Beginn nach § 206 a StPO (analog).
Die StA kann dann erneut anklagen.
Die Gegenmeinung lässt eine **Nachbesserung** noch in der Hauptverhandlung zu[81]; das aber widerspricht der Gleichstellung von Unwirksamkeit und Fehlen des Eröffnungsbeschlusses.

381 *(3) Sonst fehlerhafter Eröffnungsbeschluss*

Ein rechtsfehlerhafter, aber wirksamer Eröffnungsbeschluss hindert die Fortsetzung des Hauptverfahrens und die Durchführung der Hauptverhandlung nicht. Jedoch ist das Gericht etwa bei falscher Subsumtion im Eröffnungsbeschluss (z.B. Annahme von Totschlag statt Mord) oder bei fehlerhafter Bejahung von Tateinheit statt Tatmehrheit zu rechtlichen Hinweisen an den Angeklagten verpflichtet (§ 265 StPO)[82].

i) Aufhebung des Eröffnungsbeschlusses bei Wegfall des hinreichenden Tatverdachts?

382 Nach Eröffnung des Hauptverfahrens (§§ 203, 207 StPO) kann das Gericht den Eröffnungsbeschluss nicht mehr aufheben bzw. zurücknehmen, mag es auch inzwischen den hinreichenden Tatverdacht verneinen[83].
Die Gegenmeinung vernachlässigt
– Wortlaut und Sinn des § 260 StPO;
– das Rehabilitationsinteresse des Angeklagten (Anspruch auf Freispruch);
– seinen Schutz vor erneuter Verfolgung wegen derselben Tat (ne bis in idem).

---

[78] Nachweise bei: *KK-Tolksdorf*, § 207 Rn 22; *Seidl* in: KMR, § 207 Rn 27.

[79] *BGH* St 29, 224, 230; *Seidl* aaO.

[80] *Beulke*, Rn 361, 362 mit 284; *KK-Tolksdorf*, § 207 Rn 32 mit 21; *Krey* aaO, Rn 110–113 m.w.N.; *Ranft*, Rn 1373–1375.

[81] Nachweise bei *Krey* aaO, Rn 111.

[82] Schon im Stadium der *Vorbereitung der Hauptverhandlung* (Rn 87, 383) kann ein solcher Hinweis sachgerecht sein.

[83] So u.a.: *Beulke*, Rn 301, 360; *KK-Tolksdorf*, § 207 Rn 19; *Krey*, StPO 2, Rn 115–118; *Meyer-Goßner*, § 203 Rn 3 m.w.N.; *Rieß* in: LR, § 207 Rn 34, 36 ff. **Abweichend:** *LG Nürnberg* NStZ 1983, 136 f; weitere Nachweise bei *Beulke* und *Meyer-Goßner* aaO.

3. Hauptverfahren erster Instanz (§§ 213-275 a StPO)

Das Hauptverfahren beginnt mit Erlass des Eröffnungsbeschlusses (Rn 87, 371). Es **383** besteht aus zwei Teilen:

a) Vorbereitung der Hauptverhandlung, §§ 213–225 a StPO.

b) **Hauptverhandlung,** §§ 226–275 a StPO, als Kernstück des Strafprozesses.

– Beide sind Gegenstand des Sechsten Teils dieses Lehrbuches. –

Vierter Teil: Verfahrensprinzipien

Die Verfahrens*prinzipien* (auch Verfahrens*grundsätze* bzw. *-maximen* genannt) des Strafprozessrechts sind für seine Struktur, seine Rechtsstaatlichkeit und sein Verständnis von zentraler Bedeutung.

Kapitel 1: Verfahrensprinzipien über die Einleitung des Strafprozesses

§ 11 Offizialmaxime (Strafverfolgung von Amts wegen)

I. Bedeutung

384 Das Offizialprinzip besagt, dass der Staat Straftaten von Amts wegen (ex officio) verfolgt. Weder kann der Verletzte selbst als *Ankläger* auftreten, noch kann er durch sein Begehren, den Täter nicht zu verfolgen, Einleitung und Durchführung des staatlichen Strafverfahrens *verhindern*.

Beispiel 37: Der Beschuldigte B hat die O vergewaltigt (§ 177 Abs. 1, 2 Nr. 1 StGB).
(a) O möchte im Strafverfahren gegen B als Anklägerin an Stelle der StA auftreten.
(b) O ist die Ehefrau des B. Um ihre Familie vor Schande und Armut zu bewahren, bittet sie die StA, das Strafverfahren einzustellen.

In beiden Fällen kann dem Begehren des Straftatopfers nicht entsprochen werden. Nur bei wenigen leichteren Straftaten, den Privatklagedelikten (§ 374 StPO), kann der Verletzte selbst als *Ankläger* fungieren. Und nur bei den Antragsdelikten (z.B. §§ 123, 185 ff mit 194 StGB) kann das Straftatopfer die Strafverfolgung *verhindern*. Vergewaltigung aber ist weder Privatklage- noch Antragsdelikt.

II. Rechtsgeschichtliche Hinweise; geltendes Recht

385 1. Im römischen Recht der republikanischen Zeit war die Einleitung des Strafverfahrens grundsätzlich den Bürgern überlassen, und zwar in der Form der *Anklageerhebung durch Private als Popularklage*[1].
Auch im germanischen Strafrecht spielte die Verbrechensbekämpfung von Amts wegen keine wesentliche Rolle. Noch in der fränkischen Zeit dominierte der Anklageprozess durch Private als Ankläger. Mit dem Siegeszug des Inquisitionsprozesses, der ex officio erfolgte, setzte sich dann aber im Mittelalter und endgültig in der frühen Neuzeit die Offizialmaxime durch[2].

2. Das Offizialprinzip ist in der StPO nicht ausdrücklich normiert, aber in § 152 Abs. 1 vorausgesetzt und im Umkehrschluss aus den Ausnahmevorschriften über Privatklage und Antragsdelikte (Rn 330, 334, 386 ff) abzuleiten[3]. Dieses Prinzip ist auch sachgerecht, weil die Strafverfolgung zu den Kernaufgaben des Staates zählt.

---

[1] *Krey*, StPO 2, Rn 123 m.w.N. – Dies Klagerecht stand jedermann (dem quivis ex populo) zu; hierauf beruht die Bezeichnung **Popularklage**. –

[2] *Krey* aaO, Rn 124–126 m.w.N.

[3] *Meyer-Goßner*, § 152 Rn 1; abweichend *Beulke* in: LR, § 152 Rn 5.

Anders als im Strafverfahren herrscht im *Zivilprozess* die Dispositionsmaxime: Einleitung und Durchführung des Zivilprozesses unterliegen der Parteiherrschaft.

III. Privatklageverfahren als Ausnahme vom Offizialprinzip

Bei den in § 374 Abs. 1 Nr. 1–8 StPO abschließend aufgezählten Privatklagedelik- **386** ten kann der Verletzte die Tat selbst **als Ankläger** verfolgen (Rn 330). Jedoch ist diese Ausnahme vom Offizialprinzip ihrerseits sehr eingeschränkt und insgesamt für den Verletzten ein privilegium odiosum[4]:

1. Bei wichtigen Privatklagedelikten wie Beleidigung und Körperverletzung ist die Privatklage erst nach einem erfolglosen *Sühneversuch* gemäß § 380 StPO zulässig[5].

2. Bei geringer Schuld kann das Gericht das Verfahren *ohne Zustimmung des Privatklägers* **einstellen**, § 383 Abs. 2 StPO.

Diese Vorschrift ist lex specialis gegenüber § 153 StPO. Dagegen fehlt im Privatklageverfahren eine **§ 153 a StPO** entsprechende Vorschrift. An ihre Stelle tritt der von der Praxis entwickelte gerichtliche Vergleich zur Beendigung des Privatklageverfahrens: Der Privatkläger nimmt die Privatklage zurück (§ 391 StPO); dafür gibt der Angeklagte z.B. eine Ehrenerklärung ab, verpflichtet sich zur Leistung von Schadensersatz, zur Übernahme der Prozesskosten oder ähnliches[6].

3. Die StA kann gemäß §§ 376, 377 StPO die Verfolgung übernehmen, d.h. den Privatkläger aus seiner Rolle als Ankläger verdrängen.

In solchen Fällen kann der Privatkläger, sofern das Privatklagedelikt von § 395 StPO erfasst wird, gemäß § 396 StPO als Nebenkläger auftreten.

4. Viele Verletzte dürfte es seelisch oder wegen geringer sozialer Kompetenz überfordern, statt »nur« als Belastungszeuge als Ankläger aufzutreten.

IV. Antragsdelikte als Einschränkung der Offizialmaxime

Bei den Antragsdelikten ist das Vorliegen eines wirksamen Strafantrags gemäß **387** §§ 77–77 d StGB Prozessvoraussetzung. Hier hat es der Verletzte in der Hand, *die Strafverfolgung zu **verhindern*** (Rn 334).

Rechtsgrund für die Normierung solcher Antragserfordernisse ist teils die Bagatellnatur des Vergehens, teils die Rücksicht auf Interessen des Verletzten[7]. Antragsdelikte sind z.B.: §§ 123; 185 ff mit 194; 247; 248 b StGB.

Antragsdelikte und Privatklagedelikte sind nur z.T. identisch:
– Einige Antragsdelikte sind zugleich Privatklagedelikte, z.B. Hausfriedensbruch und Beleidigung (§§ 123, 185 ff mit 194 StGB, § 374 Abs. 1 Nr. 1, 2 StPO).
– Andere Antragsdelikte sind keine Privatklagedelikte, z.B. Haus- und Familiendiebstahl sowie unbefugter Gebrauch eines Kraftfahrzeuges (§§ 247, 248 b StGB, § 374 StPO).
– Umgekehrt sind viele Privatklagedelikte keine Antragsdelikte, z.B. Bedrohung (§ 241 StGB, § 374 Abs. 1 Nr. 5 StPO), oder nur »eingeschränkte Antragsdelikte« – Rn 388 –, z.B. Körperverletzung (§§ 223, 229, 230 StGB, § 374 Abs. 1 Nr. 4 StPO).

---

[4] *privilegium odiosum* ist ein Privileg mit üblem Beigeschmack.

[5] Nachweis der **Vergleichsbehörden** in den 16 Bundesländern: *Meyer/Goßner*, § 380 Rn 3.

[6] *KK-Senge*, § 383 Rn 10, § 391 Rn 3 ff; *Meyer-Goßner*, Rn 9 vor § 374, § 383 Rn 11.

[7] *Krey*, StPO 1, Rn 133; *Pföhler*, Rn 29, 30.

388 Von den echten Antragsdelikten sind die **eingeschränkten Antragsdelikte** strikt zu unterscheiden[8]: Bei Letzteren kann die StA den fehlenden Strafantrag dadurch ersetzen, dass sie *»wegen des besonderen öffentlichen Interesses an der Strafverfolgung ein Einschreiten von Amts wegen für geboten hält«*. Beispiele hierfür sind: §§ 223, 229 mit 230; 248 a; 303 c StGB.[9]

Das Rechtsinstitut des eingeschränkten Antragsdelikts ist auf dem Vormarsch. Es reduziert die Rechtsmacht des **Verletzten**, die Strafverfolgung zu verhindern, und weitet die Befugnisse der **StA** aus. Letztlich geht es bei diesen Delikten der Sache nach um **Fälle des Opportunitätsprinzips** als Ausnahmen vom Legalitätsprinzip: Fehlt es bei jenen Delikten am Strafantrag, entscheidet die StA unter pflichtgemäßer Handhabung des ihr eingeräumten Beurteilungsspielraums[10], ob sie das »besondere öffentliche Interesse an der Strafverfolgung von Amts wegen« bejaht oder von Strafverfolgung absieht.

389 Neben den Delikten, die einen Strafantrag als Prozessvoraussetzung fordern, gibt es noch Straftaten, die nur mit **Ermächtigung** oder auf **Strafverlangen** verfolgt werden – §§ 77 e, 90, 90 b, 104 a, 194 Abs. 4, 353 a, 353 b StGB –.

V. Die Nebenklage als Ergänzung zur Offizialmaxime

390 Während die Privatklage (Rn 386) eine *Ausnahme* vom Offizialprinzip darstellt, wird dieses Prinzip durch die Nebenklage (Rn 330) *ergänzt*:

Der Nebenkläger, §§ 395–402 StPO, ist nicht etwa Gehilfe der StA; vielmehr übt er seine Rechte als Verfahrenssubjekt unabhängig von ihr aus[11]. Er besitzt eine Reihe von Verfahrensbefugnissen, die ansonsten nur der **StA** zustehen, so u.a.:

– Recht zum Einlegen von Rechtsmitteln nach Maßgabe der §§ 400, 401 StPO. Dabei geht es im Wesentlichen um die Anfechtung eines Freispruchs; denn der Nebenkläger kann kein Rechtsmittel mit dem Ziel einlegen, einen *anderen Rechtsfolgenanspruch (z.B. eine härtere Strafe)* zu erreichen, § 400 Abs. 1 StPO.
– Befugnis zur Ablehnung von Richtern nach §§ 24, 31 mit § 397 Abs. 1 StPO.
– Fragerecht gemäß § 240 Abs. 2 mit § 397 Abs. 1 StPO.
– Beweisantragsrecht nach § 244 Abs. 3–6 mit § 397 Abs. 1 StPO.
– Erklärungsrecht nach § 257 Abs. 2, 3 und Recht zum Schlussvortrag/Plädoyer gemäß § 258 (§ 397 Abs. 1 StPO).

391 Diese staatsanwaltlichen Befugnisse sind dem Nebenkläger primär zur Verfolgung seines **Genugtuungsinteresses** als Opfer der fraglichen Straftat (bzw. als Angehöriger des Opfers eines Tötungsdelikts, § 395 Abs. 2 Nr. 1 StPO) eingeräumt[12]. Bei Verfolgung dieses Interesses hat er aufgrund der §§ 395 ff StPO eine gewisse **Kon-**

---

[8] Eingehend *Krey/Pföhler*, NStZ 1985, 145, 148 f.

[9] *»Die Strafverfolgungsbehörde«* i.S. der fraglichen Vorschriften ist die **StA**.

[10] *Krey/Pföhler* aaO m.w.N. pro und contra.

[11] *KK-Senge*, Rn 1 vor § 395; *Meyer-Goßner*, Rn 2 vor § 395.

[12] *BGH* St 28, 272, 273; *BVerfG* E 26, 66, 70; *Beulke*, Rn 593; *KK-Senge* aaO. – Zu jenem Genugtuungsinteresse siehe *Krey*, AT 1 (= Vol. I), Rn 148 m.w.N. –

trollfunktion gegenüber der StA[13]. Demgemäß lässt sich feststellen: Im Fall der Nebenklage erfolgt zwar die Strafverfolgung nach dem Offizialprinzip; doch tritt neben den Staatsanwalt ergänzend ein weiteres Prozesssubjekt mit eigenen, z.T. staatsanwaltlichen Verfahrensrechten. Der staatliche Strafanspruch wird hier vom Staatsanwalt **und** – in gewissem Umfang – ergänzend und kontrollierend vom Nebenkläger verfolgt.

Die Befugnis zum Anschluss als Nebenkläger (§ 395 StPO) allein macht den Verletzten **392** bzw. nebenklageberechtigten Angehörigen noch nicht zum Nebenkläger. Vielmehr ist eine **Anschlusserklärung** gegenüber dem Gericht erforderlich, § 396 StPO[14].
Die Entscheidung des Gerichts über die Berechtigung zum Anschluss als Nebenkläger (§ 396 Abs. 2) hat dabei nur deklaratorische Bedeutung[15].

---

[13] *Beulke* aaO; *Hellmann*, Rn 986; *KK-Senge* aaO.

[14] Zu den Verfahrensrechten, die der **nebenklagebefugte** Verletzte über die allgemeinen Prozessbefugnisse von Verletzten (Rn 331, 334, 335) hinaus auch ohne Anschlusserklärung besitzt, siehe § 406 g StPO.

[15] *BGH* St 41, 288, 289; *Meyer-Goßner*, § 396 Rn 13.

§ 12 Anklagegrundsatz (Akkusationsprinzip)
–»Wo kein Kläger, da kein Richter« –

393 Dieses Verfahrensprinzip besagt: Ein gerichtliches Strafverfahren darf nur eingeleitet und durchgeführt werden, wenn Klage erhoben ist. Strafgerichte dürfen allein über *die angeklagte Tat und den in der Anklage Beschuldigten* entscheiden.

I. Geschichtliche Hinweise

Strafprozesse gab es als Prozess mit privatem Ankläger, als Verfahren mit öffentlichem Ankläger und als **Inquisitionsprozess mit faktischer Identität von Richter und Ankläger**[1]. Letzterer (Rn 385), der namentlich in der CCC (Rn 24) verankert war, ist in Deutschland erst im 19. Jahrhundert durch den **Anklageprozess heutiger Prägung** unter Einführung der StA als Anklagebehörde ersetzt worden[2].

II. Geltendes Recht (§§ 151, 155 Abs. 1, 264 Abs. 1, 266 StPO)

394 Der Anklagegrundsatz kommt in § 151 StPO zum Ausdruck und wird in §§ 155 Abs. 1, 264 Abs. 1, 266 StPO konkretisiert; er besagt:
1. Eine wirksame Anklage ist *Prozessvoraussetzung*, ihr Fehlen Prozesshindernis.
   – Dazu Rn 358 bis 361, 380. –
2. Die Anklage bestimmt den *Prozessgegenstand*, §§ 155 Abs. 1, 264 Abs. 1 StPO.
   – Siehe Rn 347, 357 bis 361. –
3. Stellt sich in der Hauptverhandlung heraus, dass der Angeklagte außer der angeklagten Tat *weitere Taten* (im prozessualen Sinne) begangen hat[3], so kann das Gericht diese Taten ohne *Nachtragsanklage* gemäß § 266 StPO nicht in das Verfahren einbeziehen. Das mag der folgende Fall verdeutlichen:

395 Fall 20: – Nachtragsanklage, § 266 StPO –

Gegen A findet die Hauptverhandlung wegen Diebstahls in drei Fällen (§§ 242/53 StGB) vor dem Strafrichter als Einzelrichter statt.
(a) Bei seiner Vernehmung zur Sache, § 243 Abs. 4 S. 2 StPO, gesteht A die Begehung von zwei weiteren Diebstählen. Sie bilden jeweils eigene Taten im prozessualen Sinne.
(b) A begeht in der Hauptverhandlung gegen einen Zeugen Tätlichkeiten (§ 223 StGB).

396 **Zu Fall 20 a:** Die beiden Diebstähle werden als selbständige Taten im prozessualen Sinne nicht von der Anklage erfasst[4]. Sie können also nur im Wege der Nachtragsanklage **Prozessgegenstand** der laufenden Hauptverhandlung werden.

---

[1] *Krey*, StPO 2, Rn 123–125; ders. StPO 1, Rn 53 m.w.N.; *Rüping/Jerouschek*, Rn 21, 33, 96, 103.

[2] *Krey*, StPO 1, Rn 60–63; *Rüping/Jerouschek*, Rn 237, 243, 252. – Sehr bedeutsam war dabei der französische Einfluss. –

[3] Dazu *Meyer-Goßner*, § 266 Rn 1, 2. – Zum prozessualen Tatbegriff oben, Rn 83, 357. –

[4] Siehe Fn 3.

Voraussetzungen für eine Einbeziehung weiterer Straftaten durch das Gericht aufgrund Nachtragsanklage (§ 266 StPO) sind:
– die sachliche Zuständigkeit (Rn 75–91) des Gerichts[5];
– die Zustimmung des Angeklagten.
Letztere wird in Fällen wie 20 (a) meist erfolgen.

Zu Fall 20 (b): Auch die vor seinen Augen begangene neue Straftat kann das Ge-   397
richt ohne Nachtragsanklage nicht in das Verfahren einbeziehen, da sie gemäß
§ 155 StPO kein Prozessgegenstand ist.

In Fällen wie dem vorliegenden ist eine Nachtragsanklage unüblich. Im Übrigen ist mit der
Zustimmung des Angeklagten kaum zu rechnen. Vielmehr ist folgendes Procedere üblich:
– Das Gericht wird nach **§ 183 GVG** (Straftaten in der Hauptverhandlung) vorgehen. Die
  StA wird dann gemäß § 376 StPO *von Amts wegen* ein neues Strafverfahren gegen A ein-
  leiten, und zwar wegen § 223 (mit § 230) StGB[6].
– Im Übrigen wird das Gericht wegen **Ungebühr** gemäß § 178 GVG gegen A Ordnungsgeld
  oder Ordnungshaft festsetzen[7].

III. Anklagemonopol der Staatsanwaltschaft (StA)

In § 152 Abs. 1 StPO ist das sog. Anklagemonopol der StA verankert.   **398**
Dieses Monopol ist für *Privatklagedelikte* durchbrochen (Rn 330, 386).

Jedoch ist diese Durchbrechung ihrerseits durch §§ 376, 377 StPO relativiert (Rn 386).
Eine weitere Ausnahme vom Anklagemonopol der StA normieren §§ 386, 399
Abs. 1, 400 AO i.V.m. § 407 Abs. 1 S. 4 StPO: Danach kann die *Finanzbehörde in
Steuerstrafsachen*[8] die öffentliche Klage erheben, wenn auch nur in der Form des
Antrags auf Erlass eines Strafbefehls[9].

Auch diese Ausnahme ist aber erheblich relativiert; denn gemäß § 386 Abs. 4 S. 2 AO
kann die StA die Strafsache jederzeit an sich ziehen.
Keine Durchbrechung des Anklagemonopols der StA begründet § 165 StPO *(Richter als
Notstaatsanwalt)*: Schon § 167 zeigt, dass § 165 niemals die Befugnis zur Anklageerhebung
gibt[10].

---

5 Sie ist in § 266 Abs. 1 StPO gemeint; die örtliche ist gemäß § 13 StPO unproblematisch.

6 Das »öffentliche Interesse« i.S. des § 376 StPO (und gegebenenfalls auch das »besondere
  öffentliche Interesse« i.S. des § 230 StGB) wird die StA in casu bejahen.

7 Tätlichkeiten (und grobe Beleidigungen) gegen (Belastungs-)Zeugen in der Hauptverhandlung begründen eine »**Ungebühr in der Sitzung**« als erheblicher Angriff auf die
  Ordnung in der Sitzung. Wer hier Abstriche macht, vernachlässigt die Aufgabe der *gerichtlichen Wahrheitsfindung* und den *Zeugenschutz*.

8 § 386 Abs. 1 mit §§ 369 ff i.V.m. § 3 AO.

9 Zu dieser Form der Anklageerhebung siehe schon Rn 167, 345 Fn 15.

10 *Krey*, StPO 2, Rn 165; *Kühne*, Rn 312.

IV. Klageerzwingungsverfahren als Ausnahme vom Anklagegrundsatz

1. Funktion des Klageerzwingungsverfahrens gemäß §§ 172 ff StPO

399 Das Straftatopfer (Verletzter) kann – abgesehen von der wenig bedeutsamen Privatklage – nicht selbst als Ankläger auftreten. Jedoch kann der Verletzte dort, wo die StA nach dem Legalitätsprinzip zur Anklage verpflichtet wäre (§§ 152 Abs. 2, 160 Abs. 1, 170 Abs. 1 StPO), im Wege des Klageerzwingungsverfahrens zum *OLG* die Erhebung der öffentlichen Klage durchsetzen.

Damit dient das Klageerzwingungsverfahren primär den *berechtigten Strafverfolgungsinteressen des Verletzten (Opferschutz)* [11].

Daneben (sekundär) bezweckt das Klageerzwingungsverfahren den *Schutz des Legalitätsprinzips* durch gerichtliche Kontrolle[12].

2. Begriff der Verletzten

a) Relativität dieses Rechtsbegriffs innerhalb der StPO

400 Das Strafprozessrecht verwendet den Begriff des Verletzten in zahllosen Vorschriften, so u.a. in: §§ 22 Nr. 1–4, 111 g Abs. 1–4, 171, 172, 374, 395, 403, 406 d–406 h, 472 a StPO.

Dabei wird dieser Begriff keineswegs für alle Vorschriften einheitlich ausgelegt:
– Beispielsweise meint das Gesetz bei § 22 Nr. 1 StPO nur den **unmittelbar** durch die Tat in seinen Rechten betroffenen Richter (Rn 97).
– Dagegen wird z.B. in § 403 (Adhäsionsverfahren) auch der nur **mittelbar** Verletzte erfasst, soweit er wegen der Tat einen Schadensersatzanspruch besitzt[13].

Allerdings besteht weitgehend Einigkeit darüber, dass nach ihrem systematischen Zusammenhang und ihrer Funktion für §§ 171, **172**, 374 und 395, zudem 406 d StPO ein einheitlicher Verletztenbegriff gilt[14]:

b) Verletzter i.S. des § 172 StPO

401 (1) Verletzter ist zunächst derjenige, der bei einer Straftat gegen den einzelnen **Inhaber des verletzten Rechtsguts** ist: Er ist stets unmittelbar betroffen[15].

(2) Weiterhin erfasst der Verletztenbegriff des § 172 StPO jeden, der **sonst unmittelbar** in seinen Rechten beeinträchtigt wurde, z.B.
– bei einem Aussagedelikt, §§ 153, 154 StGB, denjenigen, dessen Stellung im Prozess

---

[11] *Roxin*, 39/2; ähnlich *Beulke*, Rn 344.

[12] Hierauf stellen – zu einseitig – ab: *KK-Wache*, § 172 Rn 1; *Meyer-Goßner*, § 172 Rn 1.

[13] *OLG Koblenz* NStZ 1988, 89, 90 (l.Sp.); *Meyer-Goßner*, § 403 Rn 2. **Beispiele:** Mieter beim Inbrandsetzen von Wohngebäuden; Unterhaltsberechtigte nach § 844 Abs. 2 BGB.

[14] *OLG Koblenz* StV 1988, 332 a.E.; *Krey*, StPO 2, Rn 154 m.w.N.; *Meyer-Goßner*, § 171 Rn 5, § 172 Rn 9, § 374 Rn 5, § 395 Rn 3, Rn 2 vor § 406 d m.w.N. pro und contra.

[15] *Krey* aaO, Rn 167 (im Anschluss an *Fezer*); unstrittig.

durch die falsche Aussage erschwert wurde[16];
– bei einer Urkundenfälschung den in seiner Beweisposition Betroffenen[17].

(3) Schließlich ist Verletzter jeder, der ein von der Rechtsordnung anerkanntes Genugtuungsinteresse als berechtigtes Vergeltungsbedürfnis hat[18]. Hier sollte man sich an § 395 Abs. 2 Nr. 1 StPO (enge Angehörige von Getöteten) orientieren.

Nicht i.S. des § 172 StPO verletzt sind trotz der weiten Auslegung dieses Begriffs u.a.[19]:   **402**
– Gesellschafter einer GmbH bei Straftaten gegen die GmbH;
– Angehörige eines vergewaltigten Opfers;
– Staatsbürger als solche bei Straftaten wie Steuerhinterziehung, Bestechlichkeit oder Untreue zum Nachteil der Staatskasse.

3. Der Weg zum Klageerzwingungsverfahren (Dreistufigkeit)

a) 1. Stufe: Der Verletzte muss einen **Antrag gemäß §§ 158, 171 StPO** gestellt **403** haben (Rn 342)[20].

b) 2. Stufe: Gegen den Einstellungsbescheid (Rn 341, 342, 344) ist vom Verletzten die sog. **Einstellungsbeschwerde** als Vorschaltbeschwerde zum Generalstaatsanwalt beim *OLG* einzulegen, § 172 Abs. 1 StPO[21].

Dabei hat der Generalstaatsanwalt folgende Entscheidungsmöglichkeiten: Er kann
– die StA anweisen, die Ermittlungen wieder aufzunehmen;
– anordnen, dass die StA Anklage erhebt (§§ 146, 147 GVG);
– die Sache selbst übernehmen und Anklage erheben, § 145 GVG;
– die Beschwerde als unbegründet verwerfen (mangels hinreichenden Tatverdachts).

c) 3. Stufe: Im letzten Fall, d.h. bei einem ablehnenden Bescheid des Generalstaatsanwalts, kann der Antragsteller (Verletzter) binnen eines Monats *die Entscheidung des OLG beantragen*, § 172 Abs. 2–4 StPO. Mit diesem Antrag beginnt das eigentliche Klageerzwingungsverfahren als gerichtliches Verfahren.

4. Zulässigkeitsvoraussetzungen (§ 172 Abs. 2 StPO)

a) Die Einhaltung der Zwei-Wochen-Frist für die Vorschaltbeschwerde, § 172 Abs. 1 StPO, **404** ist Zulässigkeitsvoraussetzung für den *Antrag auf Entscheidung des OLG*[22].

b) Auch die Monatsfrist für den Klageerzwingungsantrag nach § 172 Abs. 2 StPO ist Voraussetzung für seine Zulässigkeit[23].

    Die Frist läuft aber nur, wenn eine Belehrung gemäß § 172 Abs. 2 StPO im Bescheid des Generalstaatsanwalts erfolgt war (§ 172 Abs. 2 S. 2, Halbsatz 2).

---

[16] *KK-Schmid*, § 172 Rn 26; *Krey* aaO; *Meyer-Goßner*, § 172 Rn 11 m.w.N.

[17] Siehe Fn 16.

[18] *Beulke*, Rn 346; *Krey*, StPO 2, Rn 168.

[19] Zum Folgenden: *KK-Schmid*, § 172 Rn 24, 28, 30 a; *Meyer-Goßner*, § 172 Rn 12.

[20] *Meyer-Goßner*, § 172 Rn 5 a.

[21] *Beulke*, Rn 348; *Krey* aaO, Rn 172; *Meyer-Goßner*, § 172 Rn 6.

[22] *KK-Schmid*, § 172 Rn 38; *Graalmann-Scheerer* in: LR, § 172 Rn 129.

[23] *Meyer-Goßner,* § 172 Rn 34.

c) Weitere Zulässigkeitsvoraussetzung ist die *Verletzteneigenschaft des Antragstellers.*

d) Der Antrag auf Entscheidung des *OLG* ist auch unzulässig, wenn kein bestimmter Beschuldigter benannt wird. Ein Klageerzwingungsverfahren *gegen Unbekannt* wäre unzulässig[24]. Das *OLG* hat nicht die Aufgabe, nach §§ 172 ff StPO unbekannte Täter zu ermitteln.

e) Unzulässigkeit des Antrags nach § 172 Abs. 2 S. 3 StPO *(Opportunitätsprinzip)*:

405 (1) Wegen der dargelegten Doppelfunktion des Klageerzwingungsverfahrens (Rn 399) leuchtet ein, dass es für **Privatklagedelikte** unzulässig ist, § 172 Abs. 2 S. 3 Alt. 1. Bei ihnen kann der Verletzte selbst Anklage erheben, Rn 330, 386, und dadurch sein Genugtuungsinteresse verfolgen. Außerdem sind Privatklagedelikte Fälle des Opportunitätsprinzips (Rn 162 Fn 53, Rn 362), sodass das Legalitätsprinzip nicht tangiert wird.

(2) Dagegen ist die Unzulässigkeit des Klageerzwingungsverfahrens in den sonstigen Fällen des Opportunitätsprinzips gemäß § 172 Abs. 2 S. 3 StPO
– nämlich beim Absehen von Verfolgung durch die StA nach §§ 153 Abs. 1, 153 a Abs. 1 S. 1, 7, 153 b Abs. 1, 153 c–154 Abs. 1, 154 b und 154 c StPO –
dort rechtsstaatlich bedenklich, wo die StA **ohne Zustimmung des Gerichts** von Verfolgung absehen kann (Rn 141)[25]:
Zwar ist die Funktion *»Schutz des Legalitätsprinzips« durch das OLG* hier nicht tangiert. Jedoch ist die zweite Funktion des Klageerzwingungsverfahrens, *»Schutz berechtigter Strafverfolgungsinteressen des Verletzten«* (Rn 399), betroffen: Mangels Erfordernisses gerichtlicher Zustimmung ist der Verletzte hier ohne Rechtsschutz gegenüber Willkür der StA[26].

5. Weitere Zulässigkeitserfordernisse für den Antrag (§ 172 Abs. 3 StPO)

406 a) Der Klageerzwingungsantrag muss von einem Rechtsanwalt unterzeichnet sein.
– Zur Prozesskostenhilfe beim mittellosen Antragsteller siehe § 172 Abs. 3 S. 2 StPO mit §§ 114 ff ZPO[27]. –

b) Notwendiger **Inhalt des Antrags** gemäß § 172 Abs. 3 S. 1 StPO:
Nach dieser Vorschrift muss der Antrag auf Entscheidung des *OLG*, »die *Tatsachen*, welche die Erhebung der öffentlichen Klage begründen sollen, und die *Beweismittel* angeben«.

407 (1) Erforderlich ist danach »eine aus sich heraus verständliche Schilderung des **Sachverhalts«**, die dem *OLG* ohne Rückgriff auf die Akten der StA oder andere Schriftstücke eine Überprüfung des Begehrens des Antragstellers ermöglicht[28]. Das

---

[24] *KK-Schmid* aaO, Rn 47; *Krey,* StPO 2, Rn 175; *Meyer-Goßner* aaO. – Dasselbe soll gelten, wenn der Aufenthalt des Beschuldigten für längere Zeit nicht zu ermitteln ist. –

[25] *Krey* aaO, Rn 177–181; *Roxin,* 39/7; *Schlüchter,* Rn 79.5; *Werner,* NStZ 1984, 401.

[26] Siehe Fn 25.

[27] **Prozesskostenhilfe** gibt es auch: Beim Privatklageverfahren, §§ 379, 379 a; bei der Nebenklage, § 397 a; im Adhäsionsverfahren, § 404 Abs. 5; für nebenklageberechtigte Verletzte, § 406 g Abs. 3 StPO.

[28] *KK-Schmid,* § 172 Rn 34 m.w.N.; *Krey,* StPO 2, Rn 183 m.w.N.; *Meyer-Goßner,* § 172 Rn 27; *OLG Koblenz* NJW 1977, 1461 ff (Fall H. Meins).

Gericht soll aufgrund dieser Tatsachenschilderung eine Schlüssigkeitsprüfung vornehmen können, die dahin geht: Rechtfertigt der behauptete Sachverhalt bei Unterstellung hinreichenden Tatverdachts die Erhebung der öffentlichen Klage in materieller und formeller Hinsicht?[29]

Dabei muss sich aus den vorgetragenen Tatsachen auch die Zulässigkeit des Antrags (Rn 404, 405 StPO) ergeben[30].

Weiterhin verlangt die h.M., dass jene Sachverhaltsschilderung »in groben Zügen« auch den Gang des Ermittlungsverfahrens, den Inhalt der angegriffenen Bescheide und die Gründe für deren geltend gemachte Unrichtigkeit mitteilt[31]. Anderenfalls könne das *OLG* den Streitgegenstand ohne Rückgriff auf die Ermittlungsakten nicht vollständig erfassen. Das *BVerfG* hat diese **zusätzlichen Erfordernisse** zwar von Verfassungs wegen nicht beanstandet[32]; doch sollte man insoweit keine zu hohen Anforderungen an den Antrag stellen[33].

(2) Gemäß § 172 Abs. 3 S. 1 StPO sind im Antrag auch die **Beweismittel** anzuge- **408** hen, aus denen die »Nachweisbarkeit in tatsächlicher Hinsicht« (hinreichender Tatverdacht) folgt. Dabei können auch neue Beweismittel vorgebracht werden[34].

6. Minimale Erfolgsquote bei den Klageerzwingungsverfahren/Entscheidung des *OLG*

Die Mehrzahl der Anträge auf Entscheidung des *OLG* gemäß § 172 Abs. 2–4 StPO **409** wird als **unzulässig** verworfen[35]. Die zulässigen Anträge sind i.d.R. wegen **Unbegründetheit** erfolglos. Nur in wenigen Fällen sind die Anträge zulässig und begründet; hier beschließt das *OLG* die Erhebung der öffentlichen Klage, wobei der StA die Durchführung dieses Beschlusses obliegt (§ 172 StPO).

Demgemäß bedeuten §§ 172 Abs. 2–175 StPO zwar **formal** keine Ausnahme vom Akkusationsprinzip, da die *StA* nach § 175 S. 2 StPO Anklage erhebt und nicht etwa das *OLG*. **Aus materieller Sicht** aber ist der Anklagegrundsatz im Falle eines erfolgreichen Klageerzwingungsverfahrens durchbrochen, da das *OLG* die Anklageerhebung beschließt[36], während die StA diesen Beschluss nur vollzieht, und zwar unter Bindung an ihn in tatsächlicher und rechtlicher Hinsicht[37].

---

[29] Siehe Fn 28.

[30] Siehe Fn 28.

[31] *KK-Schmid* aaO, Rn 38 m.w.N.; *Krey* aaO, Rn 184; *Meyer-Goßner* aaO; *OLG Koblenz* aaO; str.

[32] *BVerfG* NJW 1979, 364.

[33] *BVerfG* NJW 1993, 382; *Kühne*, Rn 581.

[34] *Meyer-Goßner*, § 172 Rn 31. – **Dasselbe gilt für neue Tatsachen.** –

[35] **Muster** für eine Verwerfung als unzulässig: *Krey*, StPO 2, Rn 187, 188.

[36] *Krey* aaO, Rn 186 (a.E.) m.w.N.; *Roxin*, 39/16. – **Muster** eines solchen Beschlusses: *Krey* aaO, Rn 190–196. –

[37] *KK-Schmid*, § 175 Rn 6; *Meyer-Goßner*, § 175 Rn 3.

410 Zulässige Anträge sind **unbegründet**, wenn kein »genügender Anlass zur Erhebung der öffentlichen Klage« besteht (§ 174 Abs. 1 StPO), also kein hinreichender Tatverdacht. Die Verwerfung als unbegründet entfaltet dabei einen beschränkten Strafklageverbrauch gemäß § 174 Abs. 2 StPO (Sperrwirkung gegenüber erneuter Strafverfolgung: *sie ist nur auf Grund neuer Tatsachen oder Beweismittel zulässig* [38]).

Bei zulässigen und **begründeten** Anträgen muss der Beschluss des *OLG*, Anklage zu erheben, den Anforderungen des § 200 StPO (Rn 347, 348) genügen[39].

---

[38] Siehe die vergleichbare Sperrwirkung nach § 211 StPO (Rn 372–375).

[39] *KK-Schmid*, § 175 Rn 3; *Meyer-Goßner*, § 175 Rn 2. – Siehe auch das in Fn 36 genannte **Muster**. –

§ 13 Legalitätsprinzip

I. Bedeutung des Legalitätsprinzips

Nach diesem Prinzip können die Strafverfolgungsorgane StA und Polizei nicht **411** nach pflichtgemäßem Ermessen bzw. im Rahmen eines Beurteilungsspielraums zwischen Verfolgung und Nichtverfolgung **wählen**. Vielmehr besteht für die Polizei eine Strafverfolgungspflicht, für die StA »Verfolgungs- und Anklagezwang«[1]. Seine verfassungsrechtliche Fundierung und systemkonforme Rechtfertigung findet das strafprozessuale Legalitätsprinzip dabei in folgenden Gesichtspunkten:

– *Demokratie- und Rechtsstaatsprinzip* fordern, dass die Legislative (und nicht Polizei und StA als Teil der Exekutive) bestimmt, welche Taten verfolgt werden.

– Der *Gleichheitssatz* (Art. 3 GG) gebietet eine unparteiliche, willkürfreie Strafverfolgung ohne Ansehen der Person[2].

– Die Aufgabe von Strafrecht und Strafprozessrecht, einen *effektiven Rechtsgüterschutz* zu gewährleisten, fordert ebenfalls eine grundsätzliche Verfolgungspflicht[3].

– Schließlich ist das Legalitätsprinzip ein Korrelat zum *Anklagemonopol* der StA[4].

II. Geschichtliche und rechtsvergleichende Hinweise

1. Die StPO von 1877 (Rn 24, 28) hatte das Legalitätsprinzip »fast uneingeschränkt ver- **412** wirklicht«[5]. Mit der Emminger-Reform von 1924 setzte jedoch die Entwicklung zur immer stärkeren Durchbrechung jenes Prinzips durch das Vordringen des Opportunitätsprinzips ein: § 153 StPO wurde 1924 geschaffen; es folgten zahlreiche weitere gesetzliche Ausnahmen vom Legalitätsprinzip (§§ 153 a–154 d StPO).

– Ergänzender Hinweis: Das Ordnungswidrigkeitenrecht[6] sowie das Disziplinarrecht für Beamte und Richter werden vom Opportunitätsprinzip beherrscht. –

2. Gleichwohl ist das deutsche Strafprozessrecht noch immer weitgehend vom Legalitätsprinzip geprägt. Auch in Italien und Spanien herrscht dieses Prinzip[7].
Dagegen bestimmt das Opportunitätsprinzip den Charakter des Strafprozesses insbesondere in den USA, in Großbritannien, in den Niederlanden, zudem auch in Japan[8].

III. Gesetzliche Regelung des Legalitätsprinzips

1. Für die StA sind §§ 152 Abs. 2, 160 Abs. 1, 170 Abs. 1 StPO maßgeblich. **413**
– §§ 152 Abs. 2, 160 Abs. 1 StPO gebieten der StA strafprozessuale Ermittlungen beim Vorliegen des sog. **Anfangsverdachts:**

---

[1] *Beulke*, Rn 17; *Kühne*, Rn 306; *Roxin*, 14/1, 4; *BVerfG* NStZ 1982, 430.

[2] *BVerfG* aaO; *Rieß*, NStZ 1981, 2 ff.

[3] *Krey*, StPO 2, Rn 197; *Rieß* aaO, S. 5.

[4] *BGH* St 15, 155, 159; *Meyer-Goßner*, § 152 Rn 2.

[5] *Rieß* aaO, S. 3 m.w.N.; *Weigend*, Anklagepflicht und Ermessen, 1978, S. 25 ff.

[6] Dazu *Krey*, AT 1 (= Vol. I), Rn 20 ff.

[7] *Kühne*, Rn 1282, 1378.

[8] *Kühne*, Rn 1154, 1171, 1441 ff; *N. Schmid*, S. 38, 40–42 (USA).

Er ist mit der Formulierung »zureichende tatsächliche Anhaltspunkte« in § 152 Abs. 2 gemeint[9]. Auch § 160 Abs. 1 StPO knüpft an jenen Anfangsverdacht an. Dieser Verdacht braucht weder »dringend« i.S. des § 112 Abs. 1 noch »hinreichend« i.S. des § 170 Abs. 1 mit § 203 StPO zu sein[10].

– § 170 Abs. 1 begründet die **Anklagepflicht der StA** (Rn 345 ff).

414 2. Für die Polizei gilt bei der Strafverfolgung ebenfalls das Legalitätsprinzip (§ 163 StPO); insoweit sei auf Rn 189, 193, 202 verwiesen.

3. Im Übrigen ist das Legalitätsprinzip im Grundsatz auch für die Strafgerichtsbarkeit maßgeblich[11]; dazu betont das *BVerfG*:

»Die verfassungsrechtliche Pflicht des Staates, eine funktionstüchtige Strafrechtspflege zu gewährleisten, umfasst seine Pflicht, die Durchführung eingeleiteter Strafverfahren und die Vollstreckung rechtskräftig erkannter (Freiheits-) Strafen sicherzustellen. Das Prinzip der Rechtsstaatlichkeit, die Pflicht des Staates, die Sicherheit seiner Bürger ... zu schützen und der Anspruch aller ... Beschuldigter auf Gleichhandlung erfordern grundsätzlich, dass der ‹staatliche› Strafanspruch durchgesetzt wird.«[12]

IV. Spezialprobleme des Legalitätsprinzips

1. Beurteilungsspielraum bei der Prüfung des Anfangsverdachts

415 Bei der Frage, ob ein Anfangsverdacht (Rn 413) besteht, ist ein gewisser Beurteilungsspielraum der StA anzuerkennen; er ist gerichtlicher Kontrolle entzogen[13].

Dasselbe dürfte für die Polizei bezüglich § 163 Abs. 1 StPO gelten, der ebenfalls einen Anfangsverdacht fordert[14].

2. Präjudizienbindung der StA im Rahmen des Legalitätsprinzips?

– Dazu oben, Rn 146 bis 153. –

3. Verfolgungspflicht bei privat erlangter Kenntnis?

416 **Beispiel 38:** Der Kriminalbeamte K erfährt bei einem privaten Besuch in einem Fitnessstudio glaubhaft, dass ein gewisser XY aus dem Rotlichtmilieu gewerbsmäßig Kokain in nicht geringer Menge einführt und damit Handel treibt, wobei er als Mitglied einer Bande i.S. des § 30 a BtMG handelt[15]. K behält dieses Wissen für sich, weil er Dienst und Freizeit gerne »sauber trennt«. Staatsanwalt S erfährt hiervon zufällig, als er eine Nachtbar besucht, in der dubiose Gäste die Untätigkeit des K rühmen; auch S unternimmt nichts. K und S haben gegen ihre Verfolgungspflicht aus § 163 Abs. 1 (K) bzw. §§ 152 Abs. 2, 160 Abs. 1 StPO (S) verstoßen:

---

[9] *KK-Schoreit*, § 152 Rn 28; *Meyer-Goßner*, § 152 Rn 4.

[10] *Meyer-Goßner* aaO.

[11] *BVerfG* E 46, 214, 222 f (Fall Rolf Pohle); *Kühne*, Rn 305.

[12] *BVerfG* aaO.

[13] *Hellmann*, Rn 61; *Meyer-Goßner* aaO; beide mit Rechtsprechungsnachweisen.

[14] Siehe *Meyer-Goßner*, § 163 Rn 9: Anfangsverdacht wie in § 152 Abs. 2 StPO.

[15] Schweres **Verbrechen** gemäß §§ 29 Abs. 1 Nr. 1, 30 a Abs. 1 BtMG (Freiheitsstrafe nicht unter 5 Jahren).

a) Zwar lehnt eine Mindermeinung Verfolgungspflichten für StA und Polizei, die eine Strafbarkeit wegen Strafvereitelung im Amt durch Unterlasen gemäß §§ 258, 258 a, 13 StGB begründen können, bei privat erlangter Kenntnis **schlechthin** ab[16].

b) Die h.M. aber bejaht unter gewissen Voraussetzungen auch bei privat erlangter Kenntnis eine Verfolgungspflicht aus §§ 152 Abs. 2, 160 Abs. 1 bzw. § 163 Abs. 1 StPO als **Garantenpflicht für die Rechtspflege** (§ 13 StGB)[17]. Diese Voraussetzungen sind jedoch strittig:

(1) Die früher herrschende Rechtsprechung forderte eine Straftat,»die nach Art oder Umfang die Belange der Öffentlichkeit in besonderem Maße berührt«[18].

(2) Wegen der kaum zu überbietenden Unbestimmtheit dieser Abgrenzung stellen andere auf den **Katalog des § 138 StGB** ab[19].

(3) Verfasser und andere Autoren rekurrieren auf den Unterschied zwischen **Verbrechen** und Vergehen; nur bei Ersterem genüge jene private Kenntnis[20].

(4) Die neuere Judikatur[21] hat, was von der Lehre weitgehend verkannt wird, ihren **417** früheren Standpunkt (1) letztlich aufgegeben und fordert jetzt:
– eine Straftat, die wie Dauerdelikte oder auf Wiederholung angelegte Taten während der Dienstausübung des Polizeibeamten bzw. Staatsanwalts *fortwirkt*;
– eine hinreichende *Schwere* der fraglichen Tat[22];
– ein *Überwiegen* des öffentlichen Interesses an der Strafverfolgung gegenüber Privatbelangen des Beamten.

c) Stellungnahme: Das *BVerfG* hat diese neuere Rechtsprechung zwar von Verfas- **418** sungs wegen akzeptiert. Sie ist aber durch das GG nicht geboten und sachlich zweifelhaft: Die Kriterien des *BGH* sind zum einen *bedenklich unbestimmt*[23], auch wenn sie Art. 103 Abs. 2 GG nicht verletzen mögen. Zum anderen ist der Rekurs auf die *Fortwirkung der Tat* fragwürdig: man denke etwa an einen Mord, von dem ein Staatsanwalt oder Polizeibeamter privat erfährt, ohne etwas zu unternehmen. Nach den Kriterien der Schwere der Tat und Rechtssicherheit sprechen daher gute Gründe für das dargelegte Abstellen auf den Unterschied *Verbrechen/Vergehen*.

---

[16] *Meyer-Goßner*, § 160 Rn 10; *Mitsch*, NStZ 1993, 384 f; *Rieß* in: LR, § 160 Rn 27–29.

[17] Zu dieser Garantenpflicht: *Krey*, AT 2, Rn 336; *Krey/Heinrich*, Rn 656–656 c.

[18] *BGH* St 5, 225, 229; 12, 277, 280 f; so heute noch u.a.: *Beulke*, Rn 91; *Lackner/Kühl*, StGB, 25. Aufl. 2004, § 258 a Rn 4; *Rengier*, BT I, 7. Aufl. 2005, 21/25, 26.

[19] So u.a.: *Geppert*, Jura 1982, 139, 148; *Roxin*, 37/3.

[20] *Hellmann*, Rn 51 f; *Krey*, StPO 2, Rn 206 ff; siehe auch *Krey/Heinrich*, Rn 656 c (a.E.).

[21] *BGH* St 38, 388, 391 f, 393; ähnlich *OLG Koblenz* NStZ-RR 1998, 332. *BVerfG* JZ 2004, 303 (mit abl. Anm. *Seebode*) akzeptiert diese Rspr. als verfassungsmäßig.

[22] Der *BGH* verweist hier auf § 138 StGB bzw. sonstige »schwere Straftaten« (aaO, S. 392) und nennt als **Beispiele** u.a.: Schwere Körperverletzung; Straftaten aus dem Bereich der OK, die erfahrungsgemäß auf Wiederholung angelegt sind.

[23] *KK-Wache*, § 158 Rn 29; *Krey/Heinrich* aaO; *Meyer-Goßner* (Fn 16).

– Der Rückgriff auf § 138 StGB (Rn 416 mit Fn 19) ist schon deswegen weniger überzeugend, weil hier schwere Verbrechen wie Vergewaltigung und absichtliche oder wis-
sentliche Schwere Körperverletzung, §§ 177, 226 Abs. 2 StGB, fehlen.[24] –

419 d) Ergebnis: Nach der neuren Judikatur (Rn 417) und der hier vertretenen Ansicht waren K
und S verpflichtet, XY wegen seines Verbrechens aus § 30 a BtMG zu verfolgen. Diese
Verfolgungspflicht nach §§ 152 Abs. 2, 160 Abs. 1 bzw. 163 Abs. 1 StPO ist eine gesetzliche Garantenpflicht (§ 13 StGB) für die in §§ 258, 258 a StGB geschützte Rechtspflege.

420 e) Zur Klarstellung: **Dienstliche** Kenntnis, nicht etwa nur private, erlangt ein Staatsanwalt
bzw. Polizeibeamter auch dann, wenn er zwar außerhalb seiner Dienstzeiten und/oder seiner
Dienststelle, aber **in seiner dienstlichen Funktion** über Straftaten informiert wird[25].

Beispiel 39: Ein Informant, der nicht gesehen werden möchte, informiert Staatsanwalt S
in dessen Privathaus über Straftaten einer Bande.

V. Durchbrechungen des Legalitätsprinzips – Opportunitätsprinzip –

421 Das Legalitätsprinzip (Rn 411, 413 f) ist heute vielfach durchbrochen. An die Stelle
von Verfolgungs- und Anklagepflicht der StA ist durch Gesetzesänderungen in
zahlreichen Fällen ein *Wahlrecht* für die StA getreten, genauer: Das Recht, nach
pflichtgemäßem Ermessen bzw. im Rahmen eines Beurteilungsspielraums von
Anklage abzusehen, auch wenn hinreichender Tatverdacht besteht. Dieses *Wahlrecht zwischen Anklageerhebung und Verfahrenseinstellung* kennzeichnet die **Fälle
des Opportunitätsprinzips**[26].

422 Sie stellen nach heute h.M. grundsätzlich keine systemwidrige Auflösung des Legalitäts-
prinzips dar, sondern verfolgen so sachgerechte Zwecke wie:
– Verhinderung der Funktionsunfähigkeit der Strafrechtspflege[27];
– Vermeidung von generalpräventiv unerwünschter Vielstraferei[28];
– Verhinderung spezialpräventiv unnötiger (Erst)Kriminalisierung[29].
Die Fälle des Opportunitätsprinzips sind dabei weitestgehend auf Vergehen beschränkt[30];
auch insoweit wäre es falsch, von einem »Abschied vom Legalitätsprinzip« zu sprechen.

423 Beim Opportunitätsprinzip lassen sich drei Fallgruppen unterscheiden: Erstens
§§ 153–154 c StPO; zweitens § 376 StPO (Privatklagedelikte); drittens die sog.
eingeschränkten Antragsdelikte (Rn 388), wenn ein Antrag des Verletzten fehlt:

---

[24] Siehe auch Rn 417 mit Fn 22.

[25] *Antarist*, Anzeigenpflicht und Privatsphäre des Staatsanwalts, 1968, S. 59 f; *Krey*,
StPO 2, Rn 211 m.w.N.

[26] Siehe bereits Rn 162, 163, 165, 168, 171 mit 141, 362, 405.

[27] *Hellmann*, Rn 555; *Krey*, StPO 1, Rn 212 (im Anschluss an *Fezer*); *Kühne*, Rn 308.

[28] *Krey* aaO, Rn 214 m.w.N.

[29] *Beulke* in: LR, § 153 Rn 1.

[30] So insbesondere §§ 153, 153 a, 376 StPO.

1. § 153 StPO (Einstellung wegen Geringfügigkeit)

Diese Vorschrift dient der Entlastung der Justiz, zudem als prozessuales Instrument der Entkriminalisierung (Verhinderung unverhältnismäßiger Vielstraferei).

§ 153 StPO gilt nur bei **Vergehen**. Stellt sich die Tat nach Einstellung als Verbre- **424** chen dar, ist eine erneute Strafverfolgung möglich, worauf zurückzukommen ist.

a) Voraussetzung für eine Einstellung nach § 153 StPO ist materiell, dass
– die Schuld des Täters gering ist und
– kein öffentliches Interesse an der Verfolgung besteht.

(1) **Gering** ist die Schuld, wenn sie bei »Vergleich mit Vergehen gleicher Art« nicht unerheblich unter dem Durchschnitt liegt[31]. In casu darf nur eine Strafe im untersten Bereich des jeweiligen Strafrahmens in Betracht kommen[32].
Um dies zu klären, ist nicht notwendig bis zur Anklagereife (§ 170 Abs. 1 StPO) zu ermitteln. Vielmehr genügt eine »hypothetische Schuldbeurteilung«[33]: Besteht eine gewisse Wahrscheinlichkeit für den Schuldnachweis und erscheint bei dieser Schuldprognose die Schuld als gering, braucht die Tat nicht weiter aufgeklärt zu werden[34].

(2) Ein entgegenstehendes **öffentliches Interesse an der Verfolgung** kann sich aus **425** den anerkannten Strafzwecken des vergeltenden Schuldausgleichs, der Generalprävention und der Spezialprävention ergeben[35].

(3) Eine überlange Verfahrensdauer kann aus einer *ursprünglich nicht geringen Schuld* eine *geringe* i.S. des § 153 StPO machen[36] und zudem das *öffentliche Interesse* an der Strafverfolgung entfallen lassen[37]. In solchen Fällen kann auch noch das Revisionsgericht das Verfahren gemäß § 153 Abs. 2 StPO einstellen[38].

b) Die Einstellung gemäß § 170 Abs. 2 StPO mangels hinreichenden Tatverdachts **426** (Rn 341–344) hat an sich Vorrang vor der nach § 153 Abs. 1 StPO[39]. Jedoch muss die StA – wie ausgeführt (Rn 424) – nicht notwendig bis zur Klärung der Frage, ob dieser Verdachtsgrad besteht oder nicht, ermitteln[40].

---

[31] *Beulke*, Rn 334; *Meyer-Goßner*, § 153 Rn 4 m.w.N.; *Pfeiffer*, § 153 Rn 2.

[32] *Meyer-Goßner* aaO; *Rieß*, NStZ 1981, 2, 8.

[33] *BVerfG* E 82, 106; *Pfeiffer*, § 153 Rn 1.

[34] *Beulke* aaO; *KK-Schoreit*, § 153 Rn 15, 16; *Krey*, StPO 2, Rn 215; *Meyer-Goßner*, § 153 Rn 3; a.A. *Kühne*, Rn 586.

[35] *Beulke*, Rn 334. Zu eng u.a. *Meyer-Goßner*, § 153 Rn 7, der nur auf Spezial- und Generalprävention abstellt.

[36] *BGH* NStZ 1990, 94; *BGH* NStZ 1997, 543, 544; *KK-Schoreit*, § 153 Rn 15; *Meyer-Goßner*, § 153 Rn 4.

[37] *BGH* NStZ 1997 aaO; *Meyer-Goßner*, § 153 Rn 7.

[38] *BGH* NStZ 1997 aaO; siehe schon *BGH* St 35, 137, 139 ff, 142 (dazu Fn 52).

[39] *Krey*, StPO 2, Rn 215 m.w.N.; *Pfeiffer*, § 153 Rn 1.

[40] *Meyer-Goßner*, § 153 Rn 3 (h.M.); a.A. *Kühne*, Rn 586.

427 c) *Vor Anklageerhebung* erfolgt die Einstellung wegen Geringfügigkeit durch die *StA*, § 153 Abs. 1 StPO. Dabei bedarf es grundsätzlich der *Zustimmung des Gerichts* (S. 1 dieser Vorschrift).

(1) Diese Zustimmung ist nicht erforderlich bei einem Vergehen,
– das nicht mit einer im Mindestmaß erhöhten Strafe bedroht ist **und**
– bei dem die Tatfolgen gering sind (§ 153 Abs. 1 S. 2 StPO).

Eine *»im Mindestmaß erhöhte Strafe«* ist eine gegenüber § 38 Abs. 2 StGB erhöhte, also eine Mindeststrafe für die fragliche Tat von *mehr als einem Monat*[41].

Danach fallen u.a. die folgenden Straftaten aus dem Geltungsbereich des § 153 Abs. 1 S. 2 StPO heraus: § 244 StGB; § 224 StGB.[42]

Dagegen gilt § 153 Abs. 1 S. 2 StPO nicht nur für § 242 StGB, sondern auch für den Diebstahl in besonders schweren Fällen nach **§ 243 StGB**[43]. Denn hier geht es nur um eine Strafzumessungsvorschrift, nicht um einen eigenen Straftatbestand[44].

Von nur *»geringen Folgen der Tat«* kann man bei Vermögensdelikten sprechen, wenn es sich um Bagatelldelikte gemäß §§ 248 a, 248 c Abs. 3, 259 Abs. 2, 263 Abs. 4, 263 a Abs. 2, 265 a Abs. 3, 266 Abs. 2, 266 b Abs. 2 StGB handelt[45]
– wobei von *geringer Folge* bis zu einem Schaden von ca. *50 Euro* auszugehen ist[46] –.

Solche Bagatellvermögensdelikte bilden den Hauptanwendungsbereich des § 153 Abs. 1 S. 2 StPO[47]. Doch kommen auch andere Bagatelltaten in Frage, z.B. geringfügige Fälle der
– fahrlässigen Körperverletzung,
– Nötigung,
– Urkundenfälschung etc.

428 (2) Die Möglichkeit einer Einstellung des Verfahrens durch die StA **ohne Zustimmung des Gerichts** mag zwar verfassungskonform sein. Sie ist aber aus rechtspolitischer Sicht unbefriedigend, da sie der StA und gemäß §§ 146, 147 GVG den Landesjustizverwaltungen (Rn 158 ff, 165) zuviel Machtfülle bei der Bekämpfung der Massendelikte einräumt und wegen § 172 Abs. 2 S. 3 StPO die Strafverfolgungsinteressen des Verletzten vernachlässigt (Rn 405)[48].

429 d) *Nach Anklageerhebung*, also mit Beginn des Zwischenverfahrens (Rn 356, 363), gilt für die Zuständigkeit zur Einstellung § 153 Abs. 2 StPO:
Das **Gericht** kann das Verfahren unter den Voraussetzungen des § 153 Abs. 1 (Rn 424) in jeder Lage des Verfahrens einstellen, d.h.
– im Zwischenverfahren (§§ 199–211 StPO),

---

[41] *KK-Schoreit*, § 153 Rn 39; *Pfeiffer*, § 153 Rn 5. – Nach §§ 12 Abs. 2, 38 Abs. 2 StGB ist das Mindestmaß der Freiheitsstrafe bei Vergehen ein Monat. –

[42] Hier ist jene Mindeststrafe erhöht (jeweils Freiheitsstrafe von mindestens 6 Monaten).

[43] *KK-Schoreit*, § 153 Rn 41; *Meyer-Goßner*, § 153 Rn 15.

[44] Dazu m.w.N. *Krey/Hellmann*, Rn 99.

[45] Zudem kommen unter den Vermögensdelikten noch leichte Fälle von § 248 b StGB in Frage; *Pfeiffer*, § 153 Rn 5.

[46] Dazu u.a.: *Krey/Hellmann*, Rn 143 (zu § 248 a StGB); *Meyer-Goßner*, § 153 Rn 17.

[47] *Meyer-Goßner*, § 153 Rn 16.

[48] *Krey*, StPO 2, Rn 216 m.w.N.

– im Stadium der Vorbereitung der Hauptverhandlung (§§ 213–225 a StPO),
– in der Hauptverhandlung (§§ 226 ff StPO).

Im Übrigen gilt § 153 Abs. 2 StPO selbstverständlich auch in der Berufungsinstanz, zudem für das Revisionsgericht[49].

Die Einstellung durch das Gericht erfordert jedoch die Zustimmung der StA und des Angeschuldigten: **430**

(1) Das Erfordernis der **Zustimmung der StA** trägt deren Anklagemonopol (Rn 398) Rechnung[50]. Die Verweigerung dieser Zustimmung kann der Angeschuldigte nicht anfechten[51].
Jedoch sollte man wegen des Willkürverbots aus Art. 3 GG und im Hinblick auf Art. 19 Abs. 4 GG entgegen der h.M. dem Gericht das Recht einräumen, eine *willkürliche Verweigerung der Zustimmung* durch die StA wie eine Zustimmung zu behandeln[52].

(2) Die Notwendigkeit der **Zustimmung des Angeschuldigten** beruht auf seinem berechtigten Interesse an einer Rehabilitation durch Freispruch[53]. Im Übrigen bedeutet diese Zustimmung kein Schuldeingeständnis[54] – zumal auch die Einstellung selbst keinen Schuldvorwurf beinhaltet.
– § 153 Abs. 2 S. 2 StPO nennt allerdings einige Fälle, in denen es der Zustimmung des Angeschuldigten nicht bedarf. –

e) Die Einstellung wegen Geringfügigkeit durch das Gericht (§ 153 Abs. 2 StPO) entfaltet einen **Strafklageverbrauch**: Analog § 153 a Abs. 1 S. 5 StPO kann die Tat nicht mehr als **Vergehen** verfolgt werden; vielmehr ist eine erneute Verfolgung nur dann möglich, wenn sich die Tat nachträglich als **Verbrechen** darstellt[55]. **431**
Fehlt es einer nachträglichen Neubewertung der eingestellten Tat als Verbrechen statt als Vergehen, so ist für den Strafklageverbrauch irrelevant, ob neue Tatsachen oder Beweismittel die Tat nicht mehr als geringfügig i.S. des § 153 Abs. 1 StPO erscheinen lassen[56].
Diesen Standpunkt hat der *BGH* gründlich und plausibel dargelegt; darauf sei hier verwiesen[57].

---

[49] *Beulke*, Rn 335; *KK-Schoreit*, § 153 Rn 49; siehe auch oben, Rn 425.

[50] *BGH* St 64, 347, 350; *KK-Schoreit* aaO, Rn 50; *Meyer-Goßner*, § 153 Rn 26.

[51] *OLG Hamm* NStZ 1985, 472; *Meyer-Goßner* aaO; *Weßlau* in: SK, § 153 Rn 63 m.w.N. pro und contra; a.A. *Lagodny*, JZ 1998, 565, 570.

[52] So schon *Terbach*, NStZ 1998, 172 ff, 174, 176; hiergegen die h.M., so für alle: *KK-Schoreit* aaO; *Weßlau* aaO. – **Der Sache nach hat auch *BGH* St 35, 137, 142 trotz verweigerter Zustimmung der StA das Verfahren nach § 153 StPO eingestellt**; jedoch etikettiert der *BGH* sein Prozedere als »gerichtlichen Abbruch des Verfahrens«. –

[53] *Kühne*, Rn 601.1.

[54] *BVerfG* E 82, 106; *Meyer-Goßner*, § 153 Rn 27.

[55] *BGH* v. 26.08.03, St 48, 331, 333–340 (= JZ 2004, 737 mit zustimmender Anm. *Kühne*).

[56] *BGH* und *Kühne* aaO. Abweichend u.a.: *Beulke*, Rn 336; *Heghmanns*, NStZ 2004, 633, 653; *Hellmann*, Rn 847; *Meyer-Goßner*, § 153 Rn 38 (dabei wird auf §§ 174 Abs. 2, 211 StPO verwiesen).

[57] Siehe Fn 55.

432 f) Die Einstellung des Verfahrens durch die **StA** (§ 153 Abs. 1 StPO) soll nach h.M. keine Sperrwirkung gegenüber erneuter Strafverfolgung entfalten[58]. Das ist schon bei der Einstellung *ohne Zustimmung des Gerichts* gemäß § 153 Abs. 1 S. 2 nur mit der Einschränkung zu akzeptieren, dass die erneute Verfolgung willkürfrei sein muss[59]. Bei der Einstellung *mit Zustimmung des Gerichts* sprechen dagegen gute Gründe dafür, neue Tatsachen oder Beweismittel zu fordern[60].

433 g) **Anfechtbarkeit** von Entscheidungen nach § 153 StPO?

(1) Im Rahmen des § 153 Abs. 1 StPO (Einstellung durch die StA) sind *unanfechtbar*:
– die Einstellung und ihre Versagung;
– die Zustimmung des Gerichts und ihre Ablehnung.[61]

(2) Im Rahmen des § 153 Abs. 2 StPO (gerichtliche Einstellung) sind *unanfechtbar*:
– die Versagung der Einstellung durch das Gericht;
– die Zustimmung der StA und die Ablehnung dieser Zustimmung.[62]

Auch der **Einstellungsbeschluss des Gerichts** ist gemäß § 153 Abs. 2 S. 3, 4 StPO nicht anfechtbar. Jedoch lässt die h.M. trotz dieser klaren gesetzlichen Anordnung Ausnahmen zu, genauer: sie räumt eine Beschwerdebefugnis nach § 304 StPO ein,
– wenn die eingestellte Tat ein **Verbrechen** (§ 12 Abs. 1 StGB) betrifft[63] oder
– wenn die erforderliche Zustimmung der StA oder des Angeschuldigten fehlt[64].

434 **Beispiel 40:** Das *AG* – Strafrichter – hat, wie die StA in ihrer Anklage, einen Handtaschen-**raub** rechtsirrig als Diebstahl bewertet und die Tat gemäß § 153 Abs. 2 StPO mit Zustimmung der StA und des Angeschuldigten eingestellt.
Hier gibt die h.M. der StA ein *Beschwerderecht*, weil die Einstellung ein *Verbrechen* (§§ 249, 12 Abs. 1 StGB) betraf. Aber auch ohne erfolgreiche Beschwerde der StA wäre eine erneute Verfolgung möglich; denn die Einstellung entfaltet *keinen Strafklageverbrauch*, wenn sich die Tat nachträglich als *Verbrechen* darstellt (Rn 431).

2. § 153 a StPO (Einstellung nach Erfüllung von Auflagen/Weisungen)

435 a) Diese Vorschrift wurde 1974 erlassen; sie war dabei von Anfang an lebhaft umstritten: Teils wurden von ihren Kritikern verfassungsrechtliche Bedenken geltend

---

[58] *KK-Schoreit*, § 153 Rn 62; *Meyer-Goßner*, § 153 Rn 37; *Pfeiffer*, § 153 Rn 6, 9.

[59] Ähnlich *Beulke* in: LR, § 153 Rn 56 (»sachlich einleuchtender Grund«).

[60] Analogie zu § 211 StPO wegen der Mitentscheidung durch das **Gericht**.

[61] *Beulke* in: LR, § 153 Rn 46; *Krey*, StPO 2, Rn 219 m.w.N.; *KK-Schoreit*, § 153 Rn 30, 31; *Meyer-Goßner*, § 153 Rn 11; *BGH* St 38, 381, 382.

[62] *OLG Hamm* NStZ 1985, 472; *Krey* aaO m.w.N.; *Pfeiffer*, § 153 Rn 8. – Die Nichtanwendung des § 153 Abs. 2 StPO kann auch nicht mit der **Revision** gerügt werden (*Meyer-Goßner*, § 153 Rn 39). –

[63] *KK-Schoreit*, § 153 Rn 57; *Meyer-Goßner*, § 153 Rn 34; *Pfeiffer*, § 153 Rn 10.

[64] *KK-Schoreit* aaO; *Meyer-Goßner* aaO; *Pfeiffer* aaO.

gemacht[65]; teils wurde sie als kriminalpolitisch verfehlt behandelt[66]. Dabei wurden insbesondere gerügt[67]:

(1) Die Befugnis der StA, gemäß § 153 a Abs. 1 S. 7 (i.V.m. § 153 Abs. 1 S. 2) StPO das Verfahren **ohne Zustimmung des Gerichts** zu beenden, sofern der Beschuldigte bestimmte Auflagen/Weisungen erfüllt. Diese Erledigung einer Unzahl von Straftaten mittels Sanktionen wie Zahlung eines Geldbetrages an die Staatskasse (§ 153 a Abs. 1 S. 2 Nr. 2 StPO) *allein durch die StA als Teil der Exekutive* wird als Verstoß gegen die Gewaltenteilung (Art. 20 Abs. 3, Art. 92 GG) bewertet.

(2) Die »Kommerzialisierung der Strafrechtspflege« (»Absehen von Anklage gegen Geld«) – was zum Vorwurf der Klassenjustiz führte.

(3) Die fehlende Freiwilligkeit der Zustimmung des Beschuldigten wegen der sonst drohenden Durchführung des Strafverfahrens.

Indes hat die Praxis die Einstellungsmöglichkeiten nach § 153 a StPO längst ange- **436** nommen, und dies im Wesentlichen zu Recht:

– Auflagen und Weisungen sind keine Kriminalstrafen, sodass auch § 153 a Abs. 1 S. 7 (i.V.m. § 153 Abs. 1 S. 2) StPO nicht gegen den **Richtervorbehalt** des Art. 92 GG (Rn 59) verstößt. Allerdings gelten die gegen § 153 Abs. 1 S. 2 i.V.m. § 172 Abs. 2 S. 3 StPO sprechenden **rechtspolitischen Bedenken**[68] bei § 153 a Abs. 1 S. 7 in noch stärkerem Maße.

– Die Vorwürfe mangelnder Freiwilligkeit der Zustimmung des Beschuldigten und der Klassenjustiz sind durch die Praxis weitgehend widerlegt.

– Letztlich hat sich § 153 a StPO als effektives Mittel zur **Entlastung der Justiz** und als sinnvolles Instrument der **Entkriminalisierung** erwiesen[69].

b) Im Folgenden wird zwar vereinfachend von Einstellung nach § 153 a gespro- **437** chen, doch geht es bei genauerer Analyse um eine *Einstellung in zwei Etappen:*[70]

(1) Zunächst sieht die StA *vorläufig* von Anklage ab, § 153 a Abs. 1 S. 1, bzw. stellt das Gericht nach erhobener Anklage das Verfahren *vorläufig* ein, § 153 a Abs. 2 StPO, wobei dem Beschuldigten Auflagen/Weisungen erteilt werden.

(2) Werden die Auflagen/Weisungen *erfüllt*, kommt es zu einem weitgehenden *Strafklageverbrauch*: Die Tat kann nicht mehr als Vergehen, sondern nur noch als Verbrechen verfolgt werden (§ 153 a Abs. 1 S. 5 und Abs. 2 S. 2 StPO)[71]. Jene

---

[65] *Kausch*, Der Staatsanwalt – Ein Richter vor dem Richter, 1980; *Roxin*, 14/15.

[66] *Baumann*, ZRP 1972, 273; *Dencker*, JZ 1973, 144; *Hirsch*, ZStW 1980, 218; *Kühne*, Rn 589.1, 589.2.

[67] Siehe Fn 65, 66. – Hiergegen u.a.: *Dreher* in: Welzel-Festschrift 1974, 917; *Gössel* in: Dünnebier-Festschrift 1982, 121, 138 f; *Krey*, StPO 2, Rn 221 m.w.N. –

[68] Dazu Rn 428 mit Rn 405.

[69] *Krey*, StPO 2, Rn 221 m.w.N.; vermittelnd *Hellmann*, Rn 567.

[70] *Meyer-Goßner*, § 153 a Rn 3; dazu auch *Beulke*, Rn 337 d.

[71] Siehe bereits Rn 431.

Erfüllung hat dann eine förmliche *endgültige* Verfahrenseinstellung zur Folge[72], die aber letztlich wegen des erwähnten *Strafklageverbrauchs kraft Gesetzes* nur noch deklaratorische Bedeutung besitzt[73].

438 c) Wie § 153 gilt auch § 153 a StPO nur für **Vergehen.** Stellt sich die Tat nachträglich als Verbrechen dar, ist eine erneute Strafverfolgung möglich.

Während § 153 eine geringe Schuld voraussetzt, genügt für § 153 a StPO, dass die **Schwere der Schuld** der Einstellung nicht entgegensteht. Damit wird hier auch die mittlere Kriminalität erfasst[74]. § 153 a StPO erfordert insoweit eine vorläufige Schuldprognose, für die hinreichender Tatverdacht (Rn 341, 346) zwar notwendig, aber auch ausreichend ist[75].

Anders als bei § 153 Abs. 1 muss die StA also bei § 153 a Abs. 1 StPO bis zur Bejahung des hinreichenden Tatverdachts »durchermitteln«[76].

Hauptanwendungsfälle des § 153 a sind *leichtere und mittelschwere* Eigentums- und Vermögensdelikte sowie Verkehrsstraftaten. Kein Anwendungserfordernis ist, dass nur Geldstrafe zu erwarten wäre[77].

d) Zentrale Voraussetzung der *Einstellung gegen Auflagen/Weisungen* ist, dass diese »Sanktionen« geeignet sind, das öffentliche Interesse an der Strafverfolgung zu beseitigen. Hier ist eine Abwägung zwischen dem Gewicht dieser Interessen (Rn 425) und der Schwere der Auflage und/oder Weisung als Sanktion nötig.

439 e) Zu den **Auflagen und Weisungen** im Einzelnen:

(1) Auflagen dienen in erster Linie der Genugtuung für das begangene Unrecht[78]. Sie sind weder *Kriminalstrafen* noch *strafähnliche* Sanktionen. Jedoch handelt es sich um *Sanktionen mit Denkzettelfunktion*[79].

Der nicht abschließende Katalog des § 153 a Abs. 1 S. 2 StPO nennt in Nr. 1–3 *Auflagen.* Hierbei ist die mit großem Abstand bedeutendste die *Zahlung eines Geldbetrages zugunsten der Staatskasse oder einer gemeinnützigen Einrichtung* (Nr. 2)[80]. Dieser Geldbetrag muss verhältnismäßig und zumutbar sein[81].

---

[72] *Beulke*, Rn 337 d (StA), 338 (Gericht); *Kühne*, Rn 591 (Punkt IV, V); *Meyer-Goßner*, § 153 a Rn 3, 45, 53 unter Hinweis auf § 467 V StPO.

[73] *KK-Schoreit*, § 153 a Rn 43, 60; *Meyer-Goßner*, § 153 a Rn 53; *Pfeiffer*, § 153 a Rn 1, 9.

[74] *Beulke*, Rn 337 a m.w.N.; *Hellmann*, Rn 561; *Meyer-Goßner*, § 153 a Rn 2, 7.

[75] *Beulke* aaO; *Meyer-Goßner*, § 153 a Rn 7, 46; kritisch *Hellmann* aaO (m.w.N.): Überzeugung von StA und Gericht.

[76] *Beulke* in: LR, § 153 a Rn 39; *Krey*, StPO 2, Rn 223.

[77] *Beulke* aaO, Rn 32 m.w.N. pro und contra.

[78] *Beulke* in: LR, § 153 a Rn 47; *Krey* aaO, Rn 222. – Siehe § 56 b Abs. 1 StGB. –

[79] Den **Sanktionscharakter** betonen u.a.: *Beulke* aaO, Rn 9; *Krey* aaO; *Kühne*, Rn 589.2; *Meyer-Goßner*, § 153 a Rn 12. Zur Denkzettelfunktion siehe *Krey* aaO.

[80] Dazu: *Beulke* aaO, Rn 55 ff; *KK-Schoreit*, § 153 a Rn 17–19.

[81] *Beulke* in: LR, § 153 a Rn 48, 57; *KK-Schoreit*, § 153 a Rn 17; *Meyer-Goßner*, § 153 a Rn 19.

(2) Auch Weisungen sind Sanktionen. Sie sind primär spezialpräventiver Natur: Sie sollen dem Beschuldigten helfen, künftig keine Straftaten mehr zu begehen[82].
§ 153 a Abs. 1 S. 2 StPO führt – nicht abschließend – die *Weisungen* in Nr. 4–6 auf. Die wohl bedeutsamste unter den relativ selten erteilten Weisungen dürfte das in Nr. 5 genannte Bemühen um einen Täter-Opfer-Ausgleich sein.
Nach Sinn und Zweck des § 155 a S. 2 StPO darf diese Weisung aber nicht gegen den ausdrücklichen Willen des Verletzten erfolgen[83].

(3) Nach h.A. ist die Kombination mehrerer Auflagen bzw. Weisungen, auch die von Auflagen mit Weisungen, zulässig[84]. Doch muss hier besonders auf Verhältnismäßigkeit und Zumutbarkeit der »Sanktion« geachtet werden.

f) Die Einstellung gemäß § 153 a Abs. 1 StPO durch die StA verlangt die **Zustim-** 440
mung des Beschuldigten. Die Zustimmung des **Gerichts** ist ebenfalls erforderlich.
Jedoch entfällt letzteres Erfordernis gemäß § 153 a Abs. 1 S. 7 (i.V.m. § 153 Abs. 1 S. 2) StPO bei Vergehen,
– die nicht mit einer im Mindestmaß erhöhten Strafe bedroht und
– bei denen die Tatfolgen gering sind.
Insoweit sei auf Rn 427 verwiesen.
Diese *Erledigung von Strafverfahren gegen Sanktionen* durch die StA ohne Zustimmung des Gerichts ist ein gesetzgeberischer Missgriff (Rn 435, 436).

Die gerichtliche Einstellung nach § 153 a Abs. 2 StPO fordert die Zustimmung der StA und des Beschuldigten.
Sie ist nur dem Tatrichter, nicht dem Revisionsgericht erlaubt (S. 1 dieser Vorschrift: Hauptverhandlung der Tatsacheninstanzen).
Verweigert die StA die Zustimmung **willkürlich**, so sollte man, entgegen der h.A., dem Gericht das Recht einräumen, diese Verweigerung wie eine erfolgte Zustimmung zu behandeln[85]. Dafür sprechen Art. 3 und Art. 19 Abs. 4 GG.

g) **Anfechtung** von Entscheidungen nach § 153 a StPO? 441

(1) Vorläufige Einstellung, Rn 437 (1)

(a) Im Rahmen des § 153 a Abs. 1 (Einstellung durch die StA) sind unanfechtbar:
– die Einstellung und ihre Verweigerung;
– die Zustimmung des Gerichts und ihre Ablehnung.[86]

(b) Im Rahmen des § 153 a Abs. 2 StPO (gerichtliche Einstellung) sind unanfechtbar:
– die Versagung der Einstellung durch das Gericht;
– die Zustimmung der StA und die Verweigerung dieser Zustimmung.[87]

---

[82] *Beulke* aaO, Rn 47; siehe § 56 c Abs. 1 StGB.

[83] *Beulke* aaO, Rn 62; *Meyer-Goßner*, § 153 a Rn 22 a.

[84] *Beulke* in: LR, § 153 a Rn 48; *KK-Schoreit*, § 153 a Rn 15.

[85] Siehe bereits Rn 430 (zu § 153 Abs. 2 StPO).

[86] *Beulke*, Rn 337 d; ders. in: LR, § 153 a Rn 116–118; *KK-Schoreit*, § 153 a Rn 25, 64; *Krey*, StPO 2, Rn 225; *Pfeiffer*, § 153 a Rn 6, 7.

[87] *Beulke* in: LR, § 153 a Rn 133; *Krey* aaO; *Meyer-Goßner*, § 153 a Rn 57.

Der gerichtliche *Einstellungsbeschluss* selbst ist gemäß § 153 a Abs. 2 S. 3, 4 unanfechtbar. Das soll jedoch nicht gelten,
– wenn die erforderliche *Zustimmung* von StA oder Angeschuldigtem fehlt bzw.
– wenn die angeklagte Tat ein *Verbrechen* (§ 12 Abs. 1 StGB) betrifft[88].
In letzterem Fall wäre auch ohne Beschwerde der StA eine weitere Strafverfolgung möglich, da die Sperrwirkung des § 153 a StPO (Rn 437) nur für *Vergehen* gilt.

442 *(2) Endgültige Einstellung nach Erfüllung der Auflagen/Weisungen, Rn 437 (2)*
Die *gerichtliche* Einstellung, § 153 a Abs. 2 StPO, ist unanfechtbar, wofür S. 4 dieser Vorschrift (analog) spricht[89]. Unanfechtbar ist auch die endgültige Einstellung durch die *StA*[90].

443 h) Strafklageverbrauch **trotz fehlender Zustimmung** von Gericht bzw. StA?
Nach wohl h.L. gilt der Strafklageverbrauch gemäß § 153 a **Abs. 1** S. 5 (StA) auch bei fehlender Zustimmung durch das Gericht; entsprechend soll der Strafklageverbrauch gemäß § 153 a **Abs. 2** S. 2 i.V.m. Abs. 1 S. 5 StPO (Gericht) auch bei fehlender Zustimmung der StA gelten[91]. Hierfür spricht der Grundsatz des **Vertrauensschutzes**.

3. §§ 154, 154 a StPO

Beide Vorschriften dienen der Vereinfachung und Beschleunigung des Strafverfahrens.

a) § 154 StPO (unwesentliche Nebenstraftaten)

444 Diese Vorschrift erlaubt bei *mehreren Taten* im *prozessualen Sinne* (§ 264 StPO, Rn 83, 357) einen Teilverzicht auf Strafverfolgung und ist insbesondere bei Großverfahren bedeutsam[92].
Ein solcher Teilverzicht bei Mehrfachtätern kann erfolgen:
(1) Gemäß § 154 Abs. 1 **Nr. 1**, wenn die Strafe oder Maßregel wegen der fraglichen Tat neben der für eine andere Tat schon rechtskräftig verhängten oder wegen einer anderen Tat zu erwartenden Strafe oder Maßregel nicht beträchtlich ins Gewicht fällt.
Hier geht es also um die *Einstellung unwesentlicher Nebenstraftaten*[93]. Ein **Beispiel** bietet Rn 355 mit Rn 352 Abs. 2.

---

[88] Zu Ersterem: *OLG Karlsruhe* NStZ 1987, 42; *Beulke* in: LR, § 153 a Rn 134; *Meyer-Goßner*, § 153 a Rn 57; *Pfeiffer*, § 153 a Rn 7. – **Siehe aber auch unten, Rn 443.** – Zu Letzterem (Verbrechen): *Beulke* aaO.

[89] *Beulke* aaO, Rn 135; *KK-Schoreit*, § 153 a Rn 64; *Meyer-Goßner* aaO. Da § 153 a **Abs. 2** S. 4 i.V.m. S. 3 nach dem Wortlaut des Gesetzes nur für S. 1 (vorläufige Einstellung) gilt, kommt lediglich eine analoge Anwendung in Frage.

[90] *Beulke* in: LR, § 153 a Rn 116; *KK-Schoreit* aaO.

[91] *OLG Karlsruhe* aaO; *Beulke* aaO, Rn 93 m.w.N.; *Hellmann*, Rn 565; *KK-Schoreit*, § 153 a Rn 39; *Krey*, StPO 2, Rn 227; *Meyer-Goßner*, § 153 a Rn 52; *Roxin*, 14/27. Für Letzteres abweichend *Schroeder*, NStZ 1996, 319, 320.

[92] *Krey*, StPO 2, Rn 228; *Meyer-Goßner*, § 154 Rn 1.

[93] So die übliche Umschreibung des § 154 StPO, die freilich nur für Abs. 1 Nr. 1 zutrifft.

(2) § 154 Abs. 1 Nr. 2 StPO erlaubt die Einstellung *trotz beträchtlich ins Gewicht fallender* **445** *Strafen oder Maßregeln* unter dem Aspekt des **Beschleunigungsgebots**, wenn die Strafe oder Maßregel wegen einer anderen Tat ... ausreichend erscheint. Leider nennt das Gesetz von den für das Erfordernis einer »ausreichenden Strafe« maßgeblichen *Strafzwecken* [94] nur Spezialprävention und positive Generalprävention[95], dagegen nicht vergeltenden Schuldausgleich und negative Generalprävention (Abschreckung)[96]. Ob diese unvollständige Verweisung auf die Strafzwecke dadurch korrigiert werden kann, dass der Richter bei der Prüfung, ob die Strafe für eine andere Tat des Mehrfachtäters ausreichend erscheint, *auf alle Strafzwecke rekurrieren darf* (und muss), ist strittig. Die Frage dürfte aber zu bejahen sein[97], um einen Wertungswiderspruch zu Sinn und Zweck der Strafe zu vermeiden. § 154 Abs. 1 Nr. 2 StPO ist insbesondere für Großverfahren bestimmt: Es soll vermieden werden, »dass ein Verfahren an sich selbst erstickt«[98].

Beispiel 41: A, ein notorischer Heiratsschwindler, wird des Betruges in 59 Fällen beschul- **446** digt. Alle Taten stehen in Tatmehrheit. A räumt 30 Fälle ein; eine Aufklärung der restlichen 29 würde ein langes, aufwendiges Strafverfahren erfordern und widerspricht in den meisten Fällen auch den Interessen der betrogenen Opfer. Hier bietet sich ein Vorgehen nach § 154 Abs. 1 Nr. 2 StPO an, d.h. eine Einstellung der 29 Fälle.

In aller Regel erfolgt die Einstellung bei Mehrfachtätern nach § 154 StPO durch die **447** StA (Abs. 1 dieser Vorschrift), und zwar ohne Zustimmung des Gerichts. Nur ausnahmsweise kommt es zu einer Einstellung **erst nach Anklageerhebung** (§ 154 Abs. 2 StPO); sie kann das **Gericht** auf Antrag der StA vornehmen.

Ob die eingestellten Taten bei der Beweiswürdigung und/oder der Strafzumessung zum **448** Nachteil des Beschuldigten berücksichtigt werden dürfen, ist strittig[99]. Aus rechtsstaatlichen Gründen sollte man diese Frage verneinen[100].

b) 154 a StPO (Beschränkung der Strafverfolgung bei einer Tat)

Während § 154 StPO den Teilverzicht auf Strafverfolgung bei *mehreren* Taten im **449** *prozessualen Sinne* betrifft (Rn 444), geht es bei § 154 a um die Vereinfachung und Beschleunigung des Strafverfahrens bei *einer* Tat. Hier gibt es zwei Alternativen für die Beschränkung der Strafverfolgung:

---

[94] Zu ihnen eingehend und m.w.N. *Krey*, AT 1 (= Vol. I), Rn 118–145.

[95] Erstere umschreibt § 154 Abs. 1 Nr. 2 StPO mit »Einwirkung auf den Täter«, Letztere mit »Verteidigung der Rechtsordnung«.

[96] Zu diesen Strafzwecken *Krey* aaO, Rn 120 ff, 127, 128, 134, 136 ff, 142 ff, 146 ff.

[97] So für den vergeltenden *Schuldausgleich* u.a.: *Beulke* in: LR, § 154 Rn 27 m.w.N.; *KK-Schoreit*, § 154 Rn 17, 18.

[98] *Beulke* aaO, Rn 22; *Krey*, StPO 2, Rn 228.

[99] Differenzierend *BGH* NStZ 2004, 162; weitere Nachweise bei: *Beulke* in: LR, § 154 Rn 56 ff, *Meyer-Goßner*, § 154 Rn 25, § 154 a Rn 2.

[100] So u.a.: *Beulke*, Rn 340; ders. in: LR, § 154 Rn 60, 61; *Kühne*, Rn 594; *Roxin*, 14/10.

Erstens den Verzicht auf Strafverfolgung von **einzelnen abtrennbaren Teilen einer Tat** (im prozessualen Sinne).

– Zu dieser Modalität siehe mit Beispielen Rn 369 (mit Fn 60). –

Zweitens den Verzicht auf Strafverfolgung wegen **einzelner von mehreren Gesetzesverletzungen,** die durch dieselbe Tat begangen wurden.

Gemeint ist der Fall, dass eine Tat (im prozessualen Sinne) mehrere Straftaten im materiell-rechtlichen Sinne verwirklicht, die i.d.R. in Tateinheit (§ 52 StGB) stehen[101].

Beispiel 42: Bei einer Vergewaltigung mit Todesfolge, § 178 StGB, legt die StA dem Beschuldigten als weitere, in Tateinheit verwirklichte, Straftaten zur Last: § 176 b und § 239 Abs. 4 StGB. Da die beiden letzteren Verbrechen in casu schwer nachweisbar sind[102], kommt eine Beschränkung der Strafverfolgung gemäß § 154 a StPO in Frage.

450 Die Gründe für eine solche Beschränkung der Strafverfolgung sind dabei (entsprechend der Regelung in § 154 StPO):

– der Aspekt der unwesentlichen »Teile einer Tat« bzw. unwesentlicher »einzelner von mehreren Gesetzesverletzungen durch die Tat« (§ 154 a Abs. 1 S. 1);
– der Aspekt des Beschleunigungsgebots (§ 154 a Abs. 1 S. 2 mit § 154 Abs. 1 Nr. 2).

451 *Wie bei § 154 StPO gilt auch für § 154 a:*

– Die Einstellung erfolgt i.d.R. vor Anklageerhebung durch die **StA,** § 154 a Abs. 1 StPO.
– Ausnahmsweise kann das **Gericht** die Beschränkung der Strafverfolgung vornehmen, § 154 a Abs. 2; dies nach Anklageerhebung und mit Zustimmung der StA.
– Die Berücksichtigung des ausgeschiedenen Verfahrensstoffs zum Nachteil des Beschuldigten bei der Beweiswürdigung und/oder Strafzumessung ist strittig[103]; aus rechtsstaatlichen Gründen sollte man eine solche Berücksichtigung ablehnen[104].

4. §§ 153 b–153 f, 154 b, 154 c StPO

a) § 153 b StPO (Einstellung in Fällen des erlaubten Absehens von Strafe)

452 Unter bestimmten Voraussetzungen sieht das materielle Strafrecht die Möglichkeit eines Absehens von Strafe durch das **Gericht** vor, z.B. in §§ 46 a, 113 Abs. 4, 129 Abs. 5, 6, 174 Abs. 4 StGB. Hier kann die **StA** mit Zustimmung des Gerichts von Anklage absehen.

b) § 153 c StPO (Nichtverfolgung von Auslandstaten)

Hier entscheidet die StA allein, d.h. ohne Zustimmung des Gerichts.

(1) Bei **Abs. 1 S. 1 Nr. 1, 2 und 3** dieser Vorschrift berücksichtigt der Gesetzgeber das oft geringe Strafverfolgungsinteresse unserer Rechtsgemeinschaft, zudem den Aspekt der Ent-

---

[101] Siehe bereits Rn 369 mit Fn 61 (zu § 207 Abs. 2 Nr. 4 StPO).

[102] Man denke an den Fall, dass Identität und genaues Alter des ca. 13 bis 15-jährigen Opfers sowie Umfang und Intensität der Freiheitsberaubung unklar sind.

[103] Nachweise bei: *Beulke* in: LR, § 154 Rn 56 ff; *Meyer-Goßner*, § 154 a Rn 2.

[104] So u.a.: *Beulke* aaO, Rn 60 f; *Kühne*, Rn 594; *Roxin*, 14/10. Anders der *BGH* (Nachweise: Fn 103).

lastung der Justiz und die Möglichkeit staatspolitischer Gegeninteressen (etwa Rücksicht auf den Tatort-Staat)[105].

– Für Taten nach dem **VStGB** (Rn 58) verweist Abs. 1 S. 2 auf § 153 f StPO. –

(2) Zu § 153 c Abs. 2 StPO: Die **Bestrafung im Ausland** verbraucht die Strafklage in der **453** Bundesrepublik Deutschland grundsätzlich nicht[106].
– Zur Ausnahme im Schengen-Verbund siehe Rn 56, 57. –
Jedoch berücksichtigt das Gesetz in § 153 c Abs. 2 die mögliche Unverhältnismäßigkeit und/oder Unbilligkeit erneuter Strafverfolgung und den Gerichtspunkt der Justizentlastung.

(3) § 153 c Abs. 3 StPO **(Distanztaten)**: Er erfasst Straftaten, *deren Handlungsort zwar im* **454** *Ausland, deren Erfolgsort aber in Deutschland liegt*. Gemäß § 9 Abs. 1 StGB geht es also an sich um Inlandstaten. Gleichwohl kann die StA wegen »überwiegender öffentlicher Interessen, die der Strafverfolgung entgegenstehen« von Strafverfolgung absehen
– z.B. wegen der Gefahr eines schweren Nachteils für die Bundesrepublik[107] –.

(4) § 153 c Abs. 4 StPO **(Zurücknahme der Klage)**: Nach dieser Vorschrift kann **455** die StA in den Fällen des § 153 c Abs. 1 Nr. 1, 2 (Rn 452) sowie des Abs. 3 eine bereits erhobene Klage zurücknehmen – und zwar entgegen § 156 StPO in jeder Lage des Verfahrens –, wenn der Verfolgung überwiegende öffentliche Interessen entgegenstehen.

(5) Gemäß § 153 c Abs. 5 StPO kommen die Befugnisse der StA aus § 153 c Abs. 1–4 unter den dort genannten Voraussetzungen dem **Generalbundesanwalt** zu.

c) § 153 d StPO (Nichtverfolgung von politischen Straftaten)

Diese Vorschrift erweitert § 153 c Abs. 4 mit 5 StPO: Erfasst werden auch Taten, bei denen **456** Erfolgs- **und** Handlungsort im Inland liegen[108].
§ 153 d StPO ist z.B. beim Austausch von Spionen relevant[109].

d) § 153 e StPO (Tätige Reue bei Staatsschutzdelikten)

Diese Vorschrift ergänzt die materiell-rechtlichen Vorschriften über Rücktritt (§§ 24, 31 StGB) und tätige Reue (z.B. §§ 83 a, 84 Abs. 5, 87 Abs. 3, 98 Abs. 2 StGB) durch Normierung einer **prozessualen** Ermächtigung zum Absehen von Verfolgung[110].

---

[105] *Beulke* aaO, § 153 c Rn 2.

[106] *Beulke* in: LR, § 153 c Rn 15; *Meyer-Goßner*, § 153 c Rn 12.

[107] Man denke etwa an: Gefahren für die äußere Sicherheit; massive Beeinträchtigung außenpolitischer Beziehungen; konkrete Gefahren für Leib und Leben von Deutschen. – Siehe auch Rn 17 Fn 44. –

[108] *Meyer-Goßner*, § 153 d Rn 1; *Pfeiffer*, § 153 d Rn 1.

[109] *Meyer-Goßner* aaO.

[110] *Beulke* in: LR, § 153 e Rn 1; *Pfeiffer*, § 153 e Rn 1.

e) § 153 f StPO (Absehen von Verfolgung bei Taten nach dem VStGB)

457 Für Straftaten nach dem VStGB (Rn 58) gilt gemäß § 1 dieses Gesetzes das **Weltrechtsprinzip**. Zu seiner prozessualen Unterstützung dient § 153 f StPO, der das Verfolgungsermessen der StA aus § 153 c Abs. 1 Nr. 1, 2 StPO einschränkt[111].

f) § 154 b StPO (Auslieferung; Überstellung an einen internationalen Strafgerichtshof; Ausweisung)

Nach § 154 b Abs. 1 StPO kann die StA von Anklage absehen, wenn der Beschuldigte *wegen der Tat ausgeliefert* wird[112].

Gemäß § 154 b Abs. 2 kann die StA auch von Anklage absehen, wenn
– der Beschuldigte *wegen einer **anderen Tat** ausgeliefert* oder
– ihretwegen *an einen internationalen Gerichtshof überstellt wird* [113].
In beiden Fällen muss es sich aber bei der eingestellten Tat im Verhältnis zu jener anderen um eine unwesentliche Nebenstraftat handeln.

Nach § 154 b Abs. 3 StPO kann die StA weiterhin von Strafe absehen, wenn der Beschuldigte *ausgewiesen* wird[114].

g) § 154 c StPO (Opportunitätsprinzip bei Nötigung und Erpressung)

458 Diese Vorschrift soll die **Anzeigebereitschaft** der Opfer von Nötigung und Erpressung steigern[115] und räumt daher der StA ein Verfolgungsermessen ein.
Bei der Kontaktaufnahme des Opfers mit der **StA** empfiehlt sich die Einschaltung eines RA, da dieser die Identität des Opfers gemäß §§ 203 Abs. 1 Nr. 3 StGB, 53 Abs. 1 Nr. 3 StPO nicht offenbaren darf.

h) Exkurs: § 154 d StPO (zivil- und verwaltungsrechtliche Vorfragen)

§ 154 d StPO soll der StA eine Handhabe gegen den *Missbrauch des Strafverfahrens* zur Klärung schwieriger Rechtsfragen des Zivil- bzw. Verwaltungsrechts geben. Insoweit ist § 154 d StPO – ungeachtet von S. 3 – im Kern kein Fall des Opportunitätsprinzips.[116]
Der im Ermittlungsverfahren geltende § 154 d wird für das Zwischen- und Hauptverfahren durch § 262 Abs. 2 StPO ergänzt.
Für beide Vorschriften ist als Sonderregelung § 396 AO zu beachten. Alle drei Vorschriften spielen wegen des strafprozessualen Beschleunigungsgebots keine große Rolle.

---

[111] *KK-Schoreit*, § 153 f Rn 1, 2; *Meyer-Goßner*, § 153 f Rn 1; *Pfeiffer*, § 153 f Rn 1.
– Zu § 153 f StPO siehe bereits Rn 58 mit Fn 165. –

[112] Zur Auslieferung vgl. *Beulke* in: LR, § 154 b Rn 1. Siehe auch Art. 16 Abs. 2 GG.

[113] Zur Überstellung an den ICC (Rn 58): *Meyer-Goßner*, § 154 b Rn 1, Einl. Rn 207 a, b.

[114] Zur Ausweisung: §§ 53 ff Gesetz über den Aufenthalt ... von Ausländern im Bundesgebiet, *Sartorius*, Nr. 565.

[115] *Krey*, StPO 2, Rn 234 m.w.N.; *Meyer-Goßner*, § 154 c Rn 2.

[116] *Krey* aaO, Rn 235.

5. Privatklagedelikte als Fälle des Opportunitätsprinzips, § 376 StPO

Wie bereits erwähnt gilt für diese Delikte (Rn 386) das Opportunitätsprinzip[117]: **459**
Gemäß § 376 StPO kann die *StA* bei den Privatklagedelikten nach pflichtgemäßem
Ermessen (bzw. im Rahmen eines ihr eingeräumten Beurteilungsspielraums) zwischen Anklageerhebung und Einstellung wählen. Verneint sie das *öffentliche Interesse* an Anklageerhebung, so stellt sie das Verfahren ein, wobei sie den Verletzten,
der Anzeige erstattet hat, auf den Privatklageweg nach §§ 374 ff StPO verweist[118].
Zum Opportunitätsprinzip für das *Gericht* bei Privatklageverfahren siehe Rn 386.

6. Eingeschränkte Antragsdelikte als Fälle des Opportunitätsprinzips

– Siehe dazu Rn 388. –

Bejaht die StA das in § 230 Abs. 1 StGB und anderen Fällen eingeschränkter Antragsdelikte **460**
für die *Strafverfolgung trotz fehlenden Antrags* erforderliche besondere öffentliche Interesse, so ist das Gericht hieran gebunden[119]. Die Gegenmeinung missachtet evident Wortlaut
und Sinn des Gesetzes und bedeutet eine unzulässige Rechtsfindung contra legem[120].
Allenfalls bei Willkür der StA mag hier etwas anderes gelten.

VI. Legalitätsprinzip/Opportunitätsprinzip und die Polizei

Wie dargelegt gilt für die Polizei als Strafverfolgungsorgan das Legalitätsprinzip **461**
(Rn 189, 193, 202, 416–420). Die erörterten zahlreichen gesetzlichen **Ausnahmen
vom Legalitätsprinzip**, d.h. die Fälle des Opportunitätsprinzips (Rn 421, 423–
460), gelten nicht für die Polizei[121]:
Sie gewähren der **StA** einen Entscheidungsspielraum zwischen Strafverfolgung und Einstellung, sei es mit, sei es ohne Zustimmung des Gerichts. Oder sie ermächtigen das **Gericht**,
wenn die öffentliche Klage bereits erhoben ist, zur Einstellung mit Zustimmung der StA.
Dagegen sieht das Gesetz keine Wahlmöglichkeit zwischen Strafverfolgung und
Absehen von Strafverfolgung für die **Polizei** vor. Das folgt für §§ 153–154 c und
376 StPO aus dem eindeutigen Wortlaut des Gesetzes (StA), für die eingeschränkten Antragsdelikte daraus, dass »Strafverfolgungsbehörde« i.S. der §§ 230, 248 a
etc. StGB nur die StA ist[122].
Jedoch gibt es in der Praxis beunruhigende Tendenzen der Polizei, contra legem diese
klare Rechtslage zu missachten[123].

---

[117] Siehe Rn 162 Fn 53, Rn 362, 405.

[118] *Meyer-Goßner*, § 376 Rn 6; *Pfeiffer*, § 376 Rn 2.

[119] *BGH* St 16, 225, 228 ff; *BVerfG* E 51, 176; *Krey/Hellmann*, Rn 505; *Krey/Heinrich*,
Rn 312 a; *Tröndle/Fischer*, § 230 Rn 3 m.w.N.; a.A. etwa *Stree* in: Schönke/Schröder,
StGB, 26. Aufl. 2001, § 230 Rn 3 m.w.N.

[120] *BGH* aaO, S. 230 (a.E.), 231; *Krey*, StPO 2, Rn 237.

[121] *Beulke* in: LR, § 152 Rn 52; *Krey*, StPO 1, Rn 469, StPO 2, Rn 238 ff; ders. Zum Ge-
waltbegriff ..., Teil 2, Rn 202–204; *Rieß*, NStZ 1981, 9.

[122] *Krey* aaO (unstrittig).

[123] Dazu m.w.N.: *Krey*, StPO 2, Rn 239, 240; *Rieß* aaO.

VII. Legalitätsprinzip für die Polizei und Verhältnismäßigkeitsgrundsatz

462 Noch besorgniserregender ist die neuere These, der verfassungsrechtliche Grundsatz der Verhältnismäßigkeit begrenze die Strafverfolgungspflicht der Polizei (Rn 211, 212). Insoweit sei auf frühere Stellungnahmen von Verf. verwiesen[124]. An dieser Stelle sei nur so viel gesagt:

Die **Polizei** beherrscht ohne Legalitätsprinzip und ohne Weisungsgebundenheit gegenüber der StA als Wächter des Gesetzes die Gefahrenabwehr. Würde man sie zusätzlich bei der **Strafverfolgung** durch Auflösung des Legalitätsprinzips und des Weisungsrechts der StA entfesseln, wäre die Polizei eine rechtsstaatlich nicht tolerable Übergewalt.

---

[124] *Krey*, StPO 1, Rn 511–515, StPO 2, Rn 241–245; *Krey/Pföhler*, NStZ 1985, 145, 150.

Kapitel 2: Prozessprinzipien über die Durchführung des Strafverfahrens, namentlich der Hauptverhandlung; Beweisgrundsätze

§ 14 Prozessprinzipien über die Durchführung des Verfahrens, namentlich der Hauptverhandlung

I. Ermittlungsgrundsatz (Wahrheitserforschung von Amts wegen)

Er ist in § 155 Abs. 2 sowie, für die **Hauptverhandlung**, § 244 Abs. 2 StPO ver- **463** ankert und besagt: Das Gericht hat den Sachverhalt von Amts wegen zu ermitteln[1].

Im Zivilprozess herrscht dagegen grundsätzlich die Verhandlungsmaxime: Nach ihr entscheiden die Parteien, welche Tatsachen sie dem Gericht unterbreiten und – mittels Beweisantritts – worüber Beweis zu erheben ist (Prinzip der formellen Wahrheit).

Dagegen ist im Strafprozess die materielle Wahrheit durch das Gericht zu erforschen; dies auch ohne Beweisanträge von StA bzw. Angeklagtem oder Verteidiger[2].

Mithin ist das Gericht durch ein Geständnis des Angeklagten weder an der weiteren Beweisaufnahme noch an einem Freispruch gehindert. Die Erhebung von Beweisen darf das Gericht selbst gegen den Willen von StA und/oder Angeklagtem vornehmen.

II. Beschleunigungsgebot/Konzentrationsprinzip für die Hauptverhandlung

1. Beschleunigungsgebot

Das Gebot der Durchführung des Strafverfahrens innerhalb angemessener Frist **464** ergibt sich aus **Art. 6 Abs. 1 EMRK** (Rn 43), zudem speziell für inhaftierte Beschuldigte aus Art. 5 Abs. 3 EMRK (Rn 42 a.E.). Zusätzlich beruht das Beschleunigungsgebot auf dem **Rechtsstaatprinzip** des GG[3].

Außerhalb der Hauptverhandlung findet jenes Gebot insbesondere in folgenden Vorschriften der StPO seinen Ausdruck:
– §§ 25, 26 a, 29 (Richterablehnung);
– §§ 115, 115 a, 118 Abs. 5, 121, 122 (Untersuchungshaft);
– §§ 161 a Abs. 1 mit 163 a Abs. 3[4], zudem 163 Abs. 2 (Ermittlungsverfahren);
– §§ 311 Abs. 2, 314, 341, 345 (Rechtsmitteleinlegung und -begründung).

2. Konzentrationsmaxime für die Hauptverhandlung

Als Konkretisierung des Beschleunigungsgebots speziell für die Hauptverhandlung **465** besagt die Konzentrationsmaxime: Die Hauptverhandlung ist eine *Einheit*, mag sie auch viele Verhandlungstage dauern[5]; sie soll »möglichst in einem Zug durchge-

---

[1] *Beulke*, Rn 21; *Kühne*, Rn 299, 300; *Meyer-Goßner*, § 244 Rn 11; *BVerfG* E 57, 250, 275; E 63, 45, 61.

[2] *Roxin*, 15/3–5.

[3] *BVerfG* E 63, 45, 69; *BVerfG* JZ 2003, 999.

[4] *Meyer-Goßner*, § 161 a Rn 1.

[5] *Beulke*, Rn 26; *Hellmann*, Rn 633, 634; *Kühne*, Rn 270.

führt werden«[6], wobei Unterbrechungen zwar möglich sind, aber in §§ 228, 229 StPO begrenzt werden.

Hierauf ist zurückzukommen.

Im Übrigen enthält die StPO weitere bedeutsame Vorschriften über das Beschleunigungsgebot für die Hauptverhandlung, so namentlich:
- § 244 Abs. 3 S. 2 (Prozessverschleppungsabsicht);
- § 244 Abs. 5 S. 2 (Auslandszeugen);
- § 249 Abs. 2 (Selbstleseverfahren);
- § 251 (Urkundenbeweis an Stelle von Vernehmungen).[7]
Auch hierauf wird die Darstellung an späterer Stelle eingehen.

466 In sachlichem Zusammenhang mit der Konzentrationsmaxime steht § 275 Abs. 1, der i.V.m. § 338 Nr. 7 StPO (absoluter Revisionsgrund) für ein **zügiges Absetzen des Urteils** Sorge trägt. Dies soll u.a. garantieren, dass die Urteilsfindung unter dem Eindruck der mündlichen Hauptverhandlung erfolgt (§§ 261, 264 StPO)[8]: Die *Einheit der Hauptverhandlung* reicht gewissermaßen bis zum Absetzen des Urteils.

III. Prinzip der Mündlichkeit der Hauptverhandlung

467 Der in der CCC (Rn 24, 143) verankerte **Inquisitionsprozess**, der vom Hochmittelalter bis Mitte des 19. Jahrhunderts in Deutschland dominierte, war ein schriftliches Verfahren[9]. Erst der **reformierte Strafprozess**, der sich während der Französischen Revolution herausbildete und in Napoleons StPO v. 1808 (Code d'Instruction Criminelle) seine nähere Konkretisierung fand[10], brachte das Mündlichkeitsprinzip. In Deutschland setzte sich dieser reformierte Strafprozess erst ab Mitte des 19. Jahrhunderts durch.

Mit *Verhandlung* i.S. der §§ 261, 264 StPO meint das Gesetz die *mündliche Hauptverhandlung*; das kommt u.a. in §§ 226, 249 Abs. 1, 257, 258 StPO zum Ausdruck, zudem in § 250[11].

IV. Prinzip der Öffentlichkeit der Hauptverhandlung, §§ 169 ff GVG

468 Der Inquisitionsprozess war *geheim*; erst der reformierte Strafprozess brachte die öffentliche Hauptverhandlung[12].

Das Öffentlichkeitsprinzip wird im Abschnitt über die Hauptverhandlung vertieft.

---

[6] *Hellmann aaO; Kühne aaO; Meyer-Goßner*, § 229 Rn 1; *Roxin*, 16/5.

[7] Zum Beschleunigungsgebot als (einer) Basis dieser Vorschriften siehe: *KK-Diemer*, § 249 Rn 32; *Meyer-Goßner*, § 251 Rn 1; *Pfeiffer*, § 244 Rn 48.

[8] *KK-Engelhardt*, § 275 Rn 38.

[9] *Krey*, StPO 1, Rn 51 ff (53); *Rüping/Jerouschek*, Rn 103, 243.

[10] *Krey aaO*, Rn 60, 61; *Rüping/Jerouschek*, Rn 243 ff.

[11] § 250 StPO verankert das Unmittelbarkeitsprinzip, daneben aber auch das Mündlichkeitsprinzip; *KK-Diemer*, § 250 Rn 1.

[12] *Krey*, StPO 1, Rn 53, 60–63; *Rüping/Jerouschek*, Rn 243 ff.

§ 15 Verfahrensprinzipien über die Beweisaufnahme

Sie gehören zum Gegenstand des Abschnitts über Beweisrecht; daher soll es hier mit einer knappen Skizzierung sein Bewenden haben.

I. Ermittlungsgrundsatz (§ 244 Abs. 2 StPO)

Diese Verfahrensmaxime (Rn 463) als wesentliches Charakteristikum des deutschen Straf- **469** prozesses im Gegensatz zum anglo-amerikanischen[1] folgt aus dem Rechtsstaatsprinzip als Gebot der »Gerechtigkeit«[2]. Zum Ermittlungsgrundsatz betont das *BVerfG* zutreffend: *Als zentrales Anliegen des Strafprozesses erweise sich die Ermittlung des wahren Sachverhalts. Diesem Ziel sei die StA verpflichtet (§ 160 Abs. 2 StPO), und ihm diene die* **richterliche Aufklärungspflicht**[3].

Die Beweisaufnahme in der Hauptverhandlung wird gemäß § 244 Abs. 2 StPO **470** **nicht** von StA und Beschuldigtem/Verteidiger durchgeführt.
   – Anders aber im Parteiprozess des anglo-amerikanischen Rechts (adversarial trial).[4] –
Vielmehr ist die Wahrheitsfindung (Beweisaufnahme) *Aufgabe des Gerichts* und erfolgt in richterlicher Unabhängigkeit durch den *Vorsitzenden* (§ 238 Abs. 1)[5].

II. Grundsatz der Unmittelbarkeit der Beweisaufnahme

1. Nach dem Prinzip der formellen Unmittelbarkeit ist die Beweisaufnahme *durch* **471** *das Gericht selbst* in der mündlichen Hauptverhandlung durchzuführen, darf also grundsätzlich nicht an beauftragte oder ersuchte Richter *delegiert* werden[6].
2. Das Prinzip der materiellen Unmittelbarkeit verankert den Vorrang des Personalbeweises durch Vernehmung von Zeugen und Sachverständigen vor dem Urkundenbeweis (sowie dem Beweis durch Augenschein)[7], § 250 StPO.

Nach verbreiteter Ansicht geht dieses Prinzip aber noch deutlich weiter: Es verbiete nicht **472** nur die Ersetzung jenes Personalbeweises durch das **Beweissurrogat des Urkundenbewei-ses**. Vielmehr soll es prinzipiell verboten sein, die Beweisaufnahme auf Beweissurrogate zu beschränken, anstatt das sachnächste (tatnächste) Beweismittel zu verwenden[8].

---

[1] Dazu u.a.: *Krey*, Characteristic Features …, S. 603, 604.

[2] *BVerfG* NStZ 1987, 419.

[3] Siehe Fn 2.

[4] *Krey* aaO; *Kühne*, Rn 1187–1189 (England); *N. Schmid*, S. 70, 152 f, 216 (USA) m.w.N.

[5] Zu den Vorzügen dieses Systems gegenüber dem adversarial trial: *Krey* aaO.

[6] *Geppert*, S. 121 ff; *Krey*, StPO 2, Rn 252 m.w.N.; *Kühne*, Rn 914; *Paulus* in: KMR, § 244 Rn 186 ff; *Roxin*, 44/2.

[7] *Hellmann*, Rn 662; *KK-Pfeiffer*, Einleitung Rn 8; *Meyer-Goßner*, § 250 Rn 2.

[8] *Beulke*, Rn 24; *Hellmann* aaO; *Krey* aaO; *Kühne*, Rn 914, 915.

Beispiel 43: Steht ein Zeuge zur Verfügung, der die Tat selbst beobachtet hat, so darf seine Vernehmung grundsätzlich nicht durch die eines bloßen **Zeugen vom Hörensagen** ersetzt werden. Letzterer mag zur Ergänzung gehört werden, nicht aber als Beweissurrogat an Stelle des tatnächsten Zeugen[9]. Das gebietet das materielle Unmittelbarkeitsprinzip.

– Auch die Kritiker dieser Ansicht gelangen zu einem prinzipiellen Vorrang des tatnächsten Zeugen, stützen dieses Ergebnis aber auf den Ermittlungsgrundsatz (Rn 463, 469)[10]. Richtiger Ansicht nach sind jedoch beide Ansätze zutreffend, also der Rekurs auf § 244 Abs. 2 StPO *und* der auf das Prinzip der materiellen Unmittelbarkeit. –

III. Prinzip der freien Beweiswürdigung, § 261 StPO

473 Dieses Beweisprinzip verdanken wir dem reformierten Strafprozess (Rn 467, 468). Demgegenüber galten für den Inquisitionsprozess (Rn 143, 467, 468) strenge Beweisregeln: Die Verurteilung erforderte entweder das *Geständnis* des Beschuldigten oder die Überführung durch mindestens *zwei einwandfreie Zeugen* [11].

Der Grundsatz freier Beweiswürdigung besagt, dass der Richter (grundsätzlich) ohne Bindung an gesetzliche Beweisregeln »*nach seiner freien«, aus dem Inbegriff der mündlichen Hauptverhandlung gewonnenen Überzeugung entscheidet* – worauf zurückzukommen ist.

IV. Im Zweifel für den Angeklagten (in dubio pro reo)

Siehe schon Rn 8–11, im Übrigen die Erörterung an späterer Stelle.

---

[9] *Beulke* aaO; *Hellmann* aaO; *Kühne* aaO.

[10] *Meyer-Goßner*, § 250 Rn 3, 4 m.w.N.; *BGH* St 32, 115, 123 (GS).

[11] *Krey*, StPO 1, Rn 53 m.w.N.; *Rüping/Jerouschek*, Rn 84, 104.

Kapitel 3: Sonstige Verfahrensprinzipien

§ 16 Prinzip des fairen Verfahrens; Fürsorgepflicht des Gerichts; Funktionstüchtigkeit der Strafrechtspflege

I. Prinzip des fairen Verfahrens (fair trial)

Nach h.M. ist aus dem Rechtsstaatsprinzip des GG das Verfassungsgebot eines **474** fairen Strafverfahrens abzuleiten[1]: Das **Recht auf ein faires Verfahren** gehöre zu den wesentlichen Prinzipien eines rechtsstaatlichen Strafprozesses[2].
Auch Art. 6 Abs. 1 EMRK garantiert dieses Recht (Rn 43).
Dem fair trial-Prinzip kommt aber nur **deklaratorische** Bedeutung zu[3]: Es besagt nicht mehr als das Verfassungsgebot, der Strafprozess müsse dem Rechtsstaatsprinzip gerecht werden.
Nur ein rechtsstaatliches Verfahren ist ein *faires Strafverfahren* [4].

Aus dem fair trial-Prinzip, genauer: aus dem Gebot der Rechtsstaatlichkeit des **475** Strafprozesses, werden dabei zahlreiche Unterprinzipien abgeleitet; so u.a.
– die **Unschuldsvermutung** (Rn 34, 37, 43): bis zur rechtskräftigen Verurteilung darf der Beschuldigte nicht als schuldig behandelt werden[5];
– der Anspruch auf **rechtliches Gehör** (Rn 320–322);
– das Prinzip »**nemo tenetur se ipsum accusare**« (Rn 326);
– der postulierte Grundsatz der »**Waffengleichheit zwischen StA und Angeklagtem**«[6].

Das letztere Verfahrensprinzip ist freilich irreführend: Zwar ist richtig, dass den **476** Verfahrensrechten der StA in der Hauptverhandlung im Wesentlichen *gleichwertige Verteidigungsrechte des Beschuldigten/Verteidigers* entgegenstehen müssen.
Dem wird die StPO auch grundsätzlich gerecht, wobei u.a. verwiesen sei auf:
– §§ 240, 241 (Fragerechte);
– §§ 244 Abs. 3–6, 246 StPO (Beweisantragsrecht);
– §§ 257, 258 (Recht zur Abgabe von Erklärungen).

Jedoch verfälscht das Postulat der Waffengleichheit die Struktur des deutschen Strafprozesses, der gerade **kein Parteiprozess** ist (Rn 470)[7]. Weiterhin verkennt

---

[1] *BGH* St 32, 345, 351; 37, 10, 13; *BVerfG* E 46, 202, 209; E 57, 250, 274 f; E 63, 45, 68; *Beulke*, Rn 28; *Meyer-Goßner*, Einl. Rn 19.

[2] *BVerfG* E 26, 66, 71.

[3] *Heubel*, Der »fair trial« – ein Grundsatz des Strafverfahrens?, 1981, S. 73, 122 f, 143 ff; *Krey*, StPO 2, Rn 254, 255.

[4] *Krey* aaO.

[5] Dazu m.w.N. *Meyer-Goßner*, Anh 4 MRK, Art. 6 Rn 12 ff.

[6] Siehe m.w.N.: *BVerfG* E 38, 105, 111; E 63, 45, 61; *BGH* NStZ 1984, 419 (mit Anm. *Gössel*) und NStZ 2004, 347; *Kühne*, Rn 174 ff; *Meyer-Goßner*, Einl. Rn 88; *Safferling*, NStZ 2004, 181. Kritisch *Krey*, StPO 2, Rn 259 m.w.N.

[7] Hierauf weisen etwa *Krey* (aaO) und *Roxin* (11/13) hin.

jenes Postulat die **Beschränkungen der Verteidigung im Ermittlungsverfahren** (Rn 234–236, 237, 240–245), die aufgrund des Verfassungsgebots der Gewährleistung einer funktionstüchtigen Strafrechtspflege sachgerecht sind[8].

II. Fürsorgepflicht des Gerichts

477 Ein ungeschriebenes Verfahrensprinzip, basierend auf dem Verfassungsgebot des sozialen Rechtsstaates (Art. 20, Art. 28 Abs. 1 GG), ist zudem die Fürsorgepflicht des Gerichts gegenüber dem Angeklagten, aber auch gegenüber Zeugen[9].

Zwar sei den Kritikern dieser Prozessmaxime eingeräumt, dass sie recht konturenarm erscheint[10]. Sie ergänzt aber die *Rechtsstaatlichkeit* des Strafverfahrens sinnvoll durch eine *sozialstaatliche* Komponente; daher ist die These verfehlt, die Fürsorgepflicht des Gerichts sei nur Ausfluss des fair trial[11].

Der Grundsatz der gerichtlichen Fürsorgepflicht hat i.d.R. beim *unverteidigten Angeklagten* größere Bedeutung als gegenüber dem im Beistand eines Verteidigers auftretenden, gilt aber auch im letzteren Fall. Relevanz besitzt die Fürsorgepflicht weiterhin im Rahmen des *Zeugenschutzes*.

III. Prinzip der Funktionstüchtigkeit der Strafrechtspflege

478 Das Rechtsstaatsprinzip fordert die Gewährleistung der Funktionstüchtigkeit der Strafrechtspflege (Rn 16)[12]. Anderenfalls
– könnte die *Gerechtigkeit* nicht durchgesetzt werden[13],
– wäre der *Schutz der Rechtsgüter der Bürger* preisgegeben und
– würde das *Vertrauen in die Rechtsordnung* verspielt.

Kritiker im Schrifttum rügen jenes Verfahrensprinzip als Instrument zum Abbau von Beschuldigtenrechten[14]. Dem ist jedoch entgegenzuhalten: Zwischen den Verfassungsgeboten der *Sicherung der Effektivität der Strafrechtspflege* und des *Schutzes von Beschuldigtenrechten* ist ein sachgerechter Ausgleich (praktische Konkordanz, Rn 18) zu finden – was schon dargelegt wurde[15].

Das Prinzip der Gewährleistung der Funktionstüchtigkeit der Strafrechtspflege besagt insbesondere:

---

[8] *BGH* NStZ 1984, 228; *Meyer-Goßner* aaO.

[9] *BGH* St 22, 118, 122; *BGH* NJW 1973, 154, 155 l.Sp. (a.E.); *BayObLG* JZ 1989, 156; *KK-Pfeiffer*, Einleitung Rn 32; *Krey*, StPO 2, Rn 259 m.w.N.; *Kühne*, Rn 286–289; *Meyer-Goßner*, Einl. Rn 155 ff; *Roxin*, 42/23 ff.

[10] *Krey* aaO; *Kühne* aaO.

[11] Auch *Pfeiffer* aaO rekurriert auf den **sozialen Rechtsstaat**.

[12] Siehe außer den Nachweisen bei Rn 16 noch: *BGH* JZ 2005, 1010, 1012 (mit Anm. *Duttge*).

[13] *BVerfG* E 51, 324, 343.

[14] *Hassemer*, StV 1982, 275 ff, 279 f; siehe auch *Roxin*, 1/7.

[15] Rn 15–20.

Keine Verfahrensvorschrift darf vom Gesetzgeber so normiert oder von den Straf- **479** *richtern so gehandhabt werden, dass der Beschuldigte (Angeschuldigte, Angeklagte) und/oder sein Verteidiger es in der Hand haben, die Durchführung des Strafverfahrens, namentlich der Hauptverhandlung, **nach Belieben zu verhindern bzw. den Prozess nach Belieben zu verschleppen** [16].*

Beispiele für dieses Prozessprinzip bieten u.a.:
– Fall 4 (Rn 99–101), bei dem es um eine sachgerechte Auslegung des § 22 Nr. 5 StPO *zur Verhinderung von Verfahrenssabotage* geht.
– Die Handhabung des § 24 StPO bei Beleidigung bzw. Bedrohung des Richters durch den Angeklagten und/oder Verteidiger (Rn 110): Kein Ablehnungsrecht wegen Befangenheit, da es Angeklagte/Verteidiger anderenfalls in der Hand hätten, *sich nach Belieben jedem Richter zu entziehen.*
– Die praeter legem entwickelte Figur des Pflichtverteidigers neben dem Wahlverteidiger zur *Sicherung der Durchführung des Strafverfahrens,* Rn 298, 299.

---

[16] *Krey,* StPO 2, Rn 261–263 m.w.N.; dazu u.a.: *BGH* St 7, 330, 331.

§ 17 Verwirkung von Verfahrensrechten durch Rechtsmissbrauch

480 Das Verbot des Rechtsmissbrauchs gilt in der gesamten Rechtsordnung, also auch im Strafprozessrecht[1]. Zusammen mit dem Beschleunigungsgebot (Rn 464) und dem Prinzip der Gewährleistung einer funktionstüchtigen Strafrechtspflege[2] dient der Grundsatz der Verwirkung von Verfahrensrechten durch Rechtsmissbrauch dem Ziel, **Verfahrenssabotage und Prozessverschleppung** zu verhindern.

Dieses Rechtsprinzip der Verwirkung kommt bereits in zahlreichen Spezialvorschriften der StPO zum Ausdruck, so etwa in:
– § 26 a Abs. 1 Nr. 3 (Rn 122),
– § 138 a Abs. 1 Nr. 2 (Missbrauch des Verkehrsrechts des Verteidigers);
– § 241 Abs. 1 (Missbrauch des Kreuzverhörs);
– § 244 Abs. 3 S. 2 (Prozessverschleppungsabsicht);
– § 266 Abs. 3 S. 1 (mutwillig bzw. zur Verfahrensverzögerung gestellter Antrag).

Doch sind diese Sonderregelungen nicht abschließend. Vielmehr gibt es gesetzlich nicht normierte Fälle des Missbrauchs von Verfahrensrechten im Strafprozess, die ganz offensichtlich zur Verwirkung dieser Rechte führen müssen, um die Durchführung des Strafverfahrens innerhalb angemessener Zeit trotz Verfahrenssabotage/Prozessverschleppung durch Angeklagte und/oder Verteidiger zu ermöglichen[3].

Allerdings dürften der Gesichtspunkt des Schutzes der Verteidigungsrechte und das Prinzip der Formstrenge des Strafverfahrens es gebieten, eine derartige **Verwirkung** nur in Fällen schweren und offensichtlichen Missbrauchs anzunehmen.

481 Als **Beispiele** seien an dieser Stelle u.a. genannt:
BGH St 38, 111: Missbrauch des Beweisantragsrechts durch den Angeklagten.
BGH JZ 2005, 1010, 1012 (mit Anm. *Duttge*): Missbrauch des Beweisantragsrechts durch den Verteidiger.

– In beiden Fällen, auf die zurückzukommen ist, war der Rechtsmissbrauch gravierend und evident. –

---

[1] Dazu u.a.: *BGH* St 38, 111, 113; *BGH* JZ 2005, 1010–1012 (mit Anm. *Duttge*); *Beulke*, Rn 126 a m.w.N.; *Fahl*, Rechtsmissbrauch im Strafprozess, 2004; *KK-Pfeiffer*, Einleitung Rn 22 a; *Meyer-Goßner*, Einl. 111 m.w.N.

[2] Zu dieser Zusammenschau siehe *BGH* JZ 2005, 1010, 1012.

[3] Siehe Fn 1; kritisch u.a. *Kühne*, Rn 290–296.

Fünfter Teil: Strafprozessuale Grundrechtseingriffe

§ 18 Einführung: Terminologie/Verfassungsfragen/Zuständigkeit

I. Terminologie

Ob man bei Festnahme, Beschlagnahme, Hausdurchsuchung, Telefonüberwachung **482** u.a. Eingriffen von *strafprozessualen Zwangsmaßnahmen* oder von *strafprozessualen Grundrechtseingriffen* sprechen sollte, ist strittig[1]. Der erstere Begriff bringt die verfahrensrechtliche Funktion zum Ausdruck
– Durchführung bzw. Sicherung der Strafverfolgung –;
letzterer lenkt den Blick auf die verfassungsrechtliche Relevanz der Maßnahme als Eingriff in Grundrechte des Beschuldigten (bzw. anderer Personen). Beide Begriffe haben also ihre Berechtigung[2]. Jedoch soll im Folgenden prinzipiell von strafprozessualen Grundrechtseingriffen gesprochen werden[3]; dies gebietet die Bedeutung des GG als Schranke für solche Eingriffe.

II. Verfassungsfragen

1. Gesetzesvorbehalt des öffentlichen Rechts für Grundrechtseingriffe

a) Dieser Gesetzesvorbehalt besagt: *Eingriffe in Grundrechte des Bürgers dürfen* **483** *nur auf Grund von Gesetzen erfolgen*[4]. Daraus resultiert ein *Analogieverbot* im Bereich strafprozessualer Eingriffe[5]: Gesetzliche Ermächtigungsgrundlagen für solche Eingriffe dürfen nicht eingriffsbegründend oder -schärfend über den möglichen Wortsinn des Gesetzes hinaus extendiert werden.

(1) Ebenso hat das *BVerfG* in einem Senatsbeschluss für Eingriffe in die Freiheit der Person (**Art. 2 Abs. 2 S. 2, Art. 104 Abs. 1 GG**) entschieden: Das Gericht spricht vom Analogieverbot aus Art. 104 Abs. 1, vergleichbar dem strafrechtlichen Analogieverbot aus Art. 103 Abs. 2 GG[6]. Diesem Urteil kommt gemäß § 31 Abs. 1 BVerfGG[7] Bindungswirkung zu.

(2) Für sonstige strafprozessuale Grundrechtseingriffe fehlt es zwar an einer Senatsentscheidung des *BVerfG* zu der Frage, ob der Gesetzesvorbehalt des öffentlichen Rechts als Analogieverbot zu verstehen sei. Jedoch kommt das Gericht in einer Kammerentscheidung zur

---

[1] Für Ersteres *Schroeder*, JZ 1985, 1028 ff; für Letzteres *Amelung*, JZ 1987, 737 ff und *Kühne*, Rn 395.

[2] *Krey*, StPO 2, Rn 264.

[3] Viele sprechen von strafprozessualen Zwangsmaßnahmen und zugleich von Grundrechtseingriffen; z.B.: *Beulke* (Rn 79, 233 a.E., Überschrift zu § 12) und *Roxin* (29/3 ff).

[4] Allgemeine Meinung; dazu m.w.N.: *Krey*, Parallelitäten ..., S. 123, 137 ff; ders. ZStW 1989, 838, 854 ff; *Leister*, S. 122 ff.

[5] Siehe oben, Rn 6, 7.

[6] *BVerfG* E 29, 183, 195 ff. Dazu *Krey*, Parallelitäten, S. 147 f; ders. ZStW aaO, S. 854 ff.

[7] Zu dieser Vorschrift siehe: *Krey*, ZStW aaO, S. 846, 847 m.w.N.

Bejahung dieser Frage[8]; das zu Recht, wie Verfasser an anderer Stelle eingehend dargelegt hat[9]. Dem folgt die heute wohl h.M. im strafprozessualen Schrifttum[10].

484 (3) Ergebnis: Strafprozessuale Eingriffe in Rechte des Bürgers bedürfen einer nach ratio legis **und** Normtext anwendbaren gesetzlichen Ermächtigung. Solche Eingriffe dürfen nicht auf die **analoge** Anwendung eines Gesetzes gestützt werden.

b) Zur Verdeutlichung sei das bereits erörterte Beispiel 3 (Rn 6, 7) genannt:

Weder § 81 (»psychischer Zustand«) noch § 81 a StPO (»körperliche Untersuchung«, »körperliche Eingriffe«) erlauben nach ihrem möglichen Wortsinn den **5-tägigen Freiheitsentzug** zur Klärung der physischen Verhandlungsfähigkeit des Angeklagten.

2. §§ 161 Abs. 1 S. 1 und 163 Abs. 1 S. 2 StPO als Ermittlungsgeneralklauseln (»kleine Eingriffsgeneralklauseln«)

485 §§ 161 Abs. 1 (StA) und 163 Abs. 1 (Polizei) StPO i.d.F. vor Inkrafttreten des StVÄG 1999[11] waren von der h.A. zu Recht als bloße *Aufgaben*generalklauseln zur Strafverfolgung verstanden worden, dagegen nicht als *Eingriffs*generalklauseln. Beide Vorschriften ermächtigten also nicht zu strafprozessualen Grundrechtseingriffen.[12]

Mithin war für das Strafprozessrecht (anders als für das Polizeirecht) das Prinzip der Spezialermächtigung für die zulässigen Eingriffe in Grundrechte charakteristisch: Mangels einer Eingriffsgeneralklausel (nach Art der polizeirechtlichen in § 9 POG Rheinland-Pfalz) war im Strafprozess kein Grundrechtseingriff erlaubt, den nicht eine **spezielle** gesetzliche Ermächtigungsgrundlage legitimierte[13].

486 Die Umgestaltung der §§ 161, 163 StPO durch das StVÄG 1999 zu »Ermittlungsgeneralklauseln«[14] soll jedoch nach h.L. zur Folge haben, dass diese Vorschriften jetzt als **kleine Eingriffsgeneralklauseln** dienen können[15]:

Ermittlungsmaßnahmen, die mit einem **Eingriff** in das allgemeine Persönlichkeitsrecht (Recht auf informationelle Selbstbestimmung) verbunden seien, der sich als »**weniger intensiv**« darstelle, könnten durch § 163 Abs. 1 S. 2 (bzw. § 161 Abs. 1 S. 1) StPO **n.F.** erlaubt sein. Dies entspreche dem Willen des Gesetzgebers.

---

[8] *BVerfG* NJW 1996, 3146 = NStZ 1996, 615 (ob bloßen **Kammer**beschlüssen die für **Senats**entscheidungen geltende Bindungswirkung nach § 31 Abs. 1 BVerfGG zukommt, ist sehr zweifelhaft).

[9] *Krey*, Parallelitäten ..., S. 147, 148; ders. ZStW 1989, 838, 856 ff.

[10] So u.a.: *Amelung*, NStZ 1982, 40; *Kühne*, Rn 406 Fn 20; *Leister*, S. 61–225 (m.w.N. S. 87 ff); *Rudolphi* in: SK-StPO, Rn 13 ff, 26 f vor § 94 m.w.N.

[11] Gesetz v. 2. August 2000 (BGBl. I, 1253).

[12] Dazu: *Krey*, StPO 1, Rn 468, 486; *Kühne*, Rn 403; *Leister*, S. 228 f, 231 ff; *Roxin*, 10/17.

[13] Siehe Fn 12.

[14] *Beulke*, Rn 104; *Meyer-Goßner*, § 161 Rn 1; *Pfeiffer*, § 161 Rn 1.

[15] *Beulke* aaO; *Hellmann*, Rn 143 ff; *Hilger*, NStZ 2000, 561, 563 f; *Hohenhaus*, § 19; *KK-Wache*, § 161 Rn 1; *Krey*, Kriminalitätsbekämpfung ..., S. 648 f; *Leister*, S 230 ff, 234 ff, 237 ff; *Meyer-Goßner*, § 161 Rn 1, 1 a, § 163 Rn 1, 1 a; *Notzon*, S. 18 ff, 22 f; kritisch *Kühne*, Rn 367, 368, 404.

Kritik: Der strafprozessuale Grundsatz der Spezialermächtigung für Eingriffe in   **487**
Grundrechte des Bürgers[16] und das Gebot der Normklarheit fordern eine sehr restriktive Auslegung jener Ermittlungsgeneralklauseln. Sie erfassen mithin nur solche strafprozessualen Ermittlungsmaßnahmen, die entweder *nicht* in Grundrechte
des Betroffenen eingreifen oder bei denen *allenfalls von einem **geringfügigen**
(»weniger intensiven«) Eingriff gesprochen werden kann.* Im letzteren Fall müssen
jedoch grundsätzlich die folgenden Voraussetzungen hinzukommen:
– Die fraglichen Maßnahmen sind bereits lange vor dem Volkszählungsurteil des *BVerfG*
   zum Recht auf informationelle Selbstbestimmung (E 65, 1 ff) ohne gesetzliche Spezialermächtigung durchgeführt worden.
– Dabei gingen die Strafverfolgungsorgane und die seinerzeit h.A. davon aus, es gehe *nicht*
   um Grundrechtseingriffe.
– Seit jenem Urteil des *BVerfG* wird diese Annahme fehlender Eingriffsqualität aber (zunehmend) angegriffen.[17]

Danach werden durch § 163 Abs. 1 S. 2 (und § 161 Abs. 1 S. 1) StPO n.F. insbe-   **488**
sondere die folgenden strafprozessualen Ermittlungsmethoden legalisiert, und zwar
nur **vorsorglich** und/oder klarstellend:
– Befragungen von Nachbarn, Arbeitskollegen u.a. Personen im Umfeld des Beschuldigten.
– Kurzfristige Observationen, die nicht von § 163 f StPO erfasst werden[18].
– Einsatz von Vertrauenspersonen der Polizei (VP)[19].
– Einsatz von Scheinaufkäufern[20].

So verstanden beinhalten jene Ermittlungsgeneralklauseln im Kern nur eine dekla-   **489**
ratorische, vorsorgliche Klärung von *Streitfragen aufgrund des Volkszählungsur-
teils des BVerfG.* Sie bedeuten daher keinen Bruch mit dem klassischen Prinzip der
Einzelermächtigung für **klare** Fälle von Grundrechtseingriffen.

3. Annexkompetenz zur Durchführung legaler strafprozessualer Grund-
   rechtseingriffe

Die folgenden Beispiele sollen das intrikate Problem der gesetzlichen Ermächti-   **490**
gung für die erforderlichen und angemessenen Eingriffe zur Durchführung legaler
strafprozessualer Zwangsmaßnahmen erläutern.

Beispiel 44: – Annexkompetenzen (implied powers) –
a) Zur Durchführung einer gemäß § 127 Abs. 1 S. 1 StPO legalen Festnahme des auf frischer Tat betroffenen Täters (T)
– hält der Privatmann P den T durch **kräftiges Zupacken** fest (körperliche Misshandlung);
– gibt P auf den fliehenden T nach Warnschuss einen auf die Wade gezielten Schuss ab.

---

[16] Rn 485. Dazu: *KK-Wache* aaO; *Krey* aaO; *Leister*, S. 242, 243; *Roxin*, 10/17.

[17] Zum Vorstehenden siehe *Krey* aaO.

[18] *Beulke*, Rn 104 a.E.; *Hohenhaus* aaO; *KK-Wache* aaO; *Meyer-Goßner*, § 161 Rn 1.

[19] *KK-Wache* aaO; *Krey* aaO; *Meyer-Goßner* aaO; a.A. *Kühne*, Rn 369 m.w.N. – Zu den
   VP siehe *Krey*, Kriminalitätsbekämpfung ..., S. 641–645. –

[20] *KK-Wache* und *Meyer-Goßner* aaO. – Zu den Scheinaufkäufern: *BGH* St 41, 64 =
   NStZ 1995, 516 (mit Anm. *Krey/Jaeger* m.w.N.). –

b) Gegen den Beschuldigten B und gegen den Angeklagten A wird jeweils gemäß § 81 a Abs. 1, 2 StPO eine körperliche Untersuchung angeordnet.

(1) Dem B soll wegen des Verdachtes der Trunkenheit im Verkehr eine *Blutprobe* entnommen werden. Zur Durchführung dieser legalen Maßnahme wird B gegen seinen Willen zwangsweise einem Arzt zur Blutentnahme vorgeführt.

(2) Bei A soll die *physische Verhandlungsfähigkeit* festgestellt werden; daher ordnet das Gericht seine zwangsweise Unterbringung in einer Klinik für fünf Tage an (Rn 6, 7, 484).

c) Gegen den Beschuldigten B wird gemäß Art. 13 Abs. 3 GG, §§ 100 c, 100 d StPO n.F.[21] die *akustische Wohnraumüberwachung* (sog. »Großer Lauschangriff«) angeordnet.

– Zur Durchführung dieser Maßnahme dringt die Polizei heimlich in die Wohnung des B ein (Einbrechen), installiert Mikrophone und sichert deren Energieversorgung[22].

– Nach Beendigung des Lauschangriffs wird mittels heimlichen Eindringens in die Wohnung die Abhörtechnik wieder abgebaut und entfernt.

491 Den **Beispielen 44 a–c** ist gemeinsam: Die eigentliche Zwangsmaßnahme (der primäre Eingriff)

– Festnahme, körperliche Untersuchung, Lauschangriff –

ist jeweils in strafprozessualen Spezialermächtigungen normiert. Nicht ausdrücklich geregelt ist dagegen, welche Rechtsbeeinträchtigungen **zur Durchführung** des primären Eingriffs erlaubt sind. Hierzu vertritt die h.M. den folgenden Standpunkt: Strafprozessuale Grundrechtseingriffe, die als unselbständige Begleitmaßnahmen (sekundäre Eingriffe) zur *Vorbereitung, Durchführung und Beendigung* jener primären Eingriffe erforderlich sind, werden durch die jeweilige gesetzliche Ermächtigung zur Vornahme des primären Eingriffs legitimiert[23].

Dabei bietet die Lehre von der **Annexkompetenz** [24] die treffende verfassungsrechtliche und strafprozessuale Begründung. Sie wird von *Leister* mit guten Gründen auf das sachlogische Prinzip der *implied powers* gestützt[25].

Hierbei handelt es sich m.E. nicht um gesetzesergänzende Lückenfüllung, bei der die Vereinbarkeit mit dem Analogieverbot für strafprozessuale Grundrechtseingriffe (Rn 6, 7, 483, 484) zweifelhaft wäre[26]. Vielmehr stellen die **strafprozessualen Ermächtigungsgrundlagen für die primären Eingriffe**, z.B. §§ 127 Abs. 1 S. 1, 81 a, 100 c, 100 d StPO, nach Wortsinn und ratio legis zugleich die Ermächtigungsgrundlage für die erforderlichen und angemessenen Maßnahmen zur Realisierung der primären Eingriffe dar. Es geht also bei der Argumentation mit Annexkompetenzen um **Gesetzesauslegung**[27].

---

[21] StPO i.d.F. v. 24.6.2005 (akustische Wohnraumüberwachung), BGBl. I, 1841.

[22] Dazu: *BVerfG* v. 3.3.2004, NJW 2004, 999, 1014; *Krey*, Der Große Lauschangriff ..., S. 13 a.E., 14, **20**.

[23] *BGH* St 46, 266, 273 f (= JZ 2001, 1144, 1146 mit abl. Anm. *Kühne*); *KK-Nack*, § 100 c Rn 13, 14; *Krey*, AT 1, Rn 606; ders. StPO 2, Rn 268; *Leister*, S. 279 ff m.w.N.; *Rogall* in: SK, § 81 a Rn 111; *Rudolphi* in: SK, Rn 33–35 vor § 94.

[24] So ausdrücklich u.a.: *BGH* aaO; *KK-Nack* aaO; *Krey*, AT 1 aaO; *Leister* aaO; kritisch *Kühne*, Rn 414.1–414.3.

[25] *Leister*, S. 283 ff; auch *Rogall* aaO spricht von implied powers.

[26] Insoweit sind die Fundstellen in Fn 23 nicht klar genug; anders aber *Leister*, S. 305 f.

[27] Siehe Fn 26.

Mithin ergibt sich für **Beispiele 44 a, b und c**:

a) Zur **Festnahme** des T war das kräftige Zupacken (Festhalten) qua Annexkompetenz erlaubt. Normtext und ratio legis erfassen solche erforderlichen und angemessenen Eingriffe zur Durchführung der Festnahme und des Verbringens des Festgenommenen zur Polizei[28].

– Dasselbe kann je nach den Umständen auch für das Fesseln oder kurzfristige Einsperren bis zum Eintreffen der Polizei gelten[29]. –

Dagegen erlaubt § 127 Abs. 1 S. 1 StPO nach Wortlaut und Sinn nicht den Schusswaffengebrauch gegen den fliehenden Straftäter[30], im Übrigen auch nicht das lebensgefährliche Würgen zwecks Durchführung der Festnahme[31].

b) Zur Realisierung der Entnahme einer **Blutprobe** (§ 81 a Abs. 1 S. 1, 2 StPO) darf der Beschuldigte notfalls gegen seinen Willen zwangsweise zu einem Arzt gebracht werden[32].

– Ebenfalls zulässig ist es, den Beschuldigten auch gegen seinen Willen zu einem Polizeirevier zu verbringen und dort bis zum Eintreffen des Arztes festzuhalten[33]. –

Solche Fälle der Freiheitsberaubung werden nach Wortlaut und Sinn des § 81 a StPO qua Annexkompetenz durch diese Vorschrift erlaubt[34].

Dagegen ist das Vorgehen in Beispiel 44 b (2) nicht qua Annexkompetenz aus § 81 a StPO gerechtfertigt (Rn 6, 7, 484)[35].

c) Zur Vorbereitung, Durchführung und Beendigung eines *Großen Lauschangriffs* (Beispiel 44 c) ist es nach h.M. legal, die fragliche Wohnung notfalls mittels Einbrechens zu betreten, um dort die Abhörtechnik zu installieren und deren Energieversorgung zu sichern[36]. Nach Beendigung der akustischen Überwachung darf notfalls erneut in die Wohnung eingedrungen werden, um die Abhörtechnik abzubauen und zu entfernen[37]. Diese Begleitmaßnahmen werden qua Annexkompetenz von Wortsinn und ratio legis des § 100 c StPO legalisiert: Die Befugnis zur akustischen Wohnraumüberwachung beinhaltet die Befugnis zu ihrer Vorbereitung, Durchführung und Beendigung mit.

---

[28] *Hellmann*, Rn 271; *Krey*, AT 1, Rn 606; *Meyer-Goßner*, § 127 Rn 14 m.w.N.

[29] Siehe Fn 28.

[30] *RG* St 34, 443, 446; 65, 392; *Beulke*, Rn 237; *Krey*, ZRP 1971, 224, 225; ders. AT 1, Rn 607–609 m.w.N.; *Kühne*, Rn 455; *Meyer-Goßner*, § 127 Rn 15; *Roxin*, 31/10. Abweichend: *BGH* bei *Holtz*, MDR 1979, 985 f (wohl überholt durch *BGH* St 45, 378, 381); *Hellmann* aaO; *KK-Boujong*, § 127 Rn 28.

[31] *BGH* St 45, 378, 381 ff; *Krey*, AT 1 aaO.

[32] Grundlegend *OLG Schleswig* NJW 1964, 2215 f; ebenso u.a.: *OLG Hamburg*, MDR 1965, 152 f; *OLG Dresden* NJW 2001, 3643; *Beulke*, Rn 241; *Krey*, ZStW 1989, 838, 858 f; *Leister*, S. 323 f; *Meyer-Goßner*, § 81 a Rn 29 m.w.N.; str.

[33] *OLG Hamburg* aaO; *Meyer-Goßner* aaO m.w.N.; *Rogall* in: SK, § 81 a Rn 111.

[34] *Leister*, S. 305 f, 313 f mit S. 323 f.

[35] Ebenso außer den in Rn 7 Fn 21 Genannten u.a.: *Kühne*, Rn 477; *Rogall* aaO, Rn 112 m.w.N.; a.A. *Meyer-Goßner*, § 81 a Rn 24 m.w.N.

[36] Siehe Fn 22.

[37] *Krey* (siehe Fn 22).

4. Verhältnismäßigkeitsprinzip (Übermaßverbot)

493   – Siehe dazu Rn 30 bis 34. –

III. Zuständigkeitsfragen

1. Strafprozessuale Grundrechtseingriffe, die nur Richter anordnen dürfen

494   Hier seien u.a. genannt: **Untersuchungshaft** (§ 114 StPO); einstweilige Unterbringung (§ 126 a Abs. 1, Abs. 2 S. 1 StPO); Unterbringung zur Beobachtung in einem psychiatrischen Krankenhaus (§ 81 StPO); Ordnungshaft (§§ 51, 70 Abs. 1, 161 a Abs. 2 StPO, §§ 177–180 GVG); Beugehaft (§§ 70 Abs. 2, 161 a Abs. 2 StPO).

Neben diesen gezielten Fällen des Freiheitsentzugs, Art. 104 Abs. 2 GG, ist noch die **akustische Wohnraumüberwachung** (Rn 490, Beispiel 44 c) zu nennen; hier ist ein qualifizierter Richtervorbehalt normiert (**drei Richter**, bei Gefahr im Verzug ein Richter[38], Art. 13 Abs. 3 GG, § 100 d Abs. 1 StPO n.F.).

2. Richtervorbehalt mit Eilkompetenz der StA bei Gefahr im Verzug

Diese prinzipielle Zuständigkeit des Richters, eingeschränkt nur durch eine Eilkompetenz der **StA**, ist namentlich angeordnet für: Postbeschlagnahme (§§ 99, 100 StPO); Überwachung der Telekommunikation, d.h. insbesondere **Telefonüberwachung – TÜ –** (§§ 100 a, 100 b StPO); Rasterfahndung (§§ 98 a, 98 b StPO).

3. Richtervorbehalt mit Eilkompetenz für StA und ihre Ermittlungspersonen

Hier ist der grundsätzliche Richtervorbehalt durch eine Eilkompetenz bei Gefahr im Verzug[39] für die StA **und** deren Ermittlungspersonen (Rn 206) limitiert, und zwar u.a. bei folgenden Eingriffen: Körperliche Untersuchung (§§ 81 a, 81 c StPO); Beschlagnahme (§§ 94, 98 Abs. 1 StPO); Durchsuchung (§§ 102–105 StPO); Lauschangriff außerhalb von Wohnungen (§ 100 f Abs. 2 StPO n.F.).

Das *BVerfG* hat jene Eilkompetenz bei **Durchsuchungen** durch zu strenge Anforderungen an die Gefahr im Verzug eingegrenzt, was zu einer übertriebenen Ausweitung des **Bereitschaftsdienstes** für Richter geführt hat[40], die deren Überlastung weiter steigert.

4. Zuständigkeit der StA ohne Eilkompetenz ihrer Ermittlungspersonen

495   Beispiel: § 110 Abs. 1 StPO (Durchsicht von Papieren des von einer Durchsuchung Betroffenen). Hier geht es darum, als Beweismittel in Betracht kommende Papiere inhaltlich darauf zu überprüfen, ob eine Beschlagnahme durch den Richter zu beantragen oder die Rückgabe an den Betroffenen geboten ist[41]. Jene Durchsicht bedeutet einen Grundrechtseingriff, den die StA aus eigener Machtvollkommenheit vornimmt[42].

---

[38]   Genauer: Die Staatsschutzkammer, bei Gefahr im Verzug deren Vorsitzender.

[39]   § 81 a Abs. 2 StPO spricht statt von »Gefahr im Verzug« gleichbedeutend von »Gefährdung des Untersuchungserfolgs durch Verzögerung«.

[40]   Zu diesem Bereitschaftsdienst: **§ 22 c GVG**; *BVerfG* E 103, 142 ff; *BVerfG* NJW 2004, 1442 (Kammer); *Meyer-Goßner*, § 105 Rn 2 m.w.N.

[41]   *BVerfG* NStZ 2002, 377, 378; *Meyer-Goßner*, § 110 Rn 2.

[42]   Das wird vom *BVerfG* (aaO) offenbar von Verfassungs wegen akzeptiert.

5. Zuständigkeit der StA mit Eilkompetenz ihrer Ermittlungspersonen

Hier ist § 163 f StPO (längerfristige Observation, sei es mit technischen Mitteln wie GPS, sei es ohne) zu nennen[43].

6. Eigene strafprozessuale Eingriffskompetenzen von Polizeibeamten

Polizeibeamte haben, auch wenn sie keine Ermittlungspersonen der StA sind **496** (Rn 205, 206), einige originäre strafprozessuale Eingriffsbefugnisse:
- Vorläufige Festnahme nach § 127 Abs. 1 S. 1 StPO (»auf frischer Tat«)[44];
- vorläufige Festnahme nach § 127 Abs. 2 i.V.m. §§ 112, 112 a, 126 a StPO (bei »dringendem Tatverdacht«);
- Feststellung der Identität, § 163 b StPO;
- Aufnahme von Lichtbildern und Fingerabdrücken nach § 81 b StPO[45].

Im Übrigen gibt es einzelne strafprozessuale Ermittlungsmaßnahmen der Polizei, die zwar der Zustimmung der **StA** bedürfen, aber von dieser **nicht gegen den Willen der Polizei** angeordnet werden dürfen. Das gilt für den Einsatz Verdeckter Ermittler (VE)[46]
- zudem für den Einsatz von Scheinaufkäufern und VP[47] –.

IV. Rechtsschutz gegen strafprozessuale Grundrechtseingriffe

Dieses Problem wird im Abschnitt über Rechtsmittel und Rechtsbehelfe erörtert.

---

[43] Im GPS-Urteil des *BVerfG* (2. Senat, NJW 2005, 1338 ff) wird § 163 f StPO als verfassungskonform bewertet.

[44] § 127 Abs. 1 S. 1 StPO gibt »Jedermann«, also auch Privatpersonen, ein Festnahmerecht und begründet für Polizeibeamte, Staatsanwälte und Richter eine entsprechende **Amtsbefugnis** zu hoheitlichem Handeln.

[45] § 81 b StPO gilt erstens für die »Durchführung des Strafverfahrens« (genuines Strafprozessrecht); zweitens für den »Erkennungsdienst« (zu seiner Rechtsnatur: Rn 196–198).

[46] *KK-Nack*, § 110 b Rn 1; *Meyer-Goßner*, § 110 b Rn 1.

[47] Hierauf ist bei ihrer Behandlung zurückzukommen.

§ 19 Strafprozessuale Grundrechtseingriffe mit Freiheitsentzug

I. Untersuchungshaft (U-Haft), §§ 112 ff StPO

1. Grundrechtsrelevanz, Funktion und Voraussetzungen

497 U-Haft bedeutet einen schwerwiegenden Eingriff in das Grundrecht auf **Freiheit der Person** (Art. 2 Abs. 2 S. 2, Art. 104 GG). Das Gewicht dieses Eingriffs wird noch dadurch verstärkt, dass für den Betroffenen die **Unschuldsvermutung** spricht (Rn 34). Gleichwohl können die »unabweisbaren Bedürfnisse einer wirksamen Strafverfolgung« Anordnung und Vollzug von U-Haft von Verfassungs wegen erlauben, ja gebieten[1]. Zweck der U-Haft ist nämlich die Durchsetzung des »Anspruchs der staatlichen Gemeinschaft auf vollständige Aufklärung der Tat und rasche Bestrafung des Täters«[2], genauer: **U-Haft dient der Verfahrenssicherung** (Rn 32, 34). Wegen ihrer Eingriffsintensität und der Unschuldsvermutung darf sie aber nur »in eng begrenzten Ausnahmefällen« zulässig sein[3].

Voraussetzungen für die Anordnung der U-Haft sind:
Erstens ein *dringender Tatverdacht* (§ 112 Abs. 1 S. 1 StPO).
Zweitens ein *Haftgrund*: U-Haft darf nicht als vorweggenommene Strafe oder als Mittel, den Verdächtigen zu einem Geständnis zu nötigen, angeordnet werden, sondern nur *zur Sicherung des Erkenntnisverfahrens und/oder der Vollstreckung*[4]. Drittens müssen Anordnung und Vollzug der U-Haft dem *Grundsatz der Verhältnismäßigkeit* gerecht werden[5] (Rn 30–34).

2. Zum Erfordernis des dringenden Tatverdachts

498 Er verlangt einen stärkeren Verdachtsgrad als der für §§ 152 Abs. 2, 160 Abs. 1 StPO maßgebliche *Anfangsverdacht* (Rn 413). Für letzteren genügen Anhaltspunkte, die es als möglich erscheinen lassen, dass eine verfolgbare Straftat vorliegt[6]. *Dagegen erfordert der **dringende** Tatverdacht eine **große (hohe) Wahrscheinlichkeit** dafür, dass der Beschuldigte Täter oder Teilnehmer einer Straftat ist*[7].
Damit ist der dringende Tatverdacht dem Grade nach noch intensiver als der bereits erörterte (Rn 341, 346, 367) *hinreichende* Tatverdacht[8].
Gleichwohl verlangt ersterer nicht notwendig, dass auch letzterer vorliegt:
Der dringende Tatverdacht bestimmt sich nach dem jeweiligen Stand der Ermittlungen; er kann in deren Verlauf entfallen oder zunächst zu verneinen, aber später

---

[1] *BVerfG* E 19, 342, 347; 20, 45, 49; 20, 144, 147; 53, 152, 158.

[2] *BVerfG* aaO; *Meyer-Goßner*, Rn 4 vor § 112.

[3] *BVerfG* E 19 aaO; *Meyer-Goßner*, Rn 2 vor § 112.

[4] *KK-Boujong*, Rn 11 vor § 112; *Krey*, StPO 2, Rn 280.

[5] *KK-Boujong*, Rn 7 vor § 112; *Meyer-Goßner*, § 112 Rn 8.

[6] *KK-Schoreit*, § 152 Rn 28; *Meyer-Goßner*, § 152 Rn 4 m.w.N.

[7] *KK-Boujong*, § 112 Rn 6; *Meyer-Goßner*, § 112 Rn 5, 6.

[8] *KK-Boujong* aaO; *Krey*, StPO 2, Rn 282; *Meyer-Goßner*, § 112 Rn 6.

zu bejahen sein. Demgegenüber ist für den hinreichenden Tatverdacht das Ergebnis des abgeschlossenen Ermittlungsverfahrens (§ 169 a StPO) maßgeblich.[9]

3. Haftgründe (§§ 112 Abs. 2, 3, 112 a StPO)

a) Flucht und Fluchtgefahr (§ 112 Abs. 2 Nr. 1, 2 StPO)

(1) Aufgrund bestimmter Tatsachen muss feststehen, dass der Beschuldigte flüchtig **499** ist oder sich verborgen hält. **Flüchtig** ist, wer seine Wohnung aufgibt, ohne eine neue zu beziehen, oder sich ins Ausland absetzt. Dabei muss der Täter zu dem Zweck handeln, für die Strafverfolgungsorgane unerreichbar zu sein, oder diese Beeinträchtigung des Strafverfahrens zumindest in Kauf nehmen[10]. **Verborgen hält sich,** wer den Behörden seinen Aufenthalt verschleiert, um für Polizei, StA und/oder Gericht unauffindbar zu sein.

(2) **Fluchtgefahr** wurde bereits an früherer Stelle definiert (Rn 34). Die erforderliche »überwiegende Wahrscheinlichkeit« dafür, der Beschuldigte werde sich dem Strafverfahren entziehen, statt sich den Strafverfolgungsorganen zur Verfügung zu halten, kann nur mittels einer **Prognose** bejaht werden. Sie verlangt eine Würdigung aller relevanten Umstände des Einzelfalls[11]. Die wichtigsten Indizien hierfür soll der folgende Fall verdeutlichen.

Fall 21: – Fluchtgefahr –   **500**

Gegen A besteht der dringende Tatverdacht, er habe die O vergewaltigt, und zwar äußerst brutal. A ist seit längerem arbeitslos; er lebt von seiner Familie getrennt, und zwar allein, verfügt aber über einen festen Wohnsitz. Die StA beantragt beim Ermittlungsrichter den Erlass eines Haftbefehls wegen Fluchtgefahr.

Der Ermittlungsrichter (§§ 125 Abs. 1, 162 StPO) wird die Untersuchungshaft durch schriftlichen **Haftbefehl**, § 114 StPO, anordnen. Erstens liegt dringender Tatverdacht vor. Zweitens drängt sich als Haftgrund Fluchtgefahr geradezu auf. Wichtige **Indizien** für die Annahme von Fluchtgefahr sind nach h.M. insbesondere:
– Eine hohe Straferwartung.
– Das Fehlen fester familiärer und/oder beruflicher Bindungen.
– Der Mangel eines festen Wohnsitzes.
– Beziehungen zum Ausland, z.B. dort befindliches Vermögen.[12]

Gegenindizien können u.a. sein:
– Hohes Alter, fluchthindernder Gesundheitszustand.
– Unterstützung der Ermittlungsorgane durch längeres Verbleiben am Wohnort, glaubhaftes Geständnis etc.[13]

---

[9] Siehe Fn 8.

[10] *KK-Boujong*, § 112 Rn 10, 11; *Meyer-Goßner*, § 112 Rn 13.

[11] *Beulke*, Rn 212; *Meyer-Goßner*, § 112 Rn 19.

[12] Siehe u.a.: *KK-Boujong*, § 112 Rn 18–20; *Meyer-Goßner*, § 112 Rn 20, 22–25.

[13] Dazu u.a.: *KK-Boujong* aaO, Rn 22; *Meyer-Goßner* aaO, Rn 21.

501 In casu besteht eine **sehr hohe Straferwartung** (§ 177 Abs. 2 StGB); sie ist ein gravierendes Indiz für Fluchtgefahr. Zwar darf dieser Haftgrund nicht einfach pauschal auf eine erhebliche Straferwartung gestützt werden; eine **besonders** hohe Straferwartung ist aber grundsätzlich ein ausreichendes Indiz für Fluchtgefahr, wenn keine relevanten Gegenindizien vorliegen, die diese Gefahr ausräumen[14]. Hier besaß der Beschuldigte zwar einen festen Wohnsitz; dieses Gegenindiz wird aber durch das Fehlen beruflicher und familiärer Bindungen relativiert. Die Bejahung von Fluchtgefahr ist daher unmittelbar einleuchtend.

*Ergänzende Hinweise zur **Fluchtgefahr**:*
– Sie muss auf bestimmten Tatsachen beruhen; bloße Vermutungen genügen nicht.
– Sie ist unabhängig davon, ob der Beschuldigte bereits in anderer Sache eine Freiheitsstrafe verbüßt oder sonst inhaftiert ist[15].
– Suizidgefahr begründet keine Fluchtgefahr[16].
– Doch soll dieser Haftgrund nach h.M. in Frage kommen, wenn sich der Beschuldigte bewusst durch Alkohol- oder Drogenmissbrauch in den Zustand länger dauernder Verhandlungsunfähigkeit versetzen will[17].

b) Verdunkelungsgefahr (§ 112 Abs. 2 Nr. 3 StPO)

502 Sie spielt keine große Rolle, da ca. 90% aller Haftbefehle auf Fluchtgefahr basieren[18]. Jedoch ist der Haftgrund der Verdunkelungsgefahr »missbrauchsgeeignet«, zumal er durch ein umfassendes, plausibles Geständnis entfällt[19]. Zumindest von Strafverteidigern hört man häufiger den Vorwurf, es gebe den apokryphen »Haftgrund des fehlenden Geständnisses«[20].

Wie die Fluchtgefahr muss auch die Verdunkelungsgefahr auf bestimmte Tatsachen gestützt werden. Letzterer Haftgrund verlangt:
Erstens den durch das Verhalten des Beschuldigten begründeten dringenden Verdacht, er werde eine der in § 112 Abs. 2 Nr. 3 a–c genannten Verdunkelungshandlungen begehen. Zweitens die deshalb drohende Gefahr, dass die Ermittlung der Wahrheit erschwert werde.
An letzterem Erfordernis fehlt es, wenn es nichts mehr zu verdunkeln gibt, weil der Sachverhalt hinreichend aufgeklärt und die Beweise als gesichert erscheinen[21].

---

[14] *KK-Boujong*, § 112 Rn 18; *Meyer-Goßner*, § 112 Rn 22 ff, 25; ähnlich *Hilger* in: LR, § 112 Rn 39; kritisch u.a. *Hellmann*, Rn 225.

[15] *OLG Hamm* NStZ 2004, 221, 222 m.w.N. (unter Hinweis auf Vollzugslockerungen, die Gelegenheit zur Flucht bieten könnten); *Meyer-Goßner*, § 112 Rn 17.

[16] *Hilger* aaO, Rn 37 m.w.N. pro und contra; *Meyer-Goßner* aaO, Rn 18; *Pfeiffer*, § 112 Rn 6.

[17] *Hilger* aaO, Rn 38; *Meyer-Goßner* aaO m.w.N.; *Pfeiffer* aaO; a.A. etwa *Kühne*, Rn 417.

[18] *Beulke*, Rn 212; *Kühne*, Rn 418; beide m.w.N.

[19] *Hellmann*, Rn 227; *Meyer-Goßner*, § 112 Rn 35.

[20] *Hilger* in: LR, § 112 Rn 54; *Kühne*, Rn 419.1; vgl. auch *Meyer-Goßner*, Rn 4 vor § 112.

[21] *Krey*, StPO 2, Rn 288; *Meyer-Goßner*, § 112 Rn 35.

c) Wiederholungsgefahr (§ 112 a StPO)
– Ein polizeirechtlicher Fremdkörper im Strafprozessrecht? –

(1) Entgegen kritischen Stimmen im Schrifttum[22] ist der Haftgrund der Wiederholungsge- **503** fahr verfassungsmäßig[23]. Zwar trifft es zu, dass § 112 a StPO nicht der Sicherung des Strafverfahrens dient, sondern der **Gefahrenabwehr** (Rn 199). Als präventiv-polizeiliche Regelung wird jener Haftgrund also nicht von der Gesetzgebungskompetenz des Bundes gemäß Art. 74 Abs. 1 GG (gerichtliches Verfahren) erfasst[24], sondern an sich von der Gesetzgebungskompetenz der Länder für das Polizeirecht (Art. 30, Art. 70 GG). Indes greift die ungeschriebene Gesetzgebungskompetenz des Bundes **Annexkompetenz/Kompetenz kraft unmittelbaren Sachzusammenhangs** ein (Rn 199)[25].

(2) § 112 a StPO verlangt zum einen den dringenden Verdacht einer der in Abs. 1 Nr. 1, 2 aufgezählten Katalogtaten.

Dafür genügt nicht der dringende Verdacht, *der Beschuldigte habe im Vollrausch eines der dort genannten Sexualdelikte, etwa § 177 StGB, begangen und sich daher aus § 323 a StGB strafbar gemacht,* wenn der dringende Verdacht einer Straftat nach § 177 wegen § 20 StGB fehlt[26].

Zum anderen müssen bestimmte Tatsachen eine Wiederholungsgefahr gemäß § 112 a Abs. 1 StPO begründen.

(3) Der Haftgrund der Wiederholungsgefahr ist nach Maßgabe des § 112 a Abs. 2 subsidiär.

d) § 112 Abs. 3 StPO (Haftgrund der Schwere der Tat)

Wie ausgeführt hat das *BVerfG* diese problematische Vorschrift mittels verfas- **504** sungskonformer Auslegung vor der Verwerfung als verfassungswidrig bewahrt (Rn 37, 38): § 112 Abs. 3 StPO verlangt danach zwar keinen **auf bestimmten Tatsachen beruhenden** Haftgrund nach § 112 Abs. 2 StPO. Doch bleibt erforderlich, dass nach den Umständen des Einzelfalles Flucht- oder Verdunkelungsgefahr (bzw. Wiederholungsgefahr) **nicht auszuschließen sind.**

Beispiel 45: Gegen den 80jährigen Beschuldigten B wird wegen eines vor 20 Jahren begangenen Mordes ermittelt. B ist blind, an den Rollstuhl gefesselt und ohne Pfleger hilflos. Er hat die Tat im Wesentlichen eingeräumt und will für sie »gerade stehen«.

Hier sind »nach den Umständen des Einzelfalls« Flucht-, Verdunkelungs- und Wiederholungsgefahr auszuschließen, sodass auch § 112 Abs. 3 StPO nicht eingreift[27].

---

[22] *Paeffgen*, S. 138 ff, 156, 159; *Seebode*, JZ 1987, 611 f; kritisch u.a. auch *Roxin*, 30/14.

[23] *BVerfG* E 19, 342, 349 f; 35, 185 ff; *Hellmann*, Rn 232; *KK-Boujong*, § 112 a Rn 5; *Krey*, StPO 2, Rn 290–295; *Kühne*, Rn 421; *Meyer-Goßner*, § 112 a Rn 1.

[24] *Hilger* aaO, § 112 a Rn 10; *Krey* aaO; *Paeffgen* aaO; *Seebode* aaO.

[25] *Hilger* aaO, Rn 11; *Krey* aaO, Rn 293; *Meyer-Goßner* aaO.

[26] So unter Berufung auf das Analogieverbot aus Art. 2 Abs. 2 S. 2, **Art. 104 GG** für (strafprozessualen) Freiheitsentzug, Rn 6, 7, 483, 484, *Krey*, StPO 2, Rn 269; ders. ZStW 1989, 838, 854–856; ebenso u.a.: *Paeffgen*, S. 162 f mit Fn 675; *Rudolphi* in: SK, § 112 a Rn 13 ff, 26, 27. **Abweichend** u.a.: *OLG Hamm* NJW 1974, 1667; *KK-Boujong*, § 112 a Rn 14; *Meyer-Goßner*, § 112 a Rn 4; wohl auch *Hilger* in: LR, § 112 a Rn 24 f.

[27] Beispiel nach *Krey*, StPO 2, Rn 297–304.

4. Grundsatz der Verhältnismäßigkeit im engeren Sinne

505
– Zum Grundsatz der **Geeignetheit** und zum Prinzip der **Erforderlichkeit** (Rn 30) im Rahmen der U-Haft siehe schon Rn 31 bis 33. –

a) Der Verhältnismäßigkeitsgrundsatz im engeren Sinne als ungeschriebenes Verfassungsprinzip (Rn 30, 31, 34) ist für die U-Haft einfachgesetzlich in § 112 Abs. 1 S. 2 StPO normiert; seine Bedeutung für **Bagatelldelikte** wurde bereits angesprochen.
– Fall 1 (c), Rn 31, 34. –

Ergänzend hierzu sei noch betont:
– § 113 StPO ist für die dort erfassten Bagatellvergehen eine Sonderregelung.
– Für **andere Bagatelldelikte** wie insbesondere Ladendiebstahl mit geringer Beute gilt § 112 Abs. 1 S. 2. Auch hier wird U-Haft meist unangemessen sein (Rn 34).
– Bei **Privatklagedelikten** ist U-Haft unverhältnismäßig[28]. Jedoch kann sie zulässig sein, wenn die StA die Verfolgung gemäß §§ 376, 377 StPO übernimmt[29].
– Bei **Antragsdelikten** kann U-Haft schon vor Stellung des Strafantrags erlaubt sein[30]. I.d.R. wird aber bei solchen leichteren Taten (Rn 387) die U-Haft dem Verhältnismäßigkeitssatz widersprechen.

b) Wichtiger als der Aspekt der Bagatelldelikte ist jedoch das Problem der zunächst verhältnismäßigen, später aber wegen **überlanger Dauer** unangemessen (unverhältnismäßig) werdenden U-Haft. Sie verstößt gegen zwei Verfassungsprinzipien: Den Grundsatz der Verhältnismäßigkeit im engeren Sinne und das Beschleunigungsgebot[31].
– Hierauf ist zurückzukommen. –

506 c) **Haftunfähigkeit aus medizinischen Gründen** kann schon die Anordnung von U-Haft, zumindest aber deren Vollzug ausschließen: Erstens wegen ihrer Unangemessenheit/ Unzumutbarkeit (Rn 30 mit Fn 81)[32]. Zweitens wegen Verstoßes gegen das Verfahrensprinzip Fürsorgepflicht des Gerichts gegenüber dem Beschuldigten (Rn 477)[33].

5. Anordnung der U-Haft nach pflichtgemäßem Ermessen?

507 Gemäß § 112 Abs. 1 StPO »darf« die Untersuchungshaft durch den Richter angeordnet werden, wenn die gesetzlichen Voraussetzungen hierfür vorliegen. Damit spricht der klare Wortlaut des Gesetzes für die h.M., der Erlass des Haftbefehls (§ 114 StPO) liege im pflichtgemäßen Ermessen des Richters[34]. Allerdings soll

---

[28] *Krey*, StPO 2, Rn 307, 308 m.w.N.; *Meyer-Goßner*, § 384 Rn 5. – U-Haft trotz Fehlens des öffentlichen Interesses an der Strafverfolgung (§ 376 StPO) wäre unangemessen. –

[29] Siehe Fn 28.

[30] Dazu § 130 StPO.

[31] Zu letzterem Verfassungsprinzip siehe Rn 464.

[32] *Hilger* in: LR, § 112 Rn 68; *Krey*, StPO 2, Rn 304. – **Siehe auch Fall 1 a, Rn 31, 32.** –

[33] *Krey* aaO. – Auf die Menschenwürde stellt *Hilger* aaO ab; andere rekurrieren auf § 455 Abs. 2 StPO analog (Nachweise bei *Hilger* aaO). –

[34] *BVerfG* E 19, 342, 349; *Hilger* aaO, Rn 74; *KK-Boujong*, § 112 Rn 54; *Krey*, Jura 1979, 316, 317; ders. StPO 2, Rn 310, 311; *Meyer-Goßner*, § 112 Rn 1; str.

dieser Ermessensspielraum sehr eng sein: Bejahe der Richter *dringenden Tatverdacht, Haftgrund und Verhältnismäßigkeit der U-Haft*, habe er grundsätzlich Haftbefehl zu erlassen[35]. Das ist zutreffend, da in einem solchen Fall i.d.R. alle betroffenen Interessen in die richterliche Entscheidung eingeflossen sind[36].

Doch können ausnahmsweise sonstige Abwägungsgesichtspunkte wie plausible ermittlungstaktische Erwägungen die Ablehnung oder Verzögerung der Anordnung von U-Haft durch den Richter erlauben[37].

6. Aussetzung des Vollzugs des Haftbefehls, §§ 116, 116 a StPO

§ 116 StPO ist eine einfachgesetzliche Konkretisierung des Verfassungsprinzips **508** der **Erforderlichkeit** (Prinzip des mildesten Mittels, Rn 30, 31, 33): Kann der Zweck der U-Haft, also Verfahrenssicherung, durch weniger einschneidende Mittel erreicht werden, so **muss** der Vollzug des Haftbefehls ausgesetzt werden[38].

Daher sind § 116 Abs. 2 und Abs. 3 StPO dahin verfassungskonform auszulegen, dass die Worte *»der Richter **kann** aussetzen«* als *»der Richter **setzt aus**«* zu verstehen sind[39].

a) Der Beschluss über die Aussetzung des Vollzugs des Haftbefehls kann bereits bei dessen Erlass erfolgen, sodass schon hier die Voraussetzungen des § 116 StPO zu prüfen sind[40]. Entsprechend ist die Frage der Haftverschonung nach § 116 bei allen Haftentscheidungen gemäß §§ 117 ff (Haftprüfung), § 304 (Haftbeschwerde), §§ 121, 122 StPO (Haftprüfung durch das OLG) etc. zu berücksichtigen[41].

Umgekehrt ist bei jeder Entscheidung über eine **Haftverschonung nach § 116** **509** StPO zu prüfen, ob die Voraussetzungen für die *Aufrechterhaltung des Haftbefehls* – dringender Tatverdacht, Haftgrund, keine Unverhältnismäßigkeit – überhaupt noch vorliegen. Fehlt eine dieser Voraussetzungen, so ist der Haftbefehl aufzuheben (§ 120 StPO); eine bloße Haftverschonung anstelle der gebotenen Aufhebung wäre unzulässig[42]: Auch ein außer Vollzug gesetzter Haftbefehl ist noch ein *Grundrechtseingriff*, der mangels dringenden Tatverdachts oder Haftgrunds oder wegen *Unverhältnismäßigkeit trotz der Haftverschonung* nicht erlaubt wäre[43].

b) § 116 StPO regelt nur die Aussetzung des Vollzugs von Haftbefehlen, die auf Fluchtgefahr (Abs. 1), Verdunkelungsgefahr (Abs. 2) oder Wiederholungsgefahr (Abs. 3) gestützt sind. Dagegen sieht das Gesetz keine Haftverschonung nach § 116 bei Haftbefehlen vor, die

---

[35] *KK-Boujong, Krey* und *Meyer-Goßner* aaO.

[36] *Krey*, StPO 2 aaO.

[37] *Krey* aaO.

[38] *BVerfG* E 19, 342, 351; *Hilger* in: LR, § 116 Rn 1, 8; *Meyer-Goßner*, § 116 Rn 1.

[39] *BVerfG* aaO; *Hilger* aaO; *Krey*, StPO 2, Rn 312 m.w.N.

[40] *Hilger* aaO, Rn 3; *Krey* aaO, Rn 313; *Meyer-Goßner* aaO, Rn 1.

[41] Siehe Fn 40.

[42] *KK-Boujong*, § 116 Rn 7; *Krey*, StPO 2, Rn 318; *BGH* St 39, 233, 236.

[43] *BVerfG* E 53, 152, 159, 160; *Hilger* in: LR, § 116 Rn 3, 6; *Krey* aaO.

durch § 112 Abs. 3 StPO (Haftgrund der Schwere der Tat) gerechtfertigt werden. Diese Regelungslücke ist wegen des Grundsatzes der Erforderlichkeit (Rn 508) im Wege der verfassungskonformen analogen Anwendung des § 116 StPO zu schließen[44].

510 c) Als *mildere Mittel im Vergleich zum Vollzug des Haftbefehls* nennt das Gesetz für Haftbefehle wegen Fluchtgefahr insbesondere die Meldeauflage (§ 116 Abs. 1 Nr. 1) und die Sicherheitsleistung (Kaution, § 116 Abs. 1 Nr. 4 StPO).

Bei Ersterer **(Meldepflicht)** wird i.d.R. als Meldestelle die Polizei bestimmt[45].

Letztere **(Kaution)** verstößt nicht gegen Art. 3 Abs. 1 GG[46]. Für Art und Höhe der Sicherheit gilt § 116 a StPO, für den Verfall der Sicherheit § 124 StPO.

Als Beispiel für mildere Maßnahmen beim Haftbefehl wegen Verdunkelungsgefahr nennt § 116 Abs. 2 StPO das Verbot der Kontaktaufnahme des Beschuldigten zu Mitbeschuldigten, Zeugen oder Sachverständigen.

7. Untersuchungshaft von mehr als sechs Monaten Dauer
 – §§ 121 bis 122 a StPO als Konkretisierung des Beschleunigungsgebots und des Grundsatzes der Verhältnismäßigkeit im engeren Sinne –

511 a) Nach § 121 StPO darf der Vollzug der U-Haft wegen derselben Tat grundsätzlich **nicht über sechs Monate hinaus** aufrechterhalten werden. Von diesem Grundsatz gibt es folgende **Ausnahmen**:

(1) Es ist ein **Urteil** ergangen, das auf Freiheitsstrafe (mit oder ohne Bewährung) oder eine freiheitsentziehende Maßregel der Besserung und Sicherung, §§ 61 ff StGB, erkannt hat. Selbstredend muss dieses Urteil nicht rechtskräftig sein.

(2) Hat die **Hauptverhandlung** vor Ablauf der Sechs-Monats-Frist begonnen, so ruht der Fristablauf bis zur Urteilsverkündung, § 121 Abs. 3 S. 2 StPO.

Mit dieser Regelung bezweckt das Gesetz eine Beschleunigung von *Ermittlungsverfahren* und *Zwischenverfahren* sowie der *Vorbereitung der Hauptverhandlung*.

Für Hauptverhandlungen von mehr als sechs Monaten Dauer gelten §§ 121, 122 StPO also nicht.

512 (3) Wenn noch kein Urteil ergangen ist, das auf Freiheitsentzug erkennt, und auch die Hauptverhandlung noch nicht begonnen hat, darf der Vollzug der U-Haft über sechs Monate hinaus nur unter folgenden Voraussetzungen fortgesetzt werden:

(a) Die **besondere Schwierigkeit oder der besondere Umfang der Ermittlungen oder ein anderer wichtiger Grund** lassen das Urteil noch nicht zu (§ 121 Abs. 1).
 – Materielle Erfordernisse der Haftverlängerung. –

(b) Das *OLG* [47] ordnet die Fortdauer der U-Haft an (§§ 121 Abs. 2, 122 StPO).
 – Formelle Seite der Haftverlängerung über sechs Monate hinaus. –

---

[44] *BVerfG* E 19, 342, 351 ff; *Krey*, StPO 1, Rn 88–90; *Meyer-Goßner*, § 116 Rn 18.

[45] *KK-Boujong*, § 116 Rn 15.

[46] *Hilger* aaO, § 116 a Rn 2; *KK-Boujong*, § 116 Rn 18; *Meyer-Goßner*, § 116 Rn 10.
 – Auch Art. 5 Abs. 3 S. 2 EMRK anerkennt die Kaution zur Haftverschonung. –

[47] Zur Zuständigkeit des *BGH*, wenn das *OLG* gemäß § 120 GVG erstinstanzlich zuständig ist, siehe § 121 Abs. 4 S. 2 StPO.

§§ 121 Abs. 1, 2, 122 Abs. 1 StPO treffen also eine doppelte Vorsorge gegen den Vollzug von U-Haft über sechs Monate hinaus: Zum einen muss zu den *allgemeinen Voraussetzungen* für Erlass und Vollzug des Haftbefehls
- dringender Tatverdacht, Haftgrund, Verhältnismäßigkeit sowie Fehlen der Voraussetzungen für die Aussetzung des Vollzugs –
noch einer der unter Punkt (3) (a) genannten **besonderen Gründe** für die Fortdauer der U-Haft hinzukommen. Zum anderen muss das *OLG*[48] die Haftfortdauer anordnen, d.h. jene allgemeinen Voraussetzungen und den besonderen Grund feststellen.

b) Für die **besondere Schwierigkeit** *der Ermittlungen* und ihren **besonderen Umfang** ist ein   **513**
Vergleich mit durchschnittlichen Verfahren maßgeblich. Besondere Schwierigkeit und/oder besonderer Umfang können z.B. resultieren aus:
- der Vielzahl der aufzuklärenden Taten, deren Art und Umfang;
- der Zahl der Beschuldigten, Zeugen und Sachverständigen;
- der Notwendigkeit umfangreicher Übersetzungen bei ausländischen Beschuldigten und ausländischen Zeugen.[49]

Ein **anderer wichtiger Grund** liegt vor, wenn das Verfahren durch Umstände verzögert wird, denen StA und Gericht nicht durch geeignete und zumutbare Maßnahmen begegnen konnten[50] und die auch sonst nicht in den Verantwortungsbereich des Staates fallen[51], z.B.
- Verhinderung unentbehrlicher Verfahrensbeteiligter oder Zeugen[52];
- dem Beschuldigten zurechenbare erhebliche Verfahrensverzögerungen[53];
- die nur kurzfristige, weder vermeidbare noch vorhersehbare Überlastung der StA oder des Gerichts[54].

Angesichts der **Überlastung der Tatrichter in Strafsachen**[55] sollten die *OLG* (und das *BVerfG*[56]) nicht selbstgerecht lebensfremde Anforderungen an die dargelegten besonderen Gründe für die Haftfortdauer gemäß § 121 Abs. 1 StPO stellen.

c) §§ 121, 122 StPO gelten nur für den Vollzug der U-Haft *wegen derselben Tat.*   **514**
Dieser Begriff ist zum Schutz des Betroffenen weiter auszulegen als der dargelegte *allgemeine prozessuale Tatbegriff* i.S. der §§ 155, 264 StPO (Rn 83, 357): Ersterer

---

[48]   Siehe Fn 47.

[49]   Zum Vorstehenden: *Hilger* in: LR, § 121 Rn 27; *KK-Boujong*, § 121 Rn 14; *Meyer-Goßner*, § 121 Rn 17.

[50]   *Hilger* aaO, Rn 28, 30; *KK-Boujong* aaO, Rn 16, 17; *Meyer-Goßner* aaO, Rn 21, 23, 24.

[51]   Dazu oben, Rn 40 (a.E.).

[52]   *BVerfG* E 36, 264, 274 a.E., 275; *Hilger* aaO, Rn 28; *KK-Boujong* aaO; *Meyer-Goßner*, § 121 Rn 21.

[53]   *KK-Boujong*, § 121 Rn 16; *Krey*, StPO 2, Rn 332; *Meyer-Goßner* aaO.

[54]   *Meyer-Goßner*, § 121 Rn 21. – **Anders ist es bei der nicht nur kurzfristigen Überlastung des Gerichts (Rn 39, 40).** –

[55]   Dazu Rn 66; ebenso etwa *BGH* (GS) JZ 2005, 628, 631 (l.Sp.).

[56]   Das *Gericht* hat auf Grund von Verfassungsbeschwerden zahlreiche Entscheidungen zu § 121 StPO getroffen – **des Öfteren ohne Verständnis für die Überlastung von StA und Tatgerichten.**

erfasst nach h.M. alle Taten des Beschuldigten, die bei Erlass des Haftbefehls bekannt waren und daher *in den Haftbefehl hätten aufgenommen werden können* [57].
Dieser erweiterte Tatbegriff soll verhindern, dass Tatvorwürfe zwecks Erlasses weiterer Haftbefehle »in Reserve gehalten werden«[58].

d) In den Fällen des § 121 StPO legt der Haftrichter dem *OLG* die Akten zur Entscheidung gemäß Abs. 2 vor, sei es
– von Amts wegen, weil er die Haftfortdauer für gerechtfertigt hält, sei es
– auf Antrag der StA, der ihn zur Vorlage verpflichtet.[59]

e) Das *OLG* entscheidet wie folgt:
– Es hebt den Haftbefehl auf, wenn dies nach § 120 StPO geboten ist.
– Anderenfalls prüft es, ob eine Haftverschonung nach § 116 nötig ist.
– Wenn das *OLG* weder nach § 120 noch nach § 116 StPO verfährt, ordnet es die Fortdauer der U-Haft an, sofern einer der erwähnten (Rn 512, 513) besonderen Gründe hierfür vorliegt; anderenfalls hebt das Gericht den Haftbefehl auf.[60]

f) Ordnet das *OLG* die Fortdauer der U-Haft an, so sind für das weitere Verfahren § 122 Abs. 3 und Abs. 4 StPO zu beachten.

8. Überlange U-Haft: Bedeutung von Beschleunigungsgebot und Grundsatz der Verhältnismäßigkeit über §§ 121, 122 StPO hinaus

515 Auch nach Beginn der Hauptverhandlung und selbst **nach Erlass eines Urteils erster Instanz**, das auf Freiheitsentzug erkennt,
– § 121 Abs. 3 S. 2, § 121 Abs. 1 StPO (Rn 511) –
kann sich aus **Beschleunigungsgebot** und **Grundsatz der Verhältnismäßigkeit im engeren Sinne** (Rn 30, 34, 464, 505) ein Verbot überlanger U-Haft ergeben[61]:
Beide Verfassungsprinzipien gelten selbstredend über den Normbereich des § 121 StPO hinaus und können auch nach Erlass eines solchen Urteils 1. Instanz zur Aufhebung eines Haftbefehls führen[62]
– u.U. sogar zur Aufhebung eines außer Vollzug gesetzten (§ 116 StPO)[63] –.

9. Haftbefehl, Verhaftung, Vorführung vor den Richter

516 a) U-Haft wird durch schriftlichen **Haftbefehl** angeordnet, § 114 StPO.

(1) Vor Anklageerhebung ist der Ermittlungsrichter zuständig (§ 125 Abs. 1, § 162 StPO). Dabei ist grundsätzlich ein Antrag der StA erforderlich, was u.a. aus

---

[57] *Hellmann*, Rn 250; *Meyer-Goßner*, § 121 Rn 11–13.

[58] Siehe Fn 57.

[59] *Meyer-Goßner*, § 122 Rn 5, 6.

[60] Zum Vorstehenden: *KK-Boujong*, § 121 Rn 25–27; *Meyer-Goßner* aaO, Rn 13.

[61] *BVerfG* E 53, 152, 159, 160; *BVerfG* NStZ 2005, 456 f (mit krit. Anm. *Foth*); *Hellmann*, Rn 250 a.E.; *Meyer-Goßner*, § 120 Rn 3–7.

[62] Siehe Fn 61.

[63] *BVerfG* E 53 aaO; *Krey*, StPO 1, Rn 318, 319; *Meyer-Goßner* aaO, Rn 5.

§ 120 Abs. 3 und § 128 Abs. 2 StPO folgt[64].
– Zum Ermittlungsrichter des OLG und des BGH siehe § 169 StPO. –
Nach Anklageerhebung wird das mit der Sache befasste Tatgericht zuständig (§ 125 Abs. 2 StPO), d.h. das Gericht 1. Instanz bzw. das Berufungsgericht.

(2) Eine vorherige Anhörung des Beschuldigten vor Anordnung der U-Haft ist nach Maßgabe des § 33 Abs. 4 StPO nicht nötig (Rn 321).

(3) Den notwendigen Inhalt des Haftbefehls regeln § 114 Abs. 2 und 3 StPO[65].

b) Der Haftbefehl wird durch **Verhaftung** vollstreckt. Die Vollstreckung ist Auf- **517** gabe der StA, die sich dabei ihrer Ermittlungspersonen (Rn 206) oder der Polizei bedient, §§ 36 Abs. 2, 161 StPO, § 152 GVG.
Bei seiner Verhaftung ist dem Beschuldigten der Haftbefehl bekannt zu geben (§ 114 a StPO). Zudem wird einer seiner Angehörigen oder eine Person seines Vertrauens unverzüglich gemäß § 114 b StPO von der Verhaftung benachrichtigt.
– Diese Benachrichtigung soll verhindern, dass Bürger ohne Kenntnis von Mitbürgern »verschwinden«; sie dient also auch Interessen der Allgemeinheit[66]. –

c) Der aufgrund des Haftbefehls ergriffene, d.h. verhaftete Beschuldigte ist unver- **518** züglich dem zuständigen **Richter** (§ 126 StPO) vorzuführen, § 115 Abs. 1 StPO, *und zwar spätestens am Tage nach der Ergreifung*[67]
– was aus § 115 a Abs. 1 folgt –.
Unverzügliche Vorführung bedeutet, dass sie ohne vermeidbare Verzögerung bereits am Tage der Ergreifung zu erfolgen hat. Ist dies unmöglich, genügt der Tag nach der Ergreifung. Er ist auch dann der späteste Termin, wenn er ein Samstag, Sonntag oder Feiertag ist[68]
– für solche Tage gibt es den richterlichen Eildienst –.

Der Haftrichter (§§ 115, 126 mit § 125 StPO) hat die folgenden **Aufgaben**:
– Er muss die Benachrichtigung eines Angehörigen oder einer Vertrauensperson des Verhafteten anordnen, § 114 b Abs. 1 StPO.
– Er hat den Verhafteten unverzüglich über den Gegenstand der Beschuldigung zu **vernehmen**, § 115 Abs. 2 StPO, und ihn bei Beginn der Vernehmung gemäß §§ 115 Abs. 2, 136 Abs. 1 **zu belehren**.
– Er muss entscheiden, ob der Haftbefehl *aufzuheben* (§ 120), *außer Vollzug zu setzen* (§ 116) oder *aufrechtzuerhalten und zu vollziehen ist* (§ 115 Abs. 4 StPO)[69].

d) Vorführung vor den **Richter des nächsten AG**, § 115 a StPO **519**

Kann der verhaftete Beschuldigte nicht spätestens am Tage nach der Ergreifung dem zuständigen Richter vorgeführt werden, so ist er unverzüglich dem Richter des nächsten AG vorzuführen, und zwar spätestens am Tage nach der Ergreifung.

---

[64] *Krey*, StPO 2, Rn 339; *Meyer-Goßner*, § 114 Rn 19, § 125 Rn 8.

[65] **Muster** eines Haftbefehls u.a. bei: *Krey* aaO, Rn 343; *Kühne*, Rn 429; *Roxin*, 30/21.

[66] *KK-Boujong*, § 114 b Rn 1; *Meyer-Goßner*, § 114 b Rn 1.

[67] *Hilger* in: LR, § 115 Rn 8, 9; *KK-Boujong*, § 115 Rn 5; *Meyer-Goßner*, § 115 Rn 4, 5.

[68] Siehe Fn 67.

[69] *Hilger* aaO, Rn 20; *KK-Boujong* aaO, Rn 14; *Meyer-Goßner* aaO, Rn 10.

§ 115 a StPO begründet also eine **subsidiäre** haftrichterliche Zuständigkeit für den Fall der Unmöglichkeit rechtzeitiger Vorführung gemäß § 115. Diese Unmöglichkeit kann dabei u.a. beruhen auf:
– **Großer Entfernung**, etwa bei Festnahme auf Rügen, wenn das *AG Trier* gemäß §§ 115, 125 Abs. 1, 126 Abs. 1 StPO zuständig ist[70].
– Erkrankung des Verhafteten.

520 Gegenüber den *Entscheidungsbefugnissen des zuständigen Richters* sind die **Kompetenzen des nur subsidiär zuständigen Richters** gemäß § 115 a Abs. 2 sehr beschränkt:
Nach dem klaren Wortlaut des Gesetzes darf Letzterer
– weder den Haftbefehl gemäß § 116 StPO außer Vollzug setzen,
– noch den Haftbefehl gemäß § 120 StPO aufheben.[71]

Bestrebung in Rechtsprechung und Lehre, diese gesetzlichen Schranken aus § 115 a Abs. 2 de lege lata nicht ernst zu nehmen[72], sind als Rechtsfortbildung contra legem abzulehnen[73]. Im Übrigen hat der nur subsidiär zuständige Richter gemäß § 115 a Abs. 2 S. 4 StPO die Pflicht, Bedenken gegen die Aufrechterhaltung der U-Haft dem zuständigen Haftrichter (§§ 115, 125, 126 StPO) unverzüglich mitzuteilen
– möglichst **telefonisch**, hilfsweise per Fax oder E-Mail –,
sodass dieser entscheiden kann.
Wird der Beschuldigte nicht freigelassen (Regelfall), so ist er auf sein Verlangen unverzüglich dem zuständigen Richter nach § 115 vorzuführen. Über dieses Recht ist er zu belehren (§ 115 a Abs. 3 StPO).

10. Aufhebung des Haftbefehls, § 120 StPO

521 a) § 120 Abs. 1 und 2 StPO gelten für den **Haftrichter** (§§ 125, 126 mit § 115 StPO, Rn 518 a.E.); sie sind von Amts wegen zu beachten, und zwar in jeder Lage des Verfahrens.
Insbesondere bei der Haftprüfung gemäß § 117 bzw. §§ 121 Abs. 1, 2, 122 (*OLG*, Rn 512, 514) und bei den Haftentscheidungen nach § 207 Abs. 4 (Eröffnungsbeschluss) sowie § 268 b (Verurteilung des Angeklagten) ist § 120 StPO bedeutsam.

b) Im Ermittlungsverfahren (Rn 166–168) ist der Haftbefehl ohne weiteres aufzuheben, wenn die StA dies beantragt, § 120 Abs. 3 StPO: Denn sie ist Herrin des Ermittlungsverfahrens.

---

[70] Dazu mit Fallbeispiel *Krey*, StPO 2, Rn 347 mit Fn 153. – Die These, der Verhaftete sei grundsätzlich im *Einzeltransport* statt im zeitaufwendigen *Sammeltransport* zu überführen (*KK-Boujong*, § 115 Rn 5 m.w.N.), ist bei *großen Entfernungen* lebensfremd, weil mit den personellen und sachlichen Ressourcen der Polizei nicht realisierbar (*Fischer*, NStZ 1994, 321 f). –

[71] *Hilger* in: LR, § 115 a Rn 8 ff; *KK-Boujong*, § 115 a Rn 4; *Meyer-Goßner*, § 115 a Rn 5; *Pfeiffer*, § 115 a Rn 3; alle m.w.N.; weitergehend aber *M. Heinrich*, StV 1995, 660.
– **Jene Beschränkung ist mangels hinreichender Aktenkenntnis sachgerecht.** –

[72] Nachweise bei *KK-Boujong* und *Meyer-Goßner* aaO; offen gelassen in *BGH* St 42, 343, 348 m.w.N.

[73] *Krey*, StPO 2, Rn 347–351; ebenso die h.M. (siehe Fn 71).

11. Haftbeschwerde, Haftprüfung

a) Haftbeschwerde (§§ 304 ff StPO)

Der Beschuldigte, der die Aufhebung des Haftbefehls oder Haftverschonung (§ 116   **522**
StPO) begehrt, kann das Rechtsmittel der Beschwerde einlegen.
– Näher zur Beschwerde im Abschnitt über Rechtsmittel. –
Hält das Gericht, dessen Haftbefehl angefochten ist, die Beschwerde für begründet,
so hilft es ihr ab; anderenfalls entscheidet die nächsthöhere Instanz als Beschwer-
degericht (§ 306 Abs. 2 StPO).
Gegen die Entscheidung des Beschwerdegerichts ist nach Maßgabe des § 310 Abs. 1 StPO
die *weitere Beschwerde* statthaft[74]. Im Übrigen kann Haftbeschwerde gegen ein und denselben Haftbefehl nur einmal eingelegt werden; eine erneute »Beschwerde« ist in einen Antrag
auf Haftprüfung (§§ 117 ff StPO) umzudeuten[75].

b) Haftprüfung (§§ 117–118 b StPO)

(1) Der *Antrag des Beschuldigten auf Haftprüfung* als gerichtliche Prüfung, ob der   **523**
Haftbefehl aufzuheben oder gemäß § 116 auszusetzen ist, hat keinen *Suspensivef-
fekt (Vollzugshemmung)* und keinen *Devolutiveffekt (Entscheidung einer höheren
Instanz).* Er ist folglich kein Rechtsmittel wie Berufung, Revision und Beschwerde,
sondern ein bloßer Rechtsbehelf[76].
Neben dem Antrag auf Haftprüfung ist Beschwerde unzulässig[77], doch bleibt das Recht der
Beschwerde **gegen** die Entscheidung im Haftprüfungsverfahren unberührt (§ 117 Abs. 2).
Bei der Haftprüfung wird nach mündlicher Verhandlung entschieden, wenn der
Beschuldigte dies beantragt; ohne einen solchen Antrag kann das Gericht nach
Ermessen eine mündliche Verhandlung durchführen (§ 118 Abs. 1 StPO).
– Dagegen ist bei der Haftbeschwerde der Antrag auf mündliche Verhandlung nicht bin-
dend, § 118 Abs. 2 StPO (»kann«). –
Der Antrag auf Haftprüfung kann *jederzeit,* also wiederholt gestellt werden[78]. Doch
ist der Anspruch auf mündliche Verhandlung gemäß § 118 Abs. 3, 4 beschränkt.

(2) StA und Gericht haben auch ohne Antrag des Beschuldigten die Haftfrage dauernd von
Amts wegen zu überprüfen[79]. Diese Pflicht zur **Haftprüfung von Amts wegen** wird vom
Gesetzgeber vorsorglich in einigen Spezialvorschriften ausdrücklich hervorgehoben, so in:
– § 120 Abs. 1 S. 2, Abs. 2 StPO;
– §§ 207 Abs. 4, 268 b, 332 mit 268 b, 126 Abs. 3 StPO;
– § 117 Abs. 5 StPO;
– §§ 121–122 a StPO.

---

[74] Dazu näher: *KK-Engelhardt,* § 310 Rn 9 ff; *Meyer-Goßner,* § 310 Rn 5 ff.

[75] *KK-Boujong,* § 117 Rn 5; *Meyer-Goßner,* § 117 Rn 8.

[76] *Krey,* StPO 2, Rn 355.

[77] Das gilt für die *zugleich* mit jenem Antrag, *nach* ihm oder *vor* ihm eingelegte Beschwerde; *KK-Boujong,* § 117 Rn 8; *Meyer-Goßner,* § 117 Rn 14.

[78] *KK-Boujong,* § 117 Rn 4; *Roxin,* 30/61.

[79] *Hilger* in: LR, § 117 Rn 1, 2; *KK-Boujong,* § 117 Rn 1.

12. Vollzug der U-Haft, § 119 StPO

524 Anders als der Strafvollzug (Rn 14) ist der Vollzug der U-Haft nicht in einer umfassenden Kodifikation gesetzlich geregelt. Statt eines U-Haft-Vollzugsgesetzes finden sich neben *vereinzelten gesetzlichen Spezialregelungen*
– §§ 177, 178 Strafvollzugsgesetz[80] (Arbeitsentgelt, unmittelbarer Zwang), § 119 Abs. 1, 2, 5 StPO (räumliche Unterbringung, Fesselung) –
nur **vage Generalklauseln**, § 119 Abs. 3 und 4 StPO, mit ihren inhaltsarmen Blankettbegriffen »Zweck der U-Haft« und »Ordnung in der Vollzugsanstalt«. Diese Generalklauseln betreffen die in jenen Spezialvorschriften nicht normierten »Beschränkungen«, »Bequemlichkeiten und Beschäftigungen«.

Die von den Bundesländern einheitlich erlassene U-Haft-Vollzugsordnung (UVollzO)[81] enthält keine Rechtsnormen, sondern bloße Verwaltungsrichtlinien. Sie ist daher keine gesetzliche Ermächtigung für Grundrechtseingriffe und bindet die Gerichte nicht[82].

13. Ausschreibung zur Festnahme und weitere Maßnahmen zur Sicherstellung von Strafverfolgung und Strafvollstreckung

525 a) § 131 StPO regelt in Abs. 1 die Ausschreibung zur Festnahme *auf Grund eines Haftbefehls*. Abs. 2 erlaubt die Ausschreibung zur vorläufigen Festnahme, *wenn die Voraussetzungen eines Haftbefehls vorliegen,* dessen Erlass nicht ohne Gefährdung des Fahndungserfolges abgewartet werden kann.
In den Fällen der Abs. 1 und 2 ermächtigt Abs. 3 bei Straftaten von erheblicher Bedeutung zu **Öffentlichkeitsfahndungen** unter Einsatz von Plakaten sowie Einschaltung von Presse, Fernsehen und Internet[83]. Für den Inhalt der Ausschreibung gilt § 131 Abs. 4 StPO.

b) Anders als § 131 StPO, dessen Abs. 1 zu den Vorschriften über die U-Haft zählt und dessen Abs. 2 sie immerhin ergänzt, handelt es sich bei §§ 131 a–131 c StPO nicht um Regelungen im Bereich der U-Haft. Vielmehr geht es um sonstige Maßnahmen zur Sicherstellung der Strafverfolgung und Strafvollstreckung:
– Ausschreibung zur Aufenthaltsermittlung von Beschuldigten oder Zeugen, § 131 a StPO.
– Veröffentlichung von Abbildungen von Beschuldigten oder Zeugen, § 131 b StPO.

c) §§ 131–131 c StPO ersetzen und ergänzen § 131 a.F. (Steckbrief). Erstere berücksichtigen die heutigen differenzierteren Fahndungsmethoden und beinhalten Spezialermächtigungen für die einschlägigen Eingriffe in das allgemeine Persönlichkeitsrecht/Recht auf informationelle Selbstbestimmung[84].

---

[80] Nr. 91 im *Schönfelder*.

[81] Dazu Rn 27.

[82] *Krey*, StPO 2, Rn 360 m.w.N.

[83] *Hellmann*, Rn 311; *KK-Boujong*, § 131 Rn 15.

[84] *KK-Boujong*, § 131 Rn 1; *Meyer-Goßner*, Rn 2 vor § 131.

14. Sonderregelungen zur Sicherung des Strafverfahrens bei Beschuldigten ohne festen Wohnsitz im Inland

Hier sind die folgenden Vorschriften zu nennen: **526**
- § 116 a Abs. 3 StPO (Haftverschonung gegen Kaution);
- § 127 a StPO (Verzicht auf Festnahme, § 127, oder auf deren Aufrechterhaltung gegen Sicherheitsleistung);
- § 132 StPO (Sicherung der Durchführung des Strafverfahrens, wenn die Voraussetzungen eines Haftbefehls nicht vorliegen).

Letztere Regelung gilt insbesondere für Strafverfahren gegen durchreisende **ausländische** Kraftfahrer wegen im Inland begangener Verkehrsstraftaten.

15. Überhaft

Gegen ein und denselben Beschuldigten können **mehrere Haftbefehle** erlassen **527** werden, jedoch nur dann, wenn es um unterschiedliche Strafverfahren wegen unterschiedlicher Taten geht[85]. Nur einer dieser Haftbefehle wird vollzogen. Wegen des anderen wird **Überhaft** vermerkt: Sein Vollzug kommt erst in Betracht, wenn die U-Haft in der anderen Sache beendet ist[86].

II. Sonstige strafprozessuale Grundrechtseingriffe mit Freiheitsentzug

1. Einstweilige Unterbringung, § 126 a StPO

§ 126 a StPO dient nicht der Verfahrenssicherung, sondern dem Schutz der Allge- **528** meinheit durch Vorwegnahme der Unterbringung nach §§ 63, 64 StGB (Unterbringung in einem psychiatrischen Krankenhaus bzw. einer Entziehungsanstalt)[87].

Bei dringenden Gründen für die Annahme des **§ 20 StGB** scheidet ein Haftbefehl nach §§ 112, 112 a mangels dringenden Verdachts einer Straftat aus; hier ersetzt § 126 a die §§ 112, 112 a StPO.

Kommt statt § 20 nur **§ 21 StGB** in Frage, besteht die Möglichkeit des Vorgehens aus § 126 a StPO oder des Erlasses eines Haftbefehls nach §§ 112, 112 a StPO. Doch darf immer nur eine dieser beiden Maßnahmen angeordnet werden[88], und zwar i.d.R. die nach § 126 a, da sie bessere Möglichkeiten der ärztlichen Versorgung bietet[89].

Die einstweilige Unterbringung dient dem Schutz der öffentlichen Sicherheit, ist also präventiv-polizeilicher Natur, mithin kein Strafprozessrecht[90].

---

[85] Die h.M. spricht hier von unterschiedlichen *Taten im prozessualen Sinne* (Rn 83, 357): *BGH* St 38, 54; *KK-Boujong*, Rn 15 vor § 112. Richtiger dürfte es sein, auf den *Tatbegriff i.S. des § 121 Abs. 1 StPO* (Rn 514) abzustellen; so *Hellmann*, Rn 235 mit 250.

[86] *KK-Boujong* aaO, Rn 15, 16; *Meyer-Goßner*, Rn 12, 13 vor § 112.

[87] *Hellmann*, Rn 280, 281; *Hilger* in: LR, § 126 a Rn 1, 3; *Meyer-Goßner*, § 126 a Rn 1, 2.

[88] *KK-Boujong*, § 126 a Rn 2; *Meyer-Goßner* aaO.

[89] Siehe Fn 88.

[90] *Hellmann* aaO; *Hilger* in: LR, § 126 a Rn 1; *Kühne*, Rn 464, 465; *Meyer-Goßner* aaO. – Für die **Gesetzgebungskompetenz** des Bundes gilt Rn 199 entsprechend. –

2. Vorläufige Festnahme, §§ 127–129 StPO

a) Vorläufige Festnahme gemäß § 127 Abs. 1 S. 1 StPO

Diese Vorschrift hat Verfasser bereits an anderer Stelle eingehend behandelt[91]. Daher kann es hier damit sein Bewenden haben, die dort dargelegten Ergebnisse zu skizzieren.

529 Fall 22: – Festnahme des Unschuldigen bei dringendem Tatverdacht[92] –

Nachts überfällt R den O und reißt ihm seine goldene Armbanduhr vom Handgelenk. O wehrt sich und kann dem R die Uhr entreißen; aus Angst vor R entflieht O.
Während des Geschehens ist S hinzugekommen. Er hat aber nur noch gesehen, wie O auf R einschlug, ihm die Uhr entriss und enteilte. In der irrigen Annahme, *O habe R beraubt,* läuft S hinter O her, holt ihn ein und erklärt ihn für festgenommen. O versteht die Welt nicht mehr und wehrt sich mit Fausthieben gegen seine Festnahme. S kann den Widerstand gewaltsam brechen und O gegen dessen Willen zur Polizei bringen. Dort klärt sich alles auf.

530 (1) Strafverfolgung und Anwendung strafprozessualer Zwangsmaßnahmen (Grundrechtseingriffe) sind Aufgabe der staatlichen Strafverfolgungsorgane. In Ausnahme hierzu hat § 127 Abs. 1 S. 1 StPO »jedermann« ein Festnahmerecht eingeräumt. Wer dieses Bürgerrecht zur Sicherung der Strafverfolgung wahrnimmt, handelt anstelle der zuständigen Strafverfolgungsorgane im Interesse der Allgemeinheit[93], übt aber keine hoheitliche Gewalt aus[94].

Jedermann i.S. dieser Vorschrift ist freilich nicht nur der Bürger als Privatperson. Vielmehr gilt diese Vorschrift auch für Polizeibeamte, Staatsanwälte und Richter[95]; für sie begründet § 127 Abs. 1 S. 1 StPO eine Amtsbefugnis.

531 (2) **Voraussetzungen des Festnahmerechts**

(a) Die festzunehmende Person muss *auf frischer Tat betroffen oder verfolgt* sein.
– Wer bei der Begehung der Tat oder unmittelbar danach am Tatort oder in dessen unmittelbarer Nähe gestellt wird, ist auf frischer Tat **betroffen**[96].
– Auf frischer Tat **verfolgt** wird der Täter, wenn er sich zwar bereits vom Tatort entfernt hat, aber unmittelbar nach der Entdeckung der kurz zuvor begangenen Tat Maßnahmen zu seiner Ergreifung eingeleitet werden[97].
Bei der Festnahme selbst braucht die Tat nicht mehr »frisch« zu sein; das ist für den Fall einer längeren Verfolgung wichtig[98].
(b) Als Festnahmegründe nennt das Gesetz »Fluchtverdacht« und die »Unmöglichkeit der sofortigen Feststellung der Identität des Täters«.

---

[91] *Krey,* AT 1, Rn 594–610 m.w.N.; *Krey,* StPO 2, Rn 369–381.

[92] Fall nach *Krey,* AT 1, Rn 598, 599 (mit eingehender Lösung, Rn 600 ff).

[93] *Krey,* AT 1, Rn 595 m.w.N.

[94] *Krey* aaO; missverständlich dagegen u.a.: *RG* St 17, 127, 128 und *Meyer-Goßner,* § 127 Rn 1 (»öffentliche Aufgabe«).

[95] *Hellmann,* Rn 267; *Hilger* in: LR, § 127 Rn 26; *Kühne,* Rn 453.

[96] *Krey,* AT 1, Rn 597; *Meyer-Goßner,* § 127 Rn 5.

[97] *KK-Boujong,* § 127 Rn 12; *Krey* aaO.

[98] *Hilger* aaO, Rn 17; *Krey,* AT 1, Rn 597.

(c) Sehr strittig ist die Frage: **Erlaubt § 127 Abs. 1 S. 1 StPO nur die Festnahme** 532
des wirklichen Täters? Oder rechtfertigt diese Vorschrift auch die Festnahme
Unschuldiger, wenn ein dringender Tatverdacht gegen sie besteht?

Eine verbreitete Ansicht nimmt Letzteres an, lässt also anstelle einer wirklich begangenen Tat den dringenden Verdacht einer solchen Tat genügen[99]: Bei strafprozessualen Befugnissen gehe es nicht um Schuld oder Unschuld des Betroffenen,
sondern um *Verdachtsgrade* [100]. Zudem gebiete der Schutz des *Festnehmenden* das
Genügenlassen dringenden Verdachts, weil er eine öffentliche Aufgabe erfülle[101].

Nach der Gegenmeinung soll Festnahme auf frischer **Tat** eine wirkliche begangene
rechtswidrige Tat verlangen; der bloße dringende **Tatverdacht** erlaube die Festnahme des Unschuldigen (in casu O) nicht[102].

Nur die letztere Auffassung ist gesetzestreu: 533

Erstens respektiert allein sie den **Normtext**. Er verbietet es, in Fällen wie dem
vorliegenden (Rn 529) ein Festnahmerecht für jedermann anzunehmen: O war das
Opfer eines Raubes; er war nicht als Räuber auf frischer Tat betroffen[103].
Zweitens missachtet das Genügenlassen dringenden Tatverdachts unter Verzicht
auf eine wirklich begangene Tat den **systematischen Zusammenhang** zwischen
§ 127 Abs. 1 S. 1 und **Abs. 2** dieser Vorschrift: § 127 Abs. 2 (i.V.m. § 112 Abs. 1
S. 1) StPO lässt für die Festnahme durch Polizeibeamte und Staatsanwälte schon
den **dringenden Tatverdacht** ausreichen. Würde man bereits bei § 127 Abs. 1 S. 1
dringenden Tatverdacht genügen lassen, so wäre jener Abs. 2 überflüssig und seine
Beschränkung auf Polizeibeamte und Staatsanwälte würde leer laufen[104].

Drittens liegt die Argumentation der Gegenmeinung mit der vermeintlich strafprozessualen 534
Notwendigkeit des Abstellens auf Verdachtsgrade und dem Schutz des Festnehmenden[105]
neben der Sache. Sie missachtet nämlich den gravierenden Unterschied zwischen **Privaten**
und **Polizeibeamten**: Erstere haben keine Strafverfolgungspflicht. Die ihnen eingeräumte

---

[99] *BGH* (Zivilsen.) NJW 1981, 745; *BayObLG* MDR 1986, 956; *OLG Hamm* NStZ 1998,
370; *Hellmann*, Rn 266; *Hilger* in: LR, § 127 Rn 9 ff; *Kargl*, NStZ 2000, 8 ff; *KK-
Boujong* aaO, Rn 9; *Kühne*, Rn 450; *Paeffgen* in: SK, § 127 Rn 10; *Pfeiffer*, § 127 Rn 2.
– Sog. Verdachtslösung (prozessuale Theorie). –

[100] *Hellmann* aaO.

[101] *Hilger* aaO, Rn 11.

[102] *RG* St 12, 194, 195; *OLG Hamm* NJW 1972, 1826, 1827 u. NJW 1977, 590, 591; *KG*
VRS 45, 35; ebenso die *h.L.*, so u.a.: *Beulke*, Rn 235; *Krey*, AT 1, Rn 599–604 m.w.N.;
Kühl, § 9 Rn 83–86; *Lenckner* in: S/S, Rn 81, 82 vor § 32; *Meyer-Goßner*, § 127 Rn 4;
Volk, 10/67. – Vielfach als materiell-rechtliche Ansicht bezeichnet, was insoweit irre-
führend ist, als es auch bei ihr um Prozessrecht geht. –

[103] *Krey*, StPO 2, Rn 372; ders. AT 1, Rn 601; *Wiedenbrüg*, JuS 1973, 418, 419.

[104] *Krey*, AT 1, Rn 602; *Wiedenbrüg* aaO.

[105] Siehe Rn 532 mit Fn 100, 101.

Festnahmebefugnis ist letztlich systemwidrig, sodass die Divergenz zwischen § 127 Abs. 1 S. 1 (auf frischer **Tat**) und Abs. 2 mit § 112 Abs. 1 S. 1 StPO (dringender Tat**verdacht**) sachgerecht ist. Mangels Strafverfolgungspflicht sind Privatpersonen bei der Festnahme Unschuldiger auch weniger schutzbedürftig als Polizeibeamte (und Staatsanwälte). Das in Fall 22 verdeutlichte Irrtumsrisiko bei einer Festnahme muss also der Festnehmende tragen, wenn er als Privatperson agiert[106].

535 **Ergebnis:** In casu besaß S kein Festnahmerecht, da O als Opfer des Raubes nicht bei einem Raub auf frischer Tat betroffen war. Dass dringender Tatverdacht (Rn 498) aus der Sicht des S bestand, ist bei § 127 Abs. 1 S. 1
– anders als im Rahmen des § 127 **Abs. 2** StPO –
irrelevant. Die Gegenmeinung verletzt Wortlaut und systematische Stellung jenes § 127 Abs. 1 (Rn 533); ihre Gleichstellung von Privatpersonen und Polizeibeamten bei Irrtümern wie dem des S ist im Übrigen auch sachlich nicht geboten (Rn 534).
– Zugunsten des S greift aber ein Erlaubnistatbestandsirrtum ein (irrige Annahme der tatsächlichen Voraussetzungen des Festnahmerechts aus dieser Vorschrift)[107]. –

536 (d) Für das Vorliegen einer frischen Tat ist ein tatbestandsmäßiges und rechtswidriges Verhalten nötig. Dagegen ist (grundsätzlich) kein Verschulden erforderlich[108].

(e) Als subjektive Rechtfertigungselemente fordert § 127 Abs. 1 S. 1 StPO
– Kenntnis der rechtswidrigen Situation und
– Handeln in der Absicht, die Strafverfolgung zu ermöglichen[109].

537 **(3) Erlaubte Mittel zur Ermöglichung der Festnahme**

§ 127 Abs. 1 S. 1 StPO rechtfertigt die mit der Festnahme verbundene Freiheitsberaubung, weiterhin die Freiheitsberaubung und Nötigung, die durch das gewaltsame Verbringen zur Polizei begangen werden[110].
Schließlich erlaubt diese Vorschrift unter dem Auslegungsgesichtspunkt der **Annexkompetenz** (implied powers) ggf. auch Körperverletzungen durch festes Zupacken, Zerren, u.U. auch Fesseln (Rn 490–492).
Wehrt sich der Täter gegen seine legale Festnahme und begeht dabei durch Fausthiebe einen rechtswidrigen Angriff auf den Festnehmenden, so hat dieser ein Notwehrrecht[111].
Als erlaubtes Mittel für die Festnahme kommen u.U. auch Warnschüsse in Betracht[112].

---

[106] *Krey*, AT 1 aaO (a.E.); *Meyer-Goßner* aaO; *Wiedenbrüg* aaO. – Dem festgenommenen Unschuldigen (in casu O) darf man nicht noch sein **Notwehrrecht** nehmen. –

[107] Dazu eingehend und m.w.N. *Krey*, AT 1, Rn 697–712, **604**.

[108] Zum Vorstehenden: *Krey*, AT 1, Rn 605 m.w.N.; str.

[109] Dazu m.w.N. *Krey* aaO, Rn 407 ff, 415, 416.

[110] *Krey*, AT 1, Rn 606; *Meyer-Goßner*, § 127 Rn 13, 14.

[111] *BGH* St 45, 378, 381; *Meyer-Goßner*, § 127 Rn 17.

[112] *RG* St 65, 392, 396; *Krey*, StPO 2, Rn 377; *Meyer-Goßner* aaO, Rn 15.

(4) Verbotene Mittel zur Festnahme:

– Schusswaffengebrauch gegen den fliehenden Täter[113].
– Lebensgefährdendes Würgen des Festgenommenen, um ihn ruhig zu stellen[114].

Ob § 127 Abs. 1 S. 1 StPO es gestattet, unter Verzicht auf die Festnahme »leichtere Eingriffe« wie die Wegnahme von Ausweisen, Kfz-Schlüsseln, Beweisgegenständen etc. vorzunehmen, ist strittig, aber zu verneinen. Die Gegenmeinung läuft auf eine unzulässige strafprozessuale Beschlagnahme durch Privatpersonen hinaus[115].

b) § 127 Abs. 2 (i.V.m. §§ 112, 112 a, 126 a) StPO

Angesichts der Strafverfolgungspflicht für Polizei und StA (Rn 411–414) ist die **538**
Rechtfertigung der vorläufigen Festnahme gemäß § 127 Abs. 2 StPO *bei Gefahr im Verzug, wenn die Voraussetzungen eines Haftbefehls oder Unterbringungsbefehls vorliegen,* sachgerecht.
Die Voraussetzungen eines Haftbefehls sind dabei
– dringender Tatverdacht (Rn 497, 498),
– Haftgrund (Rn 497, 499–504) und
– keine Unverhältnismäßigkeit der U-Haft (Rn 497, 505).
Dabei liegt die Hauptbedeutung des § 127 Abs. 2 StPO in dem Verzicht auf das Erfordernis »auf frischer Tat« und in der Beschränkung der Festnahmebefugnis auf Polizeibeamte und Staatsanwälte.
Für Richter gilt § 127 Abs. 2 nicht, es sei denn, sie fungieren gemäß § 165 StPO als *Notstaatsanwalt* bei Gefahr im Verzug, wenn kein Staatsanwalt erreichbar ist[116].
Die Durchsetzung der Festnahme unter Anwendung unmittelbaren Zwanges wie *Schusswaffengebrauch* auf fliehende Verdächtige bestimmt sich nach *Landespolizeirecht* (z.B. § 64 Abs. 1 Nr. 3 POG Rheinland-Pfalz) bzw. – für Polizeivollzugsbeamte des Bundes (Rn 213, 214) – nach § 10 Abs. 1 Nr. 2 UZwG des Bundes (*Sartorius*, Nr. 115): Weder § 127 Abs. 1 noch Abs. 2 StPO sind Ermächtigungen zum Schusswaffengebrauch gegen Personen[117].

c) Verfahren nach der vorläufigen Festnahme

(1) Bürger, die das Jedermannsrecht gemäß § 127 Abs. 1 S. 1 StPO ausgeübt haben, müssen **539**
den Festgenommenen unverzüglich der Polizei übergeben. Schon bei der Festnahme muss eine entsprechende Absicht vorliegen (subjektives Rechtfertigungselement, Rn 536)[118].

---

[113] Heute h.M., so u.a.: *Beulke*, Rn 237; *Krey*, ZRP 1971, 224, 225; ders. AT 1, Rn 607, 608 m.w.N.; *Meyer-Goßner*, § 127 Rn 15. Die **Gegenmeinung** dürfte durch *BGH* St 45, 378, 381 überholt sein (sie erlaubte den Schusswaffengebrauch gegen den Fliehenden bei sehr schweren Taten unter strikter Beachtung des Verhältnismäßigkeitsprinzips. Nachweise bei *Krey*, AT 1, Rn 608; so heute noch *Hellmann*, Rn 271).

[114] *BGH* St 45, 378, 381; *Beulke* aaO; *Krey* aaO; *Meyer-Goßner* aaO.

[115] So (im Anschluss an *Eb. Schmidt*): *Krey*, StPO 2, Rn 379; ders. AT 1, Rn 610; anders die h.M., so für alle *Beulke*, Rn 237.

[116] Notstaatsanwälte sind nur Richter beim *AG* (§ 162 StPO) und Ermittlungsrichter des *OLG* und *BGH* (§ 169 StPO); *KK-Boujong*, § 165 Rn 5.

[117] *Krey*, StPO 2, Rn 381; ders. AT 1, Rn 607, 608; *Meyer-Goßner*, § 127 Rn 15, 20.

[118] *Krey*, StPO 2, Rn 384; ders. AT 1, Rn 407, 415, 416 m.w.N.

(2) Der von der **Polizei** (bzw. StA) Festgenommene, sei es nach § 127 Abs. 1 S. 1 StPO, sei es nach Abs. 2 dieser Vorschrift, ist gemäß § 163 a Abs. 4 (bzw. Abs. 3 S. 2) StPO zu vernehmen und anschließend
– entweder freizulassen
– oder unverzüglich, spätestens am Tage nach der Festnahme, dem **Richter** vorzuführen (§ 128 Abs. 1 StPO).
Der Richter hat den Vorgeführten zu vernehmen (§ 128 Abs. 1 S. 2). Hält er die Festnahme nicht oder nicht mehr für gerechtfertigt, ordnet er *Freilassung* an (§ 128 Abs. 2 S. 1). Anderenfalls erlässt er nach Maßgabe des § 128 Abs. 2 S. 2 i.V.m. §§ 112 ff, 126 a StPO *Haft- oder Unterbringungsbefehl.*
– Hierbei kann er den Vollzug des Haftbefehls nach § 116 StPO aussetzen. –

3. Vorläufige Festnahme und Hauptverhandlungshaft zur Sicherung der Entscheidung im beschleunigten Verfahren (§ 127 b mit §§ 417 ff StPO)

540 § 127 b StPO soll eine verstärkte Nutzung des sog. beschleunigten Verfahrens (§§ 417 ff) ermöglichen. Zu diesem Zweck
– erlaubt Abs. 1 die **vorläufige Festnahme** zur Sicherung des beschleunigten Verfahrens;
– gestattet § 127 b Abs. 2 den Erlass eines (zeitlich befristeten) **Haftbefehls**, auch wenn §§ 112 ff StPO die Anordnung von U-Haft nicht ermöglichen würden[119].
Beide Regelungen haben »reisende Straftäter«, Beschuldigte ohne festen Wohnsitz und Ausländer im Auge, bei denen zu befürchten ist, dass sie der Hauptverhandlung im beschleunigten Verfahren fernbleiben würden[120].
Gegen § 127 b StPO, insbesondere gegen die **Hauptverhandlungshaft**, bestehen rechtsstaatliche Bedenken[121]. Sie scheint in der Praxis aber keine große Rolle zu spielen.

4. Festhalten zur Identitätsfeststellung, §§ 163 b, 163 c StPO

541 Für die Feststellung der Identität einer Person durch StA oder Polizei verweist § 127 Abs. 1 S. 2 auf §§ 163 b, 163 c. Dabei gelten §§ 163 b **Abs. 1**, 163 c für Betroffene, die einer Straftat **verdächtigt** sind. Für Nichtverdächtige, insbesondere **Straftatzeugen**, sind §§ 163 b **Abs. 2**, 163 c maßgeblich.
Zu den Maßnahmen zur Identitätsfeststellung zählt insbesondere das »Festhalten« des Verdächtigen bzw. Nichtverdächtigen (§§ 163 b Abs. 1 S. 2, Abs. 2 S. 2, 163 c). Es bedeutet eine Freiheitsentziehung i.S. der Art. 2 Abs. 2 S. 2, Art. 104 GG und beginnt mit der Aufforderung, sich nicht zu entfernen[122].
Die Pflicht potentieller Zeugen, Maßnahmen gemäß §§ 163 b Abs. 2, 163 c zu dulden, erweitert die klassischen Zeugenpflichten wie Erscheinungs- und Aussagepflicht.

Beispiel 46: Z, Zeuge eines Straßenraubes, will sich beim Eintreffen der Polizei am Tatort »verdrücken«. Da Passanten die Polizeibeamten auf die Rolle des Z als Belastungszeuge hinweisen, wird er gemäß §§ 163 b Abs. 2, 163 c zur Identitätsfeststellung festgehalten.

---

[119] *Meyer-Goßner*, § 127 b Rn 1, 19.

[120] *Meyer-Goßner* aaO, Rn 1 (im Anschluss an *Scheffler*).

[121] *Meyer-Goßner*, § 127 Rn 2, 3 m.w.N.; hiergegen etwa *Hellmann*, Rn 230 m.w.N.

[122] *KK-Wache*, § 163 b Rn 16; *Meyer-Goßner*, § 163 b Rn 7.

5. Festnahme von Störern strafprozessualer Amtshandlungen

a) Bei Amtshandlungen von **Beamten** (StA, Polizei) gilt § 164 StPO. **542**
Diese Vorschrift ist entgegen der h.M. nicht für die Störung richterlicher Amtshandlungen anwendbar[123]. Das folgt aus dem klaren Wortlaut des Gesetzes und aus der im Folgenden angesprochen Spezialregelung für Richter.

b) Bei Störungen **richterlicher** strafprozessualer Amtshandlungen erlauben *§§ 176–179 i.V.m. 180 GVG* sachgerechte Maßnahmen wie das Entfernen von Störern, notfalls auch Ordnungshaft[124].

6. Vorführung

Bei ihr geht es um das zwangsweise Durchsetzen der Pflicht, als Zeuge oder Be- **543** schuldigter vor Gericht oder der StA zu erscheinen.
Die Vorführung von **Zeugen** erlauben:
– § 51 StPO (Gericht);
– § 161 a Abs. 1, Abs. 2 mit § 51 StPO (StA).

Für die Vorführung des **Beschuldigten** gelten:
– §§ 133 Abs. 2, 134, 135 StPO (richterliche Vernehmungen im Ermittlungs- und Zwischenverfahren);
– §§ 216, 230 StPO (Hauptverhandlung);
– § 163 a Abs. 3 StPO (StA).

7. § 231 Abs. 1 S. 2 StPO

Diese Vorschrift erlaubt dem *Vorsitzenden*, geeignete Maßnahmen zu treffen, um eine Entfernung des Angeklagten aus der Hauptverhandlung zu verhindern. Notfalls kann er den Angeklagten während einer Unterbrechung der Hauptverhandlung »in Gewahrsam halten lassen«.
– Dies allerdings nur für kürzere Unterbrechungen. Bei *mehrtätigen* Unterbrechungen ist notfalls ein Haftbefehl zu erlassen, für den §§ 112 ff StPO gelten[125].

8. Unterbringung des Beschuldigten zur Beobachtung, § 81 StPO

Sie dient der Vorbereitung eines Gutachtens über den *psychischen Zustand des Beschuldig-* **544** *ten,* der für seine *Schuldfähigkeit* (§§ 20, 21 StGB) zur Tatzeit und/oder seine *Verhandlungsfähigkeit* (Prozessvoraussetzung) von Bedeutung sein kann[126].

---

[123] *Achenbach* in AK, § 164 Rn 4; *Pfeiffer,* § 164 Rn 5 (im Anschluss an *Geerds* und *Eb. Schmidt).* Zur abw. h.M. siehe u.a.: *KK-Schoreit/Wache,* § 164 Rn 1; *Meyer-Goßner,* § 164 Rn 1.

[124] *BGH* (Zivilsenat) NStZ 1989, 279, 280 l.Sp.; *Pfeiffer* aaO.

[125] *Meyer-Goßner,* § 231 Rn 3; zu Unrecht weitergehend *KK-Tolksdorf,* § 231 Rn 2 (Abstellen auf § 229 StPO).

[126] *KK-Senge,* § 81 Rn 1; *Krey,* StPO 2, Rn 396; *Meyer-Goßner,* § 81 Rn 5. – Zusätzlich kann es um die materiell-rechtliche Frage der Gemeingefährlichkeit i.S. der §§ 63, 66 StGB gehen; so die soeben Genannten. –

Dabei erlaubt § 81 StPO lediglich die folgenden Grundrechtseingriffe:
– *Freiheitsentzug* durch Unterbringung für längstens sechs Wochen in einem psychiatrischen Krankenhaus.
– Eingriff in das *allgemeine Persönlichkeitsrecht/Recht auf informationelle Selbstbestimmung* durch die »Beobachtung« des Beschuldigten.

Dagegen gestattet § 81 StPO keine *körperlichen Untersuchungen* ohne sein Einverständnis; sie bedürfen einer besonderen Anordnung nach § 81 a StPO[127]. Der Beschuldigte ist nicht zur *aktiven Mitwirkung* an seiner psychiatrischen Exploration verpflichtet; er muss keine Fragen beantworten und keine Tests absolvieren[128].

> Verweigert der Beschuldigte seine Mitwirkung an der Exploration und ist seine Untersuchung **allein mittels Beobachtung** durch den psychiatrischen Sachverständigen nicht erfolgversprechend, so ist die Unterbringung bzw. deren Fortsetzung unzulässig[129].

Voraussetzungen für eine Unterbringung gemäß § 81 StPO sind:
– *Dringender Tatverdacht* (Abs. 2 S. 1).
– Vorbereitung eines Gutachtens über den *psychischen* Zustand des Beschuldigten, dagegen nicht über den physischen (Rn 6, 7).
– *Keine Unverhältnismäßigkeit* (Abs. 2, S. 2).
– Entscheidung des *Gerichts* (Abs. 1, 3) nach Anhörung eines Sachverständigen und des Verteidigers (Abs. 1)[130].

9. Ordnungshaft und Beugehaft

545   Auf Ordnungshaft
– §§ 51, 70, 161 a Abs. 2 StPO, §§ 177–182 GVG –
und Beugehaft
– §§ 70 Abs. 2, 161 a Abs. 2 StPO –
wird die Darstellung zurückkommen[131].

---

[127] *BGH* St 8, 144, 146 ff; *BGH* JZ 1969, 437 mit Anm. *Arzt*; *Krey*, StPO 2, Rn 392, 393 (mit Fall); *Meyer-Goßner*, § 81 Rn 20.

[128] *BGH* JZ aaO; *Kühne*, Rn 473; *Meyer-Goßner* aaO. – Siehe schon Rn 326. –

[129] *BVerfG* NStZ 2002, 98, 99; *Kühne* aaO; *Meyer-Goßner* aaO.

[130] Fall der notwendigen Verteidigung (Rn 270, 271, 277, 285 ff) nach § 140 Abs. 1 Nr. 6 StPO. – Zur Anhörung der StA siehe § 33 Abs. 2 StPO. –

[131] In den Abschnitten *Hauptverhandlung 1. Instanz* und *Beweisrecht (Zeugen)*.

§ 20 Strafprozessuale Grundrechtseingriffe ohne Freiheitsentzug
– mit Ausnahme verdeckter Ermittlungen (erörtert in § 21) –

I. Körperliche Untersuchung des Beschuldigten, § 81 a StPO

1. Normbereich – Abgrenzung von der Durchsuchung von Personen (§ 102) und Identifizierungsmaßnahmen (§ 81 b StPO) –

a) *Durchsuchung einer Person* bedeutet das Suchen nach Sachen oder Spuren in 546 oder unter der Kleidung, auf der Körperoberfläche und in natürlichen Körperöffnungen, die ohne medizinische Hilfsmittel einzusehen bzw. zugänglich sind (Mund, Scheide, After)[1].
– § 81 d StPO gilt zugunsten des Betroffenen analog[2]. –
Dagegen fällt die Suche nach sonst im Körperinneren befindlichen Sachen, z.B. verschluckten Gegenständen, in den Normbereich des § 81 a StPO[3].

b) Die Abgrenzung § 81 a/§ 81 b StPO soll der folgende Fall verdeutlichen.

Fall 23: – Schneiden der Haare und Abrasieren des Bartes zur Identifizierung 547

A ist bei einem Raubüberfall vom Opfer und Passanten gesehen worden. Er taucht unter und lässt sich zur Tarnung die Haare lang wachsen und einen Vollbart stehen. Als er Monate später verhaftet wird, erwirkt die StA beim Ermittlungsrichter einen Beschluss gemäß § 81 a Abs. 1, 2, der anordnet: Dem A seien, notfalls gegen seinen Willen, die Haare kürzer zu schneiden und der Bart abzurasieren, um seine Identifizierung durch die Tatzeugen im Wege der Gegenüberstellung (§ 58 Abs. 2 StPO) zu ermöglichen.

Nach h.M. ist dieser Beschluss mit Art. 1 Abs. 1 und Art. 2 GG vereinbar[4], was zutrifft. Strittig ist jedoch die Frage nach der **gesetzlichen Eingriffsermächtigung**:

(1) *BGH* und Teile der Lehre stellen auf § 81 a StPO ab, was das *BVerfG* akzep- 548 tiert[5]. Diese Ansicht ist aber verfehlt. Das Schneiden der Haare und Abrasieren des Bartes kann man beim besten Willen nicht als *körperlichen Eingriff* werten, der *von einem Arzt nach den Regeln der ärztlichen Kunst* vorgenommen wird. Vielmehr wird ein Friseur tätig werden, während Polizeibeamte notfalls den A festhalten.

(2) Überzeugender erscheint dagegen der Rückgriff auf **§ 81 b** i.V.m. § 58 Abs. 2 StPO[6]. Denn es geht in casu um eine »ähnliche Maßnahme für die Zwecke der Durchführung des Strafverfahrens«, die zur Identifizierung des Beschuldigten im Wege der Gegenüberstellung mit Tatzeugen notwendig und auch angemessen ist.

---

[1] *KK-Senge*, § 81 a Rn 6; *KK-Nack*, § 102 Rn 10; *Krey*, StPO 2, Rn 403 Fn 1 m.w.N.; *Meyer-Goßner*, § 81 a Rn 15, § 102 Rn 9. – Besteht allerdings ein **Verletzungsrisiko**, ist nach § 81 a StPO vorzugehen; *Hellmann*, Rn 284, 285. –

[2] *KK-Nack* aaO; *Meyer-Goßner*, § 81 d Rn 1.

[3] *Beulke*, Rn 241; *Hellmann*, Rn 289; *Krey* aaO; *Meyer-Goßner*, § 81 a Rn 15.

[4] So die in Fn 5 und 6 Genannten.

[5] *BVerfG* E 47, 239, 246 ff; *BGH* v. 9.7.1977 (bei *BVerfG* aaO, S. 242 f, 246); *Kühne*, Rn 475; *Paulus* in: KMR, § 81 a Rn 5.

[6] *KK-Senge*, § 81 a Rn 6; *Krey*, StPO 2, Rn 405–408; *Meyer-Goßner*, § 81 a Rn 23.

2. § 81 a StPO als Ermächtigungsgrundlage für Freiheitsbeschränkungen?

– Dazu Rn 6, 7, 484, 490–492. –

3. Beispiele für körperliche Eingriffe durch Ärzte nach § 81 a StPO

– Entnahme von Blutproben (im Gesetz ausdrücklich genannt) und
– anderen Körperflüssigkeiten wie Urin, Liquor (Gehirn- und Rückenmarkflüssigkeit)[7].
– Röntgenaufnahmen, Computertomographie;
– Magenauspumpen[8].

549 Bei körperlichen Eingriffen gemäß § 81 a StPO ist wie bei allen strafprozessualen Grundrechtseingriffen der **Grundsatz der Verhältnismäßigkeit** zu beachten: Auch **geeignete** und i.S. des Prinzips des mildesten Mittels **erforderliche** Eingriffe sind danach verfassungswidrig, wenn sie dem Grundsatz der Verhältnismäßigkeit im engeren Sinne widersprechen, d.h. **unangemessen** sind (Rn 30 ff). Demgemäß ist die Entnahme von Gehirn- und Rückenmarksflüssigkeit mit einer langen Hohlnadel als erheblicher körperlicher Eingriff[9] allenfalls bei schweren Straftaten erlaubt[10].

Sehr strittig ist die **zwangsweise Verabreichung von Brechmitteln** (bzw. Abführmitteln) zum Auffinden verschluckter Beweismittel wie in Plastikfolie verschweißte Kokain-Kügelchen.

Die wohl h.M. hält bei strikter Beachtung des Verhältnismäßigkeitsgrundsatzes eine Rechtfertigung solcher Eingriffe aus § 81 a StPO für möglich[11]. Eine beachtliche Gegenmeinung bewertet solche Eingriffe als verfassungswidrig[12].

Soweit letztere Auffassung geltend macht, man könne das *Ausscheiden des Rauschgifts durch Stuhlgang* – sei es auf natürlichem Wege, sei es mittels Beschleunigung durch Abführmittel – abwarten[13], ist zu erwidern: Die Überwachung des Beschuldigten bei jedem WC-Besuch bis zum *ausscheidenden Stuhlgang* tangiert die Menschenwürde des Beschuldigten sowie die der dafür eingesetzten Polizeibeamten und ist, insbesondere bei Durchfall, völlig unzumutbar. Ich neige daher der h.M. zu, soweit erhebliche Schmerzen und eine konkrete Gefahr der Gesundheitsschädigung mit hoher Wahrscheinlichkeit ausgeschlossen werden können. Eine Verletzung der Menschwürde sollte man der h.M. nicht vorwerfen, zumal der Beschuldigte ja wissentlich die extrem unangenehme Zwangssituation *(Brechmittel oder Stuhlgangüberwachung)* herbeigeführt hat.

---

[7] *BVerfG* NStZ 1993, 482 (l.Sp. – Urin –); *KK-Senge* aaO; *Meyer-Goßner*, § 81 a Rn 15, 22; *Pfeiffer*, § 81 a Rn 5. – Für **Liquor** siehe unten, Rn 549. –

[8] *Krey*, StPO 2, Rn 403; *Kühne*, Rn 475; *Meyer-Goßner*, § 81 a Rn 20.

[9] Dazu eingehend: *BVerfG* E 16, 194, 198; *Krey*, StPO 1, Rn 108, 109.

[10] *KK-Senge*, § 81 a Rn 7; *Meyer-Goßner*, § 81 a Rn 22 (»allenfalls bei schweren Straftaten«); *BVerfG* aaO, S. 201 ff.

[11] *KG* JR 2001, 162, StV 2002, 122; *Beulke*, Rn 241; *Hellmann*, Rn 289 m.w.N.; *KK-Senge*, § 81 a Rn 6, 14 a.E.; *Meyer-Goßner* aaO m.w.N.; *BVerfG* NStZ 2000, 96.

[12] *OLG Frankfurt* NJW 1997, 1647; *Binder/Seemann*, NStZ 2002, 234, 238 m.w.N.; *Kühne*, Rn 475; *Zaczyk*, StV 2002, 125.

[13] *Binder/Seemann* aaO, S. 236, 237.

220

4. Anordnungsbefugnis; Vornahme des Eingriffs nur durch Ärzte

a) Für die Anordnung körperlicher Eingriffe hat das Gesetz in § 81 a Abs. 2 StPO einen **550** **Richtervorbehalt** normiert, eingeschränkt durch eine Eilkompetenz für die StA und ihre Ermittlungspersonen bei »Gefährdung des Untersuchungserfolges durch Verzögerung«, d.h. bei Gefahr im Verzug. Jedoch soll die Anordnung schwerer Eingriffe nach h.M. stets dem Richter vorbehalten sein[14].

b) Die Entnahme von Blutproben und andere körperliche Eingriffe dürfen nur von einem (approbierten) **Arzt** vorgenommen werden, § 81 a Abs. 1 S. 2 StPO. Ein Verstoß hiergegen macht die Untersuchungsergebnisse aber grundsätzlich nicht unverwertbar[15].

5. Körperliche Untersuchungen, die das Schamgefühl verletzen können

– Hier ist § 81 d StPO zu beachten. –

II. Lichtbilder und Fingerabdrücke, § 81 b StPO

Zu § 81 b StPO siehe bereits Rn 547, 548.   **551**

1. Soweit es um Identifizierungsmaßnahmen für *Zwecke der Strafverfolgung* geht (§ 81 b Alt. 1), handelt es sich um *genuines Strafprozessrecht, das einen Anfangsverdacht fordert* (Rn 196–198). Diese Alternative des § 81 b gilt nur gegen Beschuldigte.
Für Verdächtige, die noch nicht Beschuldigte sind (Rn 309–319), gilt § 163 b Abs. 1[16].

2. § 81 b Alt. 2 *(Erkennungsdienst)* gehört zum Bereich der vorbeugenden Verbrechensbekämpfung in der Erscheinungsform der Vorsorge für die Verfolgung *künftiger* Straftaten. Sie ist der Sache nach schon mangels Anfangsverdacht kein genuines Strafprozessrecht, sondern *präventiv-polizeilicher Natur*[17].
Jedoch hat das *BVerfG* (1. Senat) am 27. Juli 2005 anders entschieden und die Vorsorge für die Verfolgung künftiger Straftaten zu Strafverfahrensrecht erklärt, genauer: zu **Strafprozessrecht ohne Anfangsverdacht mit präventiver Funktion** – wobei § 81 b Alt. 2 StPO ausdrücklich als Beispiel genannt wird –[18].

III. §§ 81 e, 81 f und §§ 81 g, 81 h StPO (DNA-Analyse)

Mittels DNA-Analyse wird der »genetische Fingerabdruck« (DNA-Profil) einer Person **552** ermittelt.

1. **§§ 81 e, 81 f** gelten als *genuines Strafprozessrecht* nur für das anhängige (Ermittlungs-)Verfahren, nicht für die Identitätsfeststellung in künftigen Strafverfahren[19]. Sie haben die DNA-Analyse als strafprozessuales Ermittlungsinstrument klarstellend legalisiert.

---

[14] *BVerfG* E 16, 194, 201; *Meyer-Goßner*, § 81 a Rn 25.

[15] *BGH* St 24, 125, 128 ff.

[16] *Meyer-Goßner*, § 81 b Rn 6. – Zu § 163 b StPO siehe oben, Rn 541. –

[17] **Dazu Rn 196–198.** Ebenso speziell für § 81 b (»Erkennungsdienst«) u.a.: *Kühne*, Rn 482; *Meyer-Goßner*, § 81 b Rn 3 m.w.N.

[18] Siehe Rn 196–198. Zustimmend u.a. *Hellmann*, Rn 306 mit Rn 300.

[19] *Beulke*, Rn 242; *Meyer-Goßner*, § 81 e Rn 2, 4; *LG Mainz* NStZ 2001, 499.

Die fraglichen molekulargenetischen Untersuchungen (DNA-Analyse) können Beschuldigte belasten, aber auch entlasten: Sie können eine **hohe Wahrscheinlichkeit** (keine Gewissheit)[20] dafür begründen, dass der Beschuldigte Täter ist oder als Täter ausscheidet[21].

Jene Untersuchungen erlauben § 81 e Abs. 1 und 2 StPO
– erstens an gemäß § 81 a bzw. § 81 c StPO erlangtem Material,
– zweitens an aufgefundenem, sichergestelltem oder beschlagnahmtem Spurenmaterial.
Dabei legalisiert § 81 e nur die DNA-Analyse zwecks Feststellung
– der *Abstammung* oder
– der Tatsache, ob das Spurenmaterial *vom Beschuldigten oder Verletzten stammt* und welches *Geschlecht* die Person hat.

§ 81 f Abs. 1 StPO n.F. hat den bisherigen *Richtervorbehalt* für DNA-Analysen nach § 81 e sachgerecht eingeschränkt, und zwar insbesondere durch Verzicht auf eine richterliche Anordnung bei *schriftlicher Einwilligung des Betroffenen*[22].

553 2. **§ 81 g StPO** gehört wie § 81 b Alt. 2 (Erkennungsdienst) zum Bereich der vorbeugenden Verbrechensbekämpfung in der Erscheinungsform der *Vorsorge für die Verfolgung künftiger Straftaten*. Der Sache nach ist diese Vorschrift schon mangels Anfangsverdachts kein genuines Strafprozessrecht.[23]
Jedoch hat das *BVerfG* diese Vorschrift wie § 81 b Alt. 2 StPO zu Strafprozessrecht erklärt, und zwar zu *Strafprozessrecht ohne Anfangsverdacht mit präventiver Funktion*[24].
Für bereits rechtskräftig **verurteilte** Straftäter gelten § 81 g Abs. 4, 5 StPO n.F.[25].

3. **§ 81 h StPO** n.F. regelt die bislang nicht normierte Problematik des **DNA-Massentests** zur Aufklärung von Straftaten wie Tötungs- und Sexualdelikte[26]. Als rechtsstaatliche Schranke ist neben der *schriftlichen Einwilligung der Betroffenen* ein *Richtervorbehalt* normiert. Letzterer soll wohl Zweifel an der Freiwilligkeit solcher Einwilligungen abschwächen.

---

[20] *BGH* St 38, 320 ff; *Beulke* aaO; *Hellmann*, Rn 294; *Kühne*, Rn 488; *Meyer-Goßner* aaO.

[21] *BGH* NStZ 1991, 399 f; *BGH* St 38, 320, 322; *Meyer-Goßner* aaO.
– **Mittels DNA-Analyse kann der »relativ sichere Nachweis geführt werden, dass Haare, Sperma, Hautpartikel etc. vom Täter stammen«;** *Beulke*, Rn 242. –

[22] Gesetz zur Novellierung der forensischen DNA-Analyse v. 12.08.05, BGBl. I, 2360.

[23] Zum Vorstehenden siehe **Rn 196–198.** Wie hier u.a.: *Meyer-Goßner*, § 81 g Rn 2.

[24] Oben, Rn 196–198; ebenso u.a.: *Hellmann*, Rn 300, 306; *Rogall* in: SK, § 81 g Rn 1 (genuines Strafprozessrecht).

[25] I.d.F. des in Fn 22 genannten Gesetzes. *§ 81 g Abs. 4, 5 n.F. ersetzen das DNA-IFG* (aufgehoben durch Art. 4 jenes NovellierungsG, Fn 22).
– § 81 g Abs. 5 StPO n.F. regelt die *DNA-Identifizierungsdatei beim BKA*. –

[26] Es geht um die DNA-Identitätsfeststellung einer Vielzahl von Personen, z.B. *aller männlichen Einwohner eines bestimmten Dorfes zwischen 15 und 50 Jahren* oder *aller männlichen Halter der in München zugelassenen schwarzen Pkw der Marke Porsche.*

IV. Untersuchung von Personen, die nicht Beschuldigte sind, § 81 c StPO

Diese Vorschrift erlaubt strafprozessuale Eingriffe gegen andere Personen als den **554** Beschuldigten, insbesondere gegen Zeugen.

1. § 81 c Abs. 1 StPO beruht auf dem Zeugen- und Spurengrundsatz[27]:

a) Die zu untersuchende Person muss »als **Zeuge** in Betracht kommen«. Hierfür genügt erstens, dass sie wegen Schlaf oder Bewusstlosigkeit nichts wahrgenommen hat und dies als Zeuge bekunden könnte. Zweitens gilt § 81 c Abs. 1 auch bei Personen, die wie Säuglinge und Geisteskranke unfähig sind, als Zeugen auszusagen.[28]

Diese Auslegung ist sachgerecht, weil sie es erlaubt, auch solche Straftatopfer auf Tatspuren zu untersuchen.

b) Ohne ihre Einwilligung dürfen die betroffenen Zeugen nur auf **Spuren oder Folgen einer Straftat** an ihrem Körper untersucht werden (Spurengrundsatz).

Solche Spuren sind etwa Stichwunden, Hämatome, Spermienreste in der Scheide, Hautreste unter Fingernägeln.

Körperliche Eingriffe wie Magenauspumpen und Röntgenaufnahmen sind durch die Formulierung »an ihrem Körper« ausgeschlossen, dagegen nicht Untersuchungen (ohne Verletzungsrisiko) der *natürlichen Körperöffnungen*, z.B. Scheidenabstrich auf Spermaspuren.[29]

2. § 81 c Abs. 2 geht über den Zeugen- und Spurengrundsatz hinaus: **555**

a) Die Entnahme von Blutproben und (andere) Untersuchungen zur *Feststellung der Abstammung*[30] kommt insbesondere in Strafverfahren wegen Verletzung der Unterhaltspflicht in Frage: Untersucht wird das unterhaltsberechtigte Kind[31].

b) Blutprobenentnahme zu anderen Zwecken: Sie ist z.B. erlaubt, um die Alkoholisierung eines Unfallopfers in Hinblick auf sein mögliches erhebliches Mitverschulden zu klären[32].

3. Zum **Untersuchungsverweigerungsrecht** für potentielle Zeugen mit Zeugnisverweigerungsrecht aus § 52 StPO siehe § 81 c Abs. 3.

– Auf diese Vorschrift wird die Darstellung zurückkommen[33]. –

4. Maßnahmen gemäß § 81 c Abs. 1, 2 StPO sind im Falle der **Unzumutbarkeit** für den Betroffenen unzulässig, Abs. 4.

Beispiel 47: Bei der 16jährigen O, Opfer eines Sexualdelikts, soll ein Scheidenabstrich auf Spermaspuren vorgenommen werden, § 81 c Abs. 1 StPO. Hier ist i.d.R. Unzumutbarkeit anzunehmen, wenn kein **Arzt** den Abstrich durchführt[34].

---

[27] *Beulke*, Rn 244; *Meyer-Goßner*, § 81 c Rn 10, 11.

[28] *Krey*, StPO 2, Rn 419; *Meyer-Goßner*, § 81 c Rn 10 m.w.N.

[29] *Beulke* aaO; *Krey* aaO, Rn 420; *Meyer-Goßner*, Rn 16.

[30] § 81 c Abs. 2 ist insoweit unklar formuliert. Die Entnahme von Blutproben ist jedoch insbesondere zur Feststellung der Abstammung erlaubt (*KK-Senge*, § 81 c Rn 5; *Meyer-Goßner* aaO, Rn 18), was § 81 e Abs. 1 S. 1, 2 StPO verdeutlicht.

[31] *Bosch* in: KMR, § 81 c Rn 14; *Krey*, StPO 2, Rn 421; *Roxin*, 33/25.

[32] Siehe Fn 31.

[33] Im Abschnitt über Beweisrecht (Zeugen).

[34] *KK-Senge*, § 81 c Rn 7; *Meyer-Goßner*, § 81 c Rn 17. – Siehe auch § 81 d StPO. –

5. Für Fälle der Weigerung des Betroffenen, z.B. durch Nichterscheinen, verweist § 81 c Abs. 6 auf *Ordnungsgeld und -haft* gemäß § 70 Abs. 1 StPO analog[35] sowie auf *unmittelbaren Zwang* (wie Festhalten, gewaltsames Entkleiden).
In beiden Fällen bedarf es der richterlichen Anordnung[36].

6. Kann die körperliche Untersuchung das Schamgefühl verletzen, ist § 81 d zu beachten.

V. Beschlagnahme von Beweisgegenständen, §§ 94 ff StPO

1. Sicherstellung/Beschlagnahme

556 § 94 StPO regelt die *Sicherstellung* von Gegenständen, die als Beweismittel von Bedeutung sein können. Dabei ist die förmliche ***Beschlagnahme*** das wichtigste Instrument der Sicherstellung[37].
Die Sicherstellung erfolgt bei beweglichen Sachen dadurch, dass sie *in Verwahrung genommen werden*, i.d.R. durch Beschlagnahme. Bei unbeweglichen Sachen (Grundstücke, Gebäude, Wohnungen, einzelne Räume) erfolgt ihre Sicherstellung auf andere Weise, genauer: durch Beschlagnahme wie Absperrung/**Versiegelung**[38].
– Auch bei beweglichen Sachen kann die Sicherstellung im Einzelfall statt durch Inverwahrungnahme *auf andere Weise* erfolgen, nämlich durch Beschlagnahme in der Form des *Verfügungsverbots*[39]. –
Die förmliche Beschlagnahme begründet ein amtliches Herrschaftsverhältnis über den Beweisgegenstand (Verstrickung), das durch § 136 StGB geschützt wird[40].

2. Die förmliche Beschlagnahme von Beweismitteln – Gegenstände, Gründe –

a) Gegenstände, die als Beweismittel für die Untersuchung von Bedeutung sein können

557 Gemeint sind nur körperliche Gegenstände (Sachen), nicht Forderungen oder sonstige Rechte. Sie können beweglich oder unbeweglich (Grundstücke, Räume) sein. Erfasst werden auch Leichen und Leichenteile, gleichgültig, ob sie zivilrechtlich als Sachen gelten.[41]
Beschlagnahmefähig sind auch Träger von *EDV-Daten* wie Diskette, CD, Festplatte etc.
Die Beschlagnahme von gespeicherten Daten erfolgt heute i.d.R. durch Überspielen auf Computer der StA/Polizei ohne Beschlagnahme von Datenträgern.[42]

---

[35] § 70 Abs. 2 StPO, Beugehaft, gilt hier nicht analog; insoweit ist § 81 c Abs. 6 S. 2 vorrangig (*Achenbach*, NJW 1977, 1271 f; *Meyer-Goßner*, § 81 c Rn 30).

[36] § 70 Abs. 3 (§ 161 a Abs. 2 ist hier nicht analog anwendbar); § 81 c Abs. 6 S. 2 StPO.

[37] *Meyer-Goßner*, § 94 Rn 13, 16.

[38] *Krey*, StPO 2, Rn 431; *Meyer-Goßner*, § 94 Rn 16.

[39] *BGH* St 15, 149, 150; *BGH* JZ 1962, 609, 610 a.E., 611.

[40] *Beulke*, Rn 247; *Hellmann*, Rn 382.

[41] *BVerfG* NStZ 1994, 246; *KK-Nack*, § 94 Rn 3.

[42] *KK-Nack* aaO, Rn 4; *Meyer-Goßner*, § 94 Rn 4, 16 a.

Die **potentielle Beweisbedeutung** des Gegenstandes zur Zeit der Sicherstellung ist ausreichend. Ob er später in der Hauptverhandlung tatsächlich als Beweismittel fungiert
– sei es als Augenscheinobjekt, sei es als Urkunde –,
ist irrelevant. Der Anfangsverdacht einer Straftat (Rn 413) ist dabei genügend.[43]

b) Gründe für eine Sicherstellung durch Beschlagnahme

(1) Bei unbeweglichen Gegenständen erfordert die Sicherstellung stets die Beschlagnahme.
(2) Bei beweglichen Gegenständen ist die Beschlagnahme in den Fällen des § 94 Abs. 2 und des § 95 Abs. 2 StPO *geboten*[44].
(3) Die freiwillige Herausgabe der Sache hat zur Folge, dass ihre förmliche Beschlagnahme *nicht vorgeschrieben ist* (§ 94 Abs. 2); doch steht eine solche Herausgabe einer Beschlagnahme nicht entgegen[45].

3. Anordnungsbefugnis für die Beschlagnahme

a) § 98 Abs. 1 StPO normiert einen Richtervorbehalt mit Eilkompetenz für die StA **558** und ihre Ermittlungspersonen bei Gefahr im Verzug.
> Zu den strengen Anforderungen des *BVerfG* für die Annahme und Begründung von Gefahr im Verzug siehe Rn 494 a.E.[46]

b) Im Falle der **Postbeschlagnahme** gemäß § 99 StPO gilt ein Richtervorbehalt mit Eilkompetenz nur für die StA (§ 100 Abs. 1).
> Zur Öffnung und Freigabe der Sendungen siehe § 100 Abs. 3, 4 und § 101 Abs. 2, 3.

4. Herausgabepflicht, § 95 StPO

Wer ein potentielles Beweismittel i.S. des § 94 StPO in Gewahrsam hat, ist gemäß **559** § 95 Abs. 1 herausgabepflichtig. Das gilt freilich nicht für den *Beschuldigten*, da dieser nicht verpflichtet ist, aktiv an seiner Überführung mitzuwirken (nemo tenetur, se ipsum accusare, Rn 329)[47].
Im Falle einer Weigerung kann der Richter gegen den Verpflichteten die in § 70 StPO vorgesehenen Ordnungs- und Zwangsmittel festsetzen:
– Ordnungsgeld und Ordnungshaft, § 70 Abs. 1;
– Beugehaft, § 70 Abs. 2.
Letztere ist sofort zu beenden, wenn die Behörde den fraglichen Gegenstand erlangt hat.
Die Festsetzung von Ordnungs- und Zwangsmitteln ist gegenüber Personen, die ein Zeugnisverweigerungsrecht besitzen (§§ 52, 53 StPO[48]), unzulässig.

---

[43] *Meyer-Goßner*, § 94 Rn 8.

[44] *Meyer-Goßner* aaO, Rn 13.

[45] *KK-Nack*, § 94 Rn 16; *Meyer-Goßner* aaO.

[46] Diese Rspr. des *BVerfG* zur *Durchsuchung* gilt für die **Beschlagnahme** entsprechend (*Amelung*, NStZ 2001, 337, 342; *Meyer-Goßner*, § 98 Rn 7) – jedoch weniger streng, da es nur bei der Durchsuchung um den Richtervorbehalt aus Art. 13 Abs. 2 GG geht.

[47] *KK-Nack*, § 95 Rn 2; *Meyer-Goßner*, § 95 Rn 5; *Rudolphi* in: SK, § 95 Rn 5.

[48] § 95 Abs. 2 S. 2 gilt analog für Zeugen, die ein Auskunftsverweigerungsrecht aus **§ 55 StPO** besitzen; *KK-Nack*, § 95 Rn 6; *Meyer-Goßner*, § 95 Rn 10.

5. Beschlagnahmefreie Gegenstände

a) Beschlagnahmeverbote aus § 97 StPO

560 Diese Vorschrift ergänzt die **Zeugnisverweigerungsrechte** gemäß §§ 52, 53, 53 a StPO und soll daher im Zusammenhang mit diesen Rechten behandelt werden.

b) Beschlagnahmeverbote unmittelbar aus dem GG

Über § 97 hinaus können sich Beschlagnahmeverbote ausnahmsweise unmittelbar aus unserer Verfassung ergeben[49]. Das ist der Fall, wenn aus dem GG ein Verbot abzuleiten ist, den fraglichen Gegenstand als Beweismittel zu benutzen **(Beweismittelverbot)**.

Mögliches Beispiel: ein intimes Tagebuch des Angeklagten oder Zeugen[50].

Ist von Verfassungs wegen der Gebrauch der Sache als Beweismittel verboten, folgt daraus selbstredend ein Beschlagnahmeverbot.

– Hierauf ist im Abschnitt über Beweisrecht zurückzukommen. –

6. Amtliche Akten und andere amtliche Schriftstücke, § 96 StPO

561 Ungeachtet des Grundsatzes der Gewaltenteilung ist heute zu Recht fast allgemein anerkannt: Auch Behördenakten unterliegen grundsätzlich dem Geltungsbereich der §§ 94 ff StPO, können also notfalls **beschlagnahmt** werden[51]. Folglich bedeutet § 96 StPO nicht nur eine Einschränkung der Pflicht zur Amtshilfe (Art. 35 GG) und eine Ergänzung zu § 54 StPO. *Vielmehr schränkt § 96 den Anwendungsbereich der §§ 94, 95 StPO ein*[52], genauer: Eine wirksame Sperrerklärung der obersten Dienstbehörde gemäß § 96 StPO verbietet Herausgabeverlangen und Beschlagnahme[53]. Ohne solche Sperrerklärung sind beide Maßnahmen auch bei Behördenakten legal.

Ein *Nachteil für das Wohl des Bundes oder eines der Bundesländer* i.S. des § 96 StPO liegt dabei insbesondere vor, wenn ohne Sperrerklärung »Leben, Leib oder Freiheit einer Person [insbesondere eines *Zeugen*] gefährdet würde« (§ 110 b Abs. 3 S. 3 StPO)
– worauf bei der Behandlung von VE und VP zurückzukommen ist –.

Für **Auskunftsverlangen** der Strafjustiz gegenüber Behörden gilt § 96 StPO analog[54]. Ein solches Verlangen kann gegebenenfalls in entsprechender Anwendung dieser Vorschrift i.V.m. § 110 b Abs. 3 S. 3 StPO abgelehnt werden.

Im Übrigen ist § 96 StPO auch für amtlich verwahrte potentielle Beweismittel, *die keine Akten oder andere Schriftstücke sind*
– z.B. Tatwerkzeuge, Beutegegenstände, Tonbänder, Lichtbilder –,
analog anwendbar[55], wobei auch hier § 110 b Abs. 3 S. 3 zu beachten ist.

---

[49] *BVerfG* E 38, 103, 105; *BGH* St 43, 300, 303; *Beulke*, Rn 249; *Hellmann*, Rn 397, 398.

[50] Rn 20.

[51] *BGH* St 38, 237 ff (grundlegend); *Beulke*, Rn 247, 248; *Hellmann*, Rn 387; *Meyer-Goßner*, § 96 Rn 2 m.w.N. pro und contra.

[52] *Meyer-Goßner*, § 96 Rn 1.

[53] *Beulke*, Rn 248; *Hellmann*, Rn 387; *Meyer-Goßner*, § 96 Rn 2 (a.E.), 7 ff.

[54] *Haller/Conzen*, Rn 426; *Hellmann*, Rn 110; *Meyer-Goßner*, § 96 Rn 12 m.w.N.

[55] *KK-Nack*, § 96 Rn 6; *Krey*, StPO 2, Rn 446 m.w.N.

Eine wirksame Sperrerklärung gemäß § 96 StPO (in unmittelbarer oder analoger 562
Anwendung, gegebenenfalls i.V.m. § 110 b Abs. 3 S. 3 StPO) erfordert zum einen
die Entscheidung der **obersten Dienstbehörde:**
– Für Landespolizeibehörden und Landespolizeibeamte bedarf es einer Sperrerklärung des
  Innenministers (-senators) des jeweiligen Bundeslandes.
– Für Bundespolizeibehörden (z.B. BKA) ist der *Bundesminister des Inneren* zuständig.
– Für das Zollkriminalamt und die Zollfahndungsämter (Rn 215) ist eine Sperrerklärung
  durch den *Bundesfinanzminister* nötig.[56]

Zum anderen muss die Sperrerklärung plausibel und auf den Einzelfall bezogen 563
begründet sein und dabei erkennen lassen, dass eine gewissenhafte Abwägung der
beteiligten Interessen erfolgt ist[57]. Eine solche plausible, willkürfreie, also **vertret-**
bare Sperrerklärung ist für das Gericht bindend[58]:
– Schon im Hinblick auf gewichtige Geheimhaltungsinteressen, etwa zum Schutz von Leib
  und Leben von Zeugen, wird es sich i.d.R. verbieten, dem Gericht *durch umfassende In-*
  formationen in der Sperrerklärung eine vollständige Überprüfung zu ermöglichen [59].
– Jedoch muss dem Gericht eine Überprüfung der Rechtmäßigkeit der Sperrerklärung auf
  offensichtliche Fehler möglich sein[60].
– Fehlt es an einer plausiblen, willkürfreien, *vertretbaren* Begründung, ist das Gericht verpflichtet, bei der obersten Dienstbehörde *Gegenvorstellungen* zu erheben[61].

Eine rechtmäßige, genauer: vertretbare Sperrerklärung begründet ein **Beschlag-**
nahmeverbot für den fraglichen Beweisgegenstand (Rn 561) und macht ihn unerreichbar i.S. des § 244 Abs. 3 S. 2 StPO[62].

7. Beschlagnahme von Führerscheinen, § 94 Abs. 3 StPO

Eine *vorläufige Entziehung der Fahrerlaubnis* gemäß § 111 a StPO i.V.m. § 69 StGB kann 564
nur durch den Richter erfolgen.
Schon *vorher* können jedoch bei Gefahr im Verzug StA und ihre Ermittlungspersonen nach §§ 94 Abs. 3, 98 Abs. 1 StPO *Führerscheine beschlagnahmen, »die der*
Einziehung unterliegen« [63]
– wobei die »Einziehung« nach § 69 Abs. 3 S. 2 StGB gemeint ist –.

---

[56] Der jeweilige Minister braucht die Erklärung nicht selbst abzugeben; es genügt die Entscheidung **vertretungsberechtigter** Amtsträger, z.B. Staatssekretär, nicht aber der nach-
geordneter Behörden wie LKA etc.; *BGH* St 35, 82, 86; *Meyer-Goßner*, § 96 Rn 8.

[57] *BVerfG* E 57, 284, 285, 288; *KK-Nack*, § 96 Rn 17; *Krey* aaO, Rn 447.

[58] *BGH* St 36, 159 ff; *KK-Nack*, Rn 10; *Krey* aaO, Rn 448 f; *Meyer-Goßner* aaO, Rn 10.

[59] *BGH* St 32, 115, 125 (GS); *KK-Nack*, § 96 Rn 17.

[60] *BVerfG* aaO; *BGH* aaO; *Beulke*, Rn 428; *Krey* aaO, Rn 448.

[61] *BGH* St 36, 159, 161 f; 41, 36, 41; *Beulke*, Rn 248, 428; *Hellmann*, Rn 678; *Krey* aaO,
Rn 449. Dagegen ist bei *vertretbaren* Sperrerklärungen keine Gegenvorstellung nötig (im
Übrigen auch nicht, wenn sie in casu »von vornherein aussichtslos« wäre).

[62] *BGH* St 32, 115, 126 (GS); 36, 159 ff; *Krey*, StPO 2, Rn 448; *Meyer-Goßner* aaO.

[63] Zu den *strafrechtlichen Konsequenzen* dieser Beschlagnahme siehe § 21 Abs. 2 Nr. 2
StVG. Zur *polizeirechtlichen Natur* des § 94 Abs. 3 StPO siehe Rn 199.

8. Beschlagnahme von Gegenständen, die dem Verfall oder der Einziehung unterliegen (§§ 111 b ff StPO)

565 §§ 73–75 StGB regeln Verfall und Einziehung.

Der **Verfall** (§§ 73–73 e StGB) ist nach h.M. keine Nebenstrafe, sondern eine schuldunabhängige Maßnahme, § 11 Abs. 1 Nr. 8 StGB, die der Gewinnabschöpfung dient[64].

Die **Einziehung** (§§ 74 ff StGB) ist teils Strafe, teils reine Sicherungsmaßnahme[65].

Sind Gründe für die Annahme vorhanden, dass die Voraussetzungen für den Verfall oder die Einziehung eines Gegenstandes vorliegen, kann er sichergestellt werden. Die Sicherstellung erfolgt durch Beschlagnahme (§§ 111 b Abs. 1, 111 c StPO).

VI. Durchsuchung (§§ 102–110 StPO)

1. Funktion und Objekte der Durchsuchung

566 Sie dient der *Ergreifung* des Verdächtigen bzw. Beschuldigten und/oder dem *Auffinden von Beweismitteln*, zudem der Beschlagnahme bestimmter Gegenstände (§§ 102, 103 StPO).

Durchsuchungsobjekte können sein:

Erstens die **Person** des Verdächtigen bzw. anderer Betroffener (Unverdächtiger).
– Zur Durchsuchung der Person siehe Rn 546. –

Zweitens die dem Betroffenen **gehörenden Sachen**.
– Gemeint sind Sachen, die er nicht am Körper trägt[66], z.B. Koffer, Aktentaschen, Kraftfahrzeuge[67]. Dabei kommt es nicht auf das Eigentum, sondern auf den Gewahrsam an, denn Eigentumsfragen sind bei der Durchsuchung oft schwer zu klären. –

Drittens die **Wohnung** und andere Räume des Betroffenen.
– Hierher zählen auch Geschäfts- und Betriebsräume sowie nur vorübergehend genutzte Räume wie Hotelzimmer, im Übrigen auch Diensträume, z.B. der Universität[68]. –

Die Voraussetzungen für Durchsuchungen bei *Unverdächtigen* sind selbstredend strenger als die bei *Verdächtigen* (§ 102/§ 103 StPO):

2. Durchsuchung beim Verdächtigen (§ 102 StPO)

567 Dieser Begriff ist weiter als der des Beschuldigten (Rn 309–319). Jedoch wird ihn die Durchsuchung, zumindest i.d.R., zum Beschuldigten machen (Rn 315).

Bei Kindern (§ 19 StGB) und anderen offensichtlich schuldlos Handelnden ist eine Durchsuchung nach § 102 StPO unzulässig. Dasselbe gilt bei evident eingreifender Rechtfertigung etwa aus Notwehr.[69]

---

[64] *Tröndle/Fischer*, § 73 Rn 2, § 73 d Rn 2 m.w.N. (h.A.).

[65] *Tröndle/Fischer*, § 74 Rn 2 m.w.N.

[66] *KK-Nack*, § 102 Rn 11, § 103 Rn 3 (anderenfalls ginge es um eine Durchsuchung der Person).

[67] *KK-Nack* aaO; *Meyer-Goßner*, § 102 Rn 10, § 103 Rn 3.

[68] *KK-Nack*, § 102 Rn 8, § 103 Rn 3.

[69] *Meyer-Goßner*, § 102 Rn 4.

Der schwerwiegendste Eingriff gemäß § 102 StPO ist die Durchsuchung der **Wohnung** (sog. Haussuchung); denn hier ist die Unverletzlichkeit der Wohnung betroffen, Art. 13 Abs. 1, 2 GG. Wohnung und andere Räume des Verdächtigen sind dabei Räumlichkeiten, die er tatsächlich innehat, sei es befugt oder unbefugt, sei es als Allein- oder als Mitbesitzer[70].

Der Durchsuchungszweck des *»Ergreifens« des Verdächtigen* meint jede Festnahme zur Durchführung einer gesetzlich zugelassenen Zwangsmaßnahme, deren Voraussetzungen in casu vorliegen, z.B.:
– U-Haft und einstweilige Unterbringung (§ 112 ff, 126 a StPO);
– vorläufige Festnahme (§ 127 StPO);
– Unterbringung zur Beobachtung (§ 81 StPO);
– körperliche Untersuchung, Blutprobe (§ 81 a StPO)[71].

3. Durchsuchung bei unverdächtigen Personen, § 103 StPO

Auch hier ist der gravierendste Fall die *Haussuchung.*　　　　　　　　　**568**
　　– Daneben erlaubt § 103 StPO die Durchsuchung der *Person* und der *Sachen* des Unverdächtigen: Diese Vorschrift nennt zwar ausdrücklich als Durchsuchungsobjekt nur Räume, verwendet den Begriff der Durchsuchung aber im selben Sinne wie § 102[72]. –
Anders als § 102 verlangt § 103 StPO, dass *Tatsachen vorliegen,* aus denen zu schließen ist, dass die gesuchte »Person, Spur oder Sache« sich in den zu durchsuchenden Räumen befindet.
　　– Diese Einschränkung gilt jedoch im Falle des § 103 Abs. 2 StPO nicht. –
Bei dringendem Verdacht des Terrorismus (§§ 129 a, 129 b StGB) oder einer der in § 129 a StGB genannten Straftaten wie Mord, Totschlag, Geiselnahme etc. ist nach Maßgabe des § 103 Abs. 1 S. 2 StPO sogar eine sog. **Gebäudedurchsuchung** erlaubt. Gemeint ist z.B. die notfalls komplette Durchsuchung eines Hochhauses mit zahllosen Wohnungen oder eines Dienstgebäudes mit zahllosen Büros.

4. Nächtliche Haussuchung, § 104 StPO

Die Durchsuchung von Wohnungen, Geschäftsräumen und anderen Räumen, die　**569**
zum umfriedeten Besitztum zählen, also die Haussuchung, ist zur Nachtzeit (§ 104 Abs. 3 StPO) nach Maßgabe des § 104 Abs. 1 beschränkt.
　　– Diese Beschränkung gilt jedoch nicht für die in § 104 Abs. 2 StPO aufgezählten »kriminell bemakelten Räume«. –

Fall 24: – Gesetzesumgehung bei § 104 StPO –

Der zuständige Richter hat gemäß §§ 102, 105 Abs. 1 StPO eine Haussuchung bei A angeordnet. Die Polizei gewinnt den Eindruck, dass diese Maßnahme nach 22 Uhr am erfolgversprechendsten wäre. Um die strengen Voraussetzungen des § 104 Abs. 1 zu umgehen, be-

---

[70] *BGH* NStZ 1986, 84, 85; *Krey,* StPO 2, Rn 490; *Meyer-Goßner,* § 102 Rn 7.

[71] *Krey* aaO, Rn 491 m.w.N.; *Meyer-Goßner,* § 102 Rn 12.

[72] *KK-Nack,* § 103 Rn 3; *Krey* aaO, Rn 492; *Meyer-Goßner,* § 103 Rn 3.

ginnt die Polizei die Haussuchung ca. 20:30 Uhr und setzt sie langsam und gründlich fort, bis – wie erhofft – gegen 22:30 Uhr der alkoholisierte A eintrifft, um dessen Ergreifung es neben der Suche nach Beweismitteln bei der Durchsuchung ging.

570 Gegen die Rechtmäßigkeit der Haussuchung bestehen hier erhebliche Bedenken, soweit die Erfordernisse des § 104 Abs. 1 StPO *nicht vorliegen*. Zwar darf eine vor 21 Uhr, also vor der Nachtzeit, begonnene Haussuchung grundsätzlich *nach 21 Uhr fortgesetzt* werden, auch wenn in casu § 104 Abs. 1, 2 eine nächtliche Haussuchung nicht erlaubt[73]. Doch fordern Sinn und Zweck dieser Vorschrift, die Durchsuchung so rechtzeitig zu beginnen, dass mit ihrer Beendigung vor 21 Uhr zu rechnen ist[74]. Hier hatte die Polizei dagegen die Durchsuchung zeitlich so gelegt, dass sie *im Wesentlichen in der Nachtzeit erfolgen sollte,* ohne dass die Voraussetzungen des § 104 Abs. 1 StPO vorlagen. Dieses Vorgehen bedeutet eine massive *Gesetzesumgehung*; sie macht die nächtliche Haussuchung illegal[75].

5. Durchsuchungsanordnung

571 a) § 105 Abs. 1 S. 1 StPO normiert einen *Richtervorbehalt* mit Eilkompetenz für StA und ihre Ermittlungspersonen bei Gefahr im Verzug.

Dabei hat das *BVerfG* für **Haussuchungen** im Hinblick auf die Bedeutung der Unverletzlichkeit der Wohnung (Rn 567) überstrenge Anforderungen an die Annahme von Gefahr im Verzug aufgestellt, was zu einer massiven, übertriebenen Ausweitung des **Bereitschaftsdienstes** für Richter geführt hat (Rn 494 a.E.).

Für *Gebäudedurchsuchungen* (Rn 568) ist ein engerer Richtervorbehalt ohne Eilkompetenz für die Ermittlungspersonen der StA normiert, § 105 Abs. 1 S. 2 StPO.

Für die Anordnung der Durchsuchung von *Pressebetrieben und Rundfunkanstalten*, um Beweismittel i.S. des § 97 Abs. 5 S. 2 aufzufinden und zu beschlagnahmen, gilt ein absoluter Richtervorbehalt (§ 98 Abs. 1 S. 2 StPO analog)[76].

b) Zum *Inhalt* des richterlichen schriftlichen Durchsuchungsbefehls[77] hat das *BVerfG* ebenfalls überstrenge Anforderungen aufgestellt[78], die in der Praxis oft nicht eingehalten werden können. So werden für den Regelfall u.a. gefordert:

– Eine möglichst genaue Konkretisierung des Tatvorwurfs mit Tatsachen.

– Zweck und Ziel der Durchsuchung (Ergreifen des Verdächtigen und/oder Auffinden von Beweismitteln).

– Das genaue Ausmaß der Durchsuchung, z.B. durch Bezeichnung der »anderen Räume« i.S. des § 102 StPO.

– Möglichst genaue Beschreibung der Beweismittel, deren Auffindung die Durchsuchung dienen soll, zumindest der Gattung nach.

---

[73] *BVerfG* E 44, 353, 369; *Krey*, StPO 2, Rn 493; *Meyer-Goßner*, § 104 Rn 10.

[74] Fn 73. – *BVerfG* aaO: »Dass sich diese Erwartung nicht erfüllt hat, ist ohne Belang.« –

[75] So *Krey* aaO; im Ergebnis ebenso *Rudolphi* in: SK, § 104 Rn 3.

[76] *Krey*, StPO 2, Rn 494 m.w.N.; *Meyer-Goßner*, § 105 Rn 2 m.w.N.; *Pfeiffer*, § 105 Rn 1.

[77] Die richterliche Anordnung muss i.d.R. *schriftlich* ergehen (*BVerfG* E 103, 142; *Meyer-Goßner*, § 105 Rn 3 m.w.N.). In *Eilfällen*, in denen auch keine Möglichkeit der Übermittlung der Anordnung per Fax oder Email besteht, kann die fernmündliche Anordnung genügen (*Meyer-Goßner* aaO m.w.N.); sie muss aber in den Akten dokumentiert werden.

[78] Dazu m.w.N.: *Beulke*, Rn 258; *KK-Nack*, § 105 Rn 4; *Meyer-Goßner*, § 105 Rn 5.

6. Durchsuchungszeugen; Durchsicht von Papieren; Zufallsfunde

a) Findet eine Haussuchung ohne Anwesenheit des Richters oder Staatsanwalts **572** statt, so sind, »wenn möglich«, nach Maßgabe des § 105 Abs. 2 StPO **Durchsuchungszeugen** hinzuzuziehen. Nicht möglich ist diese Zuziehung von Zeugen insbesondere bei Gefahr im Verzug.

Der Betroffene kann auf die Zuziehung verzichten[79], zumal er ein Interesse daran haben kann, dass außer den Polizeibeamten keine weiteren Personen seine Wohnung betreten. Gleichwohl handelt es sich beim Hinzuziehen von Zeugen um eine wesentliche Förmlichkeit, von der die Rechtmäßigkeit der Haussuchung abhängt[80] – allerdings nicht die Verwertbarkeit der aufgefundenen Beweismittel[81].

b) Die **Durchsicht von Papieren** des von der Durchsuchung Betroffenen

– gemeint sind Papiere in seinem Gewahrsam –,

die bei der Durchsuchung aufgefunden werden, steht der StA zu (§ 110 StPO). Der Begriff Papiere erfasst Mitteilungen und Aufzeichnungen aller Art, auch wenn sie auf elektronischen Datenträgern und Datenspeichern abgelegt sind[82].

c) Für **Zufallsfunde** gilt § 108 StPO: Er gestattet die *einstweilige Beschlagnahme* und setzt die *Verwertbarkeit* in einem bereits anhängigen oder neuen Strafverfahren wegen der fraglichen anderen Straftat voraus.

– Ausnahmen hiervon normieren § 108 Abs. 1 S. 3 und Abs. 2 StPO. –

§ 108 Abs. 1 S. 1, 2 StPO begründen die Gefahr der **Gesetzesumgehung**, genauer: des bewussten Missbrauchs der §§ 102 ff StPO zur gezielten Suche nach »Zufalls«-Funden[83]. Eine solche Gesetzesumgehung durch systematische Suche nach Gegenständen, die von der Durchsuchungsanordnung nicht erfasst werden, ist selbstredend illegal[84]. Doch wird jener Missbrauch vielfach verborgen bleiben, sodass § 108 StPO zur Anwendung kommt.

7. Zeitliche Begrenzung der Geltung von Durchsuchungsanordnungen

Die richterliche Durchsuchungsanordnung muss nach der Judikatur des *BVerfG* **573** binnen sechs Monaten vollzogen werden; ein späterer Vollzug wäre widerrechtlich[85]. Denn nach diesem Zeitraum ist vielfach nicht mehr gewährleistet, dass die tatsächliche Entscheidungsgrundlage den Entscheidungsinhalt der richterlichen Anordnung noch trägt[86].

---

[79] *BGH* NJW 1963, 1491; *OLG Celle* StV 1985, 137, 139; *Meyer-Goßner*, § 105 Rn 12 m.w.N.; *Rudolphi* in: SK, § 105 Rn 17; abweichend *KK-Nack*, § 105 Rn 14.

[80] *BGH* NStZ 1986, 84 f; *OLG Hamm* NStZ 1986, 326 f; *Meyer-Goßner*, § 105 Rn 10.

[81] § 105 Abs. 2 StPO dient nicht dem Zweck, »bestimmte Beweismittel dem Zugriff der Strafverfolgungsorgane zu entziehen«; *Rudolphi* aaO, Rn 30. Gegen ein Verwertungsverbot auch *Meyer-Goßner* aaO, Rn 11 (h.M.).

[82] *BGH* NStZ 2003, 670 f; *BVerfG* NStZ 2002, 377 f; *KK-Nack*, § 110 Rn 2.

[83] Hierzu und zur Unzulässigkeit solchen Missbrauchs *Meyer-Goßner*, § 108 Rn 1 m.w.N.

[84] *Meyer-Goßner* aaO m.w.N.; *Rudolphi* in: SK, § 108 Rn 1; *Volk*, 10/57.

[85] *BVerfG* NJW 1997, 2165, 2166; *BVerfG* NStZ 2002, 377, 378; *Hellmann*, Rn 409 a.E.; kritisch *Meyer-Goßner*, § 105 Rn 8 im Anschluss an *Roxin*.

[86] *BVerfG* aaO; *Hellmann* aaO.

VII. Kontrollstelle; Razzia

1. Kontrollstelle, § 111 StPO

574 Es geht um eine Maßnahme der Strafverfolgung, nicht um präventiv-polizeiliche Eingriffe (Gefahrenabwehr)[87]. Hierfür sprechen:
– Das Erfordernis eines Anfangsverdachts des Terrorismus (§§ 129 a, 129 b StGB) bzw. anderer schwerer Taten gemäß § 111 StPO.
– Der Zweck der Maßnahme (Ergreifung des Täters bzw. Sicherstellung von Beweismitteln zur Aufklärung der Straftat).

§ 111 StPO ist eine abschließende Regelung für die Strafverfolgung, steht aber vergleichbaren Kontrollstellen zur **Gefahrenabwehr** einschließlich der vorbeugenden Verbrechensbekämpfung nicht entgegen[88].

§ 111 Abs. 1 S. 2 StPO erlaubt als Grundrechtseingriffe:
– die *Feststellung der Identität* jeder an der Kontrollstelle betroffenen Person;
– die *Durchsuchung* der Person und der von ihr mitgeführten Sachen.
Für beide Maßnahmen gilt § 163 b mit § 163 c StPO analog (§ 111 Abs. 3)[89].

2. Razzia

575 a) Zu den *präventiv-polizeilichen Maßnahmen* zählt u.a. die Überwachung von Örtlichkeiten mittels Razzia[90]. Bei ihr handelt es sich um eine planmäßig vorbereitete, überraschend innerhalb einer schlagartig abgesperrten Örtlichkeit durchgeführte Identitätsfeststellung und ggf. Durchsuchung von größeren Personengruppen aus Gründen der *Gefahrenabwehr*[91].
Siehe z.B. § 10 Abs. 1 S. 2 Nr. 1 (Identitätsfeststellung), § 18 Abs. 1 Nr. 4 (Durchsuchung) POG Rheinland-Pfalz für Razzien an übel beleumdeten Orten[92].

b) Für die **Strafverfolgung** erlauben die bereits erörterten §§ 163 b, 163 c, 94, 95, 102–104, 111 StPO in gewissem Umfang »razziaähnliche Maßnahmen«[93].

---

[87] *Krey*, StPO 2, Rn 502; *Meyer-Goßner*, § 111 Rn 1 m.w.N.

[88] *KK-Nack*, § 111 Rn 1, 2; *Meyer-Goßner* aaO.
– Zur sog. **Schleierfahndung als anlassunabhängiger Kontrolle (z.B. auf Straßen im Grenzbereich)** nach Landespolizeirecht und BPolG siehe u.a.: *Krey*, Kriminalitätsbekämpfung ..., S. 652; *Kühne*, Rn 380, 381; *Notzon*, S. 170 ff; *Volk*, 10/72. –

[89] Dabei ist strittig, ob § 111 StPO hier die Unterscheidung zwischen Verdächtigen und Unverdächtigen aufgeben wollte; die Frage dürfte zu verneinen sein (*Hellmann*, Rn 315; *Nack* in: KK, § 111 Rn 14; a.A. *Meyer-Goßner*, § 111 Rn 11).

[90] Dazu u.a.: *Krey*, StPO 2, Rn 506, 507; *Kühne*, Rn 391, 392; *Volk*, 10/65; *BVerwG* JZ 2005, 458 ff (mit Anm. *Hermes*).

[91] *Krey* aaO; *Kühne* aaO.

[92] Siehe ergänzend *BVerwG* aaO.

[93] *Volk*, 10/65.

VIII. Schleppnetzfahndung, § 163 d StPO

Bei *grenzpolizeilichen Kontrollen* und *Personenkontrollen nach § 111 StPO* fallen **576** Unmengen von personenbezogenen Daten an. Ihre Speicherung und spätere Auswertung mittels elektronischer Datenverarbeitung (computergesteuerter Abgleich mit bisherigen Daten der Strafverfolgungsbehörden) regelt § 163 d[94].
Erlaubte Zwecke der Schleppnetzfahndung sind die Ergreifung des Täters und die Aufklärung der fraglichen Straftat: Verdächtige sollen aus den in großem Umfang betroffenen unverdächtigen (unbescholtenen) Bürgern herausgefiltert werden[95].
Als rechtsstaatliche Schranke der Schleppnetzfahndung normiert § 163 d Abs. 1 StPO einen engen Katalog der Straftaten, deren Verdacht die Maßnahme erlauben kann; zudem muss sie verhältnismäßig sein. Weiterhin ist ein Richtervorbehalt (mit Eilkompetenz von StA und ihren Ermittlungspersonen) angeordnet, § 163 d Abs. 2 StPO.

IX. Ausschreibung zur polizeilichen Beobachtung, § 163 e StPO

Diese Maßnahme normiert nicht die *Observation* von Personen durch die Polizei[96], auch **577** nicht die *Observation unter Einsatz technischer Mittel*[97]. § 163 e StPO zielt mit der polizeilichen Beobachtung auch nicht auf die *Festnahme* Verdächtiger/Beschuldigter: dafür steht § 131 StPO (Rn 525) bereit[98].

Vielmehr geht es bei der Ausschreibung zur polizeilichen Beobachtung um die **Erstellung eines Bewegungsbildes** des Beschuldigten: Aufgrund des § 163 e StPO wird der Betroffene bei allen polizeilichen Kontrollen, in die er gerät und die die Feststellung der Personalien zulassen, »erfasst und zur Auswertung an die ausschreibende Strafverfolgungsbehörde gemeldet«[99].

Dadurch lässt sich in der Tat bei einer langdauernden polizeilichen Beobachtung (§ 163 e Abs. 4 S. 5 StPO) ein Bewegungsprofil des Verdächtigen, zudem auch ein Bild seiner Querverbindungen zu anderen Personen (§ 163 e Abs. 1 S. 3)[100] herstellen. Das mag gelegentlich zur »Erforschung des Sachverhalts«, d.h. zur Aufklärung von Straftaten, und/oder zur »Ermittlung des Aufenthaltsorts des Täters« führen, namentlich bei OK und Terrorismus.

– Gleichwohl sind Eignung, Erforderlichkeit und Angemessenheit der Maßnahme (Rn 30) zweifelhaft[101]; sie dürfte nur für Ausnahmefälle in Frage kommen. –

---

[94] *Beulke*, Rn 261; *Hellmann*, Rn 323–325; *Meyer-Goßner*, § 163 d Rn 1, 2–7; *Volk*, 10/72.

[95] Siehe Fn 94.

[96] *Meyer-Goßner*, § 163 e Rn 1. – Zur Observation, § 163 f StPO, siehe unten, § 21. –

[97] Dazu § 100 f Abs. 1 StPO n.F. (hierzu unten, § 21).

[98] *Kühne*, Rn 552.

[99] BT-Drucksache 12/989, S. 43; *KK-Schoreit*, § 163 e Rn 3.

[100] *Hellmann*, Rn 326; *Hilger*, NStZ 1992, 525; *Meyer-Goßner*, § 163 e Rn 2 m.w.N.

[101] Sehr kritisch u.a.: *KK-Schoreit*, § 163 e Rn 4 m.w.N.; *Kühne* aaO (m.w.N.); *Volk*, 10/73 (im Anschluss an *Krahl*).

Polizeiliche Kontrollen i.S. des § 163 e StPO sind solche nach § 111 StPO (Rn 574), nach Landespolizeirecht, z.B. § 10 POG Rheinland-Pfalz, zudem Grenzkontrollen[102].

X. Rasterfahndung, §§ 98 a, 98 b StPO

578 Sie wurde zunächst ohne gesetzliche Grundlage zur Bekämpfung des Terrorismus entwickelt und erfolgreich praktiziert, dann im Jahre 1992 durch das OrgKG legalisiert[103].

Bei der Rasterfahndung geht es um den *maschinellen (EDV) Abgleich personenbezogener Daten*, die für andere Zwecke als für die Strafverfolgung erhoben und in Dateien anderer Stellen als den Strafverfolgungsbehörden gespeichert sind[104].
   – Beispiele bieten Daten von Elektrizitätsgesellschaften über Kunden, Melderegister, Daten der Kfz-Zulassungsstellen etc. –
Dieser Datenabgleich soll dabei zweierlei Zwecken dienen: Erstens dem Ausschluss Nichtverdächtiger **(negative Rasterfahndung)**. Zweitens der Feststellung von Personen, die weitere für die Ermittlungen bedeutsame Prüfungsmerkmale erfüllen **(positive Rasterfahndung).**
Der Einsatz dieses Ermittlungsinstruments ist zwar vielfach erfolgversprechend, bedeutet aber typischerweise eine Umkehr der üblichen Ermittlungstätigkeit: *Unverdächtige* sind zunächst Gegenstand der Ermittlungen, bis sich aus ihrem Kreis Verdächtige ergeben. Das folgende Beispiel mag die Rasterfahndung verdeutlichen[105].

579 **Beispiel 48:** Von Angehörigen einer bestimmten terroristischen Vereinigung war bekannt, dass sie schwere, schwarze Limousinen von bestimmten Nobelmarken (BMW, Mercedes) fuhren und ihre Stromrechnungen in bar bezahlten. Durch automatischen Abgleich von Daten der Elektrizitätswerke mit den Registern von Einwohnermeldeämtern und Kfz-Zulassungsstellen konnte man daher näher an verdächtige Personen herankommen.

Als rechtsstaatliche Schranken für die Rasterfahndung normiert das Gesetz
– das Erfordernis einer Katalogtat (§ 98 a Abs. 1 S. 1),
– eine strenge Subsidiaritätsklausel (§ 98 a Abs. 1 S. 2) und
– einen Richtervorbehalt nach Maßgabe des § 98 b StPO.

XI. Ordnungsgeld

580 Der strafprozessuale Grundrechtseingriff Festsetzung von Ordnungsgeld kann auf folgende Vorschriften gestützt werden:
– §§ 51, 70, 77, 161 a Abs. 2 StPO und
– §§ 178–182 GVG (Ordnungsmittel wegen Ungebühr).
Hierauf wird die Darstellung zurückkommen[106].

---

[102] *Meyer-Goßner*, § 163 e Rn 4; *Wolter* in: SK, § 163 e Rn 14.
   – Zur sog. **Schleierfahndung** siehe oben, Fn 88. –

[103] Hierzu und zum Folgenden *Krey*, Kriminalitätsbekämpfung..., S. 633 f, 636 f.

[104] *Beulke*, Rn 262; *Hellmann*, Rn 317; *KK-Nack*, § 98 a Rn 4.

[105] Dazu *Kühne*, Rn 543; ähnlich: *Hellmann* aaO; *Krey* aaO; *Volk*, 10/39.

[106] Siehe oben, Rn 545 Fn 131.

XII. Anordnung vorläufiger Maßnahmen

1. Im Vorgriff auf die Anordnung von Maßregeln der Besserung und Sicherung **581** (§§ 61 ff StGB) erlaubt die StPO vorläufige Maßnahmen:
– § 111 a StPO (vorläufige Entziehung der Fahrerlaubnis)[107];
– § 132 a StPO (vorläufiges Berufsverbot);
– § 126 a StPO (einstweilige Unterbringung, siehe Rn 528);
– § 275 a Abs. 5 StPO (Unterbringungsbefehl bei zu erwartender nachträglicher Sicherungsverwahrung nach § 66 b StGB).

2. Zur Sicherung von Verfall und Einziehung gestatten §§ 111 b ff StPO die Sicherstellung durch Beschlagnahme des Gegenstandes (Rn 565).

---

[107] Dazu ergänzend Rn 564.

§ 21 Verdeckte Ermittlungen

I. Einführung

582 Die *kontinuierliche Ausweitung verdeckter Ermittlungen* in Deutschland seit Einführung der Telefonüberwachung 1968 hat Verf. an anderer Stelle geschildert[1]; darauf sei hier verwiesen. Jene Ausweitung beruht dabei letztlich auf *kriminalpolitischen Zwängen;* denn insbesondere Organisierte Kriminalität (OK) und Terrorismus lassen sich anders nicht effektiv bekämpfen[2]. Im Übrigen ist seit langem von Verfassungs wegen anerkannt, dass der Staat nicht verpflichtet ist, bei der Kriminalitätsbekämpfung durch Strafverfolgung bzw. durch präventiv-polizeiliche Maßnahmen stets *offen* zu operieren, sondern auf geeignete, erforderliche und angemessene (Rn 30) verdeckte Ermittlungsmaßnahmen zurückgreifen darf[3].

583 Als **strafprozessuale verdeckte Ermittlungsmaßnahmen** werden im Folgenden behandelt:
– die Observation ohne Einsatz technischer Mittel;
– die Observation unter Verwendung technischer Mittel;
– die Telefonüberwachung (TÜ), genauer: Überwachung der Telekommunikation;
– der Einsatz technischer Mittel zur akustischen Überwachung (Lauschangriff) außerhalb von Wohnungen;
– der sog. *Große Lauschangriff* als Einsatz technischer Mittel zur akustischen Überwachung von *Wohnungen;*
– der Einsatz Verdeckter Ermittler (VE);
– der Einsatz von Scheinaufkäufern;
– der Einsatz von Vertrauenspersonen der Polizei (VP).

584 Schon die **Vielzahl** verdeckter Ermittlungsmethoden könnte Anlass zur Sorge über einen vermeintlichen »Marsch in den Überwachungsstaat«, über den Bürger als »gläsernen Menschen« sein. Hinzu kommt die **Eingriffsintensität** von Maßnahmen wie TÜ und insbesondere Lauschangriff. Schließlich kann für jene Sorge auch die Möglichkeit einer **Bündelung** von verdeckten Ermittlungsmaßnahmen geltend gemacht werden; denn der gleichzeitige Einsatz mehrerer solcher Maßnahmen ist meist besonders erfolgversprechend und unter strikter Beachtung des Verhältnismäßigkeitsprinzips auch grundsätzlich zulässig[4].

Jene Sorge vor einer rechtsstaatlich bedenklichen Fehlentwicklung mag zwar verständlich sein. Sie ist aber letztlich unberechtigt; dies aus folgenden Gründen[5]:

---

[1] *Krey*, Kriminalitätsbekämpfung..., S. 632–652; ders. Der Große Lauschangriff..., S. 6–24.

[2] *BVerfG* E 57, 250, 284, 285; *BGH* St 32, 115, 120, 121; 46, 266, 273; *Krey*, Rechtsprobleme..., Rn 20 ff, 24 ff, 27 ff, 30 ff, 38 ff, 410 ff, 416 ff m.w.N.

[3] *BVerfG* E 57 aaO; *BGH* St 32 aaO; *Krey* aaO, Rn 20, 21, 150 ff m.w.N.

[4] *BGH* St 46, 266, 274 ff (mit Anm. *Kühne*, JZ 2001, 1148); *BVerfG* NJW 2005, 1338, 1340, 1341.

[5] *Krey*, Kriminalitätsbekämpfung..., S. 650–652.

– Die beschränkten Ressourcen der Polizei sind ein faktisches Hindernis auf dem Weg zum gläsernen Menschen, was namentlich für den Großen Lauschangriff und für VE gilt[6].

– Die Praxis hat gezeigt, dass die **unabhängige Strafjustiz** keinen Marsch in den Überwachungsstaat dulden würde.

– Schließlich sei noch auf das *BVerfG* als effektiven Hüter unserer freiheitlich-rechtsstaatlichen Ordnung hingewiesen, zudem auf den *EGMR* in Straßburg[7].

II. Observation, Telefonüberwachung, Lauschangriff

1. Observation[8]

a) Observation ohne Einsatz technischer Mittel

Seit dem Jahre 2000 ist die *längerfristige* Observation gesetzlich geregelt (§ 163 f StPO). **585**
Die *kurzfristige* Observation kann auf die Ermittlungsgeneralklauseln (kleine Eingriffsgeneralklauseln) der §§ 163 Abs. 1 S. 2, 161 Abs. 1 S. 1 StPO n.F. gestützt werden[9].

Die Observation i.S. des § 163 f StPO ist als **verdeckte** Maßnahme konzipiert. Zwar gibt es auch offene Observationen, die der Betroffene bemerken soll; sie dienen aber i.d.R. als präventiv-polizeiliche Maßnahmen der Gefahrenabwehr[10].
Ausnahmsweise mögen offene Observationen auch Mittel der **Strafverfolgung** sein, etwa dann, wenn man den Beschuldigten verunsichern und zu Fehlern (wie Kontaktaufnahme mit Tatbeteiligten) verleiten will. Hier können bei einer kurzfristigen Maßnahme die erwähnten Ermittlungsgeneralklauseln eingreifen. Dagegen dürfte eine offene längerfristige Observation im Strafprozessrecht unzulässig sein.

b) Observation unter Verwendung technischer Mittel, § 100 f Abs. 1 StPO

(1) § 100 f Abs. 1 Nr. 1, 2 n.F. (= § 100 c Abs. 1 Nr. 1 a, b StPO a.F.) gilt für die **586** kurzfristige Observation und die längerfristige. Erfolgt letztere unter Einsatz technischer Mittel, müssen die Voraussetzungen des § 100 f Abs. 1 **und** des § 163 f StPO vorliegen[11].

(2) Zu § 100 f Abs. 1 StPO n.F. im Einzelnen:

(a) Die in Nr. 1 genannten *Bildaufnahmen* erfassen Lichtbilder und Videoaufnahmen *zu Zwecken der Observation,* was aus Nr. 2 folgt (»sonstige für Observationszwecke...«), mithin nicht Lichtbilder vom Tatort zur Beweissicherung[12].

---

[6] 1998–2003 sind nur rund 150 Große Lauschangriffe durchgeführt worden (*Krey*, Der Große Lauschangriff..., S. 9 m.w.N.). Auch der VE-Einsatz ist selten (*Krey*, Kriminalitätsbekämpfung..., S. 638 f).

[7] Dazu oben, Rn 28 ff, 35, 37 ff, 41, 42 ff, 44 ff.

[8] Zu ihr eingehend *Hohenhaus*, Die strafprozessuale Observation, 2006.

[9] Oben, Rn 485 ff, 488 mit Fn 18; ebenso u.a. *Hellmann*, Rn 370.

[10] *Hohenhaus* aaO, § 9 IX (z.B. Verhütung von Straftaten durch Einschüchterung); maßgeblich ist insoweit also Polizeirecht.

[11] *BGH* St 46, 266, 278; *BVerfG* NJW 2005, 1338, 1340.

[12] *Hilger*, NStZ 1992, 462.

(b) *Sonstige technische Mittel* für Observationszwecke sind u.a.:
– Nachtsichtgeräte;
– Bewegungsmelder und Peilsender;
– Global Positioning System (GPS).[13]

(3) Wie sich aus Art. 13 Abs. 3 und im Umkehrschluss aus Art. 13 Abs. 4, 5 GG ergibt, erlaubt die StPO nicht die strafprozessuale *Videoüberwachung von Wohnungen*[14]: Art. 13 Abs. 3 GG spricht nur von *akustischer* Überwachung.

2. Überwachung der Telekommunikation (§§ 100 a, 100 b StPO)

587 a) Diese verdeckte Ermittlungsmaßnahme wird bekanntlich oft angeordnet (rund 10.000 mal pro Jahr) und bedeutet einen schwerwiegenden Eingriff in das Grundrecht des Art. 10 GG. *Telekommunikation* ist dabei nicht nur das herkömmliche Telefongespräch; vielmehr gelten §§ 100 a, 100 b StPO u.a. auch für:
– Fax;
– Mobilfunk (Handy-Gespräch, sms);
– Mailbox;
– Email.[15]

588 Zu den von § 100 a StPO erfassten Informationen werden von einer verbreiteten Ansicht auch die Positionsmeldungen eines Mobiltelefons (Handy), d.h. seine **Standortkennung im »Standby«-Betrieb,** gezählt, was ein Bewegungsprofil von Handy-Besitzern erlaubt[16]. Diese Ansicht begegnet aber wegen der Sonderregelung in § 100 g Abs. 1, 2 mit Abs. 3 Nr. 1, § 100 i Abs. 1 Nr. 2 StPO Bedenken[17].

Letztere Vorschriften dürften gegenüber § 100 a StPO als lex specialis fungieren, was die Standortkennung von Mobiltelefonen angeht. Im Übrigen dient § 100 a StPO der Überwachung und Aufzeichnung des **Inhalts** der Telekommunikation, d.h. nicht der Übermittlung von Positionsdaten aktiv geschalteter Mobiltelefone[18].

589 Problematisch ist das Abhören/Aufzeichnen von Gesprächen in folgenden Fällen:

Fall 25: – Abhören bei nicht richtig aufgelegtem Hörer –

(a) Gegen den Beschuldigten B ist eine TÜ angeordnet. Nach einem Telefongespräch legt B den Hörer nicht richtig auf. Dadurch kann die Polizei eine anschließend von B mit seiner Frau in der Ehewohnung geführte Unterhaltung über seine Straftaten mithören (sog. erster

---

[13] *BGH* St 46, 266, 271–273 m.w.N.; *BVerfG* NJW 2005, 1338, 1339, 1340.

[14] *Eisenberg,* NStZ 2002, 638; eingehend *Hohenhaus,* § 20 I.

[15] *BGH* NStZ 2003, 668, 669; *Haller-Conzen,* Rn 1029; *Volk,* 10/40.

[16] *BGH* NStZ 2001, 389; *BGH* NStZ 2003 aaO; *Beulke,* Rn 253; a.A. etwa: *Demko,* NStZ 2004, 57 ff; *Hellmann,* Rn 341, 342 m.w.N.; *Meyer-Goßner,* § 100 a Rn 2 m.w.N.

[17] *Hellmann* aaO.

[18] *Kühne,* Rn 520.1; *Volk,* 10/40 Fn 35.

»Raumgesprächs-Fall«)[19]. Hier hat der *BGH* eine *nach § 100 a StPO erlaubte Überwachung und Aufzeichnung* dieser Unterhaltung verneint und deren Verwertung abgelehnt[20].

(b) Eine Unterhaltung des Beschuldigten B mit Dritten in seinem Pkw konnten Polizeibeamte im Rahmen einer TÜ gegen B mithören. Denn eine zuvor von ihm hergestellte Telekommunikationsverbindung, die er hatte beenden wollen, bestand aufgrund eines Fehlers bei der Bedienung seines Handys fort (zweiter »Raumgesprächs-Fall«)[21]. Hier hat der *BGH* die Geltung des § 100 a StPO und die Verwertbarkeit jener Unterredung bejaht[22].

Zu Fall 25 a: Der *BGH* stützt seine Entscheidung im Kern darauf, die Unterhaltung **590** der Eheleute sei keine *Telekommunikation* gewesen, zudem sei es bei ihr um den *unantastbaren Kernbereich privater Lebensgestaltung* gegangen[23]. Letzteres ist falsch: Gespräche unter Eheleuten in ihrer Wohnung zählen dann nicht zu jenem unantastbaren Kernbereich, wenn sie begangene oder geplante (nicht unerhebliche) *Straftaten* zum Gegenstand haben[24]. Ersteres klingt plausibel. Der entscheidende Aspekt dürfte aber sein, dass das Mithören (und Aufzeichnen) jener Unterhaltung der Sache nach auf einen Großen Lauschangriff, Rn 583, hinauslaufen könnte[25].
– Gleichwohl bleibt zu fragen, ob eine Dummheit wie die des B ohne Folgen bleiben muss: Er hat leichtfertig brisante Geheimnisse der Polizei zugänglich gemacht; an seiner Schutzwürdigkeit sind daher Zweifel erlaubt. –

Zu Fall 25 b: Hier neige ich dazu, dem *BGH* zu folgen. Zum einen ist nicht die Unverletzlichkeit der Wohnung berührt, da der Pkw nicht von Art. 13 GG erfasst wird. Damit ist statt des Normbereichs von § 100 c StPO n.F. (Großer Lauschangriff) nur der des § 100 f Abs. 2 StPO n.F. (akustische Überwachung außerhalb von Wohnungen) betroffen. Letztere verdeckte Ermittlungsmaßnahme aber ist nach ihrer Eingriffsintensität der TÜ im Wesentlichen vergleichbar, zumal § 100 f Abs. 2 auf den Katalog des § 100 a StPO verweist. Mithin bestehen auch geringere Bedenken dagegen, dem Beschuldigten seine eigene Leichtfertigkeit anzulasten. Maßgeblich dürfte aber letztlich der folgende Aspekt sein: Wäre in casu zu der Anordnung der TÜ auch die des nicht schwerer wiegenden Lauschangriffs außerhalb von Wohnungen erlaubt gewesen (was nach *BGH* der Fall war), so hätte man die Unterredung im Auto legal gemäß § 100 f Abs. 2 StPO n.F. überwachen können; das spricht für ihre Verwertbarkeit[26].

---

[19] *BGH* St 31, 296 ff.

[20] *BGH* aaO; ebenso u.a.: *Beulke,* Rn 253; *Hellmann,* Rn 332; *Meyer-Goßner,* § 100 a Rn 1 m.w.N.; *Volk,* 10/40.

[21] *BGH* NStZ 2003, 668 ff = StV 2003, 483 (mit abl. Anm. *Weßlau*).

[22] Kritisch u.a.: *Beulke* aaO m.w.N.; *Weßlau* aaO. Vermittelnd *Hellmann,* Rn 331, 333 (Unzulässigkeit des Abhörens und Aufzeichnens der Unterredung, aber Verwertbarkeit).

[23] *BGH* St 31, 296, 297–300.

[24] *BVerfG* NJW 2004, 999, 1002–1004 (Großer Lauschangriff); zutreffend daher § 100 c Abs. 4 S. 3 StPO n.F. Dazu *Krey,* Der Große Lauschangriff..., S. 12, 16, 21.

[25] *KK-Nack,* § 100 a Rn 40.

[26] Hierauf stellt der *BGH* NStZ 2003, 668, 670 hilfsweise ab.

591 Im Übrigen sei daran erinnert, dass bei Telefongesprächen der *Angerufene (Anrufer)* vielfach hören kann, was in dem Raum, in dem der *Anrufer (Angerufene)* spricht, von Dritten gesagt wird. Oftmals sind solche Dritte unvorsichtig laut. Hier gilt nun ohne weiteres das Prinzip: *Plappern auf eigene Gefahr;* dies jedenfalls im Rahmen des § 100 b Abs. 5 StPO. Was bei der TÜ von derart unvorsichtigen Äußerungen durch die Polizei mitgehört und/oder aufgezeichnet wird, kann bzgl. Katalogtaten (§ 100 a Abs. 1 StPO) grundsätzlich zum Nachteil des Beschuldigten und Dritter verwertet werden.

592 b) Keine Telefonüberwachung liegt vor, wenn einer der Telekommunikationspartner damit einverstanden ist, **dass ein Dritter** – sei es ein Privatmann, sei es ein Polizeibeamter – **mithört**, z.B. dadurch, dass beide an der Hörmuschel des Telefons lauschen, oder durch Verwendung eines Zweithörers[27]. Denn der Schutzbereich des Art. 10 GG ist hier nicht berührt; dieser Grundrechtsschutz endet am Endgerät des Telekommunikationsteilnehmers[28], gilt also nur während des technischen Übermittlungsvorganges. Mithin ist der Inhalt des Telefongesprächs durch Zeugenvernehmung jenes Dritten (grundsätzlich) verwertbar.

593 c) Die Telefonüberwachung (TÜ) ist unter folgenden Voraussetzungen erlaubt:

(1) Vorliegen des Verdachts einer **Katalogtat** gemäß § 100 a StPO; dies Erfordernis ist Ausdruck des Grundsatzes der Verhältnismäßigkeit im engeren Sinne (Rn 30). Jener Verdacht muss durch bestimmte Tatsachen begründet werden.

(2) Eingreifen der **Subsidiaritätsklausel** des § 100 a S. 1 (a.E.), d.h. die Erforschung des Sachverhalts oder die Ermittlung des Aufenthaltsortes des Beschuldigten auf andere Weise muss aussichtslos oder wesentlich erschwert sein. Jene Klausel beruht auf dem Verfassungsprinzip der Erforderlichkeit als Grundsatz des mildesten Mittels (Rn 30).

(3) Die Anordnung der TÜ darf sich nur **gegen bestimmte Personen** richten:
– den Beschuldigten;
– Personen, von denen aufgrund bestimmter Tatsachen anzunehmen ist, dass der Beschuldigte ihren Anschluss benutzt (§ 100 a S. 2 a.E.), auch wenn sie hiervon keine Kenntnis haben;
– Nachrichtenmittler i.S. des § 100 a S. 2 StPO (»Personen ..., von denen anzunehmen ist, dass sie für den Beschuldigten ... Mitteilungen entgegennehmen«).
Die Telefonüberwachung kann dabei grundsätzlich auch gegen Personen angeordnet werden, die ein Zeugnisverweigerungsrecht gemäß § 52 bzw. §§ 53, 53 a StPO besitzen[29].
Zur Ausnahme hiervon im Falle der Telekommunikation von **Verteidigern** mit Beschuldigten siehe Rn 252, 253–255.

(4) Gemäß dem Verfassungsprinzip des Grundrechtsschutzes durch Verfahren ist in § 100 b ein **Richtervorbehalt** (mit Eilkompetenz der StA) normiert.

---

[27] *BGH* St 39, 335; 42, 139, 153, 154 (GS); *OLG Hamm* StV 1988, 374 (mit abl. Anm. *Krehl*) = NStZ 1988, 515 (mit abl. Anm. *Amelung*); *KK-Nack*, § 100 a Rn 5; *Krey*, StPO 2, Rn 471 f (m.w.N.); *Meyer-Goßner*, § 100 a Rn 1; *Volk*, 10/40; *Welp*, NStZ 1994, 294.

[28] *BGH* St 42 aaO; *Meyer-Goßner* aaO.

[29] *Meyer-Goßner*, § 100 a Rn 10 m.w.N.; strittig.

d) Erkenntnisse aus einer legalen TÜ können wie folgt verwertet werden: **594**

– Abspielen der Tonträger (Tonbänder), auf denen die überwachten Gespräche aufgezeichnet sind **(Augenscheinsbeweis)**[30];
– Verlesen von Niederschriften über den Inhalt der Aufzeichnung **(Urkundenbeweis)**[31];
– Vernehmung der Amtsträger, die zum Abhören der überwachten Gespräche eingesetzt waren **(Zeugenbeweis)**[32].

e) **Zufallserkenntnisse**, d.h. Informationen aufgrund der TÜ über andere Straftaten des Beschuldigten bzw. über Straftaten Dritter, dürfen gemäß § 100 b Abs. 5 StPO verwertet werden, wenn sie Katalogtaten i.S. des § 100 a StPO betreffen[33].

f) Die Benachrichtigung der von einer durchgeführten TÜ Betroffenen bestimmt sich nach § 101 Abs. 1 StPO.

3. Auskunft über Telekommunikationsverbindungsdaten (§§ 100 g, 100 h); IMSI-Catcher (§ 100 i StPO)

§§ 100 a, 100 b StPO werden durch §§ 100 g, 100 h sowie 100 i StPO ergänzt: **595**

a) §§ 100 g, 100 h betreffen nicht den Inhalt der Telekommunikation, sondern Verbindungsdaten, aus denen sich insbesondere ergibt (§ 100 g Abs. 3):
– wer mit wem wann und wie lange kommuniziert hat;
– die Standorterkennung des anrufenden und angerufenen Anschlusses.[34]

Da § 100 g Abs. 3 Nr. 1 die Standortkennung nur im Falle einer **Verbindung** erlaubt, kann ein Bewegungsprofil nicht erstellt werden, solange Mobiltelefone sich im »Standby«-Betrieb befinden, also nicht anrufen oder angerufen werden[35].

Das ist ein Mangel, der die Verfolgung erheblicher Straftaten unnötig erschwert.

b) **§ 100 i StPO** regelt den Einsatz sog. IMSI-Catcher[36]. Hier wird in Abs. 1 Nr. 2 die Standortkennung eines aktiv geschalteten Mobiltelefons (Standby-Betrieb) **zur Festnahme** erlaubt – was sachgerecht, aber zu eng ist.

4. Akustische Überwachung (Lauschangriff) außerhalb von Wohnungen

– Diese Ermittlungsmaßnahme wird inzwischen vielfach als »kleiner Lauschangriff« be- **596** zeichnet[37]; das ist jedoch missverständlich (unten, Punkt 6.). –

---

[30] *Krey,* StPO 2, Rn 476; *Meyer-Goßner,* § 100 a Rn 15 m.w.N.; *Volk,* 10/44.

[31] *BGH* St 27, 135; *Krey* aaO; *Meyer-Goßner* aaO; *Volk* aaO.

[32] *Krey* aaO; *Meyer-Goßner* aaO; *Rudolphi* in: SK, § 100 a Rn 23.

[33] *Beulke,* Rn 254; *Meyer-Goßner,* § 100 a Rn 18–20, § 100 b Rn 7.

[34] *Beulke,* Rn 254 a; *Hellmann,* Rn 337, 342.

[35] *Hellmann* aaO; *Meyer-Goßner,* § 100 g Rn 5.

[36] International Mobile Subscriber Identity-Catcher (*Beulke* aaO; *Hellmann,* Rn 355, 356; *KK-Nack,* § 100 i Rn 1 ff).

[37] U.a.: *Beulke,* Rn 265; *Volk,* 10/50; kritisch *Krey,* Der Große Lauschangriff..., S. 7, 23 f.

a) Das Abhören mit technischen Mitteln **außerhalb von Wohnungen** (§ 100 f Abs. 2–5 StPO n.F.[38]) wurde 1992 als strafprozessuale Ermittlungsmaßnahme legalisiert. Da die rechtsstaatlichen Voraussetzungen der akustischen Überwachung von Wohnungen (Großer Lauschangriff, Rn 583, 599 ff) sehr viel strenger sind als die nach § 100 f Abs. 2–5, ist der Anwendungsbereich des Abhörens gemäß letzterer Vorschrift genauer zu bestimmen:

Negativ formuliert erfasst er keine Wohnungen i.S. des Art. 13 GG, d.h. **keine**
– Privatwohnungen als räumliche Privatsphäre[39];
– nicht allgemein zugänglichen Geschäfts-, Betriebs- und Büroräume[40].

Positiv formuliert gilt der Lauschangriff außerhalb von Wohnungen z.B. für:
– allgemein zugängliche Geschäfts-, Betriebs- und Büroräume[41];
– Pkw[42];
– Besuchsräume einer Justizvollzugsanstalt bzw. U-Haft-Vollzugsanstalt[43].

597 b) Der Lauschangriff gemäß § 100 f Abs. 2 StPO n.F. (= § 100 c Abs. 1 Nr. 2 a.F.) ist nach seiner Eingriffsschwere der TÜ vergleichbar[44]. Er verlangt:
– wie die TÜ den durch bestimmte Tatsachen begründeten Verdacht einer der in § 100 a StPO aufgezählten *Katalogtaten* (§ 100 f Abs. 2 S. 1);
– die Anordnung durch den *Richter* (bei Gefahr im Verzug auch durch die StA oder, anders als bei der TÜ, durch ihre Ermittlungspersonen);
– das Eingreifen der *Subsidiaritätsklausel* in § 100 f Abs. 2 S. 1, Abs. 3 S. 3 StPO, die der in § 100 a (Rn 593) entspricht.

Die Maßnahme darf sich grundsätzlich nur gegen den Beschuldigten richten (§ 100 f Abs. 3 S. 1). Ihre Anordnung gegen andere Personen ist jedoch unter den Voraussetzungen des Abs. 3 S. 3 erlaubt.

598 c) Qua **Annexkompetenz** als Auslegungsgesichtspunkt (Rn 490–492) gestattet § 100 f Abs. 2 StPO bei der akustischen Überwachung eines **Pkw** das heimliche Öffnen des Fahrzeugs zum Einbau und Ausbau der Abhörtechnik, darüber hinaus,

---

[38] I.d.F. des *Gesetzes zur Umsetzung des Urteils des BVerfG v. 03.03.2004 (akustische Wohnraumüberwachung)*, 24.06.2005, BGBl. I, 1841; diese Regelung ersetzt § 100 c Abs. 1 Nr. 2 StPO a.F. (v. 1992).

[39] *BVerfG* E 32, 54, 72; E 65, 1, 40; E 89, 1, 12; *Krey,* Rechtsprobleme..., Rn 376.

[40] Zur Einbeziehung nicht allgemein zugänglicher Geschäftsräume in Art. 13 GG siehe u.a.: *BVerfG* E 32, 54 ff; *BGH* St 42, 372, 375 m.w.N.; *Krey* aaO, Rn 377 ff, 382 ff.

[41] *BGH* aaO m.w.N.; *Hilger,* NStZ 1992, 457, 462 Fn 95; *KK-Nack,* § 100 c Rn 16; *Krey* aaO, Rn 373 ff, 380 f, 382 ff; *Meyer-Goßner,* § 100 f Rn 5; *Volk,* 10/50.

[42] *BGH* NJW 1997, 2189; *Beulke,* Rn 265; *Hellmann,* Rn 359; *Krey,* Kriminalitätsbekämpfung..., S. 637 f.

[43] *BGH* St 44, 138 ff; *Beulke* aaO; *KK-Nack,* § 100 c Rn 17 (auch die Zelle des Gefangenen); *Meyer-Goßner,* § 100 f Rn 5; *Volk,* 10/50.

[44] *Beulke* aaO; *Meyer-Goßner* aaO; *Volk* aaO.

sofern es kein hinreichend sicheres milderes Mittel gibt, auch die vorübergehende (kurzzeitige) *Verbringung des Fahrzeugs in eine Werkstatt*[45].

– Die Installation der erforderlichen Technik auf offener Straße wäre inopportun und faktisch unmöglich[46]. –

d) Der Lauschangriff auf Pkw wird oft mit der Observation durch GPS (Rn 586) kombiniert.

5. Großer Lauschangriff (Art. 13 Abs. 3 GG, §§ 100 c–100 e StPO n.F.)

Eine gründlichere Erörterung dieses Grundrechtseingriffs würde den Rahmen eines **599** Lehrbuchs sprengen. Daher muss es hier mit einer knappen Skizzierung in Thesen und dem Verweis auf eine eingehende Abhandlung des Verf.[47] sein Bewenden haben.

a) 1998 wurde der strafprozessuale Einsatz technischer Mittel zur akustischen Überwachung von **Wohnungen** legalisiert (Art. 13 Abs. 3 GG, §§ 100 c Abs. 1 Nr. 3, Abs. 2, 100 d Abs. 2–6, 100 e, 100 f, 101 StPO a.F.)[48]. Befürchtungen, damit sei der Rechtsstaat preisgegeben, haben sich in der Folge in keiner Weise bestätigt[49]. Gleichwohl haben die Gegner dieses Ermittlungsinstruments keine Ruhe gegeben und das *BVerfG* angerufen.

b) Dieses hat mit Urteil des 1. Senats v. 03.03.2004 entschieden[50]: **600**

(1) **Art. 13 Abs. 3 GG** i.d.F. v. 1998 sei mit Art. 79 Abs. 3 GG vereinbar.

(2) Aus Art. 1 GG folge die Anerkennung eines absolut geschützten **Kernbereichs privater Lebensgestaltung**; in ihn dürfe die akustische Überwachung von Wohnraum zu Zwecken der Strafverfolgung nicht eingreifen.

(3) Ansonsten verletze nicht jede akustische Überwachung von Wohnraum den Menschenwürdegehalt des Art. 13 Abs. 1 GG.

(4) Die gesetzliche Eingriffsermächtigung für die akustische Überwachung von Wohnraum müsse »Sicherungen der Unantastbarkeit der Menschenwürde« enthalten, zudem Art. 13 Abs. 3 GG und den übrigen Vorgaben der Verfassung entsprechen.

(5) Führe ein Großer Lauschangriff gleichwohl zur Erhebung von Informationen aus dem absolut geschützten Kernbereich privater Lebensgestaltung, müsse er *abgebrochen* werden; die Aufzeichnungen seien zu *löschen* und jede *Verwertung* solcher Informationen sei ausgeschlossen.

(6) Die Vorschriften der StPO i.d.F. v. 1998 (Rn 599) zur akustischen Überwachung von Wohnraum seien teilweise wegen Verstoßes gegen Art. 1 Abs. 1 GG, den Grundsatz der Verhältnismäßigkeit, Art. 19 Abs. 4 und/oder Art. 103 Abs. 1 GG verfassungswidrig.

---

[45] *Krey* aaO (Fn 42) m.w.N.; ebenso (für die Observation mittels GPS): *BGH* St 46, 266, 274; *KK-Nack,* § 100 c Rn 14; **a.A.**: *BGH* (Ermittlungsrichter) NJW 1997, 2189; *Kühne,* JZ 2001, 1148. Weitere Nachweise pro und contra bei *Leister,* S. 27 ff, 30 ff, 36 ff, 39 ff.

[46] *Krey* aaO, S. 637.

[47] *Krey,* Der Große Lauschangriff..., S. 3–6, 8–23, 28 (m.w.N.).

[48] Dazu: *BVerfG* NJW 2004, 999 ff, Leitsätze 1–6 u. S. 1001 ff, 1006 ff; *Krey* aaO, S. 8–21.

[49] *Krey* aaO, S. 9; *Meyer-Wieck,* Der Große Lauschangriff. Eine empirische Untersuchung..., 2005.

[50] Siehe Fn 48. – Im Folgenden werden **Leitsätze** 1–6 referiert. –

601 c) In den **Entscheidungsgründen** hebt das Gericht ergänzend hervor[51]:

Auch Gespräche unter Eheleuten in ihrer Wohnung seien dann nicht Teil jenes unantastbaren Kernbereichs, wenn es um begangene *Straftaten* gehe. Gewissheit über das Vorliegen des Kernbereichs sei i.d.R. erst *beim Abhören* zu erlangen (»erste Sichtung«).[52] Bei der akustischen Wohnraumüberwachung konkretisiere *Art. 13 Abs. 1 GG als lex specialis* den Schutz der Menschenwürde (Art. 1 GG).

Zum unantastbaren Kernbereich privater Lebensgestaltung zählten auch der Schutz der *Beichte,* der Kontakt mit dem *Strafverteidiger* und *»im Einzelfall« Arztgespräche.* Dagegen sei fraglich, ob das GG es fordere, **alle** Berufsgeheimnisträger (§ 53 StPO) einem absoluten Überwachungsverbot zu unterstellen, also etwa auch Presseangehörige und Abgeordnete[53]. Der Schutz von Art. 13 Abs. 1 GG könne es im Einzelfall erforderlich machen, auf eine *nur automatische Aufzeichnung* der abgehörten Gespräche zu verzichten, um jederzeit die Ermittlungsmaßnahme unterbrechen zu können[54].

602 d) Auf eine **kritische Stellungnahme** zur Lauschangriffsentscheidung des *BVerfG* v. 03.03.2004 muss hier verzichtet werden. Doch seien einige Vorwürfe erwähnt[55]:
- Das Urteil ist in wichtigen Passagen so diffus formuliert, dass die Frage seiner *Bindungswirkung* (§ 31 Abs. 1 BVerfGG) unklar bleibt.
- Das *BVerfG* nimmt zwar bei seinen Ausführungen zu den Schranken des Großen Lauschangriffs die Strafverfolgung gegen die *OK* in den Blick, vernachlässigt aber den *Terrorismus* sträflich. Damit wird die Überzeugungskraft des Urteils erheblich reduziert.
- Die Forderung des Gerichts in Leitsatz 5 (Rn 600) nach *sofortigem Abbruch des Lauschangriffs* steht im Widerspruch zur Notwendigkeit der »ersten Sichtung« (Rn 601) und führt zu der zentralen Frage: *Unter welchen Voraussetzungen ist dann eine Fortsetzung des Lauschangriffs zulässig?* Hierzu schweigt das Urteil, was nicht nachvollziehbar ist.[56]

603 - Die These, zum Schutz des unantastbaren Kernbereichs privater Lebensgestaltung könne es erforderlich sein, auf eine automatische Aufzeichnung der abgehörten Gespräche zu verzichten, zeugt von Lebensferne oder der Absicht, den Großen Lauschangriff faktisch in Richtung Null zu reduzieren. Bei einem solchen Verzicht müssten Strafverfolgungsbeamte *in Echtzeit ständig zuhören.* Jene These verkennt die Realität: die Personalnot bei Polizei, Zollfahndung, StA und Strafgerichten; die im Bereich von OK und Terrorismus typische Notwendigkeit von Dolmetschern; die beschränkte Möglichkeit, vorsorglich Dolmetscher für alle möglichen Sprachen ständig auf Vorrat beim Abhören mitwirken zu lassen.[57]
- Das Urteil übersieht das sich gewissermaßen aufdrängende, sachgerechte Instrument des sog. *Richterbandes* als verschlüsselte Aufzeichnung nur zur Verfügung der nach § 100 d Abs. 1 StPO n.F. zuständigen Staatsschutzkammer, die über die (Teil-)Löschung oder (Teil-)Verwertbarkeit zu entscheiden hätte[58].

---

[51] *BVerfG* NJW 2004 aaO, S. 1001 ff; dazu *Krey* aaO, S. 11 (a.E.) ff, 15 ff.

[52] *BVerfG* aaO, S. 1002–1005; dazu *Krey* aaO, S. 12 f, 15, 16–20.

[53] *BVerfG* aaO, S. 1004 ff; dazu *Krey* aaO, S. 16, 17.

[54] *BVerfG* aaO, S. 1005 (l. Spalte); dazu kritisch *Krey* aaO, S. 15, 18 f.

[55] Eingehend dazu *Krey* aaO, S. 15–21, 28 m.w.N.

[56] Zum Vorstehenden *Krey* aaO, S. 15, 17–20.

[57] *Krey* aaO, S. 18 f m.w.N.

[58] Dazu m.w.N. *Krey* aaO, S. 19 f, 22.

e) Die StPO regelt den Großen Lauschangriff jetzt in §§ 100 c–100 e n.F.[59]; diese **604** sollen Art. 13 Abs. 3 GG konkretisieren und das Urteil des *BVerfG* v. 03.03.2004 umsetzen. Zu jener Regelung sei nur soviel gesagt:

(1) Art. 13 Abs. 3 GG fordert den Verdacht einer *besonders schweren Straftat*. Die fraglichen Taten sind in § 100 c Abs. 1 Nr. 1, 2, Abs. 2 StPO abschließend aufgezählt[60].

(2) Die *Subsidiaritätsklausel* (§ 100 c Abs. 1 Nr. 4) ist extrem eng gefasst: der Große Lauschangriff ist die ultima ratio unter den verdeckten Ermittlungsmaßnahmen[61].

(3) Art. 13 Abs. 3 GG, § 100 d Abs. 1 StPO fordern einen *qualifizierten Richtervorbehalt*.

(4) Die Pflicht zur *Benachrichtigung* der Betroffenen über durchgeführte Maßnahmen der akustischen Wohnraumüberwachung bestimmt sich nach § 100 d Abs. 8, 9. Den nachträglichen *Rechtsschutz* regelt § 100 d Abs. 10 StPO.

(5) Nach US-Vorbild besteht eine *Berichtspflicht* (über angeordnete Große Lauschangriffe) **605** – der StA an die oberste Justizbehörde des Bundeslandes[62],

– der Länder an die Bundesregierung,

– der Bundesregierung an den Deutschen Bundestag (§ 100 e StPO).

Es geht also um die Gewährleistung der parlamentarischen Kontrolle[63].

(6) Wird beim Abhören und Aufzeichnen der Kernbereich privater Lebensgestaltung erfasst, ist *»unverzüglich zu unterbrechen«* und sind Aufzeichnungen *»unverzüglich zu löschen«;* im Zweifel ist eine Entscheidung des Gerichts herbeizuführen (§ 100 c Abs. 5 StPO). Damit erlaubt das Gesetz das erwähnte **Richterband**[64]. Unverzüglich (= ohne schuldhaftes Zögern) sind Unterbrechung und Löschen auch, wenn Polizei und/oder StA rasch die Entscheidung des Gerichts herbeiführen.

(7) Die *Fortsetzung einer nach § 100 c Abs. 5 S. 1–4 StPO unterbrochenen Maßnahme*[65] regeln S. 5, 6 dieser Vorschrift. Auch hier erlaubt das Gesetz jenes Richterband, zumal im Zweifel die Entscheidung des Gerichts herbeizuführen ist[66].

*f) Überwachung von Wohnungen mit technischen Mitteln zur **Gefahrenabwehr*** **606**

(1) Art. 13 Abs. 4 GG i.V.m. den einschlägigen Landespolizeigesetzen regelt die Überwachung von Wohnungen als Mittel der Gefahrenabwehr[67]; z.B. zur Verhinderung terroristischer Anschläge.

---

[59] Genauer: i.d.F. des in Fn 38 genannten Gesetzes v. 24.06.2005.

[60] Der Katalog ist aufgrund des Urteils des *BVerfG* v. 03.03.2004 beschränkt worden (*Meyer-Goßner*, § 100 c Rn 5).

[61] *Meyer-Goßner*, § 100 c Rn 8.

[62] § 100 e StPO. – Der Generalbundesanwalt berichtet dem Bundesminister der Justiz. –

[63] *Meyer-Goßner*, § 100 e Rn 3.

[64] Dazu *Krey* aaO (Fn 47), S. 21, 22. – Zum Richterband siehe Rn 603 a.E. –

[65] Zu dieser Frage oben, Rn 602 a.E. – Das Gesetz spricht, anders als das *BVerfG*, zutreffend von *unterbrechen*, nicht von abbrechen. –

[66] *Krey*, Der Große Lauschangriff..., S. 19, 20, 21 a.E., 22.

[67] Dazu u.a. *Krey* aaO, S. 6, 24 ff. – Bei Art. 13 Abs. 4, 5 GG fehlt die Beschränkung auf die akustische Überwachung, sodass auch die Videoüberwachung in Frage kommt. –

Hierbei gewonnene Informationen dürfen nach Maßgabe des § 100 d Abs. 6 Nr. 3 im Strafverfahren verwertet werden, allerdings nur bei Katalogtaten i.S. des § 100 c Abs. 1, 2 StPO.

(2) Art. 13 Abs. 5 GG i.V.m. den einschlägigen Landespolizeigesetzen erlaubt als präventiv-polizeiliche lex specialis die Überwachung von Wohnungen zum Schutz von verdeckt operierenden Personen wie VE und VP (sog. Einsatz technischer Mittel zur »Eigensicherung«)[68].

Die Verwertbarkeit der hierbei gewonnenen Erkenntnisse im Strafverfahren bestimmt sich nach Art. 13 Abs. 5 GG, § 161 Abs. 2 StPO.

607 g) Die Verwertbarkeit von Erkenntnissen aus einem **strafprozessualen** Großen Lauschangriff
– in anderen Strafverfahren bzw.
– zu Zwecken der Gefahrenabwehr
regelt § 100 d Abs. 6 Nr. 1 bzw. Nr. 2 StPO.

608 *h) Kritik an der Privilegierung **aller Berufsgeheimnisträger** i.S. des § 53 StPO*

Die Herausnahme aller Berufsgeheimnisträger *aus der akustischen Wohnraumüberwachung,* § 100 c Abs. 6 StPO, wird vom BVerfG nicht gefordert (Rn 601) und behindert die Kriminalitätsbekämpfung unnötig und sachwidrig
– sieht man von Beichtvätern, Verteidigern und (in gewissem Umfang) Ärzten ab –.[69]

6. Fehlen einer Normierung der akustischen Überwachung von Wohnungen, in die man VE oder VP eingeschleust hat (»kleiner Lauschangriff«)

609 In Anlehnung an das US-consensual monitoring[70] hatte der EOrgKG v. 1992 als sog. »**kleinen Lauschangriff**« eine derartige akustische Wohnraumüberwachung vorgesehen; sie wurde jedoch weder im OrgKG v. 1992 noch später legalisiert[71]. Das ist unbegreiflich, da dieser Lauschangriff entschieden **weniger eingriffsintensiv** ist als der sonstige Lauschangriff auf Wohnungen: Es wird ja mit technischen Mitteln nur das abgehört und aufgezeichnet, was die verdeckt ermittelnde Person (VE, VP) infolge ihrer Anwesenheit in der Wohnung ohnehin wahrnehmen kann; wegen dieser Anwesenheit gilt der Grundsatz »plappern auf eigenes Risiko«. Daher sollte jener Lauschangriff auf Wohnungen **im Beisein von VE, VP oder sonstigen für die Polizei tätigen Personen** endlich gesetzlich geregelt werden
– und zwar mit deutlich schwächeren Anforderungen als beim Großen Lauschangriff.[72]

---

[68] Siehe Fn 67.

[69] *Krey* aaO, S. 13, 16 f, 22 m.w.N.

[70] Dazu m.w.N.: *Krey,* Kriminalitätsbekämpfung..., S. 631 f; ders. Der Große Lauschangriff..., S. 4; *Ransiek,* GA 1995, 23, 27, 28.

[71] Zum Vorstehenden: BT-Drucksache 12/989, S. 39 f; *Krey,* Rechtsprobleme..., Rn 34 ff, 37, 369 m.w.N.; ders. Der Große Lauschangriff..., S. 7, 8, 23, 24, 28.
– Zur verfehlten Benutzung des Begriffs »kleiner Lauschangriff« für die akustische Überwachung außerhalb von Wohnungen siehe oben, Rn 596. –

[72] BT-Drucksache aaO; *Krey,* Der Große Lauschangriff... aaO.

III. Verdeckte Ermittler (VE), Scheinaufkäufer und VP[73]

1. Einsatz Verdeckter Ermittler, §§ 110 a–110 e StPO

VE wurden schon lange vor der *Legalisierung dieses Ermittlungsinstruments im* **610** *OrgKG v. 1992* zur Strafverfolgung eingesetzt, und zwar mit Billigung der Judikatur von *BGH* und *BVerfG*[74]. Jene Legalisierung hat den Bereich verdeckter Ermittlungsmaßnahmen also keineswegs ausgeweitet. Im Übrigen erfolgt der Einsatz von VE selten; dies namentlich aus folgenden Gründen:
– Er verlangt einen außerordentlichen Aufwand (Ausstattung des VE mit einer Fülle »wasserfester« falscher Dokumente wie Personalausweis, Führerschein, Kreditkarten etc.).
– Für den VE ist jener Einsatz wegen der Gefahr der Enttarnung i.d.R. äußerst gefährlich.
– Das Risiko eines Abgleitens in die Kriminalität ist vielfach hoch.[75]

a) Gemäß § 110 a Abs. 2 StPO sind VE *»Beamte des Polizeidienstes, die unter* **611** *einer ihnen verliehenen, auf Dauer angelegten, veränderten Identität (Legende) ermitteln«* und *»unter der Legende am Rechtsverkehr teilnehmen [dürfen]«.*

> Diese Definition ist allerdings missverständlich und ungenau: Auch Scheinaufkäufer (unten, Punkt 2) können nämlich zu ihrer Sicherheit Tarnpapiere erhalten, also mit einer auf längere Dauer angelegten Legende ausgestattet sein[76]. Für VE in Abgrenzung zu Scheinaufkäufern mit falscher Identität ist also ein weiteres Element nötig; gemeint ist ein Dauerelement bei den Ermittlungen unter der Legende[77].

Die Ausstattung des VE mit einer Legende bedeutet, dass sein wirklicher Name, sein Beruf, seine Anschrift, u.U. auch seine Nationalität, durch erfundene Angaben ersetzt werden und er entsprechende Tarnpapiere (Ausweise etc.) erhält[78].

> Jedoch sind Änderungen in Personenstandsbüchern nach h.M. unzulässig[79].

Teilnahme unter der Legende am Rechtsverkehr beinhaltet etwa den Abschluss von Verträgen, die Gründung von Scheinfirmen, das Auftreten als Kläger oder Beklagter, die Eintragung in öffentliche Bücher und Register[80].

b) Als rechtsstaatliche Schranken für den Einsatz von VE normiert das Gesetz: **612**
– das Erfordernis einer Katalogtat (§ 110 a Abs. 1 S. 1, 2 StPO);
– eine Subsidiaritätsklausel (§ 110 a Abs. 1 S. 3, 4);
– die Notwendigkeit der Zustimmung der StA (§ 110 b Abs. 1).
Einen **Richtervorbehalt** hat der Gesetzgeber nur für Ausnahmefälle vorgesehen:

---

[73] Siehe schon: *Krey*, Rechtsprobleme...; ders. in: Miyazawa-Festschrift 1995, 595 ff; ders. JR 1998, 1 ff; ders. Kriminalitätsbekämpfung..., S. 638 ff; *Krey/Jaeger*, NStZ 1995, 517.

[74] Nachweise bei *Krey*, Rechtsprobleme..., Rn 22, 23, 104, 105.

[75] Zum Vorstehenden: *Krey*, JR 1998, 1, 3; ders. Kriminalitätsbekämpfung..., S. 638, 639.

[76] *Krey*, Rechtsprobleme des Einsatzes qualifizierter Scheinaufkäufer..., Schriftenreihe des ZKA, Köln, Bd. 1, 1994, S. 18 ff, 60; *Krey/Jaeger* aaO, S. 518.

[77] Dazu unten, Rn 615, 616.

[78] *KK-Nack*, § 110 a Rn 10, 11; *Meyer-Goßner*, § 110 a Rn 7, 8.

[79] *KK-Nack* aaO, Rn 10; *Meyer-Goßner* aaO, Rn 8.

[80] *KK-Nack* aaO, Rn 11; *Meyer-Goßner* aaO, Rn 7.

Erstens bei Einsätzen »gegen einen bestimmten Beschuldigten« (statt bloßer Ermittlungen im kriminellen Milieu), § 110 b Abs. 2 Nr. 1 StPO.

Zweitens bei Einsätzen, »bei denen der VE eine fremde Wohnung betritt, die nicht allgemein zugänglich ist« (§ 110 b Abs. 2 Nr. 2).

Die letztere Vorschrift ist sprachlich verunglückt und missverständlich: Da der VE typischerweise bei seinem Einsatz private Wohnräume und nicht öffentlich zugängliche Geschäftsräume (Rn 596) betreten wird, postulieren manche, i.d.R. greife beim VE-Einsatz der Richtervorbehalt des § 110 b Abs. 2 Nr. 2 ein[81]. Dagegen meine ich, dass Entstehungsgeschichte und ratio legis eine restriktive Auslegung dieser Vorschrift fordern, da sie als Ausnahmeregelung gedacht war; sie erfasst daher nur den Fall, *dass bestimmte Räumlichkeiten i.S. des Art. 13 GG Ausforschungsobjekt sind*[82].

613 c) Nach § 110 b Abs. 3 S. 3 mit § 96 StPO kann die Identität des VE im Strafverfahren einschließlich der Hauptverhandlung geheimgehalten werden.
– Sog. Sperrung des VE als Zeuge (Rn 561–563). –[83]
Hierauf ist zurückzukommen, und zwar im Abschnitt Beweisrecht (Zeugen).

614 d) Der Einsatz von VE ist namentlich deswegen so effektiv, weil er unter seiner Legende das Mitteilungsbedürfnis (die Neigung zur Prahlerei) von Straftätern ausnutzt. Das mögen diese »unfair« finden, begründet aber keinen Verstoß gegen das Verfahrensprinzip des **fair trial** (Rn 474 ff); es gehört zum allgemeinen Lebensrisiko, wenn man sich bei anderen »verplappert«.[84]
Im Übrigen stehen auch **§§ 136 und 136 a StPO** der Ausforschung von Verdächtigen/Beschuldigten durch VE nicht entgegen[85]; § 110 a StPO ist insoweit lex specialis.

Schließlich widerspricht der VE-Einsatz auch nicht dem Prinzip »**nemo tenetur se ipsum accusare**« (Rn 326): Wer bei vermeintlichen Freunden, Kollegen, Sportskameraden etc. über Straftaten redet, weiß, dass er dazu nicht verpflichtet ist[86].

e) Brisant und nicht ausreichend geklärt ist das Problem »einsatzbedingter Straftaten des VE« wie Nichteingreifen bei Straftaten im Milieu, Trunkenheit im Verkehr etc. Dieses Problem kann hier nicht vertieft werden[87].
– §§ 110 a Abs. 2 S. 2 und 110 c S. 1, 2 StPO betreffen nur einen engen Teilausschnitt jenes Problems; § 110 c S. 3 StPO ist nichtssagend. –

---

[81] So etwa *Meyer-Goßner*, § 110 b Rn 4 (im Anschluss an *Zaczyk*).

[82] *Krey*, Kriminalitätsbekämpfung..., S. 639.

[83] Dazu m.w.N.: *Beulke*, Rn 425, 426–429; *KK-Nack*, § 110 b Rn 16 ff i.V.m. § 96 Rn 2, 10–20; *Krey* aaO, S. 643–645; *Meyer-Goßner*, § 110 b Rn 8, § 250 Rn 5, 8, § 251 Rn 9; *BGH* St 41, 36 ff; 42, 175, 177, 178.

[84] *Krey* in: Miyazawa-Festschrift (Fn 73), S. 600; sachlich übereinstimmend *BGH* St 42, 139 ff (GS).

[85] *BGH* St 42 aaO, S. 145 ff (für VP); *Krey*, Kriminalitätsbekämpfung..., S. 642 f.

[86] *BGH* St 42, 139, 151–153 (GS); *Krey* aaO.

[87] Dazu eingehend und m.w.N.: *Krey*, Rechtsprobleme..., Rn 70–93, 431–632; ders. Kriminalitätsbekämpfung..., S. 639–641.

2. Scheinaufkäufer

Neben VE gibt es **sonstige** nicht offen ermittelnde Polizeibeamte[88]. Zu ihnen zäh- **615** len insbesondere Scheinaufkäufer[89]. Sofern sie unter einer veränderten Identität (Legende, Rn 611) operieren und zu ihrem Schutz über Tarnpapiere verfügen, stellt sich das Problem ihrer **Abgrenzung zu VE:**
Nach einer Mindermeinung sind für solche Scheinaufkäufer mit Legende die Vorschriften über VE (§§ 110 a–110 e StPO) maßgeblich[90].
Die hM unterscheidet dagegen zwischen dem VE einerseits und dem Scheinaufkäufer, der zu seiner Sicherheit über Tarnpapiere verfügt[91], andererseits nach dem Aspekt der *Dauer seines jeweiligen verdeckten Einsatzes:* Dabei kommt es nicht auf eine zeitliche Mindestdauer an, etwa eine Einsatzdauer von mindestens sechs Monaten[92]. Vielmehr stellt der *BGH* auf die folgenden Kriterien ab, die bei der gebotenen Gesamtwürdigung maßgeblich seien:

Verhandlungen unter seiner Legende mit anderen über Drogengeschäfte *»über einen längeren Zeitraum«* begründeten den Status als VE[93]. Der Ermittlungsauftrag müsse über »einzelne wenige, konkret bestimmte Ermittlungshandlungen« hinausgehen; es müsse erforderlich sein, eine unbestimmte Vielzahl von Personen über die wahre Identität des verdeckt operierenden Polizeibeamten zu täuschen[94].

Beispiel 49: Scheinaufkäufer S, ausgestattet mit einer Tarnlegende, verhandelte monatelang **616** unter seiner falschen Identität mit Verdächtigen über den Erwerb von Betäubungsmitteln. Damit agierte er letztlich als VE[95].

Beispiel 49 a: S war innerdienstlich an den Ermittlungen gegen den Beschuldigten beteiligt, trat aber als Scheinaufkäufer unter seiner Legende nur zwei Mal in Erscheinung. Mithin ermittelte er nicht als VE, sondern als bloßer Scheinaufkäufer[96].

Die h.M. stützt den Einsatz von Scheinaufkäufern zu Recht auf die Ermittlungsge- **617** neralklausel des § 163 Abs. 1 S. 2 StPO (Rn 485 ff, 488). Ob sie wie VE (§ 110 c S. 1, 2 StPO) unter ihrer Legende **Wohnungen** mit dem Einverständnis des

---

[88] *BGH* St 41, 64, 65 f (= NStZ 1995, 516 mit Anm. *Krey/Jaeger*); *BGH* NStZ 1996, 450 (mit kritischer Anm. *Rogall*); *Kraushaar*, Kriminalistik 1994, 481 ff. – Das folgt schon aus § 101 Abs. 1 StPO (»nicht offen ermittelnder Beamter«). –

[89] *BGH* aaO; *BGH* NStZ 1997, 448; *Beulke/Rogat*, JR 1996, 517; *Kraushaar* aaO; *Krey* (Fn 76); *Krey* in: Miyazawa-Festschrift (Fn 73), S. 595 ff, 605 ff; *Krey/Jaeger* (Fn 73).

[90] *Rogall* (Fn 88), S. 451 f; *Schneider*, NStZ 2004, 359, 362.

[91] Dazu näher *Krey*, Scheinaufkäufer aaO (Fn 76), S. 18 f, 31 f, 50 f.

[92] *BGH* St 41, 64, 65; *Krey/Jaeger* aaO; a.A. *Kraushaar* aaO.

[93] *BGH* aaO, Leitsatz 1; *Krey/Jaeger* aaO (in casu zustimmend).

[94] *BGH* St 41, 64, 65; *BGH* NStZ 1996 aaO (Fn 88); *BGH* NStZ 1997 aaO (Fn 89).

[95] *BGH* St 41, 64 ff; *Krey/Jaeger* aaO; *Meyer-Goßner*, § 110 a Rn 2.

[96] Siehe Fn 94, zudem *Meyer-Goßner* aaO m.w.N.

Berechtigen betreten dürfen, ist strittig, aber zu bejahen[97]. Denn § 110 c Abs. 1 S. 1, 2 ist lediglich eine klarstellende Norm: Jenes Einverständnis lässt einen Eingriff in Art. 13 GG (sowie den Tatbestand des § 123 StGB) entfallen und begründet die Legalität des Betretens[98].

Der Einsatz von Scheinaufkäufern bedarf der *Zustimmung der StA* als Herrin des Ermittlungsverfahrens[99]. Er darf aber *nicht gegen den Willen der Polizei* angeordnet werden[100]; denn es geht um die Gefährdung ihrer Beamten und ihre Last bei der Bildung der Legende.

3. Einsatz von Vertrauenspersonen der Polizei (VP)

618 *a) VP ist eine »Person, die, ohne einer Strafverfolgungsbehörde anzugehören, bereit ist, diese bei der Aufklärung von Straftaten auf längere Zeit vertraulich zu unterstützen, und deren Identität grundsätzlich geheim gehalten wird«* [101].
Damit unterscheiden sich VP als Privatpersonen von VE und Scheinaufkäufern als Polizeibeamten; von bloßen Informanten durch das Dauerelement[102].

619 b) Die gesetzliche Grundlage für den VP-Einsatz bietet der erwähnte § 163 Abs. 1 S. 2 StPO (Rn 485 ff, 488). Wie VE und Scheinaufkäufer dürfen auch VP unter ihrer falschen Identität **Wohnungen** mit dem Einverständnis des Berechtigten betreten[103].

c) Dass VP eine *falsche Identität (Legende) und Tarnpapiere* erhalten können, ist fast unstrittig. Sie dürfen diese aber nicht nach Art eines VE uneingeschränkt im Rechtsverkehr gebrauchen, sondern grundsätzlich nur für Alltagsgeschäfte wie Miete von Pkw oder Hotelzimmern, soweit dies zu ihrem Schutz erforderlich ist[104]. Einzelheiten sind hier aber ungeklärt.

620 d) Wie bei VE (und Scheinaufkäufern) bedarf der Einsatz von VP der Zustimmung der StA als Herrin des Ermittlungsverfahrens[105]; er darf aber nicht gegen den Willen der Polizei angeordnet werden[106].

---

[97] *Krey* aaO (Fn 91), S. 53 ff; ebenso *KK-Nack*, § 110 c Rn 4; kritisch *Meyer-Goßner*, § 110 c Rn 2 m.w.N. pro und contra; offengelassen von *BGH* NStZ 1997, 448 f.

[98] *KK-Nack*, § 110 c Rn 3; *Krey*, Rechtsprobleme..., Rn 226 ff, 250 ff; *Meyer-Goßner* aaO, Rn 1 m.w.N.; offengelassen in *BGH* aaO m.w.N.

[99] Enger die *Gemeinsamen Richtlinien ... über den ... Einsatz von Vertrauenspersonen ... und VE* (*Meyer-Goßner*, Anh 12 Anl D, S. 2034 ff) in II 2, 2.9.

[100] Für VE siehe Rn 496, für VP Rn 620.

[101] Dazu I 2, 2.2 der Gemeinsamen Richtlinien (Fn 99).

[102] Zu letzterem II 2, 2.1 der Gemeinsamen Richtlinien (Fn 99).

[103] Sehr strittig (für *Scheinaufkäufer*: Rn 617).

[104] Für Scheinaufkäufer siehe *Krey* (Fn 91).

[105] Enger I 5, 5.3 der Gemeinsamen Richtlinien (Fn 99).

[106] Für VE siehe Rn 496, für Scheinaufkäufer Rn 617 a.E.

e) Der Einsatz von VP widerspricht nicht *§§ 136, 136 a StPO* [107], da beide nur für förmliche Vernehmungen durch Amtsträger gelten. Er ist auch mit dem *nemo tenetur-Prinzip* (Rn 326) vereinbar[108].

f) VP haben keine polizeilichen Amtsbefugnisse. Was die rechtsstaatlichen Schranken bei ihrer verdeckten Ausforschung von Verdächtigen, Beschuldigten oder Zeugen angeht
  – man denke etwa an Fall 2 (Rn 46) –,
ist noch vieles ungeklärt[109].

g) Wie VE können VP als Zeugen **gesperrt** werden (Rn 561–563), und zwar analog §§ 110 b Abs. 3 S. 3 mit 96 StPO[110].

---

[107] *BGH* St 42, 139, 145–151 (GS); *Krey*, Kriminalitätsbekämpfung..., S. 642 f.

[108] *BGH* aaO, S. 151–153; *Krey* aaO, S. 643.

[109] Dazu *BGH* aaO, S. 154 f; *Krey* aaO, S. 645 m.w.N.

[110] *Krey*, JR 1978, 1, 4 Fn 32 m.w.N.; ders. Kriminalitätsbekämpfung..., S. 643; *Meyer-Goßner*, § 110 b Rn 8 m.w.N.; h.M.

Sachregister

Die Zahlenangaben beziehen sich auf die **Randnummern** des Buches. Hauptfundstellen sind durch Hervorhebung kenntlich gemacht.

Volker Krey

Deutsches Strafrecht
Allgemeiner Teil
Lehrbuch in Deutsch und Englisch
Teil I: Grundlagen

German Criminal Law
General Part
Textbook in German and English
Volume I: Basics

XXVII, 181 Seiten, Kart.
€ 42,–
ISBN 3-17-017046-5

Volker Krey

Deutsches Strafrecht
Allgemeiner Teil
Lehrbuch in Deutsch und Englisch
Teil II: Tatbestand des vorsätzlichen Begehungs-
delikts, Glossar

German Criminal Law
General Part
Textbook in German and English
Volume II: Legal Elements of the Intentional
Offence Committed by Action, Glossar

XXIV, 198 Seiten. Kart. € 40,–
ISBN 3-17-018243-9

Die Lehrbücher sind „systematisch-induktive", d. h. zwar systematisch aufgebaute, aber weitgehend vom Fall ausgehende Darstellungen des Allgemeinen Teils. Diese Form der Lehrdarstellung, die den Stoff im Wesentlichen anhand von Fällen vermittelt oder durch Beispiele veranschaulicht, erleichtert das Verständnis und das Behalten des behandelten Lehrstoffes ungemein.

These textbooks are a „systematic-inductive" presentation of the General Part, i. e. they have a truly systematic structure, but to a great extent they are based on cases. This form of presentation imparting the subject matter basically by cases or illustrating it by examples, eases the understanding and memorisation of the presented subject in a particular manner.

▶ **www.kohlhammer.de**

W. Kohlhammer GmbH · 70549 Stuttgart

Volker Krey/Manfred Heinrich

Strafrecht
Besonderer Teil

Band 1
Besonderer Teil ohne Vermögensdelikte

Das Lehrbuch behandelt die für Studium und Examen bedeutsamen Verbrechen und Vergehen, wobei die Bezüge zum Allgemeinen Teil aufgezeigt werden. Die Darstellung erfolgt durchgehend anhand von Fällen und Beispielen. Sie enthält eingehende Problembehandlungen. Die vorliegende Auflage ist völlig neu bearbeitet und wurde bei dieser Gelegenheit deutlich gestrafft.

13., völlig neu bearb. Aufl. 2005
390 Seiten. Kart.
€ 19,80
ISBN 3-17-019107-1

Krey/Hellmann

Strafrecht
Besonderer Teil

Band 2
Vermögensdelikte

Das Studienbuch behandelt die für das Studium und das Examen relevanten Eigentums- und Vermögensdelikte und stellt die Bezüge zum Allgemeinen Teil her.

Die Darstellung erfolgt anhand von Fällen, wird durch Beispiele praxisnah veranschaulicht und enthält eingehende Problembehandlungen. Die Neuauflage berücksichtigt die umfangreiche Rechtsprechung und Literatur zu den jüngsten Änderungen des StGB.

14., neu bearb. Aufl. 2005
374 Seiten. Kart.
€ 19,80
ISBN 3-17-019106-3

▶ **www.kohlhammer.de**

W. Kohlhammer GmbH · 70549 Stuttgart

Hellmann/Beckemper
Wirtschaftsstrafrecht

Das Lehrbuch behandelt die in der Ausbildung und im Examen relevanten Bereiche des Wirtschaftsstrafrechts (Kapital- und Finanzmarktstrafrecht; Insolvenz- und Bilanzstrafrecht; Verletzungen des Wettbewerbs und gewerblicher Schutzrechte; Verbraucherschutzstrafrecht; Strafrecht der Wirtschaftslenkung; Unternehmensstrafrecht). Die Darstellung erfolgt anhand von Fällen, wird durch zahlreiche Beispiele praxisnah veranschaulicht und enthält eingehende Problembehandlungen.

XVIII. 370 Seiten. Kart.
€ 28,–
ISBN 3-17-017989-6

Christian Wiesneth
Handbuch für das ermittlungsrichterliche Verfahren

Das Handbuch stellt das Aufgabengebiet des Ermittlungsrichters (z.B. Haftbefehlsverfahren; Eingriffsmaßnahmen; Abschiebung; Auslieferung) umfassend und praxisnah dar. Beispiele und Formularbeschlüsse, wissenswerte Ratschläge zur Vorbereitung von Kleinkindern auf die Vernehmungssituation und Ausführungen zu den Beweisverboten wie zur DNA-Analyse und zum Einsatz technischer Mittel wie auch zur immer bedeutsamer werdenden Vermögensabschöpfung und Rückgewinnungshilfen runden die Darstellung ab.

2006. XXX, 428 Seiten. Kart.
€ 42,–
ISBN 3-17-019209-4

▶ **www.kohlhammer.de**

W. Kohlhammer GmbH · 70549 Stuttgart